교회를 세우는
설교목회

이승진 지음

기독교문서선교회

기독교문서선교회(Christian Literature Crusade: 약칭 **CLC**)는
1941년 영국 콜체스터에서 켄 아담스에 의해 시작되었으며
국제 본부는 영국의 쉐필드에 있습니다.

국제 CLC는 59개 나라에서 180개의 본부를 두고, 약 650여 명의
선교사들이 이동도서차량 40대를 이용하여 문서 보급에 힘쓰고 있으며
이메일 주문을 통해 130여 국으로 책을 공급하고 있습니다.

한국 CLC는 청교도적 복음주의 신학과 신앙서적을 출판하는
문서선교기관으로서, 한 영혼이라도 구원되길 소망하면서
주님이 오시는 그날까지 최선을 다할 것입니다.

Preaching Ministry
to Strengthen the Church

Written by
Lee, Seung Jin

Korean Edition
Copyright © 2013 by Christian Literature Crusade
Seoul, Korea

서 문

21세기에 들어서 일반 인문학이나 학문의 영역에서는 '지식의 통합'을 추구하는 통합 학문 이론으로서 '통섭'(統攝, Consilience)에 관한 관심이 고조되고 있다. 이전의 학문 이론들이 주로 인문과학과 사회과학, 그리고 자연과학의 세 분과로 나뉘어서 각각의 고유한 학문의 울타리 안에서 심층적으로 발전해 왔다면, 이제는 거대하고 복잡하게 전개되는 주변 현상과 문제점들을 올바로 이해하고 해결 가능한 해답을 제시하기에는 특정 분과에서만 논의되는 학문 이론만으로는 부족하다는 비판 의식 아래, 모든 분야의 학문 이론들을 통합하려는 시도들이 활발하게 이루어지고 있다.

역사의 주인이신 하나님의 말씀을 선포하는 설교에 관한 이론적인 논의로서의 설교학(homiletics) 역시 통섭의 시대에 걸맞은 변화가 필요하다. 이전의 설교학(old homiletics)이 '올바른 성경해석'과 '설득력 있는 설교 전달'이라는 두 영역에 관한 이론들을 추구했다면, 이제는 신학이론(*theoria*)과 신학실천(*praxis*)을 포괄하는 신학의 통합 또는 신학이론과 목회실천의 통합을 추구하는 통섭의 설교학이 요구된다.

본서에서 필자는 설교학의 바람직한 지향점을 "하나님의 말씀 선포를 통한 객관적인 구속사의 주관적인 구현으로서의 교회 세우기"에 두고서 이것을 가능하게 하는 설교신학의 이론적인 토대를 다음 두 영역에서 구축하고자 하였다. 첫째 범주에서는 '개혁신학과 설교'의 주제 아래 올바른 설교를 가능하게 하는 개혁신학의 중요성과 현대 신비주의를 극복하는 설교의 방안, 성경적인 설교를 위한 교리설교와 성화설교, 그리고 신자와 교회의 성화를 이끌어 낼 수 있는 설교의 방안들에 대하여 논의하였다. 둘째 범주에서는 '교회를 세우는 설교목회'라는 주제 아래 신앙 공동체로서의 교회 안에서 설교를 통해서 이뤄지는 다양한 소통 현상들과 이러한 설교 중심의 소통을 통해서 성경적으로 건강한 교회를 세워갈 수 있는 실천적인 목회 전략들을 다루었다.

이 책에 실린 글들은 모두가 「신학정론」이나 「복음과 실천신학」, 또는 「설교한국」과 같은 학술지나 논문집에 이미 실렸던 논문들을 '교회를 세우는 설교목회'의 주제 아래 선별하고 수정하여 한 권의 책으로 묶었다. 주된 이유는 전통적인 설교학의 탐구 영역이 그동안 제한적인 영역에 국한하여 이루어지는 관행을 조금이나마 극복해보기 위함이다. 20세기 설교학이 이론신학의 토대와 아울러 신자 개개인을 설득하기 위한 수사학과 심리학이라는 인접학문의 도움을 통해서 발전했다면, 이제 21세기 설교학은 이론신학과 성경해석학을 기반으로 할 뿐만 아니라 신자 개개인을 설득하기 위한 수사학과 심리학 대신에 세상 속에서 하나님의 영광을 구현하는 구별된 신앙 공동체를 세우기 위한 이론적인 통찰을 제공하는 실천적인 교회론(practical ecclesiology)이나 신학적인 사회학(theological sociology)과의 통합적인 논의를 통해서, 거대하고 복잡한 세속 사회 속에서 구별된 공동체를 세워가야 할 예비 목회자들에게 좀 더 통합적인 설교의 이론과 전략을 제공해 주어야 한다(잠 25:2-3). 본서가 이를 위한 작은 디딤돌을 제공할 수 있기를 기대한다.

2013년 여름에
이승진 識

C·O·N·T·E·N·T·S

_서문　　　　　　　　　　　　　　5

1_개혁신학과 설교

01　개혁신학과 설교를 통한　　　13
　　한국장로교회의 정체성 회복

02　현대 신비주의 운동과　　　　43
　　설교의 대응

03　성경적 설교의　　　　　　　85
　　회복을 위한 교리설교

04　구속사를 구원의　　　　　　111
　　서정에 적용하는 성화설교

05　설교의 윤리적 차원과　　　141
　　하나님 나라 관점의 성경해석

2 _교회를 세우는 설교목회

06	포스트모던시대의 설교	183
07	신앙 공동체 활성화를 위한 설교	207
08	설교신학과 설교환경의 상관관계	231
09	다차원의 사회적인 소통망 안에서 진행되는 설교목회	275
10	구속사 관점에 기초한 설교목회	313
11	설교를 통한 신앙공동체의 집단기억 형성	343
12	지식경영이론에 근거한 설교목회의 활성화 방안 연구	373

Preaching Ministry to strengthen the Church

ONE 1

개혁신학과 설교

Preaching Ministry to strengthen the Church

| 01 |
개혁신학과 설교를 통한 한국장로교회의 정체성 회복

1. 들어가는 말

한국장로교회를 개혁신학에 근거하여 갱신하고자 할 때 개혁신학 안에서도 교회 갱신을 위한 다양한 신학적인 토대들을 모색할 수 있겠지만,[1] 필자는 이 글에서 설교의 관점에서 21세기 한국장로교회가 개혁주의적인 신학사상에 근거하여 교회의 올바른 정체성을 회복할 수 있는 방안을 모색하고자 한다.

이를 위해서 먼저 과거 130년의 선교 역사를 거쳐 온 한국장로교회의

---

[1] 한국장로교회 갱신의 가능성은 개혁주의 예배, 개혁주의 신앙고백서, 개혁주의 교회론, 개혁주의 구원론, 개혁주의 직제론 등등의 관점에서 모색할 수 있다. 정원태, "칼빈의 교회관과 한국교회의 개혁과제", 「월간목회」 (1990.9), 38-9; 김성봉, "칼빈과 예배" 「장로교회와 신학」 2 (2005), 143-163, 한진환, "공예배, 어떻게 개혁할 것인가", 「장로교회와 신학」 2 (2005), 277-304, 장수민, "요리문답 교육자로서의 존 칼빈의 교회 개혁", 「성경과 고고학」 55 (2007, 가을), 43-57.

형성과 발전에 직간접적으로 영향을 준 개혁신학의 영향과 특히 한국장로교회의 설교의 발전에 상당한 영향을 끼친 구속사 설교와 성경신학적인 설교의 공헌에 대해서 살펴볼 것이다. 이어서 1980년대 이후 한국(장로)교회 안에 강해설교나 구속사 설교가 소개되기 시작한 지도 벌써 3,40년이 지나가고 있지만 아직도 한국장로교회의 개혁이나 갱신이 요원해 보이는 이유로서, 종교의 세속화와 사사화, 미국제 복음주의의 영향, 그리고 개인주의적이고 심리적인 만족 지향적인 설교, 설교만능주의를 분석할 것이다.

이어서 개인주의적이고 심리적인 위로와 만족을 추구하는 설교들이 교회 강단을 지배하는 문제점을 극복할 설교학적인 대안을 위하여, 칼빈이 제네바 교회에서 연속강해설교로 개혁을 추구했을 당시 그의 설교가 성경강해의 차원에 머무르는 것이 아니라 하나님의 말씀이 구체적으로 구현되는 현장인 현실 교회의 개혁과 이를 위한 목회 사역의 일환으로서의 권징과 밀접하게 결부되어 있었음에 주목하면서, 공동체 지향적인 설교를 그 대안으로 제시하고자 한다.

2. 한국장로교회의 형성을 위한 개혁신학의 토대

개혁신학(또는 칼빈주의, Calvinism)은 예수 그리스도와 성경의 계시로부터 발원하여 사도 바울과 어거스틴, 그리고 칼빈과 같은 16세기의 종교개혁자들과 그 이후 청교도 신학자들에 의하여 체계적으로 정리되고 장로교회의 역사 속에서 계승 발전된 신학사상이다. 이 신학사상의 특징은 삼위일체 하나님의 절대적인 주권 사상을 강조하며, 역사 속에서 인류의 구원에 관한 하나님의 계시를 위하여 성령의 영감으로 기록된 하나님의 말씀으로서의 성경의 권위를 강조하며, 그 성경이 일관되게 가르치는 성경적인 교리에 근거하여 구속 역사 속에서의 끊임없는 교회 개혁을 강조한다.

칼빈의 신학사상이 큰 비중을 차지하는 개혁신학은 2천년의 교회 역사 속에서 갑자기 등장한 유일한 신학사상이 아니라, 그 이전에 구약성경과 신약성경으로부터 발원하여 사도 바울과 초대교회 교부들, 그리고 어거스틴을 통해서 유구하게 흘러온 성경의 가르침과 교훈이, 칼빈의 『기독교강요』(1559년)와[2] 이후에 웨스트민스터신앙고백서와 같은 개혁주의적인 신앙고백서들을 통해서 다시 체계적으로 정리되었고, 이후 베자(Theolore Beza, 1519-1605)를 비롯한 여러 개혁파 신학자들(하이델베르크 요리문답의 작성자인 자카리아스 우르시누스[Zacharias Ursinus, 1534-1583]와 카스파르 올레비아누스[Caspar Olevianus, 1536-1587], 지로라모 잔키[Girolamo Zanchi], etc.)과 청교도 신학자들(윌리엄 퍼킨스[William Perkins, 1558-1602], 윌리엄 에임스[William Ames, 1576-1633], 토마스 카트라잇[Thomas Cartwright, 1535-1603], 존 오웬[John Owen, 1611-1683], etc), 프린스톤 신학자들(찰스 하지[Charles Hodge, 1797-1878], 알렉산더 하지[A.A. Hodge], 그레이샴 메이첸

---

2 방대한 개혁신학 전체의 역사적인 형성과 발전 과정에서 칼빈의 『기독교강요』가 차지하는 비중은 거의 절대적이라고 해도 과언이 아니다. Cf. W. Standford Reid, ed., *John Calvin: His Influence in the Western World* (Grand Rapids: Zondervan Publishing House, 1982); Martin E. Hirzel and Martin Sallman, eds., *John Calvin's Impact on Church and Society 1509-2009* (Grand Rapids: Eerdmans, 2009). 저명한 개혁주의 신학자인 B. B. Warfiled는 "전체적인 개신교 신학 발전의 기초에는 『기독교강요』가 놓여 있다"고 평가했다. Benjamin B. Warfield, *Calvin and Augustine* (Philadelphia: P&R Publishing Co., 1956), 8. 또 John T. McNeill도 "칼빈의 『기독교강요』는 역사의 진행 과정에 심대한 영향을 미친 결정적인 몇 권의 책들 가운데 하나"라고 평가했다. John T. McNeill, *The History and Character of Calvinism* (Oxford: Oxford University Press, 1967), 119.

[Grasham Machen, 1881-1937], 루이스 벌코프[Louis Berkhof], etc.)을 통해서 계승, 발전되었다.

또한 개혁신학의 발전 과정에서 중요한 연결고리를 제공한 신앙고백서들로는 제네바요리문답(*The Geneva Catechism*, 1541), 프랑스갈리칸신앙고백서(*Gallican Confession*, 1559), 스코틀랜드신앙고백서(*The Scots Confession*, 1560), 벨직신앙고백서(*Belgic Confession*, 1561)와 하이델베르크요리문답(*The Heidelberg Catechism*, 1563), 도르트신경(*Canon of Dort*, 1618-9)과 튤립교리(*Tulip Faith*),[3] 웨스트민스터 신앙고백서(*Westminster Confession of Faith*, 1647), 웨스트민스터대요리문답(*The Westminster Larger Catechism*, 1648) 등이 있다.

이렇게 방대한 개혁신학의 전통과 신앙고백서를 관통하는 개혁신학의 핵심을 간략하게 정리하는 것은 쉽지 않다. 하지만 대체적으로 ① 삼위일체 하나님의 절대 주권 사상, ② 구속 역사 속에서의 일관된 하나님의 언약, ③ 하나님의 말씀으로 영감된 성경의 절대적인 권위, 그리고 ④ 하나님의 영광을 구현하는 지상 교회의 사명에 대한 인식에 근거한 끊임없는 교회개혁, ⑤ 튤립 신앙(Tulip Faith), ⑥ 그리고 개혁주의 5대 솔라(Five Sola)의 관점에서 개혁신학의 핵심 사상을 간단히 정리해 볼 수 있다.[4]

---

3   튤립 교리(Tulip Faith)라는 명칭으로 잘 알려진 칼빈주의 5대교리는, 17세기 초 유럽에 알미니우스 구원론(Arminianism Soteriology)이 득세하는 상황에서 이에 대항하기 위하여 1618년 11월 13일부터 1619년 5월 9일까지 화란의 도르트레흐트(Dordtrecht)에서 열린 칼빈주의 종교회의를 통해서 확정된 칼빈주의적인 구원론의 다섯 가지 핵심교리를 가리키며, 전적 타락(Total Depravity), 무조건적 선택(Unconditional Election), 제한 속죄(Limited Atonement), 불가항력적 은혜(Irresistible Grace), 성도의 견인(Perseverance of Saints)의 첫 글자를 따서 튤립 교리(Tulip Faith)라고도 한다. Edwin Palmar, *The Five Points of Calvinism*, 박일민 역, 『칼빈주의 5대교리』(서울: 성광출판사, 1982), 7-9.
4   이승구, 『21세기 개혁신학의 방향』(서울: SFC, 2005), 13-24.

3. 한국장로교회의 발전과 개혁신학의 역할

19세기 말엽에 서구의 선교사들로부터 복음을 전달받은 한국장로교회는 이후의 역사 속에서 개혁신학으로부터 어떤 영향을 받아 성장해왔는가? 선교 초기의 한국교회 신학과 신앙을 개혁신학의 지표로 평가할 때, 가장 대표적인 평가지표로 활용되는 것은 평양대부흥운동이 일어나던 1907년 9월 10일에 조직된 한국장로교회 독노회에서 채택된 최초의 공식적인 신앙고백서인 '12신조'이다. 12신조에 근거하여 한국장로교회가 칼빈주의 신학을 분명히 따르고 있다고 주장하는 한국 최초의 인물은 백낙준 박사이다.[5]

12신조 이외에도, 나용화[6]나 서요한,[7] 김인수[8]를 비롯한 몇몇 국내 교회사학자들은,[9] 한국장로교회 형성과 발전에 중요한 주춧돌을 놓은 박형룡 박사와 박윤선 박사도 각각 프린스톤과 웨스트민스터신학교에서 메이첸과 반틸 밑에서 수학했던 것을 근거로, 한국장로교회가 초기부터 줄곧 개혁신학의 전통 속에서 발전되어 왔다고 주장한다. 하지만 상당수의 신학자들은 한국장로교회가 개혁신학의 토양 속에서 신학적인 정체성을 형성하여 이후 지속적으로 성장해 왔다는 평가에 대해서 회의적이다.[10]

---

5 백낙준, 『한국개신교사』(서울: 연세대학교출판부, 1991), 408.
6 나용화, "칼빈주의적 복음주의 신학과 한국장로교회", 「개혁신학」3(2002), 13-67.
7 서요한, "개혁신학의 전통과 한국장로교" 「신학지남」306(2011, 봄), 11-145.
8 김인수, 『한국기독교회사』(서울: 한국장로교출판사, 1994), 190.
9 박용규에 의하면 12신조가 엄격한 칼빈주의를 반영하고 있는 것으로 평가하는 국내 역사신학자들로는 백낙준과 민경배, 김양선, 김인수, 김길성이 대표적이라고 한다. 박용규, "개혁주의 역사신학적 입장에서 본 12신조", 「신학지남」76/1(2009, 298호), 81-139.
10 한국장로교회가 초기부터 개혁신학의 토대 위에 형성 발전되었기보다는 개혁주의적인 내용이 다분히 희석되어 복음주의의 영향을 받아 발전되었다고 평가하는 교회사학자들이나 신

그 이유는 다음과 같다.

첫째, 한국장로교회 독노회에서 최초로 채택된 12신조가 개혁주의 신학을 고스란히 반영하기 보다는 19세기 말엽에 북미권의 교회에 영향을 끼친 복음주의의 신학사조의 영향을 받았기 때문이다. 12신조를 개혁주의 역사신학과 특히 칼빈주의 신조들과 비교하여 평가한 박용규에 의하면 "1907년 독노회가 조직되면서 한국장로교회가 채택한 12신조는 한국에 파송된 선교사들의 모 교회가 그동안 지켜오던 웨스트민스터신앙고백, 돌트신경, 웨일즈칼빈주의신경과 같은 전통적인 장로교 신앙고백에 비해 칼빈주의 측면에서 볼 때는 분명히 덜 엄격한 입장을 취하고 있다"고 한다.[11]

둘째, 한국에 복음을 전하고 장로교회의 형성과 발전에 중요한 기초석을 놓았던 장로교 선교사들이, 19세기 하반기에 북미권의 교회를 휩쓸었던 복음주의적인 부흥운동의 영향을 받았기 때문이든 아니면 연합을 필요로 하던 국내의 선교적인 상황을 고려했기 때문이든,[12] 한반도에 새롭게 형성되던 한국장로교회에 개혁신학이 뿌리내리도록 노력하는 데 그다지 헌신적이지 않았기 때문이다. 허순길에 의하면, "한국 초대 선교사들의

학자들로는 이종성, 김영재, 허순길, 박용규, 김영한, 이상규, 김성봉, 심창섭 등이 있다. 이종성, "개혁신학이 한국교회에 미친 영향", 「장신논단」3(1987), 64-85; 김영재, 『한국교회사』(서울: 개혁주의신행협회, 1992), 148; 허순길, "개혁신앙고백교회로서의 개혁교회와 한국장로교회", 「신학지남」68/4(2001, 269호), 19-30; 박용규, "개혁주의 역사신학적 입장에서 본 12신조", 81-139; 김영한, "한국 장로교회에 미친 독일개혁신학의 영향", 「신학지남」68/4(2001, 통권 제269호), 31-49; 이상규, "한국에서의 개혁주의 신학", 「역사신학논총」창간호(1999), 387-424; 김성봉, "장로교회의 특징-교리적인 면에서" 「장로교회와 신학」(2004), 77-86; 심창섭, "한국장로교회 내의 오순절 운동의 평가", 「신학지남」62/4 (1995, 245호), 177-203.

11 박용규, "개혁주의 역사신학적 입장에서 본 12신조", 136.
12 박용규, 137.

대부분은 보수적인 복음주의자들이었지만 철저한 칼빈주의적 개혁주의자들은 아니었다"고 한다. 이들은 19세기 말엽에 북미권의 교회에 강력한 선교의 동기를 부여했던 무디의 복음주의적인 부흥운동의 영향을 받았고 철저한 개혁신학과 교리를 옹호하는 자들은 아니었다는 것이다.

이렇게 엄격한 개혁신학보다는 예수 그리스도의 복음에 관한 포용성을 더 중시했던 초기 선교사들의 영향 때문에 허순길에 의하면 이후 "한국 장로교회 목사 상당수의 설교들은 장로교 설교로서의 정체성을 보여주지 못하며 설교의 내용도 개혁주의적이라기보다 아르미니안적 경향을 띠게 되었다"고 평가한다.[13]

개혁신학, 또는 칼빈주의 신학사상에 대한 한국장로교회의 충실성의 정도를 평가할 때 활용될 수 있는 중요한 신학적인 지표로서, 12신조나 초기 선교사들의 신학뿐만 아니라, 한국장로교회 목회자들과 신자들의 의식 속에 자리하고 있는 교회론이나 성령론도 포함될 수 있다. 개혁신학에 근거한 교회론은 교회의 본질과 표지에 대한 이해를 매우 엄격하게 강조하는 편인데 반하여, 복음주의적인 교회론은 교회의 본질을 반영하는 표지에 대한 이해가 다소 느슨한 편이다. 그러다보니 80년대 이후 한국(장로)교회 교인들의 의식 속에서 교파간의 구분이나 장벽이 사라지면서부터는 이사나 주거지 이전의 이유로 교회를 옮겨야 할 경우에 소속 교회의 교단적인 배경에 대해서 많은 관심을 기울이지 않고 편의성을 따라서 교회를 쉽게 결정하는 장로교인들이 늘어나고 있다.

허순길에 의하면 상황이 이렇게 악화된 원인은, 한국의 장로교회 목회

---

13 허순길, "개혁신앙고백교회로서의 개혁교회와 한국장로교회", 「신학지남」 68/4(2001, 269호), 25.

자들이 개혁주의에 입각한 교회론을 설교와 교회교육을 통해서 신자들에게 충분히 강조하여 교육하지 않았기 때문이다. 개혁신학에 입각한 교회론의 영향을 받은 벨직신앙고백서는 전체적인 내용이 삼위일체론과 성경론, 교회론, 그리고 신학의 실제적인 적용으로서 국가관의 네 부분으로 구성되어 있다. 그 중에 교회론을 담고 있는 제 25-35장 중에, 제 29장은 참교회와 거짓교회의 표지를 강력하게 구분하고 있다.

이 고백서에 의하면 참교회의 표지는 순수한 복음 설교(the pure preaching of the gospel)와 순수한 성례의 집행(the pure administration of the sacraments), 그리고 교회의 권징(church discipline)이다. 가감되지 않은 순수한 복음의 선포와 그 복음을 가시적으로 구현하는 성례의 집행을 참 교회의 표지로 인식하는 것은, 종교개혁 이후 개혁신학에 근거한 교회의 진위 여부를 판가름하는 중요한 표지로 인식되어 왔다.[14] 벨직신앙고백서는 말씀과 성찬이라는 두 가지 교회의 표지에 권징의 실시를 함께 강조함으로써, 강단 위에서의 말씀 선포와 강단 아래서의 목양과 실천을 하나로 연결하여 개혁신학에 입각한 교회의 정체성을 분명히 지켜가려는 의지를 강하게 천명하였다. 하지만 21세기의 한국장로교회는 대체적으로 권징이 실종된 상태에서 말씀 선포와 실천의 연대성이 사라진 상태라고 해도 과언이 아니다.[15]

교회론 뿐만 아니라 성령론 역시 한국장로교회가 어느 정도 개혁신학을

---

14 칼빈은 교회의 본질을 구성하는 중요한 토대로서 복음의 선포와 성례의 시행 뿐만 아니라 교회의 규범에 근거한 권징의 시행을 중요시하였다. 하지만 칼빈은 부처와 달리 권징을 다만 교회의 표지가 아니라 성도의 표지로 이해하였다. Cf., Robert White, "Oil and Vinega: Calvin on Church Discipline," *Scottish Journal of Theology* 38 (1985), 25-40.
15 조봉근, "칼빈과 한국장로교회의 교파별 교회론에 관한 비교연구", 「조직신학연구」 12(2009), 10-37.

충실하게 따라가고 있는지에 대한 중요한 신학적인 지표로 활용될 수 있다. 한국장로교회가 개혁신학의 토대 위에 성장하도록 헌신했던 박형룡 박사는, 오순절 성령강림 사건과 은사는 사도시대에 교회의 기초를 세우기 위한 특별한 의미를 지니며 그 이후의 초대교회 역사 속에서는 중단되었다는 오순절 성령강림 사건의 단회성을 가르쳤다. 이러한 오순절 성령강림 사건의 단회성은, 이후에 한국장로교회가 교회의 목회 현장에서 신자들에게 성령 하나님의 인격과 사역을 가르치고 설교할 때 중요한 개혁주의 신학의 토대로 작용해왔다. 하지만 7,80년대에 접어들면서 고신의 안영복 교수나 총신의 차영배 교수의 성령론의 영향을 받은 장로교회 목회자들은 성령세례를 중생과 별도로 받는 제 2의 필수적인 경험으로 인식하게 되었다.[16]

이렇게 80년대 이후 한국장로교회 안에 널리 퍼진 불분명한 성령론 때문에, 21세기 한국장로교회 안에는 방언이나 관상기도, 또는 신비주의와 같은 변형된 형태의 성령운동이 상당한 영향력을 행사하고 있다. 그래서 "한국장로교회는 오순절장로교회라는 새로운 명칭을 가질 것인지 아니면 전통적인 개혁파교회로 돌아가야 할 것인지에 대해서 고민해야 할 것이다"는 심창섭의 진지한 도전은, 개혁신학에 근거하여 교회의 갱신을 시도하는 21세기 한국장로교회가 30년 전에 왜곡된 성령운동이 한국장로교회를 어지럽힐 때와 마찬가지로 다시금 똑같이 진지하게 고민해야 할 문제이다.[17]

---

16 심창섭, "한국장로교회 내의 오순절 운동의 평가", 「신학지남」 62/4(1995), 177-203.
17 심창섭, 203.

4. 개혁신학과 한국장로교회 설교의 발전

그렇다면 개혁신학은 지난 한국교회의 역사 속에서 한국교회의 설교와 설교학에 어떤 공헌을 끼쳤는가? 개혁신학이 한국장로교회의 설교의 발전에 영향을 미친 가장 대표적인 공헌은, ① 강해설교, ② 그리스도 중심의 설교, ③ 이미와 아직의 긴장 구조가 내포된 하나님 나라 사상에 관한 설교, ④ 구속사 설교, 그리고 ⑤ 성경신학에 기초한 설교가, 한국의 신학교와 설교 현장에 널리 소개되고 보급되었다는 점이다.

개혁신학을 구성하는 중요한 신학사상 중의 하나가 바로 계시된 하나님의 말씀인 성경의 영감과 충족성, 절대적인 권위(absolute authority)[18]에 대한 확고한 믿음(*sola scriptura*!)이다. 개혁주의 성경관은 성경이 인간의 창작품이 아니라 성령 하나님의 영감으로 기록된 하나님의 말씀이며 성경은 인류의 구원에 필요한 지혜를 충분하고도 분명하게 제시함을 강조하기 때문에, 하나님의 음성을 듣기 위하여 교회는 무엇보다도 성경을 성실하고도 경건한 자세로 해석하고 그 본문의 중심사상을 분명하게 파악하여 설교를 통하여 신자들에게 선포해야 한다.[19]

이 점을 강조하는 개혁주의 성경관은 종교개혁 이후 개혁파 교회와 목회자들, 그리고 신자들에게 자신들의 신앙의 정체성을 형성하는 본질적인 요소로 자리하게 되었고, 이후 대부분의 개혁파 교회의 설교는 자연히

18　Cf., Fred B. Craddock, *As One Without Authority*, (Nashville: Abingdon Press, 1971); R. Albert Mohler, Jr., "As One With Authority", *Master's Seminary Journal*, 22/1(2011, Spr), 89-98.

19　류응렬, "개혁주의 강해설교가 나아가야 할 다섯 가지 방향", 「신학지남」72/3(2005), 201-227.

성경 본문에 대한 엄격하고도 정확한 해석을 중요시하는 강해설교를 설교의 핵심 토대로 인식하게 되었다.

개혁신학이 설교에 끼친 영향이 더욱 분명하게 나타난 중요한 설교(형식이나 전통)가 있다면, 그것은 바로 설교를 위하여 특정한 성경 본문을 해석할 때 성경 전체의 맥락 속에서 해석하며(*tota scriptura*), 특히 창조-타락-구속-심판의 거시적인 구속 역사의 맥락에서 해석하는 구속사적인 성경 해석과 설교이다. 기독교 설교자라면 누구나 이 세상에서 하나님의 음성을 들을 수 있는 유일한 방편으로서 성경의 절대적인 가치를 존중하기 마련이다(*sola scriptura*!). 하지만 그 성경 본문을 아무리 성실하게 해석하더라도 결국 성경 전체를 관통하는 점진적인 구속 역사 속에서의 하나님의 계시를 포착하는 거시적인 성경관(*tota scriptura*!)과 특정한 성경 본문이 상호 조화를 이루지 못하면 그 특정한 성경 본문의 의미는 주관적인 오류에 빠지고 만다. 그런 의미에서 "오직 성경"(*sola scriptura*)의 진정한 가치는 "성경 전부"(*tota scriptura*)와 함께 결합할 때 온전해질 수 있다.

한국장로교회가 구속사적인 관점에서 성경을 해석하고 설교할 수 있는 신학적인 토대를 제공한 개혁파 신학자로는 게할더스 보스(Geerhardus Vos, 1862-1949)를 빼놓을 수 없다. 아브라함 카이퍼와 헤르만 바빙크와 같은 칼빈주의 신학자들로부터 영향을 받은 보스는 "개혁주의 성경신학의 아버지"로 불릴 정도로 구속사적인 관점을 중시하는 성경신학의 선구자나 다름없다.[20] 게할더스 보스가 개혁신학에 기초한 설교신학의 발전에 독보적인 기여를 제공한 이유가 있다. 그가 『성경신학』(*Biblical Theology*)에

---

20 Geerhardus Vos, *Redemptive History and Biblical Interpretation*, ed., by R. B. Gaffin, Jr. (NJ: Presbyterian and Reformed Pub. Co., 1980), xiv.

서 인류를 향한 하나님의 특별한 계시의 말씀이, 구속의 역사 속에서 먼저 주어진 계시(적인 사건과 말씀)와 이후의 계시가 서로 단절되지 않고 예수 그리스도를 통한 최종적인 계시를 향하여 점진적이면서도 유기적으로 서로 연결되는 형태로 진행된다는 점을 강조했기 때문이다.[21]

구약과 신약 성경 전체는 창조로부터 예수 그리스도를 통과하여 종말의 재림으로 이어지는 거대한 하나님의 구속 역사를 통한 하나님의 계시를 담고 있다. 창조 사건 이후 아담의 타락과 원시복음, 노아 언약, 아브라함의 소명, 출애굽 사건, 시내산 언약, 광야 생활, 가나안 입성, 다윗 왕국, 다윗 언약, 솔로몬의 성전 건축, 이스라엘의 멸망, 바벨론 포로, 포로 귀환, 중간기, 그리고 예수 그리스도의 성육신과 십자가 죽음, 부활, 승천, 오순절 성령 강림, 교회의 탄생과 예수 그리스도의 재림으로 이어지는 전체 구속 역사(redemptive history)가 한 치의 오차도 없이 서로 유기적이면서도 점진적으로 연결되고 발전하면서 예수 그리스도를 통한 하나님의 최종적인 계시를 향하여 마치 씨앗에서 나무로 계속 성장하듯이 그렇게 구속의 역사가 진행되는 과정 속에서 하나님의 계시가 주어졌고, 또 성경 전체는 이렇게 구속 역사 속에서 주어진 하나님의 전체 계시를 보존하고 있다는 것이다. 그래서 설교자가 특정한 성경 본문을 해석하여 그 속에서 하나님의 음성을 듣고 신자들에게 그 하나님의 음성을 선포하려는 목적으로 특정한 성경 본문을 해석할 때에는, 반드시 그 본문을 전체 구속 역사의 맥락 속에서 해석해야 한다.

게할더스 보스가 초석을 놓은 구속사적인 관점의 성경해석은 그 이후

---

21 Geerhardus Vos, *Biblical Theology*, 이승구 역, 『성경신학』 (서울: CLC, 1985), 4-15; Geerhardus Vos, *Redemptive History and Biblical Interpretation*, xvii.

시드니 그레이다누스(Sidney Greidanus, 1935)나 그레엄 골즈워디(Graeme Goldsworthy)를 통해서 설교신학의 발전으로 이어졌다. 시드니 그레이다누스는 구약의 역사적인 사건들을 기록한 본문들을 구속사적인 관점에서 해석하여 설교하지 않고, 윤리적이고 모범적인 관점에서 설교하는 문제점들에 관하여 1930년대와 1940년대 초반에 화란의 개혁교회에서 발생한 논쟁들에 관한 연구로 1970년에 "오직 성경: 역사적 본문에 대한 설교의 문제점과 원리들"(Sola Scriptura: Problems and principles in preaching historical texts)이라는 제목으로 화란자유대학(Vrije Universiteit)에서 박사학위를 취득하였다.[22] 또한 1988년에는 1980년대에 성경해석학의 영역에 불어 닥친 해석학적인 강조점의 변화를 직시하면서 성경 본문에 대한 문학적인 접근 혹은 성경의 장르를 존중하는 방식으로 해석하고 설교하는 문제의 중요성을 인식하고 『성경 해석과 성경적 설교』(The Modern Preacher and the Ancient Text: Interpreting and Preaching Biblical Literature)를 저술하였다.[23]

그레엄 골즈워디(Graeme Goldsworthy)도 『복음과 하나님의 계획』(According to Plan)[24]과 『복음과 하나님의 나라』(Gospel and Kingdom)[25]을 통해서 구속사적인 관점으로 성경을 해석할 수 있는 원리들과 실제적인

22　Sidney Greidanus, *Sola Scriptura: Problems and principles in preaching historical texts*, 권수경 역, 『구속사적 설교의 원리』(서울: SFC, 1997), 11-34.
23　Sidney Greidanus, *Modern Preacher and the Ancient Text : Interpreting and Preaching Biblical Literature*, 김영철 역, 『성경 해석과 성경적 설교』(서울 : 여수룬, 1998).
24　Graeme Goldsworthy, *According to plan*, 김영철 역, 『복음과 하나님의 계획』(서울: 성서유니온, 1994).
25　Graeme Goldsworthy, *Gospel and kingdom*, 김영철 역, 『복음과 하나님의 나라』(서울: 성서유니온, 1988).

지침들을 제시하였고, 최근에는 『성경신학적 설교 어떻게 할 것인가』 (*Preaching the Whole Bible as Christian Scripture*)에서 성경 전체를 구속사적인 관점과 아울러 문학적인 장르의 특성까지도 구속 역사의 진행에 관한 성경신학적인 관점으로 접근하여 해석하고 또 설교할 수 있는 실제적인 지침들을 제시하였다.

1970년대까지 비약적인 성장을 경험하였던 한국교회 목회자들과 신자들이 이전의 기복적이고 감성적인 설교에 점차 피로감을 느끼면서 성경 본문의 세계로 신자들을 인도해 줄 설교에 대한 욕구가 점차 고조되었다. 이런 상황에서 1980년대 들어서 설교자들이 성경 본문을 더욱 깊이 연구할 수 있는 주석서들이 대거 쏟아지기 시작하고, 1984년에는 두란노서원에서 데니스 레인(Denis Lane)을 초청하여 강해설교(Expository Preaching) 세미나를 통하여 강해설교를 준비하고 전달하는 실제적인 방법들이 소개되었다. 또 로이드 존스(Lloyd-Jones)의 『목사와 설교』 (*Preaching & Preachers*, CLC)와 그의 설교집들이 번역 소개되고, 박영선 목사를 비롯하여 옥한흠 목사, 하용조 목사, 이동원 목사와 같은 탁월한 강해설교자들이 등장하면서 성경 본문을 깊이 있게 강해하는 강해설교에 대한 관심이 계속 높아져갔다.

또 이 시기에는 성서유니온의 「매일성경」이 신자들에게 널리 보급되면서 성경 본문을 이해하는 신자들의 수준도 점점 향상됨에 따라 자연히 장로교 목회자들 역시 예전에 비하여 좀 더 다양한 주석서들을 활용하면서 설교를 준비해야 할 필요성도 높아졌다.[26] 이런 계기로 1980년대 이후 강

---

26 「매일성경」이 한국 신자들이 일상생활 속에서 성경말씀을 묵상하고 적용하도록 긍정적인 영향을 주었음에도 불구하고 성경해석 과정에서 주관적이고 자의적인 해석과 적용을 조장했다는 부정적인 영향 또한 무시할 수 없다.

해설교는 한국장로교회 뿐만 아니라 대부분의 한국교회 목회자들과 신자들에게 설교에 관한 한 절대적인 규범처럼 뿌리내리게 되었다.

구속사적인 관점의 성경해석 역시 1980년대 이후 한국장로교회의 강해설교 발전을 더욱 풍성하게 해 주었다. 국내에서는 게할더스 보스의 구속사적인 관점의 성경신학과 언약사상이 이미 1960년대 초반부터 박윤선 박사를 통해서 소개되기 시작했고,[27] 그 이후 1980, 90년대에 접어들면서는 박윤선 박사의 영향을 받아 최낙재 목사나 정성구 교수,[28] 고재수 교수,[29] 석원태 목사[30]에 의하여 구속사적인 설교, 또는 성경신학적인 강해설교가 한국장로교회 목회자들에게 널리 소개되기 시작했다.[31]

기독교 설교의 중요한 목표는 이 땅에서 하나님의 통치를 따르는 하나님 나라 백성들에게 살아계신 하나님의 말씀을 선포하는 것이다.[32] 그리고 오직 성경만이 유일하고도 충분하고 명확하게 하나님의 말씀을 계시한다. 그래서 개혁신학에 근거하여 한국장로교회의 정체성을 올바로 회복할 수 있는 설교적인 방안은, 성경 전체가 일관되게 지향하는 예수 그리스도의 구속 역사의 관점에서 그리고 문법적이고 역사적인 해석 전략을 따라서 성경 본문을 해석하여 각각의 본문 속에 담겨 있는 구속사적인 중

---

27 박윤선, "계약사상", 「신학지남」30/4 (제126호, 1963년 12월), 11-26; 박윤선, "그리스도의 탄생과 계약사상", 「신학지남」31/1 (제127호, 1964년 9월), 15-20; 박윤선, 『성경신학』(서울: 영음사, 1974).

28 정성구, "한국 장로교회의 자화상과 미래 -개혁주의 입장에서의 비판과 대안", 「신학지남」 58/4(제230호, 1991년 12월), 102-127; 정성구, 『정성구 교수의 신학과 설교』(서울: 이레서원, 2010), 97.

29 고재수, 『구속사적 설교의 실제』(서울: CLC, 1987).

30 석원태, 『구속사적 설교신학과 설교학』(서울: 경향문화사, 1992).

31 이승구, "개혁주의 성경신학과 설교", 「한국개혁신학」4/1(1998), 346-374.

32 "Praedicatio verbi Dei est verbum Dei" in the Second Helvetic Confession, Ch. IV.

심사상(redemptive historical main idea)을 오늘의 회중의 상황에 적실성 있게 적용하여 선포하는 것이다.

나아가서 성경 본문을 해석할 때 막연하게 설교자 개인의 신학적인 취향이나 관심사를 따라서 해석하는 것이 아니라, 2천년 교회의 역사 속에서 개혁파 교회가 신봉해 온 신앙고백서들과 그 속에 담긴 교리 체계에 비추어보면서 해석하고,[33] 또 성경 본문을 통해서 신자들에게 일관성 있는 개혁신학의 교리를 교육할 수 있어야 한다. 즉 개혁신학에 기초한 교리설교와 신앙고백서에 관한 설교를 통해서도 장로교회의 정체성 회복을 시도할 수 있다.[34]

5. 객관적인 구속사만을 강조하는 설교의 한계

1980년대 이후 한국장로교회 안에 강해설교나 구속사적인 설교, 또는 성경신학적인 설교가 어느 정도 널리 소개되고 뿌리내린 지 이제 30년 정도가 지났다. 그렇다면 이렇게 한국장로교회 목회자들의 설교가 성경 말씀으로 가득하고 구속사적인 관점과 통찰로 가득하고, 하나님의 주권 사

---

33 Timothy S. Warren, "The Theological Process in Sermon Preparation" *Bibliotheca Sacra* 156(623, July-Sep. 1999), 336-56,

34 Ronald J. Allen, *Preaching Is Believing: The Sermon As Theological Reflection* (Louisville: Westminster John Knox, 2002), 143-146; Millard J. Erickson & James L. Heflin, *Old Wine in New Wineskins: Doctrinal Preaching in a Changing World*, 이승진 역, 『건강한 교회를 위한 교리 설교』(서울: CLC, 2005); Robert Kysar, "New Doctrinal Preaching for a New Century," *Journal for Preachers* 20:3(1997); 윤종훈, "개혁주의 4대 표준문서(Standard Documents) 활용을 위한 역사적 고찰-개혁주의 교리교육 설교법(Catechism Preaching) 확립을 위한 제언",「역사신학논총」14(2007), 234-271.

상, 언약 사상, 튤립 교리, 개혁주의 5대 솔라로 가득하며, 웨스트민스터 신앙고백서와 개혁주의 4대 표준문서에 담긴 개혁주의 사상들로 가득하면 장로교회 정체성 회복을 위한 설교의 대안은 충분할까?

이 질문에 대하여 필자는 개혁파 설교자들의 설교적인 노력이 지나치게 설교 내용에 치우치면서, 설교 메시지가 실제 교회 회중들의 신앙 성장과 순종, 그리고 실천의 현장과 긴밀하게 연결되어서 하나님의 말씀이 실제로 "각 사람을 그리스도 안에서 완전한 자로 세워가는"(골 1:28) 신자의 유기적인 성장의 차원은 간과하고 있음에 주목하고자 한다. 즉, 설교 메시지를 지나치게 설교자 편에서 접근하면서 설교 내용을 충실하게 채우는 쪽만을 지나치게 의식하다보니, 반대로 회중 편에서 그 설교 메시지를 듣고서 교회 안에서 그리고 신앙생활 속에서 어떻게 한 개인의 입장이 아닌 신앙 공동체 전체의 입장에서 실천하며 신앙 공동체가 공동체적인 차원에서 성장할 수 있는지에 대한 공동체적인 실천과 성장의 차원은 소홀했다는 점이다. 이 점을 구속사적인 관점에서 진단한다면, 설교자들이 성경에 계시된 객관적인 구속사에 대해서는 충실한 반면에 성경 바깥에서 오늘 신앙 공동체 현장에서도 계속 진행되어야 하는 주관적인 구속사에 대해서는 소홀했다고 평가할 수 있다.[35]

예수 그리스도를 정점으로 하는 계시의 역사는 성경의 저작이 종료되면서 종료되었지만, 창조-타락-예수그리스도의 구속-재림의 심판으로 이어지는 구속의 역사는 예수 그리스도의 구속과 재림의 심판 사이에 위치한 교회의 역사를 통해서 오늘 2012년 지역 교회 속에서 계속 진행 중이다.

---

35 Geerhardus Vos, *Biblical Theology*, 원광연 역, 『성경신학』(서울: 크리스챤다이제스트, 2005), 15.

성경은 예수 그리스도의 십자가 죽음과 부활에서 최고조에 달하는 객관적인 구속사와 아울러, 각각의 독특한 역사적인 상황과 인간의 삶 속으로 침투해 들어온 객관적인 구속사에 대하여 각기 독특한 시대적인 상황과 환경 속에서 반응했던 주관적인 구속사를 함께 담고 있다. 그리고 주관적인 구속사는 성경 속에서 종료된 것이 아니라 오늘을 살아가는 신자와 교회와 이 세상 가운데 살아 역사하시는 삼위 하나님의 주권적인 통치에 올바로 반응하는 가운데 현재 진행형으로 계속 진행되고 있다.

기독교 설교는 객관적인 구속사를 교회와 신자들에게 선포하고 교회와 신앙생활 현장 속에서 객관적인 구속사를 재현시켜서, 구속의 역사가 성경 속에 갇혀 종료된 것이 아니라 종말의 재림을 향하여 구속의 역사가 계속 진행되도록 하는 것이다. 물론 이 일은 사람의 힘으로 하는 것이 아니라 삼위 하나님의 주권과 능력과 영광 속에서 진행된다. 하지만 구속사적인 설교가 그 변혁의 동력을 잃어가고 있는 상황에서 설교자는 단순히 구속사적인 관점이 담긴 성경적인 메시지만을 회중 가운데 쏟아내 놓을 것이 아니라 그 메시지를 듣는 회중의 입장에서 왜 구속의 역사가 현재 진행형으로 계속 진행되지 못하고 성경 속에 갇혀버리고 마는지, 그리고 청중의 마음 속에서 단순히 메시지에 대한 지성적인 동의나 감동의 차원에 머물러 버리고 마는지에 대해서 진지한 고민이 필요하다.

6. 개인주의 때문에 무력해진 설교

데이비드 웰스(David Wells)는 개혁파 교회의 정체성의 회복을 위한 교리설교의 현실적인 한계에 대하여 고민하면서 현대 교회 안에서 설교의 능력이 사라지고 있는 주된 이유를 두 가지 관점에서 분석한다.

첫째, 오늘날의 기독교 설교의 내용 속에서 기독교 신학이 사라지고 하나님이 사라지고 있기 때문이다.[36]

둘째, 설교를 듣는 청중의 상태나 설교의 환경이 공동체적인 상황에서 개인주의적인 상황으로 바뀌어서 결국 "현대에 만연한 인간론"이 기독교 설교가 강력한 변화를 끌어내는 하나님의 말씀다운 능력을 발휘하지 못하도록 방해하고 있기 때문이라는 것이다.[37] 기독교 설교를 무력화시키고 설교의 환경이 예전과 같은 강력한 변화를 가져오는 설교를 더 이상 허용하지 않은 "현대에 만연한 인간론"의 정체는, 기독교 신앙이 예전과 달리 개인주의화하여 오늘의 청중들은 개인의 필요나 내면의 심리적인 필요의 차원에서 설교를 들으려고 한다는 것이다.

개인주의적인 기독교 신앙에 관하여 예리한 통찰을 제공하는 학자는 피터 버거(Peter Berger)이다. 그는 기독교의 세속화 또는 종교의 사사화와 같은 개념을 동원하여 현대 기독교의 개인주의적인 속성을 예리하게 지적한다. 그에 의하면 "기독교 신앙에도 일정한 사회관계, 혹은 관계의 구조가 필요하다. 그런 사회관계의 틀이 있어야 기독교의 세계관이 이해될 수 있다. 내면적인 신앙을 인증하는 것이 바로 이 외부적인 네트워크다."[38]

---

36 David Wells, *No Place for Truth*, 김재영 역,『신학실종』(서울: 부흥과개혁사, 2006), 164-220, 459.
37 David Wells, *God in the Wasteland*, 윤석인 역,『거룩하신 하나님』(서울: 부흥과개혁사, 2007), 175.
38 David Wells, *No Place for Truth*, 148, 430. 데이비드 웰스는 하나님의 진리가 공적인 차원(public dimension)을 확보하고 있음을 인정하면서도 공공신학(public theology)를 주장하는 데이비드 트레이시(David Tracy)의 입장에 대해서는 경계한다. 그 이유는 데이비드 트레이시가 진리와 거짓에 대한 기준이 사회 안에 있는 담론 공동체 가운데서 발견될 수 있다고 믿기 때문이다. 즉 담론 공동체를 초월하여 계신 하나님으로부터 주어지는 기독교 진리의 계시

근대화 이전의 기독교적인 세계에서는 "개인의 생각들과 공공 생활 사이에 넘어야 할 어떤 분열이 없었다. 한쪽 영역은 다른 쪽 영역과 확실히 일치되고 연계되었다…한 주간을 살면서 서로 거쳐 갔던 그 사람들이 바로 주일에 함께 예배드리는 그 사람들이었다. 이렇게 성품과 일은 서로 연결되어 있었으며, 가정과 세계가 연결되어 있었고 개인적인 인간관계들이 전부를 지배했다. 이런 상황에서 복음적인 신앙은 힘과 의미를 주었으며, 초월적 질서와 연결시켜 주었다. 마을 안에서의 초월적인 질서는 역마차의 바퀴처럼 명백히 만질 수 있는 것이었다."[39]

하지만 문명이 발달하고 합리주의와 개인주의가 발달하고 과학기술과 정보통신 문명이 발달하면서 시간과 공간, 지역 간의 격차가 해소되고 도시화가 진행되고 직업이 셀 수 없이 분화되며 현대인 각자의 개인적인 삶을 서로 공유하는 공유되는 삶의 영역이 점차로 축소되면서 자연히 기독교 신앙은 이전의 공공의 영향력을 잃어버리고 점차 개인의 내면세계 속으로 축소되고 말았다.[40]

이러한 과정을 피터 버거는 종교의 세속화(secularization)로 설명한다. 세속화는 "사회 및 문화의 어떤 영역이 종교의 제도와 상징체계의 지배로부터 벗어나는 과정"[41]으로 정의한다. 즉 현대 사회에서 종교, 또는 기독교는 사회 전체나 공동체 전체에게 영향력을 행사하면서 공동체 전체가 함께

적 차원을 부정하고 기독교 안에 상대주의를 끌어들이려 하기 때문이다. Cf., David Tracy, "Theology as Public Discourse", *Christian Century*, 13 March 1975, 280-284.
39 David Wells, *No Place for Truth*, 70.
40 David Wells, 213-220, 230.
41 Peter Berger, *The Heretical Imperative*, 서광선 역, 『이단의 시대』(서울: 문학과지성사, 1981), 35. Cf., Ron D. Dempsey, *Faith Outside the Walls*, 김순일 역, 『성경만큼이나 관심있게 보아야 할 교회 밖 풍경』(2004), 39-65.

선택하고 해결해야 할 공공의 이슈나 과제를 다루지 못하고, 신자 개개인의 일상적이고 사적인 영역과만 관계를 맺을 뿐이라는 것이다.[42]

기독교의 영향력이 공공의 영역에서 퇴거당하고 신자 개개인의 사적인 내면세계 속으로 숨어들어버린 상황에서, 사람들은 불확실하고 급변하는 세상 속에서 여전히 올바른 선택과 결단과 확신과 마음의 평안을 구하는 종교 시장의 상황은 자연스럽게 설교자들에게 은밀한 압박으로 다가올 수밖에 없다. 이러한 변화의 흐름 속에서 기독교 설교자들 역시 종교 시장의 변화에 감성적인 설교, 기복적인 설교, 자아 계발의 비법을 제시하는 설교, 내면세계의 불확실성과 불안의 문제를 확신과 선택,[43] 그리고 결단으로 이끄는 설교로 종교 소비자들을 붙잡으려고 애쓰고 있다.[44]

다시 말하지만, 여기서도 시장 논리가 작동하고 있다. 목회자는 교회, 교인으로 이루어진 하나의 시장에 나와 있는 상품인 것이다. 목사는 자신을 이런 상품으로 규정하고 있다. 그래서 자신이 이 시장을 이루고 있는

---

42 데이비드 웰스는 다원화되고 복잡하게 얽힌 지구촌 시대에 걸맞게 현대의 개인주의화된 기독교 설교의 초점이 청중의 내면 세계 속에서 진행되는 선택과 결단의 문제에 집중하게 된 원인이 "자아 중심의 개인주의" 때문이라고 한다. Cf., David Wells, *Losing Our Virtue*, 윤석인 역, 『윤리실종』(서울: 부흥과개혁사, 2007), 147-149.

43 개혁주의 조직신학자인 안토니 후크마(Anthony Hoekema)에 의하면 "우리의 구원은 우리 믿음의 강도에 좌우되지 않는다"고 한다. 하지만 자아의 내면 세계에서의 불확신과 확신 사이를 바삐 오가는 현대의 세속화된 기독교 설교는 마치 신자의 구원과 성화가 신자 개개인의 내면적인 확신의 정도에 달렸다는 알미니안적인 신앙관을 심어주고 있다. Anthony Hoekema, *Saved by Grace*, 류호준 역, 『개혁주의 구원론』(서울: CLC, 1990), 248. 또 상업주의적인 메시지를 외치는 설교자들은 "여러분이 여러분의 입으로 예수님의 임재를 만들어 낼 수 있습니다…예수님은 여러분의 입술과 말에 매여 있습니다"라고도 주장한다. Michael Scott Horton, *Made in America: The Shaping of Modern American Evangelicalism*, 김재영 역, 『미국제 복음주의를 경계하라』(서울: 나침반, 2001), 255.

44 David Wells, *No Place for Truth*, 362.

사람들이 바라는 능력을 소유하고 있는 사람으로 제시해야 한다고 느끼고 있다. 그리고 드러났듯이 이 능력은 주로 경영자적인 능력이다.[45]

기독교의 공공성이 사라지고 개인주의적인 신념의 차원으로 변질되면서, 설교의 목표가 역사 현실 세계 속에 실현되고 있는 하나님 나라를 선포하지 못하고 개인 내면세계 속에서의 통찰과 각성과 올바른 선택의 결단에 관한 자아의식에 초점을 맞추게 된 것이다. 이렇게 종교 시장에서 수요와 공급이 서로 만나면서 "미국에서도 새로운 종교 소비자주의가 일기 시작하고, 기존의 유명 교회들을 찾아가기보다 이리저리 쇼핑하듯이 최고의 교회를 물색하고 선택하는 경향이 아주 뚜렷이 나타나고 있다."[46]

"그리하여 한때는 세상의 군왕들을 높이기도 하고 쓰러뜨리기도 하며 강포한 자와 속임수로 이익을 남기는 자를 책망하시는 그러한 하나님을 증거하던 신앙은, 오늘날에 와서는 전적으로 인간의 내면적 영혼의 문제와 기껏해야 개개인 사이에서 발생하는 불화나 갈등 정도에 관심을 가지는 정도로 축소되어 버렸다."[47]

소위 번영신학을 추구하는 설교는 비단 북미권 교회의 문제만이 아니라 21세기 한국교회 안에서도 그대로 반복되고 있다.[48] 고 옥한흠 목사는 21

---

45 David Wells, 368.
46 Alister MaGrath, *The Future of Christianity*, 박규태 역, 『기독교의 미래』(서울: 좋은씨앗, 2005), 69-70.
47 Michael Scott Horton, *Made in America: The Shaping of Modern American Evangelicalism*, 『미국제 복음주의를 경계하라』, 27.
48 김영한, "영광 신학의 설교와 십자가 신학의 설교: 오늘날 번영주의 설교 비판", 「한국개혁신

세기 한국교회 설교가 신자와 교회의 개혁을 이끌어내지 못하고 그저 신자 개개인의 내면세계의 문제만을 해결해 주면서 부흥의 반사이익을 거두고 있는 현실에 대해서 '설교만능주의'라는 용어를 사용하여 다음과 같이 평가한다.

> 요즘 한국 교회 내에는 분명 설교만능주의에 빠진 분들이 있어요. 설교만능주의는 결국 설교 홍수 시대를 만들었어요. 설교 하나면 다 된다고 생각하니 너무나 설교가 많은 거예요. 너무 설교가 많고, 한 목회자가 설교를 과도하게 자주 해요. 그렇게 하다 보면 질이 떨어질 수밖에 없어요. 설교에 대한 청중의 자극 강도도 약해지는 것은 당연하지요. 설교 홍수 시대에 설교자들은 자연스레 청중을 의식하게 됩니다.[49]

설교의 내용 속에 기독교 신학이 사라지고 있다면, 그 설교의 내용 속에 다시 성경적인 내용, 개혁신학을 충실히 반영하는 교리들을 채워 넣으면 그나마 대안이 될 수 있다. 하지만 설교를 듣는 청중이 사적인 설교 청취(와 감동과 결단)를 공적인 실천과 분리시켜서 설교청취 따로 실제 삶 따로 살아가는 것을 당연시하는 청중들에게 어떻게 변화를 이끌어내는 설교를 전하여 장로교회의 정체성을 구현할 수 있을까?

학』26(2009), 8-38.
49 옥한흠, "설교가 즐겁냐고요? 고통의 십자가 같죠 : 명설교자에게 듣는다-옥한흠 목사", 『국민일보』 2008년 8월 5일.

7. 주관적인 구속사의 연속성을 위한 신앙공동체를 세우는 설교

청중의 자발적인 청취를 추구하는 현대 설교학을 예리하게 분석한 찰스 캠벨은 "최근의 설교학자들은 설교의 방법이나 기교에는 관심을 기울이면서도 선포된 말씀을 신실하게 듣도록 해 주는 공동체의 실천적인 사역들에 대해서는 거의 관심을 기울이지 않았다"고 비판한다.[50] 그래서 캠벨은 현대의 신설교학 운동을 한스 프라이의 탈자유주의 신학에 근거하여 비판한 다음에, 결론부에서 기독교 설교는 "이 세상에서 예수 그리스도의 정체성을 구현하는 교회를 세우는 방향으로 나아가야 할 것"을 주장한다.[51] 캠벨에 의하면 예수 그리스도의 정체성을 구현하는 신앙 공동체는 기독교 설교가 추구해야 할 목표이기도 하지만, 더 중요한 점은 이 공동체는 기독교 설교를 가능하게 하는 출발점이라는 사실이다.

> 복음은 제자도의 삶이 실현되는 곳에서만이 올바로 선포되고 들려진다 …복음을 신실하게 듣는 것을 가능하게 하는 공동체적인 사역이 없이는, 말씀-사건(word-event)은 그 자체로는 충분하지 않다.[52]

설교의 결정적인 목적이 하나님의 특별 계시를 섬기는 것이고 하나님의

---

50 Charles Campbell, *Preaching Jesus; New Directions for Homiletics in Hans Frei's Postliberal Theology*, 이승진 역, 『프리칭 예수: 한스 프라이의 탈자유주의 신학에 근거한 설교학의 새 지평』(서울: CLC, 2001), 381.
51 Charles Campbell, 345-397; 김운용 교수도 선교 2세기를 맞이하는 한국교회를 위한 설교신학을 재고할 때 설교가 "세상에 대한 대안공동체를 세워가는 것이 되어야 할 것"을 주장한다. 김운용, "선교 2세기 한국교회의 말씀 선포 사역을 위한 설교신학 새고", 「장신논단」43(2011), 229-253.
52 Charles Campbell, 378.

특별 계시의 핵심은 성경을 통해서 계시된 그리스도 중심의 구속사이다. 그리스도 중심의 구속사는 앞서 살펴본 바와 같이 객관적인 구속사와 주관적인 구속사가 상호 작용하면서 창조-타락-구속-심판으로 이어지는 전체 구속역사를 관통하고 있다. 설교의 주된 목표는 성경에 계시된 객관적인 구속사에 근거하여 오늘의 하나님 나라 백성들에게 오늘의 구속사 실현을 위한 하나님의 말씀을 새롭게 선포하는 것이다. 그래서 교회의 탄생과 그리스도의 재림 사이에 위치한 교회의 강단에서 선포되는 설교를 통해서 객관적인 구속사가 계속 지역 교회의 신앙 공동체 속에서 주관적인 구속사로 재현되고 반복되도록 하는 것이다.

개혁신학의 형성과 발전에 중요한 토대를 제공한 종교개혁자 요한 칼빈의 설교와 목회사역은 신앙 공동체를 세워가는 구속사적인 설교와 관련하여 적절한 모범을 제시한다. 설교의 내용의 차원으로서 칼빈의 설교에서 주목할 것은 그의 철저한 주해에 기초한 강해설교이다. 하지만 이뿐만 아니라 자신의 설교 사역과 자신의 설교를 듣는 제네바교회 회중, 그리고 자신이 싸워야 하는 주변의 악한 세력들 전부를 성경에 펼쳐진 객관적인 구속사의 연장선상에 놓고 동일시했던 점 역시, 주관적인 구속사의 연속성을 위한 신앙 공동체를 세우는 설교를 위해서 후대의 설교자들이 관심을 쏟아야 할 중요한 측면이다.

칼빈이 자신을 성경의 인물들 중에 특히 다윗과 동일시하면서 설교를 했던 전형적인 사례가 바로 칼빈의 시편설교이다. 칼빈에게 있어서 시편은 그가 주일 설교에서 다룬 유일한 구약 성경책일 정도로 시편을 사랑하였고 시편을 설교하기를 좋아하였다. 칼빈이 시편을 설교하는 것을 좋아했던 이유는, 숱한 고난과 핍박과 유혹에 처한 칼빈과 제네바교회의 현실(주관적인 구속사)이 고난 속에서 하나님의 구원을 소망하며 찬양했던 다윗의 입장(객관적인 구속사)과 너무나도 흡사하다고 판단했기 때문이다.

실제로 제네바교회(주관적인 구속사)와 이스라엘 교회(객관적인 구속사)는 거의 동일한 상황에 처해 있었다. 수도 없이 많은 내부의 위선자와 외부의 수많은 적, 우상 숭배와 성서에 어긋나는 생활양식의 죄악들을 우리는 시편이나 마찬가지로 칼빈의 편지에서도 발견한다. 제단과 권좌의 관계(객관적인 구속사)와, 칼빈이 이스라엘을 본보기 삼아 기독교 공동체의 이상을 실현하려고 했던 성전과 시청의 관계(주관적인 구속사) 또한 유사하다.[53]

칼빈이 자신을 다윗과 동일시했던 배경에는 다윗을 단순한 시인이나 이스라엘의 통치자로만 이해하는 것이 아니라, 당대에 진행되고 있던 하나님 나라의 백성의 대표자로서의 동일시와 아울러 더 나아가서 이스라엘의 광야 교회를 칼빈 자신이 목회하던 제네바교회의 연장선상에서 이해했던 교회관이 깔려 있었다.[54] 그래서 셀더르하위스(Selderhuis)에 의하면, "다윗에게 닥친 것, 칼빈에게 닥친 것, 그리고 칼빈의 교회 공동체의 구성원들에게 닥친 것, 그 모든 것은 언제 어디서나 현존하는 하나님의 백성들의 운명"이었다고 한다.[55]

이렇게 제네바교회는 성경에 펼쳐진 객관적인 구속사가 성경 속에서 닫혀 종료된 것이 아니라 자신의 설교와 목회 현장 속에서 주관적인 구속사로 계속 현재 진행형으로 진행되고 있다는 칼빈의 판단과 아울러 그 가운데 오직 하나님이 말씀만이 이 위기를 극복할 수 있는 원동력이라는 헌신

---

53 Herman J. Selderhuis, *Gott in der Mitte: Calvins Theologie der psalmen*, 장호광 역, 『중심에 계신 하나님: 칼빈의 시편 신학』(서울: 대한기독교서회, 2009), 39.

54 이승진, "회중의 상황에 적실한 시편 설교 방안", 「헤르메네이아 투데이」 52(2011년, 가을), 71-92.

55 Herman J. Selderhuis, 48.

속에서 선포되는 하나님의 말씀을 통해서 구원의 기쁨과 감격을 맛보며 개혁교회로서의 기치를 높이 치켜들 수 있었다. 즉 칼빈의 설교와 교육을 통해서 계속적으로 선포되고 확인되는 그리스도의 중심의 성경 역사가, 자신들이 실제로 호흡하며 살아가는 이 땅의 교회의 역사와 구별되는 것이 아니라 성경 역사의 연장선상에 교회의 역사가 놓여 있다는 공감대를 가질 수 있었다. 그리고 이러한 공감대는 성경이 지향하는 방향으로 제네바교회를 개혁해 가도록 하는 원동력으로 작용한 셈이다.[56]

특정한 지역 교회 현실 속에서 객관적인 구속사를 설교하여 그 교회 현실 속에서 칼빈의 제네바교회처럼 주관적인 구속사가 계속 진행되는 공동체를 세우려면 어떻게 해야할까? 이를 위해서 설교자는 성경에 계시된 그리스도 중심의 구속 역사가 특정한 교회 속에 적용될 때 공동체 정체성의 내러티브(communal identity narrative)를 형성한다는 사실에 주목할 필요가 있다.

공동체 정체성의 내러티브와 관련하여 유용한 통찰을 제공하는 신학자는 조지 스트룹(George Stroup)이다. 그는 객관적인 구속사와 주관적인 적용의 역사가 서로 충돌하는 사건에 대한 리차드 니버의 계시관을 한스 프라이(Hans Frei)의 내러티브신학(Narrative theology)과 결합시킨 "기독교 공동체의 정체성을 형성하는 내러티브"(communal identity narrative)로부터 현대 교회의 자기 정체성을 회복할 방안을 모색한다. 조지 스트룹에 따르면, 기독교 공동체도 신자 개개인처럼 그 공동체 나름의 독특한 정체성을 담아내는 정체성의 내러티브를 가지고 있으며, 신앙 공동체의 정체성은 내

56　이승진, "칼빈의 교회개혁과 설교", 「성경과 신학」 51(2009), 190.

러티브의 형태를 통해서 드러난다고 한다.[57] 즉 특정한 신앙 공동체 구성원들이 하나님 나라에 관한 동일한 집합의식을 공유할 때, 그렇게 공유된 집합의식은 공동체 정체성의 내러티브(communal identity narrative)의 형태를 취한다는 것이다.

따라서 오늘날 설교의 현장을 짓누르고 있는 현대의 개인주의와 종교 소비자 중심의 영성의 한계를 개혁신학으로 극복하면서 장로교회의 정체성을 구현하는 신앙 공동체를 세우기 위하여 설교하려는 설교자들은, 성경에 계시된 그리스도 중심의 객관적인 구속 역사의 관점에서 성경 본문을 해석하고 개혁신학에 바탕을 둔 교리적인 체계를 설교에 담아내도록 노력해야 한다. 동시에, 성경에 계시된 객관적인 구속사가 성경 속에서도 주관적인 구속사 속에서 개별적으로 적용되었듯이 다시 성경 바깥인 오늘의 지역교회의 설교 현장에 어떤 모습으로 말씀이 적용되어 그 교회만의 독특한 주관적인 구속사를 반영하는 공동체 정체성의 내러티브를 만들어 내고 있는지에 대해서 설교하며 그런 설교를 통해서 공동체로 함께 설교를 듣는 신자들의 의식 속에 객관적인 구속사 뿐만 아니라 해당 교회의 역사 속에서 누적되는 주관적인 구속사에 대한 공동의 의식과 기억, 즉 집단기억을 형성할 수 있도록 유도해야 한다.[58]

---

[57] George W. Stroup, *The Promise of Narrative Theology* (Atlanta: JohnKnox Press, 1981), 91-95.
[58] 이승진, "신앙 공동체 활성화를 위한 설교 방법에 관한 연구", 「복음과 실천신학」 21(2010, 봄호), 99-123; "설교를 통한 신앙 공동체의 집단기억 형성에 관한 연구", 「신학과 실천」 24/1(2010), 145-175.

8. 나가는 말

구약신학자 크리스토퍼 라이트(Christoper Wright)에 의하면, "하나님의 목적은 의로운 개인들을 생산해 내는 작업소를 만드는 데 있는 것이 아니라, 그들의 사회 생활 가운데서 하나님 자신의 성품을 반영하는 의와 평화와 정의와 사랑이라는 속성을 구현하는 사람들로 이루어진 새로운 공동체를 만들어 내는 데 있었다"고 한다.[59] 그래서 선지자들의 의식 속에는 "이스라엘이 어떤 종류의 사회였는가(혹은 어떤 종류의 사회여야 했는가)와 그들이 예배했던 하나님이 어떤 분인가 사이에는 뗄 수 없는 연결이 존재했다"고 한다.[60] 또 당시 선지자들은 "만일 이스라엘이 불의와 압제와 탐욕, 성적 폭력과 물리적인 폭력 및 모든 의로움과 동정심의 상실로 점철된 사회가 되도록 허용한다면, 그들이 무엇을 혹은 누구를 예배하고 있다고 생각하든지 그 예배의 대상은 여호와 하나님이 아니라고 지적했다"고 한다(Cf., 사 1:13ff).[61]

구약시대 선지자들이 비판했던 이스라엘 예배의 타락을 오늘날 설교의 타락에 적용시켜본다면 이런 논리도 가능할 것이다. "만일 한국장로교회가 한국 사회 속에서 장로교회다운 거룩한 정체성을 구현해내지 못한다면, 그 교회 속에서 아무리 성경적이고 구속사적인 설교를 하더라도 또 아무리 그 설교의 내용이 개혁주의 신학을 담아내고 있더라도 그 설교에서 소개되는 대상은 여호와 하나님이 아니다."

59　Christopher Wright, *Old Testament Ethics for the People of God*, 김재영 역, 『현대를 위한 구약윤리』(서울: IVP, 2006), 67.
60　Christopher Wright, 77.
61　Christopher Wright, 79.

신자들에게서 (직장 생활이나 사회생활과 같은) 공공의 세계와 개인 내면의 세계가 분리되어버린 상황에서 그리고 공공의 세계에서는 영향을 받으려하지 않고 그저 개인 내면의 세계에 부합하는 설교의 내용만을 소비하기 위해서 몰려오는 사람들에게 기독교 설교 메시지를 쏟아내야 하는 현실 속에서, 과연 우리는 어떻게 설교해서 구약시대와 초대교회, 그리고 종교개혁자들이 공공의 세계와 개인 내면의 세계를 통합하고 설교 메시지와 실천적인 삶을 통합시켜서 성경에 펼쳐진 객관적인 구속사가 성경 속에 갇혀 종료된 것이 아니라 자신들이 설교의 현장과 교회 현장 속에서 주관적인 구속사로 계속 진행되도록 설교했던 그러한 설교의 전통을 오늘의 현실 속에서 계속 이어갈 수 있을까?

  본고에서는 이 질문에 대한 한 가지 대안으로 주관적인 구속사의 연속성을 위한 신앙 공동체를 세우는 설교를 제안하였다. 개인주의 시대에 신앙공동체를 세우는 설교를 통해서 이사야 선지자가 예언하였던 하나님의 말씀의 영광(사 55:10-11)이 21세기 한국장로교회 속에서도 변함없이 성취될 수 있기를 기대한다.

| 02 |
현대 신비주의 운동과
설교의 대응

1. 들어가는 말

한반도에 기독교의 복음이 전래된 이후, 일제 치하와 6.25 사변 그리고 7, 80년대 이후의 성장기를 거쳐 온 한국교회는, 지난 한국교회 역사 속에서 신비주의 운동으로부터 결코 자유로운 적이 없었다.

기독교 안에서 신비주의를 다양한 관점에서 정의할 수 있겠으나, 본고에서는 "비범한 성찰이나 신비한 체험 속에서 절대자(하나님)와의 연합이나 합일을 추구하는 사상"으로 신비주의를 정의하고자 한다. 꼭 황홀경의 체험은 아닐지라도 비범한 성찰이나 각성의 체험, 고도의 정신적인 수양이나 훈련, 몰아적인 방언, 은사, 기적적인 치유, 그리고 이를 통한 하나님과의 합일을 마치 기독교 진리의 핵심인 것처럼 부각시키는 신비주의 운동은, 2천년대 들어서 한국교회 안에서 다양한 형태로 지속되면서 여러 혼란을 초래하고 있다. 다음 몇 가지 사례는 최근 한국교회 안에서 급속도로 확산되고 있는 현대 신비주의 운동의 일면을 보여준다.

① 2007년 7월에 알파코리아 이사장 류영모 목사는 불신자에 대한 전도 훈련 프로그램을 진행하는 알파코스의 집회 현장에서 아말감으로 제작된 틀니나 치아가 금니로 바뀌는 이적 현상에 대한 한국교회 안팎의 비판을 의식하여[1] 알파코스가 마치 금니 이적 사역으로 비춰진 것을 반성하면서, 앞으로 알파코스에서는 아말감을 금니로 바꾸는 사역을 가르치거나 시행하지 않겠다고 약속하였다. 아말감으로 제작된 치아의 금니로의 변화를 주장하는 사람들은, 하나님은 무로부터 천지를 창조하셨고 산을 들어 옮기실 수 있는 하나님이 (그 정도의) 아말감을 금으로 못 바꾸실 이유가 없지 않느냐고 반문한다.

하지만 필자가 이 점을 한국교회를 어지럽히는 잘못된 신비주의 운동의 하나로 비판적으로 언급하는 이유가 있다. 그것은 한국교회가 선포하는 복음의 수준이, 죽어가는 영혼을 살리고 타락한 세상을 변화시키는 예수 그리스도의 복음의 신비와 능력을 제대로 선포하지 못하고 겨우 "아말감을 금니로 바꾸는" 정도의 기복적이고 주술적인 이적의 수준으로 전락하는 것에 대해서 선뜻 동의하기 어렵기 때문이다.

② 2008년에는 기독교 출판 분야에서 가장 널리 주목을 받으면서 베스트셀러에 진입한 책 중의 하나가, 김우현 감독이 방언의 은사에 관하여 저술한 『하늘의 언어』다. 이 책의 영향으로 2008 하반기 이후 기독교 출판

---

1 2008년 2월 2일에 MBC 시사프로그램 '뉴스 후'는 상당한 부채를 가지고 있는 한국의 대형 교회에 대한 은행권의 '미션대출'의 실태와 아울러 아말감이 금니로 변하는 사역이 교세 확장을 원하는 목회자들 사이에서 유행하고 있음을 비판하는 내용을 방영했다.

계 뿐만 아니라 한국교계에는 '방언 체험 열풍'이 유행처럼 번져 나갔다.[2] 저자의 본래 의도와 다를 수도 있겠지만 이 책을 읽은 독자들이 방언이나 신비한 체험에 대하여 지나친 관심을 보이는 일들이 나타나자, 방언 은사 중심의 신앙생활에 대한 비판을 담은 옥성호의 『방언, 정말 하늘의 언어인가』라는 책이 출간되었다.[3] 이 책에서 저자는 '은사 중지론'의 입장에서 최근 한국교회 안에서 열병처럼 확산되고 있는 방언이나 신유 체험 현상들을 비판하였다.

두 가지 상반된 입장을 담은 책들이 계속 출판되는 상황에서 목회 현장에서는 (무언가 색다른 신앙생활을 추구하는) 신비주의에 대한 교인들의 관심은 계속 증폭되고 있으며, 신비로운 체험이나 은사에 대한 교인들의 뜨거운 열기 앞에서 일부 목회자들마저 목회 사역의 구심점과 지향점 설정에 대한 혼란감이 가중되고 있다.

③ 또 비슷한 시기에 출간된 손기철 장로의 『왕의 기도』[4] 역시 무기력한 타성에 젖은 기독교 신앙의 변화와 돌파구를 모색하려는 일반 기독교 신자들에게 큰 호응을 얻고 있다. 『왕의 기도』 1장은 저자가 2007년 여름에 중국 한인교회에서 말씀치유 집회를 시작하기에 앞서 모기떼를 쫓아내는 기도의 효과를 소개하는 내용으로 시작된다. 당시 저자는 집회에 참석 중인 회중을 방해하는 모기떼를 염두에 두고 "예수 그리스도의 이름으로 명하노니, 하나님의 말씀을 듣는 회중을 방해하는 모기떼들은 모

---

2 Cf., http://3-rd.net
3 옥성호, 『방언, 정말 하늘의 언어인가?』(서울: 부흥과개혁사, 2008).
4 손기철, 『왕의 기도』(서울: 규장, 2008).

두 사라질지어다!", "이 자리에 있는 모든 회중들에게서 모기가 싫어하는 물질이 분비될지어다!"라고 선포했다고 한다. 그리고 다음 날 확인해 보니 집회에 참석했던 300명 중에 딱 한 명을 제외하고 모두가 모기에 물리지 않았다고 한다.

이 책에서 저자는 하나님의 살아계심을 믿고 그 분의 능력을 진심으로 구하는 신자라면 누구든지 정신적 및 육체저 질병과 고통으로부터 자유롭게 되는 신유의 은사를 체험할 수 있다고 한다. 또한 저자는 Heavenly Touch Ministry라는 단체를 조직하여 다양한 내적치유 세미나와 치유 사역을 진행하고 있으며,[5] 그가 월요일 저녁마다 인도하는 집회장은 전국에서 모여든 신도들과 병자들로 입추의 여지가 없을 정도라고 한다.

④ 방언이나 은사와 같은 체험 중심의 신비주의와 다소 구별되는 것처럼 보이는 '관상기도'를 통한 신비주의 운동 역시 21세기에 접어든 한국교회 안에서 상당한 영향력을 행사하고 있다. 앞의 세 가지 사례에서 나타나는 방언이나 은사 중심의 신비주의가 역동적인 체험 지향적인 신비주의 운동이라면, 관상기도 운동은 다소 정적이며 각성을 통한 하나님과의 합일을 추구하는 신비주의라고 할 수 있다.

2011년 7월에 예장 합동측(총회장 김삼봉 목사) 총회신학부는 "바른 영성에 대한 개혁주의 신학적 조망"을 주제로 '한국 개혁주의 신학대회'를 개최하여 최근 한국교회에 널리 퍼지고 있는 '관상기도'를 강하게 비판하였고, 은사집회운동으로 주목받고 있는 손기철 장로(온누리교회)에 대해서도

---

5   www.heavenlytouch.co.kr

주의를 당부하기도 하였다.⁶ 관상기도에 대한 이동원 목사의 반대 입장 표명이나 여러 비평적인 세미나가 계속 이어지고 있음에도 불구하고, 여러 개신교 단체들과 기관들을 통해서 관상기도 보급운동은 계속되고 있는 실정이다.

본고에서 필자는 앞에서 소개한 네 가지 사례의 저변에 깔린 신비주의(神秘主義, mysticism) 운동에 대하여 설교학적인 평가와 대응 방안을 모색하고자 한다. 언뜻 보기에 앞의 네 가지 사례는 신비주의 운동과 전혀 무관한 것처럼 보일 수도 있다. 하지만 신비주의를 "비범한 성찰이나 신비한 체험 속에서 절대자(하나님)와의 연합이나 합일을 추구하는 사상"으로 포괄적으로 정의할 때, 방언을 강조하는 현상이나 치유 은사 집회의 기저 속에서, 우리는 구원의 하나님이신 예수 그리스도에 대한 믿음과 성경 말씀에 대한 순종이라는 지극히 평범해 보이는 일상적인 신앙생활에 만족하지 못하고 좀 더 신비로운 체험이나 사건 속에서 절대자 하나님과의 극적인 합일을 추구하려는 동기를 엿볼 수 있다.

최근 한국교회 안에 널리 확산되고 있는 관상기도가 단순히 고요한 침묵 기도의 차원에서 진행되는 것뿐이라고 항변하는 사람들이 있을른지 모른다. 하지만 현재 북미권의 교회 안팎에서 확산되고 있는 관상기도는 레이 윤겐(Ray Yungen)이나 로저 오클랜드(Roger Oakland)의 비판과 같이, "실용주의적인 신비주의"와 긴밀한 관계를 맺고 있는 실정이다.⁷ 이런 이

---

6 http://www.christiantoday.co.kr/view.htm?id=248401
7 Ray Yungen, *A Time of Departing*, 김성웅 역, 『신비주의와 손 잡은 기독교』(서울: 부흥과개혁사, 2009); Roger Oakland, *Faith Undone*, 황스데반 역, 『이머징 교회와 신비주의』(서울: 부흥과개혁사, 2010).

유로 현대 기독교와 교회에 영향력을 행사하는 신비주의 운동의 특징과 그 한계에 대해서 살펴보는 것은 매우 시의적절하다.

본고에서 필자는 "비범한 성찰이나 신비한 체험 속에서 절대자(하나님)와의 연합이나 합일을 추구"하는 신비주의 운동이 교회 역사 속에서 어떻게 기독교 안으로 흡수되었는지를 먼저 살펴볼 것이다. 이 단계에서는 주로 플라톤의 신비주의적인 합일사상과 유대교의 하나님과의 합일사상이, 초대 교회 알렉산드리아 학파에 속한 교부들과 사막 교부들의 고행, 그리고 수도원 운동을 거치면서 기독교 신비주의로 탈색된 과정을 간략하게 살펴볼 것이다.

이어서 신비주의 운동의 부정적인 영향과 아울러 개혁주의 전통 속에서 정착된 "그리스도와의 연합"과 "하나님과의 합일을 추구하는 신비주의"의 차이점에 대해서 살펴볼 것이다. 개혁주의 전통 속에서 정리된 "그리스도와의 연합"과 "황홀경 속에서 하나님과의 합일을 추구하는 신비주의"의 공통분모와 차이점을 살펴봄으로써, 기독교 안에서 왜곡된 신비주의의 정체를 파악함과 동시에, 성경적인 근거가 있는 기독교의 신비를 목회 현장과 신앙생활 현장에서 고취시킬 수 있는 실제적인 방안을 모색할 전거를 마련하고자 한다.

마지막으로는 왜곡된 신비주의를 지양하고 바람직한 기독교 신비의 결정체로서의 예수 그리스도의 복음을 선포할 수 있는 설교의 방안에 대해서 살펴볼 것이다. 이를 통해서 한국교회의 설교가 신비주의의 한계를 극복하고 예수 그리스도의 십자가 죽음과 부활 사건에서 성취된 하나님 나라의 복음을 올바로 선포함으로 이 땅에서 교회의 영광을 드높일 수 있는 설교학적인 기반과 실천적인 대안을 모색하고자 한다.

2. 초대 헬라 기독교 신비주의의 배경

서방 기독교의 역사 속에서 신비주의가 기독교와 접목된 과정을 이해하기 위해서는, 초대 헬라 기독교 안에서 신비주의가 자랄 수 있는 토양을 제공한 유대교의 신비주의와 그리스 철학의 신비주의 사상을 먼저 이해할 필요가 있다. 시카고 대학의 버나드 맥긴(Bernard McGinn)은 『서방 기독교 신비주의의 역사: 신비주의의 토대 - 그 기원부터 5세기까지』 (The Foundations of Mysticism: Origins to the Fifth Century)에서 서방 기독교 신비주의의 기원을 유대교와 그리스 철학, 특히 플라톤의 관상적인 이상(contemplative ideal)으로부터 추적해 내고 있다.[8] 그에 따르면, 초대 기독교 역사 속에 스며들어 온 유대교 사상과 그리스 종교철학을 이해하지 않고서는, 서방 신비주의 역사를 제대로 이해할 수 없다.[9]

1) 유대교의 묵시적인 신비주의

먼저 초대 기독교에 영향을 끼친 유대교의 신비주의와 관련하여 주목할 사상 중의 하나가 유대교의 묵시사상이다. 유대교의 묵시사상은 포로기 이후 제2성전 시대에 형성된 묵시문학, 또는 묵시록에 담긴 기본 사상을

---

8 Bernard McGinn, *The Foundations of Mysticism: Origins to the Fifth Century*, 방성규, 엄성옥 공역, 『서방 기독교 신비주의의 역사: 신비주의의 토대, 그 기원부터 5세기까지』(서울: 은성, 2000).
9 Bernard McGinn, 31. Bernard McGinn에 의하면, 서방의 헬라 기독교에 접목된 신비주의 운동의 발전 과정을 추적할 때, 유대교의 뿌리를 무시하고서 신비주의를 순전히 헬라적인 현상으로만 보는 것은 신비주의의 역사의 한 중요한 부분을 잘못 이해할 위험성이 있다고 한다. Bernard McGinn, 56.

말한다. 묵시(apocalypse)란 말은 "베일을 벗겨 감추어진 것을 드러내다"는 의미가 담긴 헬라어 '아포칼립시스'(ἀποκάλυψις, 계시)에서 유래하였다.[10] 대부분의 구약신학자들에 의하면 묵시 사상의 기본 패러다임은 ① 우주적인 선과 악의 대결 구도를 전제하는 이원론과 ② 초월적인 하나님이 현실역사에 개입하셔서 우주적인 대격변의 전투를 통해서 사탄의 세력을 완전히 박멸하고 새로운 세상을 만드는 내세주의적인 종말론을 중요한 근간으로 이해하고 있다. 이러한 기본적인 구조에 덧붙여서 신화적인 동물의 상징이나 환상, 예언된 대재앙, 천사론(귀신론), 메시아사상, 정해진 마지막 날에 대한 도식이나 숫자풀이, 별들의 세력의 지상 역사에 대한 영향력이 덧붙여진다.[11]

바벨론의 침공으로 인한 유다의 멸망과 포로생활, 그리고 포로 귀환 이후 유대교 안에서 형성된 이원론적이고 내세주의적인 묵시사상이, 신비주의 운동으로 발전되는 계기는 묵시문학에서 찾아볼 수 있다. 유대교가 등장하기 이전에 초기 유대인들은 "어디에서 하나님을 찾을 수 있는가?"라는 질문에 대하여 '성전'이라는 표준적인 대답을 갖고 있었다. 모세오경 안에서는 이동하는 회막(출 25-30; 35-40)이 하나님의 현현과 만날 수 있는 장소로 간주되었고, 제1성전 시대 이후에는 예루살렘 성전이 표준적인 대답으로 받아들여졌다. 물론 예루살렘 성전이 건축된 이후에도 예루살렘 성전이 하나님의 현현을 온전히 보장할 수 없다는 한계의식은 분명히 살아있었다.[12] 하지만 지상에서 하나님의 현현에 반응할 수 있는 유일한 장

---

10 Cf., 롬 16:25; 갈 1:12; 엡 3:3; 계 1:1.
11 M. Rist, "Apocalypticism", 『기독교대백과사전 6권』(서울: 기독교문사, 1982), 529-532.
12 Cf., 왕상 8:27, "하나님이 참으로 땅에 거하시리이까 하늘과 하늘들의 하늘이라도 주를 용납지 못하겠거든 하물며 내가 건축한 이 전이오리이까?"

소로서의 예루살렘 성전에 대한 공감대는 포로기 이전의 유대인들에게는 하나의 거역할 수 없는 규범과도 같았다(사 6:1-4).

그러나 주전 587년 유다 왕국과 예루살렘의 멸망, 그리고 바벨론 포로 귀환 이후의 현실세계에서 성취되는 하나님 나라에 대한 실망감은, 지상에서의 하나님의 임재와 현현에 대한 새로운 돌파구를 요청하기에 이르렀다. 그리고 그 과정에서 발생한 유대교의 종말론과 묵시사상은 점차로 내세 지향적이고 영지주의적인 종말론으로 발전되어갔다.[13] 구약학자 폴 핸슨(Paul. D. Hanson)에 의하면 구약의 종말론은 주전 8세기 선지자들의 예언 속에서도 발견될 뿐만 아니라 유대교의 초기 종말론 역시 예언자적인 종말론의 전통을 충분히 따르고 있지만, 주전 2세기 이후의 유대교 종말론에서 발견되는 이원론적이고 내세지향적인 종말론은, 구약의 예언자적인 종말론과 분명한 차이가 있다고 한다.

구약성경이 증언하는 예언자적인 종말론(prophetic eschatology)과 후기 유대교에서 발전된 묵시적인 종말론(apocalyptic eschatology)의 중요한 공통분모는, 하나님을 구원 역사의 주인으로 인정한다는 점과 아울러 인간 역사의 모든 현실은 선악 간에 하나님이 정하신 목표를 향하여 달려가는 종말론적인 특징을 인정한다는 점이다.

하지만 양자의 결정적인 차이점은, 예언자적인 종말론은 종말을 향한 하나님의 목적을 성취함에 있어서 현실 역사에 대한 인간의 역할을 통합시킨다. 그러나 묵시적인 종말론은 현실 세계의 열악한 상황 때문에 종말의 시점을 향한 하나님의 행동은 이 세상의 역사 현실 및 인간의 참여와는

---

[13] John Bright, *A History of Isreal*, 박문재 역, 『이스라엘 역사』(서울: 크리스챤다이제스트, 1993), 626-634.

점차 유리된 차원에서 진행된다는 것이다.[14] 말하자면 유대교의 묵시적인 종말론은 이 세대와 오는 세대 간의, 또는 선한 세력과 악한 세력 간의 이원론적이고 질적인 불연속성을 강조한다.

이원론적이고 묵시적인 종말론을 담고 있는 묵시 문학은, "담화체의 구조를 가진 계시 문학의 한 장르로서, 그 안에서 이 세상에 속하지 않은 존재가 인간에게 천상의 계시를 전달해 준다. 그리고 그 계시의 내용은 종말론적인 구원을 담고 있다는 점에서 시간적이고, 초자연적인 세상을 포함한다는 점에서 공간적인 초월적 실재를 묘사한다."[15] 구약성경 안에서 발견되는 묵시문학의 대표적인 예는 다니엘서 7-12장이며, 유대교의 대표적인 묵시문학으로는 에녹1서 14-15장, 에스라4서 11-12장, 외바하 53-74장, 아브라함의 언약서 등등이 있다. 창세기 5장 24절에 따르면 에녹은 하나님과 동행하다가 하나님이 그를 하늘로 데려가셨다고 한다. 하지만 기원전 3세기의 환상을 기록한 에녹1서 14장에서 에녹은 하늘로 올라가서 그곳에서 신적인 현현을 경험한다.[16] 기원전 2세기에 작성된 『레위의 유언』(*Testament of Levi*)에서도 레위는 꿈의 환상 속에서 삼층천으로 올라가서 "천사들이 하늘 문을 열어 보좌에 앉으신 지존자를 보는" 경험을 한

---

14 Paul. D. Hanson, "Apocalyptic Literature", *The Hebrew Bible and Its Modern Interpreters*, Ed. by edited by Douglas A. Knight and Gene M. Tucker, (Chico, Calif. : Scholars Press, c1985), 465.

15 John J, Collins, ed. *Apocalypse: Morphology of a Genre, Semeia 14* (Missoula, MT Scholars Press, 1979), 9. E. P. Sanders, "The Genre of Palestinian Jewish Apocalypses," in *Apocalypticism in the Mediterranean World and the Near East*, ed. David Hellholm (Tubingen: Mohr, 1983), 447-59.

16 E. Isaac in *Apocalyptic Literature and Testaments*, vol. 1 of *The Old Testament Pseudepigrapha*, ed. James H. Charlesworth, 2 vols. (Garden City, NY Doubleday: 1983); 에녹1서 14:8, 18-21, 24-25.

다.¹⁷ 버나드 맥긴에 의하면 이러한 승천의 모티프는 그리스 철학과 우주적인 성찰, 그리고 유대교의 묵시사상을 통해서 서방 기독교 속으로 흡수되었다고 한다.

유대교의 내세지향적인 묵시사상과 유대교의 신비주의 운동의 또 다른 연결고리로는, 제2성전 시대 말기에 형성된 유대교의 정경 주석 문화에서 발견된다. 버나드 맥긴에 의하면 당시 유대교의 주석 문화에서 발견되는 두 가지 독특한 특징은, 유대교의 경전은 신자들의 경건과 실천을 위하여 규범적이고 초월적인 권위를 갖는다는 인식과 아울러, 이 경전 속에는 누구나 쉽게 접근할 수 없는 심오한 의미와 차원이 있다는 신념이었다.¹⁸

한편 이 시기에는 유대인들 뿐만 아니라 그리스인들 역시, 그리스 전통에서 규범적인 지위를 갖고 있던 신화적이고 시적인 문헌들을 문자적으로 읽지 않고 그 문자 배후에 담긴 심오한 종교적이고 철학적인 의미를 찾으려고 했다. 그리스 철학자들이 호머(Homeros)의 『일리아드』(Illiad)와 『오딧세이』(Odyssey)와 같은 서사시들이나 헤시오드(Hesiodos)의 작품들을 해석할 때 활용했던 풍유적이고 신비주의적인 해석은, 필로나 그 이후 오리겐의 풍유적이고 신비주의적인 해석을 통해서 초기 기독교 속으로 스며들어 왔다.¹⁹

이상으로 바벨론 포로 귀환 이후의 유대교 안에서 형성된 이원론적이고 묵시적인 종말론, 초월적이고 신비로운 영역에 대한 환상 체험을 담은 묵시 문학의 등장, 그리고 문자 이면에 담긴 고차원적이고 신비로운 의미를

---

17 Bernard McGinn, *The Foundations of Mysticism: Origins to the Fifth Century*, 48.
18 Bernard McGinn, 42.
19 Bernard McGinn, 55; Richard N. Longenecker, *Biblical Exegesis in the Apostolic Period* (Grand Rapids; Eerdmans, 1975), 19.

깨닫기 위한 알레고리 해석을 유대교 신비주의 운동의 중요한 특징으로 살펴보았다. 이러한 유대교의 묵시적인 신비주의는 이후에 등장한 초기 기독교에도 일정부분 영향을 끼쳤다.

2) 그리스 철학과 플라톤의 관상적인 이상

기독교의 신비주의 운동의 역사적인 기원을 추적할 때 유대교의 이원론적이고 묵시적인 신비주의나 알레고리 주석적인 신비주의와 아울러 빼놓을 수 없는 배경이, 고대 그리스 철학자 플라톤의 관상적인 이상을 추구하는 신비주의이다. 버나드 맥긴(Bernard McGinn)이나 페스트기에르(Andre Jean Festugiere), 그리고 알버트 리츨(Albercht Ritschl)과 같은 신학자들에 의하면, "플라톤 및 플라톤 전통이 기독교 신비주의 역사에 중요한 영향을 미쳤음은 부인할 수 없다"고 한다.[20] 제한된 지면에 플라톤 철학과 기독교 신비주의의 연관성을 자세히 파헤칠 수 없지만, 관상적인 이상(contemplative ideal)을 추구했던 플라톤의 신비주의가 초기 헬라 기독교 속으로 스며들어온 과정을 자세히 추적한 버나드 맥긴이나 레이 페트라이(Ray C. Petry)의 연구는, 플라톤 철학의 관상적인 이상과 기독교 신비주의의 연결고리를 이해하는데 좋은 안내가 된다.

플라톤에 의하면, 인간이 행복에 이르는 길은 미의 현현(플라톤의 세계에서는 젊은 청년의 아름다움)을 통한 영혼의 각성에서 시작된다. 참된 인간의

20　Bernard McGinn, 58-59; Ray C. Petry, *Late Medieval Mysticism*, 류금주 역, 『중세 후기 신비주의』(서울: 두란노아카데미, 2011), 31-32. Ray C. Petry에 의하면 "특히 플라톤주의와 신플라톤주의, 구체적으로는 위-디오니시우스의 사상은 어거스틴과 요안네스 카시아누스(John Cassian), 그리고 그레고리 대제에게 영향을 미쳤으며 중세 후기신비주의에 있어서 매우 중요한 의미를 갖는다"고 한다, 32.

주체인 영혼은, 만물을 아름답게 만드는 절대 선을 영구적으로 소유하지 못하여 끊임없이 절대 선을 추구하는 존재이다.

그러나 인간의 영혼 안에 있는 신적인 이성은, 눈에 보이는 유한한 현상 세계에서 유배 생활을 하다가 이데아를 암시하는 미의 현현을 통해서 각성을 받는다. 그 과정에서 현자는 도덕적이고 지성적인 노력을 통한 사랑과 앎의 점진적인 정화의 단계를 밟아야 한다. 정화는 미(美)나 선(善), 또는 일자(一者), 또는 절대자로 다양하게 묘사되는 형상들 중 형상의 궁극적 실재의 갑작스런 현현을 위한 준비과정이다. 영혼은 사랑과 지식의 상승적인 정화의 단계를 거쳐서 절대자와 직관적으로 접촉하게 되며, 그렇게 두 영역이 하나로 통합되는 결정적인 방법이 바로 영혼의 지성이 이데아를 탐구하는 관상(또는 관조, θεωρὶα, *contemplatio*)이라는 것이다.[21]

플라톤에 의하면 관상은 사랑과 지식의 상승적인 정화(katharsis)의 열매이며, 영혼 안에 있는 신적인 요소인 이성(nous)이 고귀한 원천에 동화될 때 이데아의 목표에 도달할 수 있다고 보았다. 그래서 이데아는 관상의 대상이며, 영혼의 개척자인 지성(nous)은 이데아를 추구하는 관상이 진행되는 기관이다. 참된 영혼은 오직 지성 안에서의 관상을 통해서만 이데아에 도달할 수 있다는 것이다.

플라톤의 철학에서 관상을 통하여 이데아에 도달하려는 관상적인 이상주의가 신비주의적인 색채를 띠는 이유는, 플라톤 철학의 궁극적인 목표가 바로 영혼의 신화(神化, 또는 신성화, 神聖化, deification)이기 때문이다.[22] 즉 철학자는 이성(nous)을 통한 정화와 관상을 통해서 궁극적으로는 인간

---

21 바라보다는 의미를 가진 헬라어 데오리아(θεωρὶα)는 라틴어로 *contemplatio*로 번역된다. 두 단어 모두 눈으로나 마음으로 바라본다는 의미를 담고 있다.
22 Bernard McGinn, 72.

영혼의 본성 안에 잠자고 있던 신성과 동화됨으로써 불멸을 얻을 수 있다는 것이다. 그런데 관상을 통한 영혼의 신화를 추구하는 플라톤의 신비주의는 기독교의 핵심 교리와 분명히 구분된다. 버나드 맥긴에 의하면 "플라톤의 영성은 기독교의 영성과 달리 일종의 자기 성취의 구원으로서 이 구원론에 따르면 철학자는 순전히 자기 힘으로 목표에 도달한다."[23] 또한 "플라톤의 관상은 영혼이 가지고 있는 본성적인 신성을 활성화시키는 결정적인 방법으로서, 그리스도인의 자기포기와는 아주 다른 탁월한 자아실현"을 강조한다.[24]

이렇게 플라톤의 관상을 통한 영혼의 신성화가 기독교의 근본교리와 분명한 차별성을 갖고 있음에도 불구하고, 헬라 철학자들의 영향을 받은 일부 교부들(필로, 클레멘트, 오리겐)은 하나님을 향한 신앙의 추구라는 보편적인 진리 안에서 그리스 철학에 기반한 신비주의 사상을 기독교 안으로 끌어들이고 말았다.[25] 그리고 버나드 맥긴에 의하면, 헬라 철학의 영향을 받은 교부들에 의하여 "현인이 자신의 욕망을 제어하고 영혼 안에서 덕을 고양시키기 위하여 사용하는 금욕이나 정화의 과정은 플라톤에게서 시작된 그리스의 관상적 전통의 또 다른 모습으로서 후기 기독교 영성에 큰 영향을 미쳤다"고 한다.[26]

---

23 Bernard McGinn, 66-74.
24 Bernard McGinn, 73.
25 헬라 철학의 영향을 받은 초기 교부들 중에 알렉산드리아의 클레멘트는 기독교 교리의 상당 부분이 플라톤 철학에 의하여 증명될 수 있음을 이교도들에게 납득시키고자 했다. Justo L. Gonzalez, *The Story of Christianity*, 서영일 역, 『초대교회사』(서울: 은성, 2006), 121-125.
26 Bernard McGinn, 67,

3. 초기 헬라 기독교 안의 신비주의 사상들

플라톤의 관상을 통한 영혼의 신성화를 추구하는 신비주의는 그 이후 필로(Philo)의 관상적인 경건과 알레고리 해석을 통해서 초기 기독교 안으로 흡수되었다. 그리고 이후에도 플로티누스(Plotinus, 204-269)와 그의 제자 포르피리(Porphyry, 232-304)나 위-디오니시우스(Pseudo-Dionysius)의 『원인론』(*Book of Causes*)과 같은 후기 신플라톤주의를 통해서, 그리고 알렉산드리아의 클레멘트와 오리겐을 통해서 초기 기독교 속에 깊이 뿌리내리게 되었다.[27]

버나드 맥긴에 의하면, 알렉산드리아 출신의 유대인이었던 필로(Philo, 주전30 - 주후50)는 서방 역사에서 성경이 말씀하는 유일신 신앙과 헬라 철학이 제시하는 관상적인 이상을 결합한 최초의 인물이다.[28] 필로가 헬라의 관상적인 이상을 기독교 신앙에 접목시킬 수 있었던 이유는, 여호와 하나님의 계시가 담긴 구약성경이나 이데아를 추구하는 헬라 플라톤 철학이 모두 동일한 하나님에게서 비롯되었다고 생각했기 때문이다. 그는 플라톤이나 신플라톤주의의 영향을 받아서 인간이 하나님을 완전히 알거나 묘사하는 것이 불가능하다고 보았다. 필로는 다만 인식 불가능한 하나님의 실존은 유비를 통해서 알려질 수 있는데, 이는 하나님은 지성적인 우주의 로고스라는 큰 아들과 감각 세계라는 작은 아들을 통해서 계시하기 때문이라는 것이다.[29]

27　Ray C. Petry, *Late Medieval Mysticism*, 34.
28　Bernard McGinn, 75.
29　Bernard McGinn, 77.

필로는 이렇게 하나님의 자기 계시로서의 성경의 로고스를 헬라 철학에서 중재자로서의 지혜 관점과 관상적인 경건을 끌어들여 알레고리로 해석하였다. 이 유대인 철학자의 입장에서 보자면 창세기의 타락 기사는 신화가 아니라 문자를 초월하여 표면 아래에 놓여 있는 것의 인도를 받는 알레고리적인 해석에 의지해야 한다는 것이다. 그래서 버나드 맥긴에 의하면 창세기의 타락 기사에 대한 필로의 알레고리 해석은, 에덴 동산의 이야기를 모든 영혼 안에서의 내적 갈등과 타락을 다룬 영원한 메시지로 간주한 최초의 해석이라고 한다.[30]

플라톤의 신비주의 전통은 그 이후 신플라톤주의자들을 통해서 계속 발전을 거듭하면서 초기 헬라 기독교 속으로 스며들었고, 필로의 알레고리 해석 역시 알렉산드리아 학파에 속한 클레멘트나 오리겐을 통해서 기독교 신비주의로 새롭게 탈바꿈되었다. 버나드 맥긴에 의하면 클레멘트는 나중에 정통 신비주의의 중심 개념인 절대자를 바라봄, 영혼의 신성화, 절대자와의 연합과 같은 신비주의적인 개념들을 자신의 저술에서 자세하게 다룬 최초의 기독교 저술가라고 한다. 그런 의미에서 레바스티가 클레멘트를 가리켜서 "기독교 신비주의의 창시자"라고 평가하는 것은 그리 과장된 평가는 아닐 것이다. 클레멘트에 의하면 지식에는 많은 차원이 있다. 그 지식은 성경에 대한 영적인 해석을 통해서 얻어지기도 하는데, 클레멘트는 이 지식을 가리켜서 "신의 영감을 받은 사람이며 진리의 벗"이라고 칭송하는 플라톤의 철학을 사용하여 설명한다.

그에게 있어서 지식은 신학적인 증명과 신비적인 관상이 필연적으로 결합된 것이었다. 또한 그는 현세에서 하나님을 보는 것을 일종의 점진

---

30 Bernard McGinn, 79.

적인 과정으로 이해하였다. 완전에 도달하는 이 과정은 특히 두 가지 방법으로 규정되는데, 그것은 영혼이 무정념(apatheia)의 상태로 나아가는 것과 영혼의 신화(神化) 라는 선물을 통한 것이다.[31]

4. 중세 기독교 신비주의

기독교가 국교로 공인된 이후 4세기에 이르러 서방 기독교 안에서 신비주의 운동은 수도원 운동을 통해서 새로운 도약의 전기를 맞이한다. 수도원 운동이 신비주의 운동에 새로운 도약의 전기를 제공해 줄 수밖에 없었던 원인은, 기독교가 국교로 공인된 이후 교회의 세속화로 말미암아 고차원적인 신앙생활의 규범이 필요했기 때문이다. 이전에 기독교는 모진 핍박과 박해를 받는 종교였고 당시 교회는 하나님을 향한 신앙 앞에서 자기 생명을 조금도 아까워하지 않는 자기 확신과 헌신으로 무장된 성도들의 공동체였다.

하지만 기독교가 국교로 공인되고 생명의 위협이나 기독교적인 자기 부인이나 희생과 관계없이 세속적인 동기로 말미암은 기독교인들이 양산되면서 교회의 세속화가 뒤따랐다. 이러한 상황에서 대중적이고 평범한 수준의 기독교에 만족하지 않고 좀 더 고차원적인 성결을 추구하는 신자들이 나타나는 것은 당연한 현상이었다. 이러한 필요 속에서 등장한 것이 바로 수도원 운동이었다. 일상적이고 평범한 삶을 거부하고 자신을 성별하고 절제하고 단련하는 수도원주의는 곧 금욕주의로 연결되었고 평범한

---

31 Bernard McGinn, 174.

일상생활 속에서가 아니라 특별한 장소에서 특별한 수련을 통해서 도달할 수 있는 지고지순의 영적인 세계에 대한 동경과 그 세계에 도달하여 영혼의 신성화를 획득할 수 있는 방법으로 신비주의적인 수련 훈련이 발전하게 되었다.[32]

레이 윤겐도 『신비주의와 손 잡은 기독교』에서 4세기 이후에 수도원주의가 등장하는 과정에서 좀 더 고차원적인 고행 수단을 모색했던 이집트의 사막 교부들에 의하여 이교적인 명상 수련 방법이 수도원 운동 속으로 스며들었던 것으로 추정한다.[33]

중세 후기 신비주의 사상의 발전 과정을 고찰한 류금주에 의하면, 중세 신비주의 운동의 중요한 특징 중의 하나는 관상이나 영적인 수련을 통한 '상승적인 구원'을 지향한다는 점이다. 다시 말해서 중세 신비주의자들이 추구하는 최고의 구원의 정점에 도달하는 과정은, 하나님이 인간을 향해 손을 내미는 하향의 성격이 아니라 인간이 신을 찾아 손을 뻗는 상향의 성격이라는 것이다. 상승적 구원을 지향하는 신비주의는 구원의 소재가 인간 내에 존재한다고 믿는다. 예를 들어 신비주의자 에크하르트는 "인간의 영혼에 내재하는 신적인 불꽃"에 주목하며 기독교 계시의 삼위일체를 초월하는 또 다른 신성이 따로 존재한다고 본다. 에크하르트에게서 나타나는 이러한 신비주의 사상은, 영혼 안에 있는 신적인 기원에 관한 관점이나 제일원인에로의 참된 전환을 추구하는 플라톤주의와 신플라톤주의의 기맥에 접촉하고 있다고 한다.[34]

---

32 류금주, "수도원주의와 중세적 교회관"; Ray C. Petry, *Late Medieval Mysticism,* 류금주 역, 『중세 후기 신비주의』(서울: 두란노아카데미, 2011), 60-61.
33 Ray Yungen, 『신비주의와 손 잡은 기독교』, 63-67.
34 류금주, 62.

중세 기독교 신비주의 운동에서 찾아볼 수 있는 또 다른 중요한 특징은, 관상에 도달하는 길을 단계적인 절차로 설명한다는 점이다. 예를 들어 정서적인 신비주의자(affective mystics) 베르나르는 사랑에는 네 단계가 있다고 말한다. 첫째 다소 낮은 단계의 사랑은 자신을 위하여 자신을 사랑하는 것이며, 둘째는 하나님이 주신 사랑으로 하나님을 사랑하는 것, 셋째 단계는 그 사랑의 대상이 하나님이시기 때문에 하나님을 사랑하는 단계이고, 마지막 넷째 단계는 자신을 사랑하는 것까지도 오직 하나님만을 위해서 사랑하는 것이라고 한다. 또 생-빅토르의 위그는 타락한 영혼의 신성화의 경지에 도달하기 위하여 사고(cognition)와 묵상(meditation), 그리고 관상(contemplation)이라는 세 단계를 제시하였으며, 보나벤투라 역시 엑스타시와 완성에 도달하는 세 가지 단계로서 정화(purification)와 조명(illumination), 그리고 완성(perfection)을 제시한다.

플로티누스의 신플라톤주의는 어거스틴을 넘어 500년경 시리아의 수도사로 활약했던 위(僞)디오니시우스(Pseudo Dionysius)에게도 전수된다. 그는 『천상의 계층구조』(*The Celestial Hierarchy*), 『교회의 계층 구조』(*The Ecclesiastical Hierarchy*), 『신의 명칭들』(*The Divine Names*), 『신비신학』(*The Mystical Theology*)과 같은 중세 신비주의 운동의 결정판들을 저술하였고, 그의 저서들은 후대의 신비주의자들에게 일종의 사도적인 권위에 준하는 것으로 받아들여졌다. 신플라톤주의에 근거한 위디오니시우스의 사상은 그의 『신비신학』에서 잘 표현되고 있다.

여기에서 저자는 한편으로 불가지하고 언표 불가능한 신의 초월성과 아울러 다른 한편으로 신과의 신비적인 합일을 향한 영혼의 상승을 다루고 있다. 그가 이 저서에서 '신비로운'(mystical)이라는 용어를 사용한 이후, 이 개념은 기독교 신비주의의 발전을 위한 중요한 개념으로 정착되었다. 그는 디모데에게 보내는 편지에서 다음과 같이 관상을 통한 신비주의에 대해서 언급하고 있다.

> 친애하는 디모데여, 부지런히 신비적 관상(mystical contemplation)을 실행하여 감각들과 지성의 작용들, 그리고 감각적이고 예지적인 모든 것들, 존재와 비존재의 세계 안에 있는 모든 것들을 떠나 무지의 방식으로 (인간적으로) 할 수 있는 한도 내에서 모든 존재와 모든 지식을 초월해 계신 그 분과의 연합을 향해 일어서라.[35]

위디오니시우스의 주요한 공적 중 하나는 영혼의 상승을 '정화(purification), 조명(illumination), 합일(unification)'의 세 단계 과정으로 공식화한 것이다. 먼저 정화의 단계는 죄로 얼룩진 영혼이 유한한 본성으로부터 벗어나서 정결케 되는 것이며, 조명의 단계는 관상을 통해서 하나님의 빛이 영혼을 비추면서 초월적인 하나님을 바라보는 단계이다. 그리고 합일의 단계는 하나님과 하나가 되는 신성화의 체험을 말한다. 위디오니시우스가 제시한 영혼의 신성화와 합일에 이르는 삼중의 길(triple way) 혹은 세 단계의 길(threefold path)은 이후 서방 가톨릭 신비주의의 표준으로 받아들여졌고, 13세기부터는 영적인 순례 여정을 나타내는 중요한 상징으로 알려져 있다.

예를 들어 로욜라의 이냐시오(Ignatius of Loyola, 1491-1556)는 '영성 훈련'의 첫 번째 주에 정화의 길을 대입하고 두 번째 주와 세 번째 주에는 조명의 길을 대입했다. 또 아빌라의 테레사도 『영혼의 성』(Interior Castle)에서 하나님과의 합일에 도달하는 과정을 영혼의 내면 세계에 동심원의 구

---

35 Dionysius the Areopagite, *Mystical Theology and the Celestial Hierarchies*, Surrey 1965.

조로 배열된 일곱 개의 궁방 속으로 진입해가는 과정으로 소개하고 있다. 일곱 개의 궁방 속으로 들어가는 과정에서 첫번째 궁방에 정화의 단계를, 가운데 궁방에 조명의 단계를, 마지막 궁방에는 합일 단계를 대입하였다. 또한 테레사의 영향을 받은 십자가의 요한(John of the Cross)도 그의 대표적인 영성 저술인 『영혼의 어두운 밤』(Dark Night of the Soul)에서 영혼이 부르는 노래를 풀이하는 가운데 각 단계의 진보를 표현했고,[36] 『갈멜산 길』(Ascent of Mount Carmel)에서는 산을 오르는 단계로 영혼의 진보의 단계를 비유했다.[37] 스페인 출신의 영성가인 로욜라 역시 일정한 훈련 기간 동안의 영적 진보를 단계적으로 설명했다.[38]

5. 아빌라의 테레사의 관상을 통한 하나님과의 연합

중세 신비주의 운동에 상당한 영향을 미친 또 다른 인물로서 아빌라의 테레사를 주목할 필요가 있다. 오방식 교수에 의하면 아빌라의 테레사와 '십자가의 성 요한'이라는 두 명의 대표적인 관상 신비주의자를 통해서 관상 기도(contemplative prayer)가 무엇인지를 명확하게 이해할 수 있다고 한다.[39] 아빌라의 테레사의 『영혼의 성』(Interior Castle)은 그녀 자신의 영적인 훈련 과정을 인간의 영혼 내면세계에 존재하는 겹겹의 동심원

---

[36] St. John of the Cross, *Dark Night of the Soul*, E. Allison Peers trans. and ed. (New York: Image Books, 1990).

[37] St. John of the Cross, *Ascent of Mount Carmel*, E. Allison Peers trans. and ed. (New York: Dover, 2008).

[38] Ignatius Loyola, *Spiritual Exercise*, trans. and ed. Anthony Mottola (New York: Doubleday, 1989).

[39] 오방식, "관상기도의 현대적 이해", 「장신논단」 30(2007), 271-310.

구조의 중앙에 위치한 일곱번째 궁방 안에서 마지막으로 "하나님과의 영적인 결혼"의 단계에 도달하는 과정으로 비유하여 소개하고 있다. 아빌라의 테레사에 의하면 이 마지막 단계는 오직 소수의 구도자들만 인내의 긴 영적인 여정을 통과하여 영적 여정의 마지막 클라이막스의 단계에 도달할 수 있다고 한다.[40]

유해룡 교수는 아빌라의 테레사가 『영혼의 성』에서 소개하는 영적 합일의 일곱 단계를 자아인식의 단계로부터 시작하여, 자아의 전환기, 자아의 어두운 밤, 그리고 마지막으로 통합된 자아의 단계로 소개한다.[41] 먼저 하나님과의 합일에 도달하는 영적인 여정의 첫째 단계는 '자아에 대한 지식'을 획득하는 단계이며, 첫번째 내면의 성문을 통과하는데 있어서 가장 유용한 방법은 기도와 생각이라고 한다. 테레사에게 있어서 자아인식은 특정한 어떤 단계에서 완성되어야 할 단절된 단계만은 아니다. 영적순례 여정 내내 자아인식은 결코 사라질 수 없는 핵심적인 요소이다. 『영혼의 성』에서의 진정한 영적진보의 출발은 전반부 자아인식을 끝내고 새로운 국면으로 들어가는 제4궁방에서부터이다. 제4궁방은 제1-3궁방까지의 능동적 영적여정으로부터 제5-7궁방까지의 수동적 영적여정으로 넘어가는 길목이라고 할 수 있는 전환기적 단계이다.

테레사는 여기서부터 초자연적 사실들이 시작된다고 한다. 그 동안 자신의 영적여정에 발목을 잡고 적지 않게 괴롭히고 장애물이 되어왔던 바깥에 있는 사물들이 힘을 잃어버리고 목자의 휘파람 소리를 따라 성안으로 이끌려 들어가는 경험을 한다고 한다. 내면으로 초대하시는 하나님의

---

40 Teresa of Avila, *Interior Castle*, E. Allison Peers trans. (Image Books: New York, 1989).
41 유해룡, "칼융의 개선화 과정에 비추어 본 아빌라 테레사의 영적여정의 이해", 「장신논단」 20(2003), 233-54.

부르심을 이전보다 분명하게 알아차리는 단계라는 것이다.

이후에 영혼의 순례자는 영혼의 어두운 밤을 경험하는 단계를 거친다. 아빌라의 테레사의 『영혼의 성』에서 그 어두운 밤은 제4궁방에서 시작되어 제6궁방에서 절정에 이른다. 감각이나 지성으로는 아무것도 알아볼 수 없을 만큼 캄캄한 밤을 맞이하게 된다. 그래서 순례자는 적지 않은 고통을 당할 수밖에 없다. 테레사는 그러한 상태를 이렇게 묘사하고 있다:

> 확실히 하나님께서는 악마로 하여금 그 사람을 시험하도록 그리하여 심지어는 그 사람이 당신께 버림을 받았다는 생각이 들도록 시험하게 허락하시는 것입니다. 그런 경우 인간의 내부로부터 들이치는 일들이란 어찌나 사무치고 못 견딜 것인지, 저 지옥에서 당하는 고통과 비슷하다고 밖에 말할 수가 없습니다. 그런 폭풍우 속에서는 위로라고는 하나도 없으니 말입니다.[42]

그러나 영혼의 순례자는 마지막 일곱째 방에 도달하여 하나님과의 영적인 합일의 경지에 도달한다고 한다. 테레사는 이 마지막 단계에서 이루어지는 신자의 인성과 하나님의 신성 사이의 연합의 친밀성을 여러 가지 비유를 통해 설명한다.

> 여기에서는 마치 하늘로부터 내리는 비가 강이나 샘으로 떨어지는 것과 같다. 거기에는 단지 물만이 있을 뿐이며 하늘로부터 떨어진 물과 강에 속한 물을 나누거나 분리하는 것은 불가능해 진다. 이 연합은 마치 두 양

---

42 Santa Teresa de Jesus, *Castillo Interior*, 최민순 역, 『영혼의 성』(서울: 성바오로출판사, 1981), 제6궁방, 1장, 9.

초의 끝이 결합된 것과 같아서 거기에서 나오는 빛은 하나가 되며, 심지와 초와 빛은 모두 하나가 된다.[43]

이런 마지막 신비한 하나님과의 연합에 이르게 되면, 하나님의 영혼과 신자의 영혼이 합일을 이루어 신자는 무아지경의 경지에 이른다.

아무튼 하나님이 영혼을 당신께 합치신다고 나는 믿는다.…일단 하나님이 영혼을 당신과 합쳐주시면 모든 능력이 마비되기 때문에 아무것도 의식하지 못한다.[44]

이런 설명을 통해 테레사는 영적 여정의 마지막 단계에서 신자는 하나님과의 몰아적이고 존재론적인 합일을 경험한다고 한다.

이상으로 유대교의 신비주의와 그리스 헬라 철학자들의 관상을 통한 영적인 합일을 추구하는 신비주의가 알렉산드리아의 교부들을 통해서 초기 기독교 속으로 스며들었고 또 4세기 이후 이집트 사막 교부들을 통해서 수도원 운동으로 발전된 과정과 그 이후 중세 신비주의자들의 중요한 사상들에 대해서 살펴보았다. 아빌라의 테레사의 상승적인 구원관이나 하나님과 영혼의 단계적인 합일 사상에 기반한 중세 신비주의는 그 이후 서방 기독교 신비주의의 근간을 형성하고 있으며, 이들의 기본적인 사상은 그 이후 로렌스 형제(Brother Lawrence, 본명은 Nicholas Herman 1611-1691), 조지 폭스(George Fox, 1624-1691), 마담 기용(Madame Guyon,

---

[43] Teresa of Avila, *Interior Castle*, E. Allison Peers trans.(Image Books: New York, 1989), 214.
[44] Teresa of Avila, 210.

1648-1717), 윌리엄 로오(William Law, 1686-1761), 이블린 언더힐(Evelyn Underhill, 1875-1941), 토마스 머튼(Thomas Merton, 1915-1968)에게 상당한 영향을 끼쳤다.

레이 윤겐에 의하면 가톨릭 사제인 토마스 머튼(Thomas Merton)은 중세 신비주의 운동과 관상 기도를 오늘날 새롭게 대중화시킨 대표적인 인물이라고 한다. 그리고 헨리 나우웬(Henri Jozef Machiel Nouwen, 1932-1996)이나 스콧 펙(Morgan Scott Peck, 1936-2005), 토마스 키팅(Thomas Keating)과 바실 페닝턴(Basil Pennington, 1931-2005), 틸든 에드워즈(Tilden Edward)와 제럴드 메이(Gerald May, 1940-2005), 매튜 폭스(Matthew Fox), 브레넌 매닝(Brennan Manning), 리차드 포스터(Richard J. Foster)의 레노바레(Renovare) 운동을 통해서 기독교 안에서 계속 확산되고 있다고 한다.[45]

6. 영혼의 신성화인가? 그리스도와의 연합인가?

그렇다면 비범한 성찰이나 신비한 체험 속에서 절대자(하나님)와의 합일을 추구하는 신비주의를 개혁주의 신학은 과연 어떻게 평가할 수 있을까? 신비주의 사상과 개혁주의 근본 교리 사이에는 몇 가지 공통점이 있는 것도 사실이지만, 결코 간과할 수 없는 중요한 차이점도 크게 자리하고 있다. 신비주의 운동이 기독교 안에 뿌리내릴 수 있었던 원인은, 양자 모두 초월적인 신성과의 신비로운 연합을 추구한다는 점과 이 과정에서 신자의 역할을 요청한다는 점, 그리고 종교적 정서의 긍정적인 가치를 인정한

45　Ray Yungen, 『신비주의와 손 잡은 기독교』, 87-143.

다는 점 때문이다. 하지만 결코 간과할 수 없는 차이점은, 신인합일의 성격과 영적합일에 도달하는 인간의 역할, 영적합일의 과정에서 그리스도의 위치, 그리고 신인합일의 위치가 구원의 서정에서 시작점인가 아니면 종결점인가의 견해 차이에서 발견된다.

① 먼저 신인합일의 대상과 관련하여 신비주의는 하나님과의 합일을 강조하지만 개혁주의 신학은 그리스도와의 연합을 강조한다. 물론 칼빈도 『기독교강요』와 그의 주석들에서 '그리스도와의 연합'이라는 용어와 더불어 '하나님과의 연합'이라는 용어도 함께 사용한다.[46] 그러나 칼빈은 중세 신비주의자들이 신자 스스로의 수행과 관상을 통해서 도달하는 '하나님과의 연합'(Unio cum Deo)과 차별화하기 위하여, 하나님으로부터 전가된 의에 기초하여 중보자와의 연합을 의미하는 '그리스도와의 연합'(Unio cum Christo)이라는 용어를 더 많이 사용했다.[47]

칼빈이 그리스도와의 연합을 강조하면서 특별히 경계했던 신인합일 사상은, 신자의 인성과 그리스도(혹은 하나님)의 신성과의 존재론적인 혼합을 주장했던 루터파 신학자 오시안더(Andrea Osiander)였다. 칼빈은 오시안더의 신인합일 사상을 비판하면서 말하기를 "그리스도께서는 우리와 하나이시며, 우리가 그와 하나인 것은 증명할 필요가 없는 사실이다…그러나 그리스도의 본질과 우리의 본질이 혼합된다고 하는 것에는 반대한

46　John Calvin, *Institutes of the Christian Religion*, 신복윤 외 3인 공역, 『기독교강요』(1559) (서울: 생명의말씀사, 1988), II. 16. 3, III. 6. 2, III. 15. 5, III. 25. 3, Comm. 1 Cor. 3:23, Comm. 1 John 4:15, 5:20.
47　김요섭, "그리스도와의 연합: 칼빈과 테레사의 기독교 영성에 대한 이해 비교 연구", 「성경과 신학」58(2011), 166.

다"고 하면서 존재론적인 혼합으로서의 신인합일을 엄격히 배격하였다.[48]

김은수의 지적과 같이 칼빈이 신자와 그리스도와의 신비적인 연합을 말하면서도 오시안더의 존재론적인 혼합을 배격할 때, 그의 기독론에서 그리스도의 인성과 신성의 위격적인 연합(unio hypostatica, hypostatic union)을 설명하면서 사용한 칼케돈원칙(Chalcedonian axiom) - 그리스도의 인성과 신성은 반드시 서로 구별되어야 하지만 혼합되지도 않고 또한 나누어지지 않는다 - 이 적용되고 있음을 알 수 있다.[49] 즉 예수 그리스도의 신성과 인성의 위격적인 연합이 서로 존재론적으로 혼합되지 않은 신비한 연합인 것처럼, 그리스도와 신자의 연합 역시 분명 실제 일어나는 연합이지만 양자가 서로 혼합되지 않고 반드시 구분되어야 하는 신비한 연합이라는 것이다.

이렇게 신비주의 신인합일은 존재론적인 혼합을 배격하는 개혁주의의 '그리스도와의 연합'과 달리 신자의 인성과 하나님의 신성 간의 존재론적이고 몰아적인 혼합을 인정하기 때문에, 신비주의 신인합일은 의도하든 의도하지 않든 인간의 영혼이 신화(神化), 또는 신성화(神聖化, deification)의 단계까지 상승할 수 있는 가능성을 인정하고 있다는 비판의 여지를 안고 있으며, 합일을 추구하는 대상으로서의 하나님 이해가 다소 범신론적인 성격을 내포하고 있다는 비판의 여지를 남긴다.

② 신인합일의 성격과 관련해서도 신비주의의 신인합일과 개혁주의의 (그리스도와의) 연합은 뚜렷한 차이점을 보인다. 신비주의의 신인합일은

---

48 John Calvin, *Institutes*, III, 11. 5, p. 252.
49 김은수, "칼빈의 구원론의 이해: 그리스도와의 연합과 이중은혜를 중심으로", 「한국기독교신학논총」67 (2010):178.

다소 타락한 신자의 영혼이 숱한 수련과 정화, 그리고 관상의 단계를 거쳐서 수행의 마지막 단계에서 몰아적이고 존재론적인 혼합과 같은 합일에 도달한다. 하지만 개혁주의의 연합은 하나님의 일방적인 은혜와 성령 하나님의 역사로 말미암아 구원의 서정의 첫 단계에서 그리스도의 의가 성령의 역사로 신자 각자에게 전가되고 그리스도의 십자가와 부활에 참여하는 구원사적인 연합(salvational historical union)이다. 이런 의미에서 칼빈이 신자와 그리스도와의 연합을 설명할 때 빠뜨리지 않고 강조하는 것이 바로 성령의 사역이다. 칼빈에 의하면 "우리는 성령의 작용에 의하여 그리스도와 그의 모든 유익을 누린다…요약하면, 그리스도께서 우리를 자신에게 효과적으로 연결시키는 띠(vinculum)는 성령(the Holy Spirit)이다."[50]

성령 하나님은 그리스도의 영으로서 그리스도의 구원의 은덕을 신자들에게 개인적이며 주관적으로 적용시키는 것이고, 신자를 위한 그리스도의 구원의 은덕들의 결정체는 바로 예수 그리스도의 십자가 죽음과 부활 사건을 통해서 성취되었다. 그래서 신자가 성령의 역사로 말미암아 그리스도와 연합할 때 그 연합의 구체적인 대상과 내용은 바로 예수 그리스도께서 신자의 영적인 유익을 위하여 구원의 역사 속에서 성취하시고 마련하신 구원의 은덕들이다. 그 덕분에 신자는 바로 예수 그리스도와 연합하여 그리스도의 십자가 죽음과 부활 사건을 통해서 완성된 구원의 은덕들을 고스란히 자신의 것으로 향유할 수 있게 되었다는 점에서 볼 때, 개혁주의에서 강조하는 그리스도와의 연합은 구원사적인 연합(salvational historical union)으로 이해할 수 있다.[51]

---

50 John Calvin, *Institutes III*, 1. 1.
51 김은수, 173; 김광열, "구원의 서정 논의와 그리스도와의 연합 교리,"「조직신학연구」2 (2003), 244-269; 김광열,『그리스도 안에 있는 구원과 성화』(서울: 총신대학교 출판부, 2000), 35-36.

③ 구원사적인 연합은 하나님과 신자와의 연합에서 그리스도의 위치와 역할을 결정적으로 강조한다는 점에서 신비주의의 신인합일과 분명한 차이를 지닌다. 앞에서 확인한 바와 같이 신비주의의 신인합일에서 그리스도는 모든 신자들이 각자의 경건 훈련과 관상을 통해서 신인합일에 도달하는 과정에서 먼저 합일을 이룬 모범적인 교사로서의 본을 보여주는 위치에 머물러 있다. 하지만 개혁주의의 연합에서 신자는 구원의 역사 속에서 예수 그리스도께서 이루시고 성취하신 십자가상의 대속 사역과 부활의 영광과 고스란히 연합하는 구원사적인 연합이다. 그러므로 신자가 만일에 십자가의 죽음과 부활에서 정점에 도달한 예수 그리스도의 구원 역사와의 연합을 이룰 때 그 과정에서 예수 그리스도가 제외되거나 간과되어버린다면, 개혁주의의 연합은 그만 그 목표점과 추진력을 전부 잃어버리고 만다.

④ 신비주의의 신인합일과 개혁주의의 연합의 또 다른 중요한 차이점은 하나님과 신자와의 하나됨의 과정에서 인간의 역할에 대한 입장 차이에서도 찾아볼 수 있다. 하나님과의 연합이나 신자의 구원의 궁극적인 목표의 달성을 위한 인간의 역할과 관련하여 신비주의 운동은 고행이나 초월적인 관상과 같은 특별한 수련을 요구하지만 개혁주의 근본 교리에서는 '오직 은혜'(*Sola Gratia*)만을 강조한다. 예를 들어 앞에서 확인한 바와 같이 아빌라의 테레사의 신일합일사상은 마지막 영적인 합일에 도달하기 위하여 신자의 특별한 노력과 선행이 요구되기 때문에 소수의 택함을 받은 사람만이 도달할 수 있음을 전제로 한다. 그러나 개혁주의의 연합은 오직 예수 그리스도의 은총을 믿음으로 받아들이는 자는 누구든지 하나님과 하나될 수 있음을 강조한다.

⑤ 두 가지 사상의 또 다른 결정적인 차이점으로는 하나님과의 연합이나 하나됨이 구원의 서정에서 초기의 출발점에 위치하느냐 아니면 경건 훈련의 마지막 단계에 위치하느냐 하는 차이가 있다. 앞에서 확인한 바와 같이 아빌라의 테레사가 제시하는 하나님과의 하나됨은 구원의 여정의 마지막 클라이막스 단계이다. 그러나 칼빈은 택함을 받은 신자들 모두가 성령의 조명을 받아 믿음을 소유하는 바로 그 순간부터 그리스도와 연합한다고 주장한다.[52]

요약하자면 신비주의의 신인합일과 개혁주의의 연합은 하나님과의 연합의 시점이나 성격, 연합의 대상, 신인합일의 과정에서 인간의 역할, 그리스도의 위치, 그리고 하나님의 은혜가 기여하는 공헌의 정도에 대하여 상당한 차이점을 내포하고 있다. 그렇다면 현대 신비주의 운동에 대한 바람직한 설교의 대응 방안은 무엇인가?

7. 현대 신비주의 운동에 대한 기독교 설교의 대응 방안

앞의 글에서는 기독교의 역사 속에서 신비주의가 뿌리를 내리고 발전해 온 과정들과 신비주의 운동의 핵심적인 사상들을 살펴보았다. 그리고 신인합일을 추구하는 신비주의가 개혁주의에서 강조하는 그리스도와의 연합과는 어떤 차이가 있는지에 대해서도 살펴보았다. 양자 모두 하나님과 신자와의 하나됨을 추구한다는 공통분모만이 아니라 분명한 차이점이 더

---

52 김요섭, "그리스도와의 연합: 칼빈과 테레사의 기독교 영성에 대한 이해 비교 연구", 「성경과 신학」58(2011), 168; Alister E. McGrath, *Iustitia Dei: a History of the Christian Doctrine of Justification*, 3rd edition (Cambridge, Cambridge University Press, 2005), 255.

많음에도 불구하고, 신비주의적인 신인합일 사상은 레이 윤겐이나 로저 오클랜드에 의하면, 21세기 북미권의 개신교 안에서 막강한 영향력을 행사하면서 기독교 복음의 본질을 변질시킬 뿐만 아니라, 교회 성장의 돌파구를 찾는 목회자들과 무언가 색다른 경건의 모양을 추구하는 현대 신자들의 입맛에 맞추어서 실용주의적인 신비주의에 근거한 관상 기도 훈련이나 명상을 통해서 교회를 결국 범신론적인 혼합주의의 늪 속으로 끌어당기고 있다고 한다.[53] 그렇다면 현대 신비주의 운동에 대한 기독교 설교의 바람직한 대응 방안은 무엇인가?

1) 신비주의운동의 저변에 깔린 시대정신을 직시하기

왜 이 시대의 신자들은 평범해 보이는 정통 기독교 안에서의 신앙생활에 만족하지 못하고 비범한 수련과 깊은 기도생활이나 신비체험을 추구하는 것일까? 앞서 살펴본 바와 같이 현대 한국교회 안팎에서 진행되는 신비주의 운동의 중요한 목표는 초월적인 하나님이 주도권을 쥐고서 스스로를 낮추어 자신을 계시하시며 죄인에게 찾아오셔서 구원하시고 이 세상에 하나님 나라를 실현하신 은혜의 복음을 깨닫고 이 세상 역사 속에서 그 복음에 합당한 헌신의 삶을 사는 것보다는, 인간 내면에 깃들어 있는 어떤 영적인 자질을 발휘하고 비범한 수련과 각성과 강력한 몰입과 신비체험을 통해서 비범하고 초월적인 세계로의 상승과 몰아적인 영적 체험을 얻는 것이다.

왜 전통적인 신앙생활에 만족하지 못하고 이러한 신비로운 영적 합일

---

53 Ray Yungen, 『신비주의와 손 잡은 기독교』, 25; Roger Oakland, 『이머징 교회와 신비주의』.

추구가 기독교의 본질인 것처럼 생각하고 여기에 지나친 관심을 쏟는 것일까? 왜 하나님이 신자들에게 베푸시는 은혜를 인격적으로 확인하고 체험할 수 있는 가장 중요한 방편으로서의 말씀 선포와 성만찬 집례에 만족하지 않고 비범한 수련이나 몰아적인 의식들, 신비 체험들을 추구하는 것일까?

    세속화에 대한 피터 버거의 깊이 있는 분석을 인정하는 데이비드 웰스의 설명에 의하면, 그 이유는 이 시대 교회가 그동안 교회를 교회되도록 붙잡아 주었던 공동체적인 연대를 잃어버렸고,[54] 기독교가 더 이상 일반 사회나 외부 세계와 의미 있는 관계를 형성해 주지 못한다는 사실을 점점 더 깨닫는 가운데 기독교 신앙이 점점 개인적인 내면의 차원으로 퇴거하게 되고,[55] 그나마 여러 개인들 내면 속에 자리하던 하나님의 주권에 대한 집단적인 의식도 사라지고 그 빈 자리에 자신의 인생은 결국 자신의 각성과 선택과 판단과 결단에 의하여 결정된다는 개인주의적인 자아의식이 가득 들어찼기 때문이다.[56] 그 결과 예전에 눈에 보이는 세상을 하나님의 시각으로 바라보았다면 이제는 오직 자아의식을 통해서만 주변 세계와 실제에 접근할 수 있을 뿐이다.

    이런 시대정신 속에서 결국 우리 인간이 현실의 한계를 극복할 수 있는 유일한 비결은 자신에게 부여된 초월적인 자질을 발휘하여 눈에 보이지 않는 비범한 초월의 세계로 날아 오르는 것 뿐이다. 현대의 신비주의 운동은 바로 이러한 시대정신의 불꽃에 적절한 기름을 부으면서 활활 타오르

---

54 David Wells, *No Place for Truth*,『신학실종』, 148.
55 David Wells, 230.
56 David Wells, 231.

고 있을 뿐이다.

문제는 이러한 인본적이고 자아 중심적이며 엘리트주의적인 구원론은 전적인 타락에 거하던 인간 세계 속으로 내려오셔서 자신을 계시하시고 예수 그리스도의 대속 사역으로 죄를 용서하시며 의인 삼으시고 이 역사 속에서 구별된 삶으로 하나님 나라를 세워갈 것을 요청하는 기독교 복음의 구원론과 질적으로 다르다는 것이고, 더 나아가서 이렇게 인본적이고 자아 중심적인 방식으로 성화를 추구한다면 그러한 종교생활은 결국 이교적인 활동과 구별될 수 없게 된다는 것이다. 따라서 현대신비주의 운동에 대항하여 설교하려는 설교자들은 먼저 이 시대를 지배하고 있는 신비주의 운동의 저변에 자리하고 있는 비기독교적인 요소들이 어떤 문명사적인 배경 속에서 확산되고 있는지를 먼저 올바로 직시해야 한다.[57]

2) 구원사적인 관점의 성경해석을 회복하기

앞의 글에서는 그리스 철학자들이 호머의 『일리아드』(Illiad)와 『오딧세이』(Odyssey)와 같은 서사시들이나 헤시오드(Hesiodos)의 작품들을 해석할 때 활용했던 풍유적이고 신비주의적인 해석이, 필로나 그 이후 오리겐의 풍유적이고 신비주의적인 해석을 통해서 초기 기독교 속으로 스며들어 왔음을 살펴보았다.[58]

---

57 이 주제와 관련하여 다음의 자료를 참고하라. Michael S. Horton, *In the Face of God*, 김재영 역, 『미국제 영성에 속지 말라』(서울: 규장, 1996); Ray Yungen, 『신비주의와 손 잡은 기독교』; David Wells, 『신학실종』.

58 Richard N. Longenecker, *Biblical Exegesis in the Apostolic Period* (Grand Rapids; Eerdmans, 1975), 19.

당시 그리스 철학자들은 이 세상의 사람들처럼 서로 싸우고 질투하는 신들의 삶을 적나라하게 묘사하고 있는 호머의 『일리아드』(*Illiad*)와 『오딧세이』(*Odyssey*)와 같은 서사시들이나 헤시오드(*Hesiodos*)의 작품들을 해석하여 그 의미를 규범적으로 받아들이려고 할 때, 사람들처럼 서로 싸우고 질투하는 신들의 모습을 문자적으로 받아들이기 어려워서 문자 배후에 좀 더 깊은 의미를 상정하면서 알레고리 해석 방법을 발전시켰다.

그런데 이렇게 문자를 넘어서서 심오하고 깊은 의미를 추구하는 알레고리 해석이 알렉산드리아의 교부들을 통해서 그대로 기독교로 흡수되었고, 이러한 알레고리 해석은 중세시대에 성경 말씀을 통해서 하나님의 말씀이 올바로 선포되지 못하는 혼탁한 기류를 형성하는 해석학적인 환경으로 작용하였다.

이와 동일한 맥락에서 오늘날 한국교회 안에 숱한 이단사상들이 암약할 뿐만 아니라 기성 교인들을 쉽게 공략할 수 있는 원인은, 이미 한국교회 안에 알레고리 성경 해석 독법이 성경을 통해서 하나님의 음성을 듣는 바람직한 방법의 하나로 정착되어버렸기 때문이다.

이미 비합리적인 알레고리 설교나 이원론적이고 기복적인 신비주의가 가미된 설교를 통해서 한국교회의 영적인 울타리가 다 제거되어버렸을 뿐만 아니라 그런 해석 전략을 동원하여 성경 본문에서 전에 들어보지 못한 신기한 의미를 끌어내면 오히려 신령한 설교자로 존경하는 분위기까지 형성된 상황이다. 그러다 보니 이단의 알레고리 설교나 허황된 성경 해석에도 한국교회 신자들이 쉽게 설득 당하는 것이다. 예를 들어 신천지 이단의 교주 이만희는 성경에 대한 역사적, 문학적 및 신학적인 해석을 거부하고 알레고리 해석이나 허황된 비유적인 해석을 주장한다.

성경의 비밀은 비유의 참뜻을 알지 못할 때, 우리는 눈이 있어도 보지 못하고 귀가 있어도 듣지 못하는 영적 소경이요 귀머거리가 되어, 어두운 구덩이에 빠질 수밖에 없다(사 29:9-13).…성경에 기록된 하나님의 말씀은 육적인 것을 빙자하여 비유를 베푼 영적인 것인데 사람들이 문자에 매여 육적으로 해석하여 행동한다면 하나님의 뜻에 맞을 리가 없다."[59]

왜곡된 알레고리 해석이나 비유적인 해석은, 성경의 문자 배후에 심오한 의미를 끌어낼 수 있는 사람만이 성경을 올바로 이해할 수 있고 구원받을 수 있다는 왜곡된 성경관을 조장한다. 그래서 신천지에서는 요한복음 4장 16절에서 예수님이 사마리아 여인에게 남편을 불러 오라고 하신 것은 문자 그대로의 남편을 데려오라는 뜻이 아니라 네가 지금 섬기고 있는 종교를 지명해 보라는 요청이었다고 해석한다. 이어서 여인이 "나는 남편이 없나이다"고 대답한 것은 그동안 따랐던 여러 종교(남편)를 정리해버렸기 때문에 지금 당장은 마땅한 종교를 갖고 있지 않은 상태를 말했다는 것이다. 그러자 4장 18절의 "네가 남편 다섯이 있었으나 지금 있는 자는 네 남편이 아니니 네 말이 참되도다"는 말씀에서 남편 다섯은 2천년 교회 역사 속에서 신자들을 속박했던 거짓된 교회들(예를 들어, 초대교회, 중세교회, 근대교회, 한국교회, 통일교회 등등 아무것이나)을 의미하고, 또 "지금 있는 자는 네 남편이 아니니"라는 말씀은 현재 출석 중인 기성교회도 진정한 종교(남편)가 아니라는 뜻으로 해석하면서 신천지만이 참 남편과 같은 교회라고 주장한다.

이러한 이단들은 성경의 어느 구절은 비유로 풀다가 또 어느 구절은 문

---

59 이만희, 『성도와 천국』(안양: 신천지, 1995), 24, 26.

자적으로 풀기도 한다. 예를 들어 요한계시록 7장 4절의 144,000명의 숫자는 문자적으로 풀면서 지금도 신천지 교인이 14만 4천 명이 모두 찰 때까지 계속 기성교회를 미혹하는 일을 멈추지 않고 있다.

문제는 이러한 이단들이나 신비주의자들의 황당무계(荒唐無稽)한 성경 해석이 기성교회를 출석하는 교인들에게도 설득력을 발휘하고 있다는 점이다. 이런 이현령비현령(耳懸鈴鼻懸鈴)식의 해석이 기존의 신자들에게 먹히는 결정적인 이유는, 경전의 의미는 문자에 갇히지 않고 그 배후로 깊이 파고 들어갈 때 얻어질 수 있다는 초월적인 인식론에서 찾아볼 수 있다.

한국인들의 정서 속에 자리하고 있는 초월적인 인식론과 관련하여 선불교의 중요한 교리 중의 하나인 불립문자(不立文字)에 주목할 필요가 있다. 불립문자 사상은 육조 혜능(六祖慧能, 638-713)에 의하여 세워졌다고 한다. 나뭇꾼 출신의 혜능은 깨달음을 얻어 큰 선사가 된 이후에도 글을 읽을 줄 몰라서, 여승 무진장(無盡藏)이 열반경(涅槃經)을 여러 해 읽어봤으나 아직 이해를 못하겠으니 가르침을 주십사고 청하자 "나는 글을 모르오. 그대가 경문을 소리 내어 읽으면 내가 혹시 그중의 진리를 알 수도 있겠지요"라고 답했다고 한다. 무진장이 "글도 모르면서 어찌 그중의 진리를 안단 말이오?"하고 되묻자 혜능은 "진리란 문자와 무관한 것. 마치 하늘의 달과 같지요. 반면 문자란 흡사 그대와 내 손가락이나 다름없소. 손가락은 달의 소재를 가리킬 수 있어도 달 자체는 아니오. 달을 보고자 함에 반드시 손가락을 거칠 필요는 없지 않소?"라고 답하였다고 한다. 손가락은 달을 가리키듯이 문자는 진리를 가리키기 때문에 문자에 머무를 필요가 없이 곧장 문자 배후의 진리로 나아가야 한다는 혜능의 불립문자 사상은 이런 일을 계기로 정립되었고 그 이후 한국인의 의식 속에서까지 보이는 문자에 쉽게 만족하지 않고 그 배후의 심오하고 초월적인 세계를 추구하는 초월적인 인식론을 강화시켰다.

문제는 이러한 불립문자 사상과 같은 초월적인 인식론은, '형언불능성'을 그 중요한 특징으로 하는 이교적인 신비주의와 결합하여 성경을 읽거나 설교를 들을 때에도 성경 본문의 분명한 의미를 무시하고 비합리적인 추론을 자극하면서 단순히 보이고 이해되는 문자에 쉽게 만족하지 않고 그 배후의 좀 더 심오한 세계를 자의적으로 추구하도록 부추길 수 있다는 점이다.

신비주의 연구가인 윌리엄 제임스(William James)에 의하면 신비주의의 첫번째 특징은 '형언불능성'(Ineffability)이다.[60] 신비로운 정신상태에 빠져든 주체는 즉각적으로 그러한 신비적 정신 상태를 표현하는 것이 불가능하고 그 경험의 내용에 대한 타당한 보고 역시 언어나 말로는 온전히 이루어질 수 없다고 한다. 즉, 신비적 정신 상태는 직접적으로 경험되어야만 한다는 특징을 지닌다. 그러다보니 몰아적인 신비주의 운동에서는 객관적이고 합리적인 깨달음보다는 즉흥적이고 몰아적이며 감정적인 각성을 더 중요시할 수밖에 없으며, 이러한 비이성적이고 즉흥적인 신비주의가 문자 이면의 숨은 진리를 추구하는 알레고리 해석과 결합될 때, 설교 현장을 더욱 황폐화시킬 수 있다.

그러므로 현재 한국교회 안에서 암약하는 이단 운동이나 신비주의 운동에 대항할 수 있는 바람직한 기독교 설교 운동은 바람직한 성경해석의 회복 운동으로부터 시작되어야 하고, 그러한 올바른 성경해석의 회복을 위해서는 예수 그리스도의 십자가 죽음과 부활 사건에서 최고조에 달한 하나님의 구원의 은총을 온전히 드러낼 수 있는 방향으로의 성경 해석 작업

60　William James, *The varieties of religious experience*, 김재영 역, 『종교적 경험의 다양성』, (서울: 한길사, 2000), 462-463.

이 설교 현장에서 꾸준히 강조되어야 한다. 달리 말하자면 성경 속에서 예수 그리스도의 십자가 죽음과 부활 사건에서 최고조에 달한 하나님의 구원 역사의 전체 과정을 생생하게 신자들에게 보여주고 선포함과 동시에, 역사 속에서의 하나님의 구원이 동일한 방식으로 이 시대를 그대로 관통하여 흐르면서 세상에 속하려는 우리 신자들을 하나님의 영원한 나라로 인도하며 그 나라의 윤리와 도덕에 합당한 헌신의 삶을 요청하고 있음을 깨닫도록 해야 한다.

3) 성화의 지표로 그리스도의 은혜로 말미암은 자기부정과 헌신을 설교하기

7-80년대의 수적인 부흥을 경험한 한국교회는 그 와중에 질적인 하락을 동반하고 말았다. 21세기 들어서도 한국교회의 침체가 별반 개선되지 않은 상황에서 일부 목회자들과 신자들은 좀 더 차별화된 경건의 지표로 신비주의 운동이나 은사 운동, 방언, 치유 사역, 또는 고상해 보이는 관상 기도 운동을 통해서 새로운 돌파구를 모색하고 있다. 이러한 신비주의 운동이 침체하는 한국교회에 새로운 전기를 제공할 수 있다면 다행스러운 일이겠지만, 앞에서 살펴본 바와 같이 대중화되고 세속화된 기독교의 도덕적인 가치가 하락하는 상황에서, 좀 더 고차원적인 신인합일을 추구하는 신비주의 운동은 그리스도의 전적인 은혜를 강조하기보다는 경건의 훈련이나 수행, 관상, 또는 차별화된 은사를 발휘하는 엘리트주의(elitism) 신앙을 부추길 우려가 있다.

앞서 우리는 주후 313년에 기독교가 국교로 공인된 이후 교회의 세속화가 뒤따르자 그에 대한 반동으로 등장한 수도원 운동이 수도원의 고행과 수덕을 통한 신인합일을 추구하는 과정에서 이집트 사막의 교부들과 알렉산드리아의 교부들을 통해서 이교적인 신비주의 운동까지 허용했던 사례를 살펴보았다. 이와 유사한 현상이 도덕적 쇠락 현상을 경험하고 있는 한국교회에서 재발하지 않도록 하려면, 설교자는 신자들에게 성화의 지표를 분명하게 선포해야 한다.

신자들이 자신의 신앙의 성숙의 정도를 확인할 수 있는 중요한 지표는 구원파가 주장하듯이 자신의 영적인 탄생일을 분명하게 기억하는 것도 아니고, 또 베뢰아에서 주장하듯이 귀신의 역사로 말미암은 질병을 강력한 축귀 기도로 퇴치하면서 질병의 치유를 경험하는 것도 아니고, 방언으로 기도하는 것도 아니고, 신비로운 이적을 경험하는 것도 아니고, 깊은 내면세계에서 몰아적이고 신비로운 영적 합일을 경험하는 것도 아니다.

예수를 믿어 구원받은 신자가 그 이후의 신앙생활 속에서 꾸준히 성화의 과정을 밟아가고 있음을 분명하게 확인할 수 있는 가장 중요한 지표는 자신의 내면과 삶의 모든 영역에서 오직 예수 그리스도의 은혜를 더욱 철저하게 주장함과 동시에 더욱 철저하게 자신을 부인하는 것(self-denial)이다. 왜냐하면 사도 바울의 고백처럼 예수를 믿은 신자는 "그리스도와 함께 십자가에 못박혔나니 그런즉 이제는 내가 산 것이 아니요 오직 내 안에 그리스도께서 사신 것이라 이제 내가 육체 가운데 사는 것은 나를 사랑하사 나를 위하여 자기 몸을 버리신 하나님의 아들을 믿는 믿음 안에서 사는 것"이기 때문이다(갈 2:20).

자신의 내면과 모든 삶의 영역에서 오직 예수 그리스도의 은혜를 더욱 철저하게 주장함과 동시에 자신의 세속적인 욕망과 아집을 더욱 철저하게 부인하고 낮아지면서 자신이 살아가는 삶의 현장에서 하나님 나라가 임하기를 기다리는 마음으로 헌신하고 봉사하며 이웃을 섬기는 것이야말로 신자가 이 땅에서 추구해야 할 성화의 지표들이다.

4) 신앙 공동체의 역사 현실 속에서 구현되는 기독교 신비를 설교하기

기독교 설교자들은 현대 신비주의 운동이 교회 안에 발붙이지 못하도록 하기 위해서라도 "개혁주의적인 성화의 지표를 확보할 수 있는 성경적인 방법은 신자들과 교회의 헌신을 통해서 하나님 나라를 이 땅에 세우도록 헌신하는 것뿐임"을 가르쳐야 한다. 앞에서 살펴보았듯이, 기독교 설교자들이 바람직한 개혁주의적인 그리스도와의 연합과 성화의 방법을 신자들에게 올바로 제시하지 못할 때, 왜곡된 이교적 신비주의와 세속적인 신인합일 사상이 교회 안으로 파고들어 올 수 있다. 여러 학자들이 지적한 바와 같이, "한국인의 심층 기저에는 신적인 존재를 직접적으로 체험하여 현실의 한계를 뛰어넘으려는 욕망이 자리하고 있다."[61]

이러한 한국인의 심성은 기독교의 신비주의 전통과 만나면서 열광적인 회심과 중생 체험을 가능하게 하였고 한국 기독교가 좀 더 역동적인 종교로 발전할 수 있는 토양을 제공하였다. 하지만 "온갖 형태의 이교주의(異教主義)는 인간의 올라감(상승)에 관심을 기울이지만, 기독교는 하나님의 내려오심(강림)에 관심을 기울인다."[62] 신비주의적인 심성이 비지성적이고 이기적인 욕망과 잘못 결합되면 맹목적인 열광주의에 빠지거나 기복적이며 미신적인 풍조에 빠질 수 있다.

그러므로 설교자들은 종교적인 세속주의나 기복사상을 부추기는 설교도 배격해야 할 뿐만 아니라 이교적인 신비주의나 열광주의를 경계함과 동시에, 이 세상 현실과 저 세상의 신비에 대한 신자들의 관심과 호기심을

---

61 김성민, "한국 그리스도인의 특성과 전일성의 회복",「신학과 실천」24/2(2010), 22.
62 Michael S. Horton,『미국제 영성에 속지 말라』, 146.

올바로 충족시켜 줄 수 있도록 성경적인 신비주의로서의 하나님 나라 종말론과 아울러 하나님 나라가 신자들의 자기 부인과 헌신을 통해서 이 땅에 구현되는 기독교 현실주의를 올바로 설교해야 한다. 바람직한 개혁주의 성화의 지표는 구원받은 예수 그리스도의 은혜로 말미암아 성령의 능력 안에서 자신에게 주어진 새로운 사명을 깨닫고 하나님 나라가 자신이 속한 가정과 교회, 그리고 직장과 사회에서 구현될 수 있도록 기도하고 헌신하는 것이다.

  신자가 함께 부름 받아 모여 세운 지역 교회는, 이를 위한 가장 중요한 매개체이며 하나님이 그리스도의 죽음과 부활로 말미암아 오순절 성령 강림 이후 탄생한 교회가 재림때까지 이어지는 구속의 역사를 이어가도록 하기 위하여 그 지역에 세운 주님의 몸이다. 그래서 지역 교회는 하나님의 거룩한 신비가 성령의 능력 안에서 그리고 설교자가 선포하는 말씀 속에서 신자들이 그 말씀을 아멘으로 받아들이고 순종하고 실천하는 가운데 구체적인 역사 현실 속에서 육화되는 기독교 신비의 절정이다. 지역 교회의 말씀 선포 현장과 말씀 순종의 현장이 없이는 하나님이신 예수 그리스도께서 역사 속에 육화하신 성육신의 신비는 그대로 성경 속에 갇힌 사건일 뿐 오늘의 구원사와는 전혀 무관한 사건일 뿐이다.

  따라서 지역 교회 목회자들과 신자들은 멀리서 기독교의 신비를 체험하려고 할 것이 아니라 지역 교회 속에서 하나님의 말씀이 자신들의 말씀 선포 사건과 청취 사건과 순종 사건 속에서 성육신의 신비가 계속 이어지고 있음(마 26:29)을 깨닫고 구체적인 삶의 현실을 함께 공유하며 모인 신앙 공동체 안에서의 평범해 보이는 말씀설교와 말씀 순종의 중요성을 회복해야 한다.

8. 나가는 말

80년대의 교회성장 이후 다소 침체를 겪고 있는 한국교회 내에 신비주의에 대한 목회자와 일반 신자들의 관심이 고조되고 있다. 앞의 연구에서는 깊은 차원의 성찰이나 신비한 체험 속에서 절대자와의 연합이나 합일을 추구하는 신비주의 사상은 정통 기독교의 사상을 포함하고 있는 것처럼 보이지만 내면적인 각성과 성찰을 통한 신인합일을 추구했던 플라톤 철학과 유대교의 묵시사상의 연장선상에 서 있으며, 기독교가 국교로 공인된 직후에는 좀 더 고차원적인 엘리트주의를 지향하는 가운데 몇몇 초대교회 교부들을 통해서 이교적인 신비주의가 기독교 속으로 스며들왔으며, 중세시대의 신비주의 사상가들을 거치면서 정교한 이론 체계로 정립되었음을 살펴보았다. 하지만 칼빈을 위시한 종교개혁자들의 '그리스도와의 연합'사상과 이교적인 신인합일 사이의 분명한 차이점을 살펴보았고, 마지막으로 한국교회 안에 스며든 신비주의 사상에 대항하는 바람직한 설교사역의 이론적인 토대를 모색하였다.

| 03 |
성경적 설교의
회복을 위한 교리설교

1. 들어가는 말

목회 현장에서 교리(敎理, doctrine)의 중요성이 점점 무시되고 있다. 단적인 예로 교회에 출석하는 상당수의 신자들은 자신이 속한 교회의 교단적 배경이나 독특성이 무엇인지 별로 관심도 없고 제대로 알고 있지 않은 경우가 많다. 신자들이 출석할 교회를 결정할 때 교회 선별의 기준으로 작용하는 것이 무엇인가? 그 교회가 어떤 신학적 입장을 가지고 있으며 어떤 교리적 가르침을 강조하는가에 의해서 교회를 결정하는 경우는 그리 많지 않다. 오히려 그 교회가 자신들에게 어떤 유형의 목회적 돌봄(pastoral care)을 제공하는가, 예배시간은 얼마나 활기차고 재미있게 진행되는가, 자가용이나 대중 교통을 이용한 접근성은 얼마나 편리한가, 또는 주차장이나 식당, 유아실과 같은 교회 제반 복지 시설은 얼마나 잘 갖추어져 있는가, 등등에 의해서 교회를 결정하는 경우가 더 많다.

신자들의 교회에 대한 기대나 관심사가 교리적인 가르침에서 종교 생활의 실용성과 편리성으로 이동하면서, 자연히 목회자들의 목회적 강조점 역시 여기에 편승하고 있다. 예배나 설교에서도 함께 모여 신앙 생활하는 신앙 공동체의 신학적 정체성과 교회의 지향점을 담은 교리적인 가르침들은 조용히 사라지고, 그 대신 신자 개개인이 가지고 있는 내면의 심리적 문제들을 해소하고 세상에서 종교인으로서 하나님의 은혜와 사랑에 대한 확신을 가지고 편안하게 살아갈 수 있도록 도와주는 몇 가지 심리적인 방편이나 기제들을 제공하는데 집중하고 있다.

　그 결과 신자들은 세상으로부터 따로 부름 받아 모인 하나님 나라의 백성들의 모임이라는 신학적 자각과 사명의식이 희박해지고, 종교 생활의 실용성과 편리성, 그리고 영적인 안락을 제공하는 곳을 따라서, 마치 계절마다 더 나은 곳을 찾아서 이동하는 철새처럼 그렇게 이동하는 교인들도 나타나고 있다. 또 자신이 믿고 있는 하나님에 대한 명확한 신학적 입장이 분명하지 않기 때문에 이단적인 가르침에도 쉽게 무너지기도 한다. 최근에 신천지를 비롯하여[1] 여러 이단들이 기독교 신자들을 대상으로 더욱 왕성한 포교활동을 전개하면서 많은 신자들이 이단적 가르침에 쉽게 현혹되고 넘어가는 이유도 교리설교의 부재에서 찾아볼 수 있다.

　교회가 기독교의 근간이 되는 교리를 가르치는 일에 소홀하면서 교회 건물이나 심리적인 위안거리와 같은 비본질적인 것들로 교인들에게 다가가려고 하면, 그런 비본질적인 것들에 대해서는 더욱 매력적이고 더욱 설

---

[1] '신천지'(또는 '신천지예수교증거장막성전', 총회장 이만희)의 이단성과 그 피해 사례들에 대해서는 지난 2007년 5월 MBC 'PD수첩'을 통해서 자세히 보도되었으며, 「뉴스앤조이」와 「교회와신앙」 등 일부 교계 매체를 통해서도 계속 소개되고 있다. 또한 '바로 알자, 신천지' 카페 (http://cafe.godpeople.com/onlygodsglory/)에서는 피해자들의 재발방지를 위해서 신천지에 관한 최근의 이단적인 교리들과 신천지의 내막들을 자세히 소개하고 있다.

득력 있는 전략을 구사하는 세속 문화나 이단 단체들과 경쟁해야 하는 교회는 영적인 구심력을 잃어버리고, 비본질적인 차원에서 더욱 매력적인 것들을 찾아서 떠나는 교인들을 더 이상 붙잡을 수 없을 것이다. 바람직한 교회 성장을 바라는 목회자라면 교리적인 설교가 교회 성장을 가로막는 것이 아니라 오히려 "교회의 부흥은 교리적 설교의 갱신에서 비롯된다는 점을 설교의 역사가 분명하게 보여준다"는 사실을 직시해야 할 것이다.[2]

본고에서는 목회 현장에서 교리의 중요성이 점차 흐려져가는 상황에서 어떻게 설교 사역을 통해서 기독교의 근간이 되는 교리들을 설교하고 가르칠 수 있는지의 실제적인 방안을 모색하고자 한다. 이를 위해서 먼저 최근 한국교회의 목회 현장에서 교리가 점점 사라지고 있는 원인들을 살펴보고, 그 다음으로는 목회에서 교리가 어떤 순기능을 하는지를 확인하면서 목회 사역에서 교리가 차지하는 중요한 역할들을 정리하고자 한다. 이어서 설교 현장에서 신자들에게 교리를 가르치고 설교할 목적으로 성경을 해석하는 과정을 살펴보고, 마지막으로는 기독교 교리를 설교 속에 담아서 전달하고 교육할 수 있는 몇 가지 방법들을 정리하고자 한다.

2. 목회 현장에서 교리를 기피하는 이유

교리설교를 목회에 강화하고자 할 때 그에 앞서 먼저 오늘날 왜 목회 현장에서 교리가 기피되고 있는지에 대한 이유를 살펴볼 필요가 있다. 그 이유로는 신자와 목회자들의 실용주의적인 가치관, 현대 사회 속에 팽배한

---

[2] Millard J. Erickson & James L. Heflin, 『건강한 교회를 위한 교리 설교』, 108.

상대주의, 지성적인 인식보다는 감정과 경험 우위의 신앙생활, 교육과 학습에 대한 저조한 관심 때문이다.[3]

1) 실용주의

교회 안에서 교리가 관심을 끌지 못하는 이유는 교리의 실용성이 약하기 때문이다. 이 실용성은 교인들의 입장과 목회자의 입장으로 구분된다. 먼저 교인들 편에서의 실용주의란, 교리는 신자들의 삶과 무관하거나 실용적인 유익을 제공해 주지 못한다고 여기는 것이다. "교리를 어디에 써먹을 데가 있느냐?"는 것이다. 교회에 나오는 신자들이 교회(나 목회자들)로부터 기대하는 것이 교회가 교회 역사 속에서 지속적으로 계승해 온, 하나님과 세상과 인간에 관한 신앙 고백이나 교리적인 가르침이 아니라 자신들의 현세적 삶에 대한 실용주의적인 관심으로 치우칠 경우에 교리적인 관심은 변방으로 물러날 수밖에 없다. 현대인의 마음을 지배하고 있는 우상이 바로 실용주의라는 점은 언급할 필요가 없을 정도로 이미 잘 알려진 현실이다.

영화 "은밀한 유혹(Indecent Proposal)"에서 로버트 레드포드는 데미 무어와 그녀의 남편에게 자신이 아내 데미와 잘 수 있도록 허락해준다면 백만 달러를 주겠다고 제안한다. 그 부부는 이 제안을 받아들인다. 오프라 윈프리 쇼의 시청자 조사에 의하면 응답자 중의 52%가 그런 상황에서

---

[3] 목회 현장에서 교리를 강조하지 못하는 원인으로서 실용주의와 상대주의 외에도 감정과 경험 우위의 신앙생활과 교육이나 학습에 대한 저조한 관심을 더 지목할 수 있다. 하지만 본고에서는 지면 관계상 실용주의와 상대주의에 대해서만 다루고자 한다.

자신들도 똑같이 반응했을 거라고 말했다. 유사한 조사에서 미국인 네 명당 한 명 꼴로 1천만 달러를 준다면 가족 전부를 버릴 수도 있다고 말했다. 같은 돈을 준다면 100명 중에서 23명이 일주일 동안 매춘부가 될 수도 있을 거라고 말했고, 16명은 배우자를 떠날 수 있으며, 7명은 아무 연관이 없는 사람을 죽일 수도 있을 거라고 응답했다.[4]

현대 교회가 이 정도의 실용주의에 물들지는 않았지만, 세속적인 실용주의의 가치관으로부터 결코 자유롭지 못한 것만은 부인할 수 없다. 그래서 적지 않은 교인들 중에서는 자신의 세속적인 유익과 영달에 별로 도움이 되지 않는다는 이유로, 교회가 제시하는 교리적인 가르침에 대해서 냉담한 반응을 보인다.

하지만 교인들의 실용적 가치관을 무조건 폄하할 수만은 없다. 즉 교회가 2천년의 교회 역사 속에서 계승해 오고 있는 교리와 신앙고백들은 오늘을 사는 신자들의 삶과 긴밀한 연관성을 맺고 제시되며 가르쳐져야 한다. 기독교의 근간을 이루는 핵심 교리가 단순히 2천년의 교회 역사를 통해서 누적된 추상적이고 이해해야 할 내용으로만 신자들에게 제공될 뿐, 그 교리가 오늘을 살아가는 신자들의 영적인 삶과 구체적으로 무슨 상관관계가 있는지를 다양한 목회 프로그램을 통해서 교리와 신자의 영적인 삶(또는 영성형성 과정)과 역동적으로 접목시키지 못한다면, 그렇게 자신의 삶과 무관한 단순한 추상적인 정보로서의 교리는 신자들로부터 외면

---

[4] James Patterson & Peter Kim, *The Day America Told the Truth* (NewYork: PrentisHall, 1991), 66; 재인용. David W. Henderson, 임종원 역, *Culture Shift*, 『세상을 따라잡는 복음』(서울: 예영커뮤니케이션, 2003), 258.

당할 수밖에 없다.[5]

예를 들어 성찬식을 시행하는 교회에서 신자들에게 성만찬의 신학적인 의미와 가치를 설명할 때, 교회사 속에서 누적된 신학적인 견해들(화체설이냐, 기념설이냐, 영적임재설이냐?)을 강의하고 소개하는 데 머무를 뿐 오늘 신자와 신앙 공동체의 삶 속에서 특정 교리와 관련하여 대두되는 문제점들을 다루는데 실패한다면, 그런 추상적인 정보 차원의 교리는 신자들에게 환영받기 어렵다는 것이다. 그보다는 폭력과 갈등과 부와 재물에 대한 탐욕으로 얼룩진 오늘날의 한국 사회 속에서 하나님의 살아계심과 역사의 주인되심의 증거를 전혀 확인할 수 없는 상황 속에서도 주님이 조용하고도 은밀한 방식으로 자신의 몸된 교회를 말씀과 성령의 역사로 직접 통치하고 계시는 구체적인 증거물로서의 성만찬의 가치를 제시해야 한다.

성만찬은 세상의 눈으로 볼 때 비록 보잘 것 없어 보이더라도 그리스도께서 보이는 말씀으로 신자들에게 영을 통하여 찾아오시며 임재하시며, 떡과 포도주라는 상징물을 매개하여 그리스도께서 어떻게 그 성만찬에 참여하는 신자들과 영적으로 연합하여 신자들을 하나님 앞으로 인도하는지, 그리고 성만찬을 통해서 신자들은 어떻게 자신들에게 유업으로 약속된 영원한 하나님 나라의 영광과 기쁨을 미리 맛볼 수 있는지, 그리고 그러한 성만찬이 아직도 고통과 눈물로 얼룩진 이 세상에서 어떻게 하나님 나라 백성들의 영적인 삶을 지탱해 주는 자양분이 될 수 있는지를, 예배와 설교, 교육, 선교와 봉사와 같은 다양한 목회 활동들을 통해서 실행하고

---

5 Robert Kysar, "New Doctrinal Preaching for a New Century," *Journal for Preachers* 20:3(1997), 19. 교리가 신자들의 삶과 무관한 추상적 정보 전달의 차원에 머무르지 않도록 하기 위하여 교리설교는 필연적으로 상황화(contextualization)의 과정을 거쳐야만 한다. 교리설교의 상황화에 대해서는 본고의 후반부에서 다룰 예정이며, 좀 더 자세한 내용은 Millard J. Erickson & James L. Heflin의 『건강한 교회를 위한 교리 설교』 229-255를 참고하라.

구현할 때, 비로소 '영적임재설'에서 의도했던 성만찬의 핵심적인 가르침의 목표로서의 "떡과 포도주를 먹고 마시는 성만찬 예식 중에 영적으로 임재하시는 그리스도와 신자의 연합"의 기쁨과 감격은 단순한 지식이 아니라 실제(reality)로 신자 각자에게 다가올 수 있을 것이다.

교회 안에서 교리가 강조되지 못하는 이유 중의 하나로서 교인들의 실용주의적인 가치관을 지목할 수 있다면, 목회자들의 실용주의적인 목회관 역시 교회가 교리를 기피하는 원인의 하나로 지목할 수 있다. 즉 목회자들이 목회 현장이나 강단에서 교리를 자주 가르치거나 설교하지 않는 이유는, 교리가 단기간의 숫적인 성장에 그리 큰 도움이 되지 못한다는 판단 때문이다. 이러한 목회자들의 판단이 어디에서 비롯된 것인지는 심층적인 분석이 필요하지만, 앞에서 교리에 대한 신자들의 실용주의적 가치관과 연관지어 생각해 본다면, 목회자들의 입장에서는 교인들이 교리에 별로 관심을 가지지 않는 현실에 대해서 일종의 심리적 부담감을 가질 수 있다.

물론 목회자들이 강단에서 교리를 강조하지 않는 이유가 전부 교인들의 무관심 때문이라고 변명할 수는 없다. 하지만 교리에 대한 교인들의 무관심과 목회자의 무관심이 서로 상승작용을 하는 것은 부인할 수 없다. 강단에서나 교육 현장에서 몇 가지 교리를 가르치고 설교했지만 그에 대한 교인들의 반응이 시큰둥하다면 목회자 역시 교리 교육이나 교리설교에 대해서 별로 마음이 내키지 않을 것이다. 그 결과 오늘날 교회 강단에서도 설교자들의 설교 주제로서 교리가 차지하는 비중도 매우 저조한 편이다.

「목회와 신학」 2007년 4월호에서는 한국교회 목회자들 578명을 대상으로 설교 사역에 관한 심층적인 통계 조사를 실시하여 그 결과를 소개하고 있다. 그런데 설교 주제를 묻는 질문에서, 절반이 넘는 목회자들은 "오직 하나님의 말씀만 전해야 한다"(51%)고 하면서 성경을 설교해야 한다는 원론적인 입장을 선택하였고, 그 다음으로 "21세기에 맞게 현대사회의 주제들을 다뤄야 한다"(31.5%)거나 "윤리와 생활을 강조하는 설교"(9.2%)를 선택한 반면에 "교리적인 주제와 교육적인 주제"에 대해서는 겨우 8.3%에 불과하였다.[6] 그 이유에 대해서는 다양한 분석이 필요하겠지만 목회자가 숫적인 성장에 직접적인 효과를 가져오는 방법들이나 전략에만 골몰할 경우에 교리의 중요성은 올바로 자리매김되기 어려울 것이다. 사우스웨스턴침례신학대학원의 설교학 교수인 제임스 헤플린(James Heflin) 역시 교회 성장이라는 목회적 중압감에 시달리는 목회자들이 실용주의적인 이유나 성공에 대한 압력, 그리고 시간과 훈련의 부족으로 인하여 교리를 등한시하고 있음을 지적하고 있다.[7]

2) 상대주의

교회가 교리에 관심을 기울이지 않는 또 다른 이유는 현대 사회 속에 팽배한 상대주의적인 가치관 때문이다.[8] 상대주의는 하나님과 세상, 그리고 인간에 대한 절대적인 진리와 가치관을 인정하지 않고 이러한 주제들에 대한 사람들의 입장 차이와 관점의 차이를 인정한다. 즉 모든 사람들이 획일적으로 받아들여야 하는 단 하나의 진리란 존재할 수 없고 모두에게 강요할 수도 없으며 각자의 입장과 형편에 맞는 진리를 자유롭게 받아들일

6　"한국교회 설교사역에 관한 최초 심층 설문 조사",「목회와 신학」(2007, 4월), 67.
7　Millard J. Erickson & James L. Heflin, 131-138.
8　Ronald J. Allen, *Preaching is Believing: The Sermon as Theological Reflection* (Louisville: Westminster John Knox Press: 2002), 29-33.

수 있다는 것이다. 더 나아가서 무엇이 진리이고 진리가 아닌지를 최종적으로 결정할 수 있는 것은 바로 자기 자신 뿐이고 자신 밖의 외부에서는 그 누구도 자신에게 진리를 강요할 수 없다는 것이다.

이러한 상대주의가 교회 안으로 스며들어 올 때 신자들은 한 가지 입장만이 진리라고 강조거나 또는 이 입장이 다른 입장에 비해서 더욱 우월하다고 가르치는 교리적인 가르침에 대해서 심리적인 거부감을 가지거나, 혹은 거부감은 없더라도 다른 견해도 용납이 가능하다는 심리적 전제를 여전히 가지고 있다.

예를 들어, 장로교회에서 설교자가 존 칼빈(John Calvin)의 예정론을 가르치거나 침례가 아닌 세례의 우월성을 가르칠 때 이러한 교리와 반대되는 입장(알미니안이나 침례교)을 따르는 교파나 교회에 대해서 목회자는 어느 정도까지 인정해 줄 수 있을까? 또 교인들의 입장에서 자신들이 배우는 교리의 우월성에 대해서 어느 정도까지 확신할 수 있을까? 예전에는 만일 어떤 하나의 교리적인 가르침이 가장 온전하고 순수한 진리라면 여기에 미치지 못하거나 이와 다른 진리나 가르침은 그 자체가 전부 비진리였다. 결코 용납되어서도 안 되었고 또 전혀 용납되지도 못했다. 하지만 오늘날에는 가장 온전하고 순수한 진리와 여기에 미치지 못한 차등의 진리 뿐만 아니라 그와 반대의 입장에 있는 견해까지 함께 용납되고 있는 실정이다.[9]

---

9 조지 바나 연구소(the Barna Organization)가 북미권 교회에 출석하는 신자들을 대상으로 조사한 결과에 따르면, 자신은 중생한 그리스도인으로 확신하는 신자들도 '절대적인 진리란 존재하지 않으며 자신과 다른 사람들은 서로 대립되는 방식으로 진리를 규정지을 수도 있으며 그렇게 대립되더라도 그 진리 역시 옳다'는 입장에 상당수의 신자들이 동의하는 것으로 나타났다. George Barna, *What American Believe: An Annual Survey of Values and Religious Views in the United State* (Ventura, Calif: Regal, 1991), 84-5; *The Barna Report 1992-93: American*

지난 해(2007년) 아프간 인질 피납 사태와 모 기독교인 경영주의 노조 탄압을 계기로 한국교회에 대한 안티기독교인들과 불신자들의 비판의 목소리들이 강도 높게 쏟아져 나오자, 그동안 진리의 절대성과 아울러 배타성을 주장해왔던 한국교회의 전도 방식이나 신앙생활에 대한 반성의 목소리 속에서 신앙의 상대성을 주장하는 진영의 목소리도 더욱 고조되어가고 있다. 그러나 목회 현장에서 교리를 강조할 때에는 결코 용납할 수 없는 최고의 가치로서의 진리를 강조하고 주장하면서 이 진리에 대해서는 결코 타협하지 않는 불굴의 자세와 동시에, 아직 이 진리를 이해하지 못하고 받아들이지 않는 사람들을 비인격적으로 모욕하거나 무시하는 것이 아니라 인격적인 배려와 아울러 사랑과 섬김의 자세로 다가가는 노력이 함께 필요하다.

3. 목회 현장에서 교리의 순기능

앞에서 살펴본 실용주의나 상대주의의 가치관 때문에 목회 현장에서 교리가 푸대접을 받고 있지만 목회 현장에서 교리의 중요성과 그 순기능 역시 결코 간과되어서는 안 된다. 목회 현장에서 교리의 순기능은 목회자 편에서의 유익과 신자 편에서의 유익으로 세분화할 수 있다.

① 먼저 목회자 편에서의 교리의 중요한 순기능은 교리가 목회의 장기적인 목표와 방향을 제공해준다. 실천신학의 관점에서 볼 때 목회 사역

Renews Its Search for God (Ventura, Calif: Regal, 1992), 76-8;294-5.

은 하나님과 그의 백성의 만남을 중재하는 것이다.[10] 설교나 예배, 교육, 봉사와 같은 다양한 목회 사역들은 말씀을 통해서 자기 백성들에게 찾아오시는 하나님과 그 백성 간의 만남을 중재하는 것이며, 그 목회 사역들은 이를 방편 삼아서 이 땅에 다가오며 실현되는 하나님 나라(the coming kingdom of God)의 실현 양식이다.

목회 사역이 하나님의 간접적인 임재 양식이며 하나님 나라가 이 땅에 선포되고 실현되는 방편이라면, 이 일을 감당하는 목회자는 하나님이 어떤 분이시며 예수 그리스도 안에서 그 백성에게 베푸시는 대속의 은혜와 사랑은 어떤 것이며, 그 은혜의 일차적인 시여자인 교회의 본질과 속성과 사명은 무엇이고 세상 속에서 드러나는 하나님의 영광을 위한 교회의 사명은 무엇인지에 대한 교리적인 이해가 선행되어야 한다. 하나님과 인간, 예수 그리스도, 교회와 성령의 역사, 그리고 주님의 재림과 심판 등등에 대한 교리적인 이해가 통전적인 관점에서 올바로 갖추어질 때, 비로소 목회자는 자신의 목회 현장에서 어떤 목표와 방향감을 가지고 사역에 임해야 하는지를 잘 직시할 수 있다. 거꾸로 말하자면 목회 사역 전반에 대한 체계적인 교리적 이해가 갖추어지지 않았다면 목회 사역의 목표와 방향은 흔들릴 수밖에 없다.

② 교인들 편에서 볼 때 교리의 중요한 가치와 기능은 인생의 목표와 방향감을 제공해 준다는 것이다. 현대 사회의 특징 중의 하나는 파편화(segmentation)를 지목할 수 있다.[11] 현대 사회에는 다양한 가치관이 혼재하

---

10 Jacob Firet, *Dynamics in Pastoring* (Grand Rapids: Eerdmans, 1986), 83-4.
11 Robert Kysar, "New Doctrinal Preaching for a New Century" *Journal for Preachers*, 20(3):1997, 18.

며, 경제적으로나 사회적으로 다양한 계층으로 구성되어 있으며 공동체와 분리된 한 개인이 자신의 삶의 목표와 방향감에 대해서 느끼는 상실감은 더욱 심화되어가고 있다. 피터 버거(Peter Berger)나 하츠필드 킬러(Hartsfield Keeler)와 같은 사회학자들은 현대인의 특징을 '정신적인 고향 상실성'(homelessness of mind)으로 규정한다.

이들은 현대인들이 서로 다른 다양한 '생활세계', 즉 수많은 체계(system) 속에서 살고 있으며, 더구나 그 세계나 체계가 상호 모순되기 때문에 각 개인들은 삶의 목표와 방향감을 상실하고 점점 인생을 방랑적이고 늘 변화하며 유동적인 것으로 경험하고 있다는 것이다. 기독교 교육학자 사라 리틀(Sara Little) 역시 현대인의 상황에 대한 사회학자들의 인식에 동의하면서, 현대인들이 신념의 공백 상태(the vacuum in belief) 혹은 신념에 대한 혼돈(the confusion about what belief is)에 빠졌다고 본다. 신념의 공백 상태 혹은 신념에 대한 혼돈과 사고의 부재 속에서 정신적인 고향 상실성으로 신음하는 현대인들에게 나타나는 병리적인 현상은 무엇인가?

빅터 프랭클(Victor Frankl)은 전 세계에 만연해 있는 실존적 공허감으로 인한 불안에서 생기는 집단적 신경증의 증후를 크게 다음 네 가지로 소개하고 있다.

첫째, 방향성을 잃어버린 무계획적인 삶이다. 자신의 미래가 불투명하여 자기 자신에 대한 계획을 세울 이유와 필요를 못 느끼고 그저 하루하루를 연명하는 자세로 살아간다는 것이다.

둘째, 숙명적인 삶에 대한 일종의 무기력 증후군으로서 사회적인 억압으로 인한 방황과 닥치는 대로 계획 없이 살면서 자신의 환경을 해결할 수 없는 불가능한 숙명으로 받아들이면서 무기력감에 빠져 있다는 것이다.

셋째, 자기 자신을 하나의 자유롭고(본능과 유전적 소질, 그리고 환경으로부터의 자유) 책임 있는 존재라고 하는 생각을 포기하고 자신을 어떤 대중 속으로 몰아넣으려고 하는 몰개성적이고 집단 의존적인 사고이다. 그리하여 자신이 하나의 자유롭고 책임있는 존재라는 사실을 망각하고 그렇게 숨어들어간 대중 속에서 자신의 생각과 입장과 가치관과 삶의 지향점을 포기하고 헤어나오려 하지 않는다는 것이다.

넷째, 삶의 방향감과 목표의식을 잃어버린 결과로 타인의 인격을 무시한다. 집단주의자들이 자신의 인격을 무시하는데 반해 열광주의자들은 타인의 인격을 무시한다.

이러한 집단적인 신경증은 우울(depression)과 탐닉(addiction), 그리고 공격(aggression)으로도 나타난다.

첫째, 전쟁과 기근, 전염병 등으로 인한 사회적, 개인적 욕구 불만과 불안, 그리고 실존적 공허로 인하여 생기는 우울은 그 정도가 깊어지면 자살로 이어진다. 한 개인이 사회적 혹은 집단적으로 가지는 공통적인 문제에 대하여 절망하고 삶의 의미를 상실하여 우울증에 빠지면 그것이 심화되어 자살을 시도하게 되고 그 여파로 인하여 자살은 점점 확산되어 집단적인 신경증으로 발전된다는 것이다.

둘째, 탐닉은 실존적인 공허감에 빠진 사람들이 환각제, 약물중독, 알콜, 마약, 성적 탐닉으로 공허감을 해소하려는 것이다.

셋째, 실존적 공허와 삶에 대한 불안감에 빠진 사람은 타인과 주변에 대한 공격적 태도 속에서 그 빈 자리를 채우고 보충하려고 한다는 것이다.

삶의 목표와 방향감각을 상실하고 방황하는 사람들에게 교회가 제공해 줄 수 있는 생명의 말씀은 무엇인가? 그것은 바로 이 인류의 역사와 인생 개개인을 향한 하나님의 구원 계획과 그 계획의 실현 과정으로서의 구원역사에 대한 항구적인 교리의 메시지이다. 인류를 향한 하나님의 구원 계획과 그 계획의 실현 과정으로서의 구원 역사, 그리스도 안에서의 하나님의 구원, 교회를 통한 구원의 실현과 선포, 성령의 역사, 그리스도의 재림과 종말에 관한 교리적인 메시지는, 역사와 인생의 방향감각과 목표점을 상실하고 방황하는 현대의 신자들에게 살아갈 이유와 목표점을 제공하는 생명과도 같다.[12]

③ 교인 편에서 볼 때 교리로 말미암은 또 다른 순기능은 주변 세계를 해석하고 이해하는 해석의 준거체계(interpretive frame of reference)를 제공한다는 점이다. 다양한 가치관과 견해들이 뒤섞여 있으며 다양한 영향력들(경제, 사회, 문화)이 혼재한 현대 사회 속에서 신자들에게 주변 현상들을 올바로 이해하면서 자신의 삶의 목표와 방향을 결정할 수 있도록 해 주는 것이 바로 주변 현상들에 대한 해석의 준거체계이다. 이 준거체계가 세속적일 때 그 사람이나 그가 속한 공동체는 세속적일 수밖에 없다.

신자와 신앙 공동체가 하나님 나라를 이 땅에서 증언하고 구현하는 공동체로 세워지고 성장하기 위해서는, 하나님과 이 세상, 그리고 주변 현상들을 하나님의 구원이라는 시각에서 이해하고 해석할 수 있는 해석의 규범과 준거체계가 마련되어야 한다.[13] 성경적인 관점에서 주변 세계와 현상을 해석하고 그 과정에서 성경적인 목표점을 정하고 성경적인 방향으로 삶을 꾸려나갈 수 있도록 안내하는 것이 바로 기독교의 핵심적인 진리들을 압축시켜 놓은 교리이다.[14] 그래서 맥그라스(McGrath)는 교리

---

12 Robert Kysar, 18-9.
13 Ronald J. Allen, 15-20.
14 Arthur Van Seters, "Dilemmas in Preaching Doctrine: Declericalizing Proclamation" *Journal for Preachers,* 17/3(1994), 33-35.

(doctrine)를 가리켜서 "기독교 공동체가 자신의 정체성 형성에 필수적인 요소로서 권위를 부여한 가르침"으로 정의한다.[15]

그렇다면 올바른 해석의 준거체계로서의 교리는 어디에서 확보할 수 있는가? 교리는 어느 목회자의 개인적인 학문 활동이나 연구 결과로 얻어지는 것이 아니라 성경과 올바른 신학적 전통 속에서 확보될 수 있다. 즉 성경이 일관되게 제시하는 하나님의 구원 역사에 관한 증언과, 그 증언에 대한 2천년의 교회의 일관된 반응으로서의 개혁주의 신앙고백들, 그리고 그 고백들을 중심으로 형성된 개혁주의 신학 전통(reformed tradition)이 오늘날 목회 현장에서 목회자가 신자들에게 제공해야 할 중요한 교리들의 원천이다.

만일 일관된 해석의 준거체계로서의 교리에 대한 통전적인 이해가 빈약하거나, 2천년의 교회 역사 속에서 교회가 자신의 신앙을 어떻게 유지 보존해왔는지를 보여주는 개혁주의 신학 전통에 대한 이해가 빈약한 체로, 목회 현장에서 단순히 성경만 강해하고 설교하는 것만을 강조하다보면, 자칫 그 공동체나 설교는 지금도 계속 이어지고 있는 하나님의 통전적인 구원사의 흐름에서 이탈될 우려가 있다. 왜냐하면 교회 안에서 하나님의 말씀으로서의 성경이 올바로 가르쳐지고 선포되기 위해서는 그 성경은 먼저 올바로 해석되어야 하며, 이 해석 작업을 안내하기 위한 해석의 준거체계로서의 개혁주의 신학 전통이 필요하기 때문이다.

물론 교리가 성경보다 더 우위를 차지해서는 안 되지만 그렇다고 통전적인 해석체계로서의 교리에 대한 이해가 없이 성경을 해석하면 해석자

---

15 Alister E. McGrath, *The Genesis of Doctrine: A Study in the Foundations of Doctrinal Criticism* (Cambridge: Blackwell, 1990), 11.

의 신학적인 편견이나 개인적인 관심사에 의해서 성경 메시지가 파편화되거나 공동체가 한 몸으로서의 교회로부터 이탈될 수 있다. 따라서 설교 현장에서 성경과 교리는 상호 보완적인 기능을 감당해야 하며 "교리는 성경의 내러티브가 올바로 해석되는 해석의 틀(the interpretive framework)을 제공"해야 한다.[16]

④ 목회 현장에서 교리의 중요한 순기능 중의 하나는 공동체를 세우는 원동력을 제공한다는 점이다. 앞에서 살펴본 바와 같이 교리는 삶의 목표와 방향감을 제공할 뿐만 아니라 하나님과 인류와 세상을 이해할 수 있는 해석의 준거체계를 제공한다. 이러한 교리의 기능은 개인의 차원에서 작용할 뿐만 아니라 공동체의 차원에서도 작용한다. 즉 공동의 가치관과 목표를 지닌 개개인이 함께 모여 공동체를 이루며 그 공동체에 대하여 강력한 연대의식을 가지고 공동체 활동에 참여할 수 있도록 안내하는 것이 바로 교리라는 것이다.

그래서 하나님을 믿고 교인이 되는 것은 특정한 교리를 지적으로 이해하고 개인적으로 받아들였기 때문만이 아니라, 삶의 목표와 방향, 하나님과 인류, 그리고 세계와 그 속에서 일어나는 사건들과 현상을 해석하고 그 현상에 반응하는 방식이 동일한 개개인을 연대시키는 신앙 공동체에 가입하여 그 속에서 이루어지는 설교와 예배, 성경공부, 교제, 봉사, 그리고 선교와 같은 다양한 공동체 활동에 참여하면서 그 활동 속에 녹아 들어 있는 하나님의 구원에 관한 거대담론을 자신의 삶의 준거체계로 받아들이는 과정을 통해서 공동체적으로도 이뤄진다.

---

16 Alister E. McGrath, 7-11.

교리의 공동체적인 기능과 관련하여 조지 린드벡(George Lindbeck)이 유용한 통찰을 제공한다. 조지 린드벡은 1984년에 출간된 『교리의 본질: 탈자유주의 시대의 종교와 신학』(The Nature of Doctrine)에서 종교와 교리의 기능과 관련하여 문화-언어적 모델(a cultural-linguistic model)을 제시한다. 그에 의하면 교리의 특성은 일련의 인지적인 명제에 의하여(이렇게 교리를 이해하는 입장을 가리켜서 인지-명제적 모델, cognitive-propositional model이라고 명명함) 이해될 수 있는 것도 아니고, 그렇다고 언어로 표현할 수 없거나 표현되기 이전의 인간의 영적인 경험들에 대한 독특한 표현 방식으로(이렇게 교리를 이해하는 입장을 가리켜서 경험-표현주의적 모델, experiential-expressivist model이라고 명명함) 이해할 수 있는 것도 아니라, 공동체의 문화적인 관습이나 언어적인 관습으로 가장 잘 이해할 수 있다고 한다.[17] 즉 교리의 기능이나 역할이 가장 분명하게 나타나는 것은 그 교리가 특정한 신앙 공동체의 공적인 활동들(설교나 예배, 친교, 봉사) 속에서 구성원들에 의해서 어떻게 활용되고 있는지 공동체의 문화활동과 언어 관습에 의해서 교리가 차지하는 비중이 가장 분명하게 드러난다는 것이다.

그런데 교리의 가치와 기능에서 인지-명제적 역할을 간과하고 문화-언어적 신앙 공동체의 활동의 관점에서만 이해하는 경우에는, 신앙 공동체나 교회와는 별개로 독립적이고 주체적으로 존재하는 계시와 그 계시가 먼저 인간에게 이해될 때의 명제적인 진술의 형태를 취한다는 엄연한 사실을 간과할 수 있다. 이런 이유로 맥그라스는 교리에 대한 린드벡의 관점이 교회의 문화 활동 이전에 선행하는 "독립적인 실체로서의 하나님에

---

[17] George Lindbeck, *The Nature of Doctrine: Religion and Theology in a Postliberal Age* (Philadelphia: Westminster Press, 1984), 33.

대한 명제적 진술의 중요성을 포기"할 우려가 있다고 비판한다.[18] 즉 린드벡의 견해는 신앙 공동체의 문화 언어적 활동에 대하여 독립적이며 선행적으로 존재하는 진리의 주권성과 독자성을 침식하고서 진리의 주권성을 공동체의 활동의 범위 안으로 한정짓는 약점이 도사리고 있다는 것이다.

따라서 목회 현장에서 교리를 강조하고 가르칠 때 목회자/설교자들은 특정 공동체가 진리의 한계를 자의적으로 결정하지 않도록 주의하면서도 교리가 단순히 명제적으로 정리되어서 신자들이 이를 지성적인 차원에서 이해하는 수준에 머무르지 않도록 해야 한다. 즉 여기에서 한 걸음 더 나아가서 교리가 신앙 공동체의 활동의 전 영역에서 설교와 예배, 성경공부와 친교, 봉사, 선교의 전 영역에서 세상으로부터 구별된 공동체만의 독특한 문화 활동의 차원까지 승화되고 신자들로 하여금 이러한 공동체의 활동에 함께 동참하며 공동체적인 관습을 함께 따르는 가운데 그 공동체가 세상과 다른 방식으로 기쁨과 슬픔을 규정지으며 세상과 구별된 삶의 목표점을 향하여 달려가고 있음을-단순히 인지적이고 명제적인 차원뿐만 아니라 실제의 삶의 전 영역 속에서의 다양한 공동체적인 활동을 통하여-체득할 수 있도록 안내해야 한다.[19]

---

18   Alister E. McGrath, 29.
19   예를 들어 Peter Ward에 의하면 칼빈의 설교와 목회 사역에서 "말씀과 성찬을 통한 그리스도의 영적임재"나 "그리스도와의 연합"(union with Christ)은 단순히 성만찬의 가치와 의미를 신자들이 잘 이해하도록 고안된 명제적인 진술문으로서의 교리의 차원에 머무르지 않고, 그러한 목표를 실제로 달성하려는 열망과 의지를 설교 사역과 목회 사역을 실제로 감당하였다고 한다. 그리고 칼빈이 강조한 교리나 신학이 목회 현장에서 실제로 실행에 옮겨지고 있는 것을 가장 분명하게 확인할 수 있는 곳이 바로 그의 설교 사역이라고 한다. Peter Ward, "Coming to Sermon: The Practice of Doctrine in the Preaching of John Calvin", *Scottish Journal of Theology*, 58/3 (2005), 319-321.

4. 교리설교 방법론

목회 현장에서 교리가 목회자들에게는 목회의 토대와 추진 방향을 제공하며 신자들에게도 하나님과 인간, 그리고 세상을 이해하며 그 속에서 벌어지는 현상들을 해석하고 올바로 반응할 수 있는 해석의 준거체계를 제공하며 세상으로부터 구별된 신앙 공동체를 구성하는 구심력을 제공한다면 이제 설교 강단에서 효과적으로 교리를 선포할 수 있는 방법은 무엇인가?

① 교리설교를 준비하기 위하여 먼저 선행할 것은 목회 철학에 기초한 연간 목회 계획을 수립하는 것이다. 교리설교가 중요하고 필요하다고 해서 즉시로 하나님의 구원이나 성령의 역사에 대하여 당장 다음 주부터 교리설교를 시작하는 것은 바람직하지 않다.

교리설교의 주제를 결정하기 이전에 먼저 통전적인 목회철학과 장기적인 목회 계획을 수립하고 그 계획 속에서 어떤 교리를 몇 회에 걸쳐서 어느 정도의 깊이와 넓이를 가지고 교리설교를 진행할 것인지를 정해야 한다. 그리고 회중의 교육적인 필요나 목회적인 환경을 고려하여, 구원의 확신에 대한 교리 교육이 필요한지 아니면 교회의 본질과 속성에 대한 교육이 필요한지를 먼저 결정하고 그 주제에 대한 교육이나 설교의 횟수는 어느 정도로 할 것인지, 만일에 설교에서 여러 번 다룰 수 없다면 설교 이외의 성경공부나 다른 목회 프로그램을 통해서라도 이 주제에 대한 교육을 보완할 수 있는지에 대해서 함께 고려하는 것이 바람직하다.

② 목회 철학과 목회 계획에 근거하여 특정한 교리를 몇 회에 걸쳐서 교육하고 설교할 필요성이 확인되었으면, 그 다음 단계는 교리설교의 방법

을 주제 설교(thematic preaching)의 방법을 따를 것인지 아니면 성경의 특정한 책을 연속 강해설교의 방법을 따를 것인지를 결정해야 한다.[20]

예를 들어서 하나님의 구원의 능력에 대해서나 예배의 특권에 대해서, 또는 신앙 공동체가 여러 위기를 극복하면서 성령의 인도를 따라서 성장해 가는 과정에 대한 교회론의 교리에 대한 설교나, 성만찬의 신비나 영적 유익에 대한 교리설교를 할 때 이러한 교리를 관련 주제를 다루는 신학 서적들을 참고하면서 준비할 수도 있지만 출애굽기(하나님의 크신 구원)나 사도행전(성령의 능력에 사로잡힌 교회) 혹은 에베소서(하나님의 놀라운 구원)를 연속 설교하는 가운데 관련된 교리를 설교할 수 있다. 물론 권별설교를 할 때에는 한 가지 교리만을 강조해서 설교할 수도 있지만 본문이 교훈하고 있는 다양한 교리의 주제들을 다양한 관점에서 설교할 수도 있다.

주제 설교의 방법으로 교리를 설교하려는 경우에 용이한 준비 방법 중의 하나는, 조직신학 서적을 참고하거나 교회사의 중요한 신앙고백서(웨스트민스터신앙고백서나 하이델베르그신앙고백서)에 담긴 중요한 주제들을 순차적으로 다루는 것이다. 하지만 이 방법은 특정 교리에 대한 체계적인 이해를 심화시켜 나가는 데는 도움이 되지만, 자칫 설교가 딱딱한 교리 교육 시간으로 전락되면서 회중에게 교리에 대한 부담감을 심어줄 수 있다.

반대로 성경의 특정한 책을 연속 강해하는 방법으로 교리를 설교하는 경우에는, 특히 그 본문이 내러티브 본문인 경우에는 내러티브 플롯의 연속성이 설교를 듣는 회중에게 수사적인 관심과 집중을 이끌어낼 수 있지만, 교리 교육이라는 본래의 목적을 염두에 두고서 본문을 해석하다보니 자칫 본문을 자의적으로 해석하면서 본문의 본래 의미나 교훈이 왜곡될

---

20 Stephen Nelson Rummage, *Planning Your Preaching* (Grand Rapids: Kregel. 2002), 144.

우려가 있다. 이런 경우에 성경의 특정 책을 어떤 특정한 교리의 관점에서 어느 정도의 횟수에 걸쳐서 설교할 것인지는 앞에서 언급한 목회 철학과 계획에 따라서 결정하는 것이 바람직하다.

③ 설교할 본문이 결정되면 그 다음 단계에서는 본문을 주해한 다음에 주해의 중심사상(exegetical main idea)을 정리하고 이 주해의 중심사상을 다시 신학적인 중심사상(theological main idea)으로 전환시키고, 마지막으로 신학적인 중심사상을 다시 설교를 듣는 회중을 향한 설교의 중심사상 (homiletical main idea)으로 전환시켜야 한다.[21]

주해의 중심사상은 하나님의 말씀이 본문을 기록한 저자의 특정 역사적 상황이나 또는 본문에 등장하는 인물들이 개입한 특정 역사적 상황 속으로 상황화(contextualization)되어 있다. 주해의 중심사상이 오늘의 회중에 대하여 적시성을 확보하여 새로운 하나님의 말씀으로 선포되기 위해서는 그 주해의 중심사상에 깃들어 있는 본문의 특정한 역사적 상황이 보편화되어야 한다. 본문의 의미를 탈상황화(decontextualization)시키기 위한 과정이 바로 본문 주해의 중심사상을 신학적인 중심사상으로 전환하는 것이다. 이를 위해서 설교자는 주해의 중심사상을 조직신학적인 구도 속에 대입시켜 보면서 그 조직신학 속에서 본문의 핵심사상이 정당하게 자리매김 되는지를 확인해야 한다.[22] 마지막으로 설교의 중심사상을 결정할 때에는 먼저 주해의 중심사상이나 신학적인 중심사상을 염두에 두고서 이번 주일날 내 설교를 들을 회중의 상황을 떠올려보는 것이 효과적이다.

---

21 Timothy S. Warren, "The Theological Process in Sermon Preparation" *Bibliotheca Sacra* 156(623, July-Sep. 1999), 336-56, 특히 354.
22 Richard L.Pratt, 이승진 공역, 『구약의 내러티브 해석』(서울: CLC, 2007), 449-477.

이 과정을 통해서, 본문의 핵심사상이나 신학적인 중심사상 속에 포함된 교리를 오늘의 회중의 상황에 부합하게 설교한다면 어느 부분을 특별히 강조해서 설교하는지의 설교의 중심사상이 결정될 것이다. 뿐만 아니라 이 메시지를 전하기 위하여 어떤 방법과 형태를 따라서 설교하는 것이 효과적이며 무슨 목적을 위해서 설교해야 할 것인지도 결정된다.

④ 설교의 핵심사상을 결정할 때는, 오늘 청중의 삶과 무관한 조직신학적인 서술문의 형태로 정리하기 보다는 신자들이 오늘의 삶 속에서 영적인 문제들로 인하여 갈등하고 고민하는 내용과 연관성을 가지고 정리하는 것이 바람직하다. 예를 들어 구원받은 신자의 삶이나 성화에 관한 주제로 교리 설교를 준비하는 경우에 에베소서 1장 3-6절을 주해하여 신학적인 중심사상을 '성부 하나님이 창세 전부터 우리의 구원을 예정하시고 계획하시사 마침내 그리스도 안에서 우리를 구원하신 목적은 하나님의 은혜와 그 영광을 찬양하도록 하기 위함이다'로 정할 수 있다. 문제는 구원받은 신자의 삶에 관한 이러한 교리적인 진술문을 그대로 설교하는 경우에 신자들은 이러한 교리적 지침이 자신의 삶과 무슨 관련이 있는지를 잘 알 수 없다. 그래서 설교자는 이러한 교리적 가르침과 관련하여 신자들이 삶 속에서 고민하고 갈등하는 것이 무엇인지를 고려하고 그러한 고민과 갈등에 대한 해답의 차원에서 교리적인 지침들을 제시해 주어야 한다.

예를 들어 구원받은 신자의 삶이나 하나님을 영화롭게 하는 삶과 관련하여 신자들이 삶 속에서 느끼는 고민과 갈등은 이런 것들이 아닐까? '하나님이 나를 구원하시고 자녀삼으신 이유와 목적은 무엇일까? 왜 그렇게 하신 것일까?', '하나님이 나를 자녀삼으셨다고 하지만 실제 삶 속에서 이 사실을 실감하지 못하는 이유는 무엇일까?', '하나님을 찬양하고 하나게 영광을 돌린다는 것이 구체적으로 무슨 뜻인가? 교회의 예배에 열심히 참석하고 찬양을 정성껏 부르면 된다는 의미인가?', '내가 내 삶으로 하나님께 영광을 돌리고 있는지, 그렇지 못한지를 과연 나는 어떻게 알 수 있을까?' 성화에 관한 교리설교를 준비하는 과정에서 이러한 고민들을 확인하였다면 이제 그 다음 단계는 이러한 고민들에 대한 응답으로서 교리적인 교훈들을 잘게 나누어 질문-응답의 패턴으로 설교의 흐름을 구성한다.

⑤ 설교의 핵심사상이 결정되면 그 다음 단계에서는 이 교리를 특정 회중에게 효과적으로 전달할 수 있는 설교의 방법이나 전략을 찾아보아야 한다. 이와 관련하여 헤플린은 '강해식 교리설교'와 '주제식 교리설교', '내러티브 교리설교', 그리고 '연극을 활용한 교리설교'의 네 가지 방법을 제안한다.[23]

첫째, 강해식 교리설교는 앞에서 잠깐 언급한 바와 같이 성경 본문을 순차적으로 강해하는 과정에서 특정한 교리를 제시하고 이어서 그 교리의 적용점을 제시하는 설교이다.

둘째, 주제식 교리설교는 일반적인 주제 설교에서 동원되는 논리적인 체계를 갖추어서 교리를 설교하는 방법이다.

셋째, 내러티브 방법을 따르는 교리설교는 성경 본문이 내러티브 장르로 구성된 경우에 본문 내러티브의 연속적인 흐름을 설교에 그대로 끌어와서 이야기를 진술하되 중간 중간에 교리적인 교훈을 제시하는 방법과 기독교적인 이야기나 예화의 흐름 속에 성경적인 교리나 교훈을 담아서 전달하는 방법의 두 가지 유형으로 구분할 수 있다.

---

23 Millard J. Erickson & James L. Heflin, 259-378.

넷째, 연극 의상이나 소품들을 활용하여 극적인 방식으로 교리를 연출하여 전달하는 방법이나 1인칭 화법으로 이야기를 진술하는 방법은 매 주일 예배에서 활용할 수는 없더라도 특별 예배나 절기 예배, 혹은 수련회 예배에서 창조적으로 시도해 볼만 하다.

5. 나가는 말

이상으로 현대 교회의 목회 현장에서 성경적인 설교의 한 유형으로서의 교리설교를 회복해야 할 필요성과 그 방안에 대해서 살펴보았다. 설교가 하나님의 말씀의 선포로서의 영적인 권위를 확보하기 위해서는 그 메시지의 내용과 선포적인 목적은 모두가 성경에 기초해야 한다. 즉 성경이 일관되게 선포하고 있는 하나님의 자기주도적인 구원의 내용을 선포하여 그 메시지를 듣는 사람들이 하나님의 은혜로운 구원을 전인격적으로 깨닫고 하나님 나라로 부르시는 하나님의 초대에 헌신하여 온 인류의 구원을 위한 하나님의 영광스러운 사역에 헌신할 수 있어야 한다.

하나님의 구속 역사의 관점에서 성경을 올바로 해석하고 선포하기 위해서 설교자는 2천년의 교회 역사 속에서 교회가 일관되게 계승 발전시켜온 신앙 고백과 교리를 성경 해석의 준거체계로 활용할 수 있어야 한다. 즉 교리적인 준거체계가 없이는 성경을 올바로 해석하고 올바로 선포할 수 없다고 해도 과언이 아니다. 또한 신자의 입장에서 하나님과 세상, 그리고 인간에 대한 일관성 있는 가치체계나 준거체계가 없이는 자신의 개인적이고 사회적인 삶을 일관성 있게 꾸려갈 수 없다. 결국 성경과 교회 회중의 중간에 서 있는 설교자가 교리적인 준거체계를 먼저 확보하지 못하면 성경을 올바로 해석할 수 없을 뿐만 아니라 일관성 없는 설교 메시지 때문에 신자들의 영적 성숙도 기대하기 어려워질 수밖에 없다.

본고에서는 교리설교의 필요성에 대한 확인과 아울러 그 실제적인 방안을 다섯 단계로 정리하였다.

첫째, 교리설교 한 편을 전하기 전에 먼저 목회 철학에 기초한 연간 목회 계획을 수립하는 것이다.

둘째, 하나님 나라를 이 땅에서 증언하고 세워가는 신앙 공동체에 대한 목회 철학과 목회 계획에 근거하여 특정 교리를 몇 회에 걸쳐서 교육하고 설교해야 하는지가 결정되면 그 다음에는 교리를 주제 설교로 전할 것인지 아니면 연속 강해설교로 전할 것인지를 결정한다.

셋째, 그렇게 하여 설교 본문이 정해지면 다음은 본문을 주해하여 주해의 중심사상과 신학적인 중심사상, 그리고 설교의 중심사상을 정리한다.

넷째, 설교의 중심사상을 하나님과 세상 사이에 끼어 있는 오늘의 회중의 상황과 연관되도록 정리한다.

다섯째, 이 교리를 특정 회중에게 효과적으로 전달할 수 있는 설교의 전략을 확보하는 것이다.

한국교회 강단에서 올바른 교리적 가르침들이 선포되고 가르쳐짐으로써 한국교회가 2천년의 교회사적인 전통을 놓치지 않고 현대의 다양한 세속적인 공격에 올바로 대응하면서 한국교회가 물려받은 신앙적 전통을 후세대에게 올바로 계승 발전시킬 수 있기를 기대한다.

Preaching Ministry to strengthen the Church

| 04 |
구속사를 구원의
서정에 적용하는 성화설교

1. 들어가는 말

21세기에 진입한 한국교회의 설교는 매우 심각한 위기 상황에 처해 있다. 설교의 목표나 그 내용, 또는 효과가 기독교 설교의 본래 궤도에서 이탈하고 있기 때문이다. 21세기 한국교회의 설교를 이항대립의 관점에서 분석한 이철에 의하면, 한국 교회 설교에서는 죄와 십자가, 회개, 구원, 사랑, 자기 부인, 헌신, 낮춤, 비움, 고난, 섬김과 같은 기독교 서사(the christian narrative)를 구성하는 기독교적인 주제들보다는 세속 사회에서 유입된, 축복과 승리, 비전, 형통, 편안, 안정과 같은 세속적인 주제들이 더욱 두드러지게 부각된다고 한다.[1] 한국교회의 설교에서 발견되는 궤도 이탈의 문제

---

1   이철, "한국교회 설교와 교인교육에 대한 문화사회학적 비판", 「기독교교육정보」 26(2010년 4월), 140.

는 번영신학(prosperity theology)을 선전하는 설교나[2] 회중의 심리적인 불안의 문제를 해결해 주려는 심리기제를 동원한 설교,[3] 또는 볼거리나 흥미를 추구하는 현대인의 욕구에 부응하는 엔터테인먼트 설교[4] 때문에 더욱 악화되고 있다.

이러한 심각한 문제들 이외에도 필자가 주목하는 또 다른 한국교회 설교의 문제점은, 신자가 구원받은 이후 성화의 과정에서 어떻게 성화의 삶을 살아가야 하는지를 안내하는 설교가 제대로 선포되고 있지 못하다는 점이다. 선교 130년의 역사를 자랑하는 한국교회는 예수 그리스도의 복음을 받아들임으로써 하나님이 은혜로 베푸시는 구원의 은총을 받아서 신자가 되고 천국에 들어갈 수 있다는 진리, 즉 칭의(justification)에 관한 이해는 어느 정도 정리되어 있다지만,[5] 구원 이후에 기다리고 있는 성화의 과정에 대해서는 심각한 오해에 휩싸여 있다.[6] 한국교회에서 광범위하게 발견되는 왜곡된 성화론은, 구원 이후의 성화의 과정을 신자 자신의 인본

---

2 김영한, "영광 신학의 설교와 십자가 신학의 설교: 오늘날 번영주의 설교 비판",「한국개혁신학」26(2009), 8-38; 김의환, "한국교회의 성장둔화와 번영신학",「신학지남」256(1998년 9월); Cf., Hank Hanegraff, *Christianity in Crisis*, 김성웅 역,『바벨탑에 갇힌 복음: 번영신학을 고발한다』(서울: 새물결플러스, 2010).

3 옥성호,『심리학에 물든 부족한 기독교』(서울: 부흥과개혁사, 2007).

4 옥성호,『엔터테인먼트에 물든 부족한 기독교』(서울: 부흥과개혁사, 2010); Cf., Neil Postman, *Amusing Ourselves to Death: Public Discourse in the Age of Show Business*, 정탁영, 정준영 공역,『죽도록 즐기기』(서울: 참미디어, 1997).

5 김재영, "한국교회의 구원과 성화", 박영선 편,『구원 이후에서 성화의 은혜까지』(서울: 이레서원, 2005), 276. 박영선과 송기태의 비판도 동일하다. 박영선,『성화 중심 설교』, 135, 140, 154; 송기태, "한국 목회자의 주제별 설교 취향도 분석",「목회와 신학」(1991년, 7월), 143.

6 김병훈, "구원론적 관점에서 본 정암 박윤선의 신학과 개혁신학: 믿음과 행위의 관계에 대하여",「신학정론」29/2(2011년,11월), 458-534; 박영돈, "오늘날 교회의 구원과 성화: 영적 성숙을 위한 한국 교회의 과제", 박영선 편,『구원 이후에서 성화의 은혜까지』, 243-249; 최갑종, 유해무, "한국교회 구원론에 관한 신학적 이해",「목회와 신학」(2001년 5월), 173-177.

주의적인 노력이나 공로에 의지하려는 율법주의(legalism)의 극단과, 그리스도의 은혜만을 의지한다는 핑계로 칭의 이후의 당연한 성결과 선행을 소홀히 여기는 방임주의(licentiousness)의 또 다른 극단에 치우쳐 있다.[7]

그렇다면 설교자의 입장에서 해결해야 할 질문은, "설교를 듣는 신자들이 칭의와 성화의 전체 신앙생활 과정에서 율법주의와 방임주의의 양극단에 빠지지 않고 하나님의 은혜에 의지하여 적극적으로 성화의 삶을 실천하도록 인도하려면 어떻게 설교해야할까?" 하는 것이다. 이 질문에 대한 한 가지 해답으로 필자는 예수 그리스도의 객관적인 구속 역사를 신자 개개인의 주관적인 구원의 서정에 적용하는 성화설교를 제안하고자 한다.

이러한 제안의 논리적인 타당성을 위하여 먼저 칭의와 성화의 과정에서 그리스도와 신자의 연합을 강조하는 개혁주의 성화론을 간단히 정리하고, 이어서 신자로 하여금 그리스도와의 연합을 추구하도록 설교할 수 있는 성화설교의 전략으로서 객관적인 구속사를 주관적인 구원의 서정에 적용하는 설교 방안을 모색할 것이다.

한편 객관적인 구속사를 강조하는 구속사적인 설교의 장점은, 성경 전체를 통해서 유기적이고 점진적으로 발전하는 하나님의 구원 역사를 설교함으로써 신자들로 하여금 성경 전편에 걸쳐서 일관되게 발전하는 하나님의 구원 역사를 거시적으로 조망할 수 있는 통찰을 제공한다. 하지만 구속사 설교의 약점은 신자 바깥에서 발생한 객관적인 구속사가 신자와 교회의 신앙생활 속에서 개별적이고 내면적으로 구원의 서정과 어떻게

7　박영돈, "오늘날 교회의 구원과 성화", 253.

실천적으로 적용되는지를 적극적으로 제시하지 못한다는 것이다. 그래서 하나님의 객관적인 구원 역사를 진술하는 설교 메시지가 신자의 구원의 서정에 설득력 있게 적용되도록 하는 설교의 수사적인 전략이 요청된다.

따라서 이 글에서는 구속사의 주관적인 적용을 이끌어내는 설교 형식으로 '직설법+명령법'의 구조와, 대조법과 역설의 논리, 설교에서의 구원의 확신, 그리고 실천적인 삼단논법을 살펴볼 것이다. 이러한 논의에 근거하여 그리스도 신자와의 구속사적인 연합을 추구하는 개혁주의 구원론에 근거한 설교 방안의 일환으로 "구속사를 구원의 서정에 적용하는 성화설교"를 제안하고자 한다.

2. 그리스도의 은혜에 근거한 칭의와 성화

성화란 일반적으로 이해할 때, 신자가 칭의 이후에도 여전히 동일한 그리스도의 은혜에 의지하여 자신에게 여전히 영향력을 행사하려는 죄의 오염을 극복하고 하나님의 성품을 사모하며 성결한 삶을 통해서 전 생애에 걸쳐서 점진적으로 하나님의 형상을 회복해가는 평생의 과정이다. 그러나 한국교회 내에 왜곡된 성화론이 지배적인 이유는 칭의와 성화의 긴밀한 연관성에 대한 이해가 빈약하고, 또 신자가 적극적으로 관여하는 성화의 원동력과 성화의 증거에 대한 이해도 빈약하기 때문이다. 따라서 신자의 성화를 유도하는 성화설교를 위해서는 칭의와 성화의 긴밀한 연관성과, 성화의 원동력, 그리고 성화의 증거에 대한 이해를 올바로 정립

할 필요가 있다.[8]

먼저 칭의와 성화의 연관성은 상호 구분과 아울러 긴밀한 연결의 관점에서 이해될 수 있다. 칭의가 죄에 대한 신자의 책임을 단회적으로 제거하는 사건이라면, 성화는 평생의 과정 속에서 지속적으로 죄로 인한 오염을 제거하며 그리스도의 성품을 닮아가는 지속적인 과정이다. 또 칭의는 신자 바깥에서 발생하며 신자의 법적인 신분이 더 이상 죄악의 권세 아래 있지 않고 하나님 나라로 옮겨졌다는 하나님의 법정적인 선고이다. 반면에 성화는 신자 안에서 점진적으로 거룩한 성품을 회복해가는 과정이다. 그래서 칭의는 평생 단 한 번 발생하여 반복되지 않지만, 성화는 지속적으로 죄에 대하여 죽고 의에 대하여 살아나는 반복적인 과정이다.[9]

칭의와 성화의 이러한 차이점에도 불구하고 그리스도의 십자가 공로를 의지하여 죄에 대하여 죽고 의에 대하여 부활한다는 점에서는 동일한 측면도 존재한다. 하나님의 은혜로 중생한 신자는 그리스도 안으로 옮겨짐으로써 더 이상 사망의 권세 아래 있지 않고 새로운 피조물로 거듭나서 그리스도의 구속 역사를 뒤따라간다.

그러나 중생한 신자가 그리스도의 대속의 공로로 죄와 사망의 권세로부터 벗어나서 성령의 종말론적인 보증에 근거하여 자신 안에 새로운 피조물로 거듭나는 중생의 역사를 경험했더라도 칭의 이후에도 여전히 자신에게 지배력을 행사하려는 죄악의 영향력이 잔존한다는 사실을 직시해야 한다. 그래서 점진적인 성화를 추구하는 신자는 칭의 이후에도 계

8　김광열, 『그리스도 안에 있는 구원과 성화』(서울: 총신대학교출판부, 2000), 317; 오규훈, "회심에 대한 새로운 이해를 통한 한국교회의 성숙 모색", 「장신논단」 44/2(2012), 305-332.
9　박윤선, 『개혁주의 교리학』(서울: 영음사, 2003), 331-332; A. Hoekema, *Saved by Grace*, 류호준 역, 『개혁주의 구원론』(서울: CLC, 2003), 292.

속 이어지는 '평생의 회개'를 통해서[10] 자기 속에 남아 있는 죄악의 영향력을 자신의 힘으로 이기고 죽이는 것이 아니라, 사망권세로부터 그리스도의 권세로 옮겨져 더이상 죄악의 권세 아래 굴복하지 않음을 반복적으로 확인하면서, 스스로를 죄에 대하여 죽은 자로 여기며(mortification) 죄악의 권세에 무관한 자로 확인해 가면서 새로운 부활의 생명을 누리는 삶을 살아야(vivification) 하는 점진직인 성화(progressive sanctification)의 과정을 밟아가야 한다.

이러한 성화의 과정에서 성화를 이끌어가는 가장 결정적인 원동력은 그리스도의 은혜이다. 칭의와 성화를 그리스도의 은혜에 기초하여 통합적으로 이해하는 관점은 존 칼빈의 『기독교강요』 III권 제14장에서 집중적으로 발견되는데, 14장의 제목을 "칭의의 시작과 칭의의 연속적인 과정"(The Beginning of Justification and Its Continual Progress)으로 표현한 것에서부터 칼빈이 칭의와 성화를 분리시키지 않으려 했던 의도를 엿볼 수 있다. 그의 『기독교강요』III권에서 거듭 확인되는 것은, 칼빈은 칭의의 원동력으로서의 그리스도의 속죄를 칭의에 국한시키지 않고 신자의 성화에까지 그대로 적용시키면서 칭의와 성화를 혼합하지도 않고 분리시키지도 않고, 모두가 하나님의 이중 은혜(twofold grace of God) 아래에서 가능한 것으로 이해하려고 했다는 점이다.[11]

또한 존 머레이(John Murray)도 1960년대에 발표한 "결정적인 성화론"

---

10   John Calvin, 1559, 『기독교강요, 중권』, III, iii, 20; A. Hoekema, 『개혁주의 구원론』, 216.
11   Cornelis P. Venema, "Calvin's understanding of the twofold grace of God and contemporary ecumenical discussion of the Gospel", *Mid-America Journal of Theology*, 18(2007):67-105; Jonathan H. Rainbow, "Double grace : John Calvin's view of the relationship of justification and sanctification", *Ex auditu*, 5 (1989):99-105.

(definitive sanctification)이라는 논문에서 신약성경에서 성화를 가리키는 구절들(롬 6:1ff; 벧전 2:24; 4:12; 요일 3:6, 9; 5:18)에 근거하여 그리스도의 죽음과 부활이 신자의 칭의 뿐만 아니라 성화와도 밀접하게 연관되며, 특히 신자의 성화는 칭의 사건과 함께 결정적인 성화(definitive sanctification)가 발생하며 그 이후 신자의 평생 동안 앞서 발생한 칭의와 동일하게 그리스도의 은혜에 대한 믿음 안에서 죄 죽임과 의의 부활이 반복되는 것으로 이해할 것을 제안하였다.[12]

김광열에 의하면, 존 머레이가 제시한 결정적 성화론의 장점은, 칭의의 단계에서 신자가 전적으로 그리스도의 대속의 은혜만을 믿음으로 의지함과 같이, 성화의 과정에서도 신자로 하여금 자신의 노력이나 공로나 행위를 의지하지 않고 은혜로 주어지는 그리스도의 대속의 공로만을 의지하여,[13] 신자의 노력과 능력이 아니라 그리스도 안에서 그리고 위로부터 주어지는 은혜로 일평생 동안 거룩한 삶을 살아가도록 이끈다. 이러한 성화의 과정에서 신자 편에서 중요한 책임은 그리스도의 십자가를 의지하여 자신의 죄에 대하여 회개함으로 죄의 영향력으로부터 벗어나서(mortification) 하나님의 의에 대하여 살아나는 과정(vivification)을 지속하는 것이다. 그래서 칼빈에게서는 평생의 성화는 평생의 지속적인 회개와 동일한 의미로 이해된다.[14]

신자가 구원의 서정(ordo salutis)에서 그리스도의 십자가 죽음과 부활에 함께 연합함으로 성화의 과정을 밟아간다는 의미는, 예수 그리스도의 대

---

12 J. Murray, *Collected Writings of John Murray* Vol.2 (Edinburgh: Banner of Truth Trust, 1977), 277-286; Anthony A. Hoekema, 『개혁주의 구원론』, 333-343.
13 John Calvin, *Institutes*, III, iii, 3, 5-9; III, xi, 1-6.
14 John Calvin, 8.

속 사역의 은총을 수납함으로 그리스도와 연합한 신자는 칭의와 성화의 전체 과정에서 그리스도께서 이 땅의 구속 역사 속에서 구속 사역을 이루시기 위하여 통과하셨던 죽음과 부활, 승귀, 만유의 통치의 전체 과정들에 함께 동참하고 그 각각의 과정에 담긴 은혜와 축복을 함께 누리게 되었다는 의미이다. 그런 의미에서 신자와 그리스도와의 연합의 핵심은 구속사적인 연합(redemptive historical unification)으로 이해할 수 있다.[15] 마지막으로 신자의 점진적인 성화의 과정은 하나님의 은혜에 대한 확신에 근거하여 필연적으로 성화를 증명하는 가시적인 표증으로서의 구원의 확신과 선행으로 나타난다.

신자가 이렇게 평생의 과정에서 예수 그리스도의 죽음과 부활 사건에서 최고 정점에서 완성된 하나님의 객관적인 구속의 역사에 연합함으로써 지속적으로 죄에 대하여 죽고 의에 대하여 부활을 거듭하면서 위로부터 부어지는 하나님의 은혜로 성화의 삶을 살아간다면, 이러한 성화의 삶을 이끌어낼 수 있는 설교의 내용과 방법은 무엇일까?

신자의 점진적인 성화의 과정은, 하나님의 객관적인 구속 역사와 그 구속 역사의 정점에서 발생한 그리스도의 죽음과 부활 사건이 신자의 주관적인 구원의 서정 속에서 특히 칭의와 성화(즉각적인 성화와 점진적인 성화)의 과정에서의 기억과 소망을 통한 공동체적인 구현에 달려 있다. 그러므로 신자의 점진적인 성화의 과정을 안내하려는 목적으로 설교하려면, 하나님의 객관적인 구속 역사와 그 구속 역사의 정점에서 발생한 그리스도의 죽음과 부활 사건을 올바르게 진술하고 해설하는 내용이 설교에 포

---

15 김은수, "칼빈의 구원론의 이해: 그리스도와의 연합과 이중은혜를 중심으로",「한국기독교신학논총」67(2010), 178.

함되어야 한다. 이러한 설교 양식이 바로 구속사 설교이기 때문에, 다음 단계에서는 성화설교의 내용으로서 구속사 설교의 타당성에 대하여 살펴볼 것이다.

3. 객관적인 구속사와 주관적인 구원의 서정

구속사 설교(redemptive historical preaching)란 성경 해석과 설교 메시지의 전달 과정에서 성경 전체에 걸쳐서 점진적이고 유기적으로 발전하여 예수 그리스도의 십자가 죽음과 부활에서 최고 정점에 도달한 하나님의 전체 구속의 역사를 강조하는 설교 양식을 가리킨다. 또한 구속사 설교는 하나님의 계시된 말씀으로서의 성경에 대한 절대적인 권위를 강조(sola scriptura)함과 동시에 성경 전편으로부터 하나님의 말씀을 해석할 때 성경 전체에 걸쳐서 제시된 창조-타락-구속-심판의 거시적인 구속 역사의 맥락 속에서 하나님의 계시된 말씀을 해석하고 이해할 것을 강조한다(tota scriptura).

성화설교에서 설교자가 진술하고 해설해야 할 내용으로 성경 전체에 걸쳐서 유기적이고 점진적으로 진행되다가 예수 그리스도의 죽음과 부활 사건에서 최고조에 도달한 하나님의 전체 구속 역사가 포함되어야 하는 이유가 있다. 그것은 신자 바깥에서 발생한 하나님의 객관적인 구속 역사에 관한 진술(indicative)과 선포는, 적실성 있는 설교(a relevant preaching)의 효력의 관점에서 볼 때, 신자의 가치관과 세계관, 삶의 목표, 그리고 분별력의 변혁을 초래하기 때문이다. 성경이 전하는 과거의 하나님의 구속 사건들은 제한된 시공간의 한계에 속한 오늘의 신자들로 하여금 제한된 시공간의 세속적인 욕망과 탐욕의 한계를 벗어버리고 시공을 초월한 하나님의 영원의 시각을 가지고 살아갈 수 있는 세계관과 이상과 삶의 목표를 제공한다.[16] 성경신학자인 그레엄 골즈워디(Graeme Goldsworthy)는 객관적인 구속 역사에 관한 진술이 신자의 성화에 미치는 실천적인 파급효과에 관하여 이렇게 설명한다.

> 이처럼 시들과 지혜서들은 구원 역사와 언약과 하나님에게서 나온 예언의 말씀이 단순히 과거에 대한 종교적 사상들을 진술해 놓은 것이 아니라 살아계신 하나님과 만나는 것이라는 사실을 알려준다. 하나님이 자신의 백성들을 구원하시려고 행하신 사역에 관한 위대한 사실들은 결코 저 밖에 가만히 놔둘 수 없는 것이다. 그것들은 영적 경험과 노력의 토대인 것이다. 그것들은 우리의 마음을 움직여 경건케 하며 예배하며 선한 일을 하도록 만든다. 따라서 그것들은 하나님이 자신과 교제하도록 부르신 자들의 마음과 생각과 심령을 하나님의 성령께서 회복시키기 위해 사용하시는 꼭 필요한 방편이다.[17]

그레엄 골즈워디에 의하면, 신자 바깥에서 발생한 객관적인 하나님의 구원에 관한 진술들은 신자의 영적인 경험과 칭의와 성화의 전체 과정에서

---

16 Daniel M. Doriani, *Putting the Truth to Work: The Theory and Practice of Biblical Application*, 정옥배 역, 『적용: 성경과 삶의 통합을 말하다』(서울: 성서유니온선교회, 2009), 81-84; 117-164; 김광열은 점진적인 성화의 과정에 있는 신자들을 위한 교회교육의 실천 방안으로서 결정적인 성화에 근거하여 그리스도와의 연합의 실재와 의미, 그리고 그 중요성을 바로 깨닫게 해주어 확신 속에서 효과적으로 점진적 성화의 삶을 살아가도록 도와주는 교회교육의 중요성을 지적한다. 김광열, 『그리스도 안에 있는 구원과 성화』, 377-387.
17 Graeme Goldsworthy, *According to Plan*, 김영철 역, 『복음과 하나님의 계획』, 263.

신자의 선행의 토대로 작용하며, 신자의 마음을 움직여서 경건하게 만들고 하나님을 예배하게 만들며 선한 일을 하도록 효력을 미친다고 한다. 그래서 객관적인 하나님의 구원에 관한 진술이 담긴 설교는, 하나님이 신자들의 마음과 생각과 심령을 하나님의 성령께서 회복시키고 성화의 과정으로 인도하는데 사용하는 효과적인 은혜의 방편(the means of grace)이다.[18]

하지만 하나님의 객관적인 구원 사건을 해석하고 진술하는 구속사 설교에도 문제점이 없지는 않다. 전통적으로 구속사 설교는 내러티브 본문을 주로 다루기 때문에 해당 본문에 등장하는 인물과 사건의 상호 작용으로부터 하나님의 주권적인 구원의 실행과 성취를 부각시킬 것을 주장하면서, 구속사적인 본문으로부터 인물과 사건의 상호 작용에서 파생되는 윤리적인 교훈을 제시하는 모범 설교(exemplary preaching)나 전기적 설교(biographical preaching)를 부당한 설교로 경계해왔다.[19]

구속사 설교는 이렇게 하나님의 객관적인 구속 역사와 사건들을 서술하는 내러티브 본문에서 인물의 장점이나 윤리적인 모범, 또는 파편화된 알레고리 의미들을 설교하기보다는, 성경 전체를 관통하는 하나님의 점진적이고 유기적인 구속의 역사가 특정한 본문이 지시하는 구속 역사의 단계에서는 어떻게 하나님의 성실하신 구원의 집행 속에서 주권적으로 성

---

[18] 훅스마는 성경이 설교를 통하여 선포될 때 비로소 온전한 의미의 은혜의 수단으로 기능한다는 점을 강조한다. "우리는 이 문제와 관련하여 그 말씀이 선포되어지지 않으면 안된다는 사실을 강조해야 한다. 말씀이 선포될 때에만 은혜의 수단이 되는 것이다." Herman Hoeksema, *Reformed Dogmatics* (Grand Rapids; Reformed Free Pub. Association, c1966), 635; Louis Berkhof, *Systematic Theology* (Grand Rapids: Wm. B. Eerdmans, Publishing Co. 1976), 610; Charles Hodge, *Systematic Theology*, III (London: Thomas Nelson and Sons, 1873), Ch. 20, 466.

[19] Sidney Greidanus, *Sola Scriptura: Problems and principles in preaching historical texts*, 『구속사적 설교의 원리』, 11-34, 76-91.

취되고 있는지를 보여주기 때문에 하나님의 신실하신 구원을 증언함으로써 신자의 성화를 독려하는 장점이 있다.

그러나 하나님의 객관적인 구속 역사를 해설하는데 치중하는 전통적인 구속사 설교의 약점은, 성경의 모든 본문들을 해석하는 과정에서 설교자가 그리스도 중심의 구속사라는 신학적인 관점을 무리하게 모든 본문들에 억지로 대입시키는 자의적인 해석(eisegesis)의 오류에 빠질 수 있다.[20] 또 다른 약점은 구속사 설교에서 주로 다루는 내러티브 본문에 대한 현대적인 적용의 중요성을 간과할 수 있다는 점이다.[21] 물론 구속사 설교에서 다루는 내러티브 본문의 일차적인 기능은 후대의 독자들이 모범적으로 따라야 할 신앙의 원칙들이나 범례를 제공하는 것이 아니라, "역사 속에서 발생하는 하나님의 위대한 구원"을 진술하는 것이다.[22]

하지만 구속사 설교는 내러티브 본문에 대한 구속사적인 관점의 해설에 머무를 수 없고, 과거 구속 역사 속에서 말씀과 성령을 통하여 자기 백성들 가운데 구원을 실행하셨던 하나님의 구원이 현재 설교를 듣기 위해 모인 교회 회중 개개인의 삶과 공동체적인 삶 속에서 새롭게 적용되는 단계로까지 나아가야 한다. 그래서 구속사 설교는 하나님의 구원을 진술하는 내러티브 본문에 대한 구속사적인 관점의 해설과 아울러 그 본문이 현재 신자들에게 요구하고 기대하는 반응과 적용에 대한 권면과 명령을

---

20 김지찬, "역사서와 기독론적 설교: 여호수아 5장 1-9절을 중심으로", 「그말씀」(2002년, 12월), 53.

21 Derek Thomas, "강해설교", Don Kistler, ed., *Feed My Sheep*, 조계광 역, 『(최고의 개혁 설교자들이 말하는) 설교 개혁』(서울: 생명의말씀사, 2003), 90.

22 Amos N. Wilder, "Story and Story-World," *Interpretation* 37(1983), 353-364; Paul House, "Examining the Narratives of Old Testament Narrative: An Exploration in Biblical Theology" *Westminster Theological Journal* 67(2005), 229-45.

포함해야 한다.

신자의 성화를 안내하는 성화설교가 하나님의 객관적인 구원에 관한 진술과 이에 대한 신자의 주관적인 반응과 적용으로서의 구원의 서정 속에서 칭의와 성화의 삶을 위한 권면과 명령을 포함해야 한다면, 성화설교를 듣는 신자들을 점진적인 성화의 삶으로 이끌기 위한 효과적인 설득논리나 설교 방법은 무엇일까? 이 질문에 대한 설교신학적인 관점의 해답을 위해서는 선포되는 말씀 가운데 조명의 역사로 동참하시는 성령 하나님의 역할과 인간 설교자의 효과적인 설득논리를 함께 고려해야 한다.[23]

하지만 본고에서는 신자의 성화를 안내하는 성화설교에서의 성령 하나님의 역할과 인간 설교자의 역할에 관한 전통적인 설교신학적인 논의에 대해서는 자세히 다루지 않을 것이다. 다만 설교자가 객관적인 구원사를 주관적인 구원의 서정에 적용하여 신자가 철저히 그리스도의 은혜에 의지하여 성결한 삶을 살아가도록 이끌어 갈 수 있는 설교의 수사적인 형식으로서 앞서 살펴본 '직설법+명령법'의 구조와, 대조법과 역설의 논리에 의한 차별적인 설교, 구원의 확신, 그리고 실천적인 삼단논법의 활용 가능성에 대해서 살펴보고자 한다.

---

[23] 자세한 논의를 위해서는 반 룰러(Anton A. van Ruler)의 신율론적인 상호관계(theonomic reciprocity)에 근거하여 성령론적인 설교학(pneumatological homiletics)을 발전시킨 루돌프 보렌(Rudolf Bohren)의 견해나 설교에서의 성령의 절대적인 역할을 강조하는 설교학자들의 견해를 참고하라. Rudolf Bohren, *Predighlehre*, 박근원 역, 『설교학원론』(서울: 대한기독교출판사, 1979), 79-102; Greg Heisler, *Spirit-Led Preaching*, 홍성철, 오태용 역, 『성령이 이끄는 설교』(서울: 베다니, 2008); Jeffrey Crotts, *Illuminated Preaching*, 이승진 역, 『성령의 조명을 받는 설교』(서울: 성서유니온, 2011).

4. 직설법+명령법의 구조

신자의 성화를 안내하는 성화설교의 중요한 목표는 신자가 그리스도의 죽음과 부활에 근거하여 칭의와 성화의 과정을 밟아가도록 인도하려는 것이다. 따라서 신자의 성화를 추구하는 성화설교에는 그리스도의 죽음과 부활에서 정점에 도달한 하나님의 객관적인 구속역사의 사실에 관한 진술과 선포가 포함되어야 한다.

그리고 신자의 칭의와 성화의 전체 과정에서는 이러한 그리스도의 죽음과 부활 사건이 그대로 신자의 죽음과 부활 속에서 반복되어야 하기 때문에 성화를 추구하는 설교에서는, 하나님의 객관적인 구속 역사에 관한 진술(indicative)과 이에 근거하여(그러므로, gar) 신자 개개인이 그리스도의 죽음과 부활에 구원사적인 관점에서 연합하여 그리스도의 죽음과 부활을 자신의 삶 속에서 반복할 수 있도록 권면하고 명령하는 내용(imperative)이 포함되어야 한다.[24]

이를 통해서 신자 바깥에 계신 그리스도(우리 바깥에 계신 그리스도,

---

[24] 바울서신에서 발견되는 바울신학의 이론구조 뿐만 아니라 성경 전편의 다양한 장르 속에서 직설법과 명령법의 병렬구조는 여러 신학자들에 의하여 논의되고 있다. Cf., Richard E. Howard, "Some modern interpretations of the Pauline indicative and imperative", *Wesleyan Theological Journal*, 11(1976, Spr), 38-48; William D. Dennison, "Indicative and imperative: the basic structure of Pauline ethics", *Calvin Theological Journal*, 14/1(1979, April), 55-78; Meinert H..Grumm, "The gospel call : imperatives in Romans", *Expository Times*, 93/8(1982,May), 239-242; Georg Strecker, "Indicative and imperative according to Paul", *Australian Biblical Review*, 35(1987), 60-72; Michael Parsons, "Being precedes act : indicative and imperative in Paul's writing", *Evangelical Quarterly*, 60 (1988, April), 99-127; Jeffrey T. Reed, "Indicative and Imperative in Rom 6,21-22 : The Rhetoric of Punctuation", *Biblica*, 74/2(1993), 244-257; Ahouva. Shulman, "Imperative and second person indicative forms in biblical Hebrew prose", *Hebrew Studies*, 42(2001), 271-287; Charles H. Talbert, "Indicative and imperative in Matthean soteriology", *Biblica*, 82(2001), 515-538.

Christus extra nos)가 신자 안에 계신 그리스도(우리 안에 계신 그리스도, *Christus in nobis*)가 되도록 유도하는 것이다. 그래서 객관적인 구속사를 주관적인 구원의 서정에 적용하는 성화설교의 형식은 직설법과 명령법을 함께 포함해야 하며, 이러한 설교 형식을 통해서 하나님의 객관적인 구원이 신자들의 주관적인 구원의 서정과 연결될 수 있다.

만일에 성화설교에서 이러한 '구원의 문법'(grammar of salvation)[25]의 논리적인 순서가 바뀌거나 왜곡될 때 그 설교는 곧바로 율법주의적인 성화론이나 방임주의로 귀결될 수 있다. 예를 들어 "여러분이 OO하고, 헌신하고 노력할 때, 비로소 하나님의 축복은 여러분의 것이 될 수 있다"는 조건부 성화론(conditional sanctification)의 논리는 신자들의 헌신을 이끌어내는 데는 단기적으로 효과적일런지 모르나, 인간의 노력과 책임과 헌신으로 하나님의 축복을 쟁취하려는 대표적인 기복주의 설교 논리이다.[26]

성화에 조건이 필요하지만 그 조건은 인간에게서 찾을 수 없고 오직 그리스도의 은혜뿐이다. 점진적인 성화의 조건을 인간 편에서 찾는 논리는 아무리 효과적이고 설득력이 강하더라도 그 설교를 통해서 세워지는 것은

---

25 J. V. Fesko는 설교에서의 직설법과 명령법의 결합 구조를 가리켜서 '구원의 문법'(the gramma of salvation)이라고 표현한다. J. V. Fesko, Preaching as a Means of Grace and the Doctrine of Sanctification: A Reformed Perspective, *American Theological Inquiry*, 3/1(2010, Jan), 49.

26 Michael S. Horton에 의하면 신약성경에서 배교의 위험을 경고하는 구절들(히 6:4-8)은 참 신자들에 대한 내용이 아니라 세례와 교회 회원권을 얻음을 통해 외형적 언약에 참여하는 불신자들을 향한 경고이며, "약속의 토대에 기초하지 않고 자신의 노력으로 하나님의 약속된 땅에 들어가려고 애쓰는 자들에 대해 초점을 두고 있다(롬 10:1-13; 11:5-10; 히 4:10)"고 한다. Michael S. Horton, "고전적 칼빈주의 관점", Michael S. Horton, ed. 이한상 역, 『한 번 받은 구원, 영원한가: 견인에 대한 네 가지 관점』(서울: 부흥과개혁사, 2010), 14, 53. 그러므로 신약성경의 언약의 조건적 측면을 묘사하는 본문들을 설교할 때 설교자는 자칫 설교를 들은 신자들이 조건적인 성화의 논리로 오해하지 않도록 주의해야 한다.

인본주의 바벨탑뿐이다. 이러한 인과율의 논리는 신자의 칭의 사건도 지배할 수 없음과 마찬가지로 성화의 과정에서도 조금도 허용되어서는 안된다. 신자의 성화를 안내하는 성화설교에서 "점진적인 성화에 대한 명령(imperative)은 항상 결정적인 성화의 사실(indicative)에 근거"해야 한다."[27]

신자로 하여금 자신의 점진적인 성화의 과정에서 그리스도의 은혜로 말미암아 자신의 죄에 대하여 죽고 하나님이 부여하신 의에 대하여 살아나는 결정적인 성화를 지속적으로 반복하도록 안내하는 또 다른 효과적인 설교 방법은, 성경 전편에 흐르는 거대한 구속 논리가 신자 개개인의 구원의 서정 속에서 계속 반복되고 있음을 거듭 확인시키는 것이다.

이를 위해서 설교자는 설교에서 다루는 특정한 내러티브 본문이 성경 전체를 관통하는 하나님의 구속 역사에 관한 메타내러티브(Metanarrative) 속에서 어느 단계에 위치해 있는지를 올바로 파악하면서 그 거시적인 구속의 패러다임 안에서 개별 내러티브들의 의미를 살펴볼 필요가 있다. 즉 설교에서 직접 다루는 개별적인 내러티브 단락이 천지창조로부터 시작하여 타락과, 인류의 구원을 위한 아브라함의 선택-출애굽-시내산 언약-다윗 왕조-바벨론 포로-성육신-예수 그리스도의 죽음과 부활-승천과 성령 강림-재림과 재창조로 완성되는 하나님의 거대한 구원의 파노라마 속에서 어떤 단계에 해당되는지를 살펴보아야 한다.[28]

---

27 박영돈, "오늘날 교회의 구원과 성화", 257; 류응렬, "바울의 설교를 통해 본 개혁주의 설교: 에베소서를 중심으로", 「신학지남」71/4(2004년, 겨울호), 145.
28 이와 관련된 좀 더 자세한 방법으로서 다음을 참고하라. Sydney Greidanus, *Preaching Christ from Genesis*, 강정주, 조호진 역, 『창세기 프리칭 예수』(서울: CLC, 2007), 21-25, 46-47. Richard Lints, *The Fabric of Theology: A Prolegomeon to Evangelical Theology* (Grand Rapids: MI: Eerdmans, 1993), 293-310. Sydney Greidanus는 창조 - 성육신 - 재창조의 메타내러티브를 제시하면서 성경의 개별적인 내러티브를 메타내러티브의 연장선상에서 해석할 수 있는 방법으로 점진적인 구속사, 약속과 성취, 모형론, 유비, 통시적인 주제들, 신약의 관련 구절들,

그렇게 하나님의 구원에 관한 미시적인 내러티브 본문을 창조와 재창조를 관통하는 거시적인 메타내러티브와 결부시켜서 다룸으로써, 설교자는 점진적인 성화를 추구하는 신자들의 의식세계 속에 구속의 완성을 위한 인간의 전적인 불가능성과 하나님과 사탄 사이에 진행되는 거대한 영적 전쟁의 엄청난 파급력, 구속언약에 대한 하나님의 변함없는 신실성, 예정된 구원을 신실하게 완성하는 하나님의 주권적인 구원의 무한한 능력, 이 구원을 함께 완성하는 예수 그리스도의 대속사역의 무한한 은혜와 신자에게 성취되는 성령 하나님의 강력한 은사, 그리고 종말론적인 구원을 미리 맛보고 누릴 수 있는 성도의 무한한 특권들을 거시적인 하나님의 구원의 시각 속에서 올바로 회중에게 설득할 수 있다.[29]

5. 대조법과 역설의 논리

점진적인 성화의 과정에 있는 신자로 하여금 죄에 대하여 죽고 의에 대하여 살도록 촉구하는 성화설교의 중요한 수사적인 양식 중의 하나는, 인간의 불가능성과 하나님의 은혜에 관한 이중지식(double knowledge)을 뚜렷이 대비시키는 대조법과 아울러, 불가능한 자신에게서 하늘의 신령한 성품이 형성되는 놀라운 신비를 진술하는 역설의 논리이다.[30]

그리고 대조의 방법을 제시한다.

[29] 이렇게 성경의 특정한 본문을 하나님의 구속 역사에 관한 거시적인 메타내러티브의 관점에서 설교하는 설교 형식을 성경신학적인 설교, 또는 그리스도 중심의 설교의 관점으로도 설명할 수 있다. Cf., 이승구, "그레엄 골즈워디의 성경신학적 설교에의 요청", 이승구, 『전환기의 개혁신학』(서울: 이레서원, 2008), 467-475.

[30] 『기독교강요』에 나타난 칼빈의 신학구조를 분석한 R. C. Gamble에 의하면 칼빈의 신학은

신자가 그리스도의 뒤를 따라 자신의 죄에 대하여 죽어서 죄의 영향력으로부터 자유로운 존재임을 거듭 확인하고, 또 새롭게 부여된 의로 인하여 하나님의 사람으로 새롭게 태어나고 죄를 미워하며 거룩한 하나님의 성품을 닮아가는 과정에서 신자의 성결한 삶이 형성된다. 이 때 이러한 점진적인 성화가 인간 신자의 노력과 능력에 의한 것인지 아니면 전적으로 그리스도의 은혜로 말미암은 것인시를 확인할 수 있는 지표가 있다면, 그것은 하나님과 신자 자신 사이에 가로 놓여 있는 거대한 영적인 심연과 그 심연이 그리스도의 십자가로 해결되고 있다는 깨달음이다.[31]

즉 신자의 마음속에 하나님의 거룩과 인간의 죄악 사이의 현격한 심연을 인정하면서, 이 심연을 연결하는 그리스도의 십자가를 바라보면서 그 십자가의 공로에 근거하여 신자가 죄를 미워하고 그리스도를 닮아 거룩한 성품을 추구하되, 그러면서도 자신의 삶 속에서 나타나는 거룩한 성품과 성결한 삶과 헌신은 절대로 자신의 능력으로 가능한 것이 아니라 오직 하나님의 은혜로 밖에는 달리 설명할 수 없음을 깨닫고 인정한다면, 그 신자에게서는 점진적인 성화가 올바로 구현되고 있다고 추정할 수 있다.

그래서 성화설교에서 하나님과 인간에 대한 이중지식이 대조법에 의하여 진행된다면, 그 두 심연의 극단은 역설의 논리로 연결된다. 성화설교에서 역설의 논리란 신자가 죄를 미워하면서 죄에 대하여 죽고 하나님의 의에 대하여 되살아나면서 하나님의 거룩한 성품을 닮아가고 점진적인 성

하나님에 대한 지식과 인간에 대한 지식의 이중구조로 집약할 수 있다고 한다. R. C. Gamble, "Calvin as Theologian and Exegete; Is There Anything New?", *Calvin Theological Journal* 23 (1988), 178-194.

31 Ford Lewis Battles, *Analysis of the Institutes of the Christian Religion of John Calvin* (Grand Rapids: Baker, 1980), 15; Ford Lewis Battles, *Interpreting John Calvin*, (Michigan: Baker Books, 1996).

화의 과정을 밟아가면서도, 계속하여 자신에게 여전히 영향력을 행사하는 죄악의 세력에 대한 끊임없는 확인 때문에, 성결한 삶을 살고 거룩한 능력을 발휘하지만 그 거룩한 삶의 원동력은 여전히 추악한 죄악의 영향력을 받으려는 습성이 남아 있는 자신에게 있지 않고 오직 하나님의 은혜 때문에 가능함을 확인하는 것을 말한다.

이런 의미에서 대조법과 역설의 논리는 신자의 점진적인 성화를 이끌어내는 성화 설교의 한 가지 논리적인 틀로 활용될 수 있으며, 이와 동시에 신자의 신앙생활을 안내하는 신앙의 논리로도 활용될 수 있다. 즉 인간의 죄악과 하나님의 은혜 사이의 대조법에서 시작하여, 두 세계를 연결하는 그리스도의 십자가에 대한 확신과 아울러, 죄를 미워하며 거룩한 성품을 사모하고 성결한 삶을 추구하되 그렇게 점진적인 성화를 이뤄가는 "내 안에 사는 것은 내가 아니요 오직 그리스도"이며 "나의 나 된 것은 내 능력 때문이 아니요 오직 하나님의 은혜"임을 고백하는 신비한 역설의 단계로 나아가는 과정이 신앙의 논리 뿐만 아니라 설교 형식의 논리로도 활용될 수 있다.

성화설교의 수사적인 전략으로 활용되는 대조법과 역설의 논리는 조엘 비키(Joel R. Beeke)의 '차별적 설교'(discriminatory preaching)와 비교하여 설명될 수 있다.

> 차별적 설교는 진실한 믿음으로 그리스도를 구세주의 주님으로 영접하는 모든 사람들에게 죄사함과 영생을 수여하고 천국 문을 열어준다. 또한 동시에 믿지 않고 회개하지 않으며 회심하지 않는 모든 사람들에게는 하나

님의 진노와 그분의 영원하신 정죄를 선고하고 천국 문을 닫아버린다.[32]

조엘 비키의 차별적 설교는 "목사들이 자신들 앞에 두 가지 부류의 청중들, 즉 구원받은 사람들과 구원받지 못한 사람들이 있다는 사실을 명심하고서"[33] 설교를 통해서 이들 두 부류의 사람들로 하여금 "자신이 어느 집단에 속해 있는지를 확인하는 기회를 주는"[34] 설교를 의미한다.

그런데 신자의 점진적인 성화를 안내하는 성화설교에서 설교자가 염두에 두는 청중은 불신자와 신자로 양분되는 청중보다는 칭의 이후 점진적인 성화의 과정을 밟아가는 신자이다. 그래서 설교자가 의식적으로 신자와 불신자를 양분하여 불신자의 특징인 죄악의 노예상태와 그들의 종착점인 지옥을 신자의 특징인 성결과 이들의 지향점인 천국과 선명하게 대비시켜 설교하는 메시지는 그 설교를 듣는 신자들로 하여금 더욱 죄를 미워하고 의를 추구하도록 유도할 수 있겠지만, 자칫 잘못하면 차별적인 설교 메시지를 듣는 신자들이 불신자들의 상태를 묘사하는 메시지가 자신들에게 해당되지 않는다고 심리적으로 자신을 제외시키는 문제점이 발생할 수 있다.

이 점을 고려한다면 성화설교의 효과적인 수사적 전략은 신자와 불신자

---

[32] Joel R. Beeke, *Living for God's Glory : An Introduction to Calvinism*, 신호섭 역, 『칼빈주의: 하나님의 영광을 위하는 삶』(서울: 지평서원, 2010), 440; Joel R. Beeke, *Puritan Reformed Spirituality*, 김귀탁 역, 『개혁주의 청교도 영성』(서울: 부흥과개혁사, 2009), 719, 727. Joel Beeke의 차별적 설교는 설교자가 "양들을 영접하고 모으는 음성과 이리와 도둑을 밀어내고 쫓아내는 음성"으로서의 이중음성(*duplex vox*)을 가져야 한다고 주장했던 칼빈의 견해와 유사하다. Cf., Richard Stauffer, *Calvin et sermon*, 박건택 역, 『칼빈의 설교학』(서울: 성서연구사, 1994), 71,

[33] Joel R. Beeke, 441.

[34] Joel R. Beeke, 443.

간의 대비보다는 인간의 죄악과 이로 인한 전적인 부패의 문제와 이에 대한 하나님의 주권적인 구원의 은총의 뚜렷한 대비의 문제가 신자 자신의 문제임을 인식하도록 설득하는 것이 더욱 효과적이다.

6. 구원의 확신과 실천적 삼단 논법

하나님의 객관적인 구원 역사를 신자의 주관적인 구원의 서정에 적용하여 신자의 점진적인 성화를 이끌어내는 성화설교에서 주목할 만한 설교 요소 중의 하나는 구원의 확신이다. 칼빈은 신자가 점진적인 성화의 과정에서 "자신의 불신앙과 부단히 싸울" 수밖에 없음을 인정하면서도,[35] "자신의 구원을 확신하며 마귀와 사망을 확실히 물리치는 자 외에는 신자가 아니다"라고 단언한다.[36]

이런 의미에서 구원의 확신(assurance of faith)은 개혁주의 구원론과 가톨릭의 구원론을 구분하는 중요한 시금석 중의 하나이다.[37] 신자의 칭의와 성화의 과정에서 구원의 확신은 매우 중요한 역할을 감당하기 때문에, 현대의 인본주의와 개인주의의 영향을 받아 청중의 심리적인 불확실성의 문제를 해소하는데 급급한 심리적인 설교에서 강조되는 내면적인 확신과

---

35 John Calvin, *Institutes III*, ii, 17.
36 John Calvin, 16.
37 Joel R. Beeke, "Personal Assurance of Faith: The Puritans and Chapter 18.2 of the Westminster Confession", *Westminster Theological Journal* 55(1993), 1-30; Randall C. Zachman, *The Assurance of Faith : Conscience in the Theology of Martin Luther and John Calvin*, (Minneapolis: Fortress Press, 1993); M. Charles Bell, *The Doctrine of Assurance: Calvin and Scottish Theology* (Edinburgh: The Handsel Press, 1985).

는 세심한 구분이 필요하다.

　오늘날 교회 안에서 그리고 강단에서 성경적인 교리가 사라진 현대 복음주의 교회의 충격적인 모습에 대하여 예리한 비평의 메스를 가하는 데이비드 웰스에 의하면, 기독교 신앙을 표현하고 확인할 수 있는 외부의 사회적이고 공동체적인 준거틀을 박탈당한 현대인은 "외부 세계에서 얻는 만족과 성취의 원천을 자신의 자아에서 발견하도록 방향을 재조정하고 있으며, 오로지 자아 안에서만 실제를 찾아" 방황하고 있다.[38] 그 결과 "현대의 계몽주의 후손은 하나님의 자리에 자신이 앉았다. 지금 우리는 하나님께 대해 책임을 져야 하는 것이 아니라 자신에 대해서 책임을 진다"고 한다.[39]

　그래서 하나님의 객관적인 구원 역사를 신자의 주관적인 구원의 서정 속에서 구현되도록 환경을 제공하는 실제 세계가 그리스도께서 성육신하셨던 실제 역사가 아니라 인간의 내면의 심리적인 자아의 세계로 축소되고 왜곡된 상황에서,[40] 현대의 인본주의적인 설교자들은 "여러분은 여러분의 입으로 예수님의 임재를 만들어 낼 수 있습니다⋯예수님은 여러분의 입술과 말에 매여 있습니다"라고 외치면서,[41] 하나님과 복음에 대해서 차갑게 식어버린 심령의 불확실성을 해소시키고자 애쓰고 있다. 이렇게 불확실성의 문제를 해소하고 확신을 심어주는 설교는 일견 성경적인 설교처럼 보일런지 모르지만 실상은 복음의 성육신을 무시하는 가현설적인

38　David Wells, 『신학실종』, 230-231.
39　David Wells, 229.
40　David Wells, 435.
41　Michael Scott Horton, *Made in America: The Shaping of Modern American Evangelicalism*, 『미국제 복음주의를 경계하라』, 255.

설교(docetic preaching)일 따름이다.[42]

그렇다면 성화설교에서 의도하는 구원의 확신이 인간의 내면의 심리적인 자아의 세계로 축소되지 않고 점진적인 성화의 과정에서 자신의 구원에 대하여 올바로 확신할 수 있도록 설교하려면 어떻게 해야 하는가? 성화설교를 통해서 신자들에게 올바른 구원의 확신을 이끌어낼 수 있는 방법은, 신자로 하여금 자신의 삶 속에서 진행되는 성화의 증거를 바라보도록 하는 것이다. 인간의 패역함에 대한 분명한 인식 속에서도 거룩한 성결을 추구하는 신자 자신의 역설적이고 모순된 현실 세계에 근거하여 자신이 하나님의 은총 안에 포함되어 있음을 확신하도록 인도하는 것이, 성화설교로 신자들에게 구원의 확신을 이끌어내는 한 가지 설교적인 전략이 될 수 있다.

칼빈은 『기독교 강요』에서 선행을 통해서 믿음이 강화될 수 있는 가능성에 대하여 다음과 같이 설명한다.

> 즉 그리스도인은 행위의 공로가 구원에 대한 보조 수단이 된다는 생각으로 돌아가지 말고, 값없이 의를 주시겠다고 하신 약속을 전적으로 의지해야 된다는 것이다. 그러나 그리스도인이 하나님께서 주신 은혜의 표징에 의해서 이 믿음을 강화하는 것을 우리는 금하지 않는다.[43]

---

42 복음의 성육신을 도외시하는 가현설적인 설교(docetic preaching)에 대한 비판은 다음을 참고하라. Helmut Thielicke, *The trouble with the church*, (Grand Rapids: Baker Books, 1978), 45; Klaas Runia, *The Sermon under attack: The Moor College Lectures 1980* (Exeter: The Paternoster Press, 1983), 75; Van der Geest, *Presence in the pulpit: The impact of personality in preaching* (Atlanta: John Knox, 1981), 41-64.

43 John Calvin, *Institutes III*, xiv, 18.

신자가 점진적인 성화의 과정에서 그리스도의 십자가의 은혜를 의지하여 죄를 죽이고 거룩한 성품을 추구할 때, 신자의 성결한 삶과 선행은 하나님 앞에서 자신의 구원이나 칭의의 근거가 될 수 없다. 하지만 그리스도의 은혜로 성결을 추구하는 자신의 구원을 더욱 분명하게 확신하는 은혜의 표징으로 작용될 수 있다. 그래서 칼빈은 계속해서 다음과 같이 말한다.

> 선택이 우리와도 관련되어 있다고 느끼게 하는 믿음, 즉 복음에 대한 믿음에 선택의 힘을 의존시키는 것은 잘못이므로 우리가 선택되었다는 확신을 얻으려고 할 때에 가장 좋은 순서를 따르려면 선택을 확실히 증명하는 표징들 즉 후천적인 표징들(signa posteriora)을 굳게 잡고 놓치지 않아야 한다.[44]

칼빈은 신자의 선행이 구원의 근거가 될 수도 없고, 점진적인 성화의 과정에서도 하나님 앞에서 자신의 의를 주장할 수 있는 근거도 될 수 없고 평생의 과정에서 불신과의 싸움이 그리스도인의 삶의 영구적인 특징임을 암시한다.[45]

하지만 불신과의 싸움 속에서도 신자는 그리스도 안에 거하며 그 은혜에 의지하여 선행을 나타내며, 자신의 경건에 의한 선행이 아니라 그리스도의 은혜로 말미암은 선행이 뒤따르지 않은 구원은 온전한 구원이 아니다. 그러므로 신자는 결국 선택의 결과로 나타나는 선행에 근거하여 자신의 선택을 추론하며 구원의 확신을 강화할 수 있다. 이와 유사한 견해는

---

[44] John Calvin, xxiv, 4.
[45] John Calvin, ii, 17/18.

데오도레 베자(Theodore Beza)에게서도 발견된다.

> 이 때문에 사도 베드로는 우리의 부르심과 선택을 선행으로 확실하게 하기를 우리에게 권고한다. 선행이 우리의 부르심이나 선택의 원인이 아니고…그러나 선행은 예수 그리스도가 우리 안에 거하시고, 결과적으로 우리는 구원에 선택되어 망할 수 없다는 것을 우리 양심에 증거하기 때문이다.[46]

베자 이후에 개혁신학의 전통은 신자가 그리스도의 은혜로 인한 점진적인 성화의 과정에서 성결한 삶과 선행에 근거하여 자신의 선택과 구원을 추론할 수 있는 가능성을 다음과 같은 '실천적 삼단논법'(*syllogisumus practicus, practical syllogism*)으로 발전시켰다.

① 선택된 사람은 그 선택의 결과로 확실한 선택의 표징을 나타낸다.
② 나는 그러한 표징을 갖고 있다.
③ 그러므로 나는 선택된 자이다.[47]

칼빈의 저술과 신학사상으로부터 '실천적 삼단논법'을 이끌어낼 수 있는가에 관한 논의는 개혁신학자들의 쟁점 중의 하나이며 이에 대한 자세

---

46 A. E. McGrath, *A Life of John Calvin* (Oxford: Blackwell, 1996), 240-41; Cf., Anthony A. Hoekema,『개혁주의 구원론』, 247.

47 A. E. McGrath, *A Life of John Calvin*, 241; Cf., 김재성,『개혁신학의 광맥』(서울: 이레서원, 2001), 542.

한 논의는 본고의 범위를 넘어가는 것이다.[48] 그러나 앞서 논의한 바와 같이 칭의는 성화와 분리될 수 없으며, 신자는 그리스도의 은혜에 근거하여 성화를 추구하되 자신의 능력 바깥에서 주어지는 그리스도의 은혜로 인하여 자신 안에서 거룩한 삶과 선행의 열매가 나타나는 것에 근거하여 자신의 구원의 확실성을 추론할 수 있다. 그러므로 신자의 점진적인 성화를 추구하는 성화설교를 전하는 설교자는, 신자들이 자신의 구원을 확증하는 근거로 죄에 대하여 죽고 의에 대하여 되살아나서 성결한 삶을 살아갈 것을 촉하는 윤리적인 명령과 권면과 호소를 포함할 필요가 있다.

결국 신자의 점진적인 성화를 이끌어내는 성화설교는, 인간의 전적인 타락과 불가능성에 대한 인식 속에서 하나님의 절대적인 은혜를 바라보도록 신자들을 인도하며, 그들로 하여금 그리스도의 죽음과 부활 사건 안에서 하나님이 열어 놓으신 새로운 구속 질서를 따라가며 그 객관적인 구속 역사가 설교를 듣는 신자 개개인의 삶 속에서 주관적으로 그리고 반복적으로 적용되도록 이끄는 설교이다. 이러한 설교를 통해서 신자는 칭의와 성화의 과정을 따라가면서 그리스도의 은혜에 의지하여 죄에 대하여 죽고 의에 대하여 부활함으로써 그리스도를 본받아 성결한 삶을 추구하되, 자신의 능력 때문이 아니라 오직 위로부터 주어지는 은혜로 말미암은 것임을 인정하고 확신하는 단계로 이어져야 한다.

---

[48] 유정우, "칼빈의 실천적 삼단논법: 구원의 확신문제", 복음과 신학, 4(2001, 8월), 114-134. Richard A. Muller는 칼빈의 저술과 신학사상으로부터 '실천적 삼단논법'을 유추할 수 있다고 주장한다. Richard A. Muller, *Christ and the Decree: Christology and Predestination in Reformed Theology from Calvin to Perkins* (Michigan: Baker Book House, 1986), 25-27.

7. 공동체적인 선행으로 열매 맺는 성화설교

신자의 점진적인 성화를 안내하는 성화설교의 수사적인 전략과 관련하여 마지막으로 확인할 사항은 구원의 확신에 근거하여 성결한 삶을 추구하는 신자의 성결과 선행이 자신의 의를 드러내는 선행이 아니라 그리스도의 은혜를 인정하는 선행이어야 하고 하나님께 영광돌리는 선행이어야 하며, 이 선행은 결국 교회를 세워가는 공동체적인 차원의 선행으로 귀결되어야 한다는 점이다. 앞서 지적한 바와 같이 불행히도 현대의 개인주의와 심리주의의 영향으로 객관적인 구속사가 주관적인 구원의 서정으로 구현되어야 하는 실제 세계가 점점 인간 내면의 심리적인 자아로 축소되었다. 그 결과 신앙의 확신의 문제도 구체적인 역사 속에서의 가시적인 실천의 문제가 아니라 내면세계 속에서의 불확실성 해소와 확신의 쟁취의 문제로 변질되고 말았다.

그러나 데이비드 웰스에 의하면, 성경을 기록했던 저자들에게는 "기독교의 유일무이성, 독특성은 인식의 문제가 아니라 사실의 문제였으며, 내적 체험에 속한 것이 아니라 그들의 역사의 객관적 사실에 속한 것이었다. 그 계시의 좌소는 인간의 상상에 있지 않고 역사에 있었다."[49] 그러므로 설교를 듣는 신자로부터 구원의 확신을 이끌어내야 하는 성화설교는, 설교에 대한 회중의 반응이 내면의 심리 세계에서의 감정적인 불확실성의 문제를 해결하고 인식의 차원에서의 확신에 머무르지 않도록 주의해야 한다. 설교가 심리적인 차원의 확신에 머무를 뿐 실제적인 선행으로 연결되지 못한다면 결국 그 설교를 통해서 공인된 믿음은 죽은 믿

---

49 David Wells, 『신학실종』, 418.

음에 불과하다(약 2:14-26).

그래서 설교를 듣는 회중으로부터 구원의 확신을 기대하는 성화설교는 그 구원의 확신이 청중의 심령에서 시작되더라도 심리적인 확신의 차원에 머무르지 않고 신앙 공동체 안팎에서의 선행으로 이어지도록 유도해야 한다. 그리고 성화설교의 귀결점이 공동체적인 선행으로 연결되어야 하기 때문에, 성화설교의 전반부는 그리스도의 십자가 죽음과 부활에 근거한 하나님의 주권적이고 은혜로운 구원에 대한 진술과 설명이 포함되어야 하며 그러한 직설법적인 진술은 다시 설교 후반부에서의 명령법으로 이어져야 한다. 설교 후반부에 제시되는 명령법(imperative) 속에는 하나님의 객관적인 구원에 근거한 죄의 죽음과 의의 살림의 표징으로서의 선행을 권면하고 촉구하는 내용이 포함되어야 하며, 그 선행은 신앙 공동체의 구체적인 활동과 사역 속에서 표현될 수 있도록 제시해야 한다.[50]

8. 나가는 말

이 글에서 필자는 한국교회에 널리 퍼진 왜곡된 성화론의 문제, 즉 성화의 과정에서 율법주의와 방임주의의 극단에 빠지는 문제를 극복하고, 그

---

50 점진적인 성화의 과정에서 신자는 선포된 말씀과 성령의 조명의 역사로 영적인 변화를 경험하게 되고 그 변화는 관점의 변화와 성품의 변화, 그리고 행동의 변화로 분류될 수 있다. 하나님의 말씀이 신자의 삶 속에서 일으키는 변화의 영역에 대하여 Pratt은 개념적인 적용(conceptual application)과 행위적인 적용(behavioral application), 그리고 정서적인 적용(emotional application)을 제시하며, Daniel Doriani는 의무(duty)와 성품(character), 목표(goal), 분별(discernment)의 영역을 제시한다. Richard Pratt, 『구약의 내러티브 해석』, 495-504; Daniel Doriani, *Putting the Truth to Work: The Theory and Practice of Biblical Application*, 『적용: 성경과 삶의 통합을 말하다』, 133-210.

리스도의 은혜에 의지하여 성결한 삶을 살아가도록 신자들을 인도하는 성화설교의 필요성과 그 설교 내용, 그리고 설교 형식의 문제를 다루었다. 이를 위해서 먼저 구속사적인 관점에서의 그리스도와 신자의 연합을 추구하는 개혁주의 성화론을 다루었다. 개혁주의 성화론의 핵심은 신자가 칭의와 결정적인 성화 이후에 꾸준히 죄에 대하여 죽고 의에 대하여 살아나면서 그리스도의 죽음과 부활을 자신의 삶 속에 연합하는 구속사적인 연합에 있다.

그러므로 이러한 성화 과정이 신자의 삶 속에서 실천될 수 있도록 인도하는 성화설교의 내용으로서 객관적인 구속사에 대한 교리적인 진술(indicative)과 그러한 그리스도의 죽음과 부활 중심의 객관적인 구속사가 신자의 칭의와 성화의 주관적인 구원의 서정 속에서 반복될 것을 촉구하는 윤리적인 명령법을 포함해야 할 것을 제안하였다.

마지막으로는 신자의 점진적인 성화를 추구하는 성화설교의 수사적인 설득 전략으로서 대조법과 역설의 논리, 설교에서의 구원의 확신의 문제, 실천적인 삼단논법, 그리고 선행을 통한 구원의 확신을 다루었고, 이러한 논의에 근거하여 그리스도와의 연합을 추구하는 개혁주의 구원론에 근거한 설교 방안의 일환으로 "구속사를 구원의 서정에 적용하는 성화설교"를 제안하였다.

결국 필자가 기대하는 성화설교는 하나님의 객관적인 구원에 대한 교리적인 진술을 통해서 인간의 패역한 죄악과 전적인 타락으로 인한 불가능성과 그럼에도 불구하고 그 가운데 대속의 은혜를 베푸시며 자녀 삼으시는 하나님의 은혜에 대한 분명한 대비를 청중의 마음에 각인시켜서 그리스도의 죽음과 부활의 뒤를 따라 죄에 대하여 죽고 하나님이 베푸시는 의로 인하여 다시 부활하는 과정을 반복하면서 자신에게 영향력을 행사하려는 죄악을 미워하며 위로부터 허락된 하나님의 거룩한 성품을 사모하며 선행을 결단하도록 인도하는 설교이다.

뿐만 아니라 그러한 점진적인 성화의 과정에서 선행을 실행하는 신자는 여전히 죄에 대하여 죽고 의에 대하여 살아나는 과정을 반복하기 때문에, 그 선행을 자신이 실천하더라도 자신에게서 비롯된 것도 아니고 자신의 능력으로 가능하지 않음을 알기에 모든 것을 가능하도록 인도하시는 하나님께 영광 돌리도록 인도하는 설교이다(롬 11:36).

| 05 |
설교의 윤리적 차원과
하나님 나라 관점의 성경해석

1. 들어가는 말

　기독교윤리실천운동(기윤실)은 한국교회에 대한 한국사회의 신뢰도를 측정할 목적으로 2008년 11월 한국의 성인 1천 명을 대상으로 여론조사를 실시하여 그 결과를 발표하였다.[1]
　"한국교회를 얼마나 신뢰하십니까?"라는 질문에 대한 5점 척도 평가에서 한국교회가 받은 점수는 2.55점으로, "신뢰도 불신도 하지 않는다"(3점)는 평균점수보다 더 낮게 한국교회를 평가하고 있는 것으로 드러났다. 또한 가톨릭(성당)과 불교(사찰), 그리고 개신교(교회)라는 세 종교기관 사이의 신뢰도 비교에서도 개신교의 신뢰도(18.0%)는 가톨릭(35.2%)과 불교

---

[1] 기독교윤리실천운동/교회신뢰회복네트워크, 『2008년 한국교회의 사회적 신뢰도 여론조사 결과발표 세미나』(서울: 기윤실, 2008).

(31.1%)보다 훨씬 뒤떨어지는 것으로 나타났다. 특히 종교가 없다고 응답한 자들(469명) 중에 가장 신뢰하는 종교기관으로 개신교회를 선택한 응답자는 겨우 7.6%에 불과한 반면, 가톨릭교회를 가장 신뢰한다는 응답자는 37.9%, 불교는 29.0%가 응답하여 한국교회에 대한 불신자들의 신뢰도가 다른 종교단체보다 현저하게 뒤떨어지는 것으로 드러났다. 종교별 호감도 역시 연령대가 낮아질수록 낮아지는 것으로 나타나서, 한국교회가 이전의 대사회적인 신뢰도를 회복하지 못한다면 결국 한국교회의 미래는 결코 보장받을 수 없을 것을 경고하고 있다.

이렇게 교회에 대한 한국 사회의 신뢰도가 저조한 현실 속에서 교회가 사회적인 신뢰를 회복하기 위하여 노력해야 할 대상으로는 교회 지도자들(25.5%)과 교회의 운영 방식(24.4%), 그리고 교인들(17.2%)을 들었고, 교회가 신뢰받기 위해 가장 열심히 해야 할 활동으로는 봉사 및 구제활동(47.6%)과 윤리와 도덕실천 운동(29.1%)을 중요하게 여기는 것으로 나타났다. 또 개신교회가 더욱 신뢰받기 위해 개선해야 할 점으로 언행일치(42.0%)나 타종교관용(25.8%), 투명재정(29.7)을 응답하였다.

이번 조사 결과에 대한 목회적인 평가에 나선 이문식은 "교인들에게 가장 큰 영향을 미치는 설교에 있어서도 십일조나 주일 성수, 교회 성장에 관한 것이 아니라, 그리스도인들의 내면 문제들, 삶의 위기들, 인격과 교양, 그리고 타인과의 관계 문제 등을 더 자주 다룸으로써[2] 교인들의 인격

---

2 복음주의신학자인 John Stott는 교회는 자신들을 향한 하나님의 음성을 성경 뿐만 아니라 일반 사회로부터도 들어야 한다는 이중 청취(double listening)를 강조한다. John Stott, *Between Two Worlds-The Art of Preaching in the Twentieth Century*, 정성구 역, 『현대교회와 설교: 성경적 강해설교와 현대인의 삶』(서울: 반석출판사, 1993), 209-13; John Stott, *The Contemporary Christian: An urgent Plea for Double Listening*, 한화룡 역, 『현대를 사는 그리스도인』(서울: IVP, 1993).

함양과 윤리성 재고(再考)에 힘써야 한다는 것을 새롭게 보여주는 지표"라고 평가하고 있다.³ 즉 추락하는 한국교회의 사회적인 신뢰도의 회복을 위해서 교회는 이전보다 좀 더 적극적으로 교인들의 인격 함양과 윤리적 개선을 목표로 설교하는 것이 필요하다는 주장이다.

2. 설교와 윤리 사이의 깊은 간격

그렇다면 신자의 윤리적 변화와 도덕적인 실천을 이끌어낼 수 있는 설교는 어떻게 준비하고 전달해야 하는가? 강단 위에서 선포되는 하나님의 말씀이 교회 안에서의 언어유희(wordplay)에 끝나지 않고,⁴ 실제 올바른 가치관을 따르지 못하고 방황하는 세상 속에서 저들과 확연히 구별되는 거룩한 윤리적 삶을 살아가는 신자의 변화된 삶으로 나타나도록 하려면 어떻게 설교해야 할까? 특히 설교 메시지가 하나님의 구원에 관한 복음의 선포와 그 복음에 합당한 윤리적 삶의 적용과 실천에 관한 요청이 함께 포함되어야 한다면, 구체적으로 어떻게 설교의 적용점을 제시하여 현재 목격되는 설교와 윤리 사이의 깊은 간격이 극복되도록 할 것인가?

설교 메시지의 윤리적 실천에 관한 설교학적인 논의가 이전에 전혀 없

---

3 이문식, "2008년 한국교회의 사회적 신뢰도 여론조사에 대한 목회적 반응", 『2008년 한국교회의 사회적 신뢰도 여론조사 결과발표 세미나』(서울: 기윤실, 2008), 50.
4 일각에서는 화려한 설득 기술이 가미된 설교는 단지 말에 대한 장식에 불과할 뿐 도덕적인 실천이나 윤리적인 규범과는 무관하다고 주장한다. 이런 주장의 배후에는 '언어에 대한 장식이 지나치게 화려하면 그만큼 진실이나 윤리적인 실천으로부터 멀어진다'는 생각이 깔려 있다. 그래서 아리스토텔레스는 이러한 기만적이고 비도덕적인 수사학을 경계하기 위하여 교화되고 도덕적인 수사학의 첫 번째 원리로서 연설자의 선한 품성과 인격을 강조하였다. 박성창, 『수사학』(서울: 문학과지성사, 2000), 134-41.

었던 것이 아니다. 복음의 선포로서의 설교가 신자의 윤리적인 행위의 개선과 성숙으로 이어질 수 있도록 하기 위한 다양한 설교학적 논의가 이미 여러 각도에서 시도되었다.

예를 들어 신자의 회개와 회심, 그리고 하나님의 은혜로운 구원을 강조하는 '부흥설교'도 설교를 들은 신자의 탁월한 윤리적 변화와 성숙을 기대하는 가운데 선포되는 설교이다.[5] 또 신자의 구원과 그 이후의 성화를 강조하는 '성화설교'도 세상 속에서 살지만 그러나 세상과 구별된 신자들의 탁월한 윤리적 삶을 추구하도록 의도된 설교이다.[6] 그리고 최근 설교학의 중요한 관심사처럼 설교에서의 이미지나 은유, 또는 상상의 역할을 강조하는 현대의 이미지 설교나 내러티브 설교 역시 신자들의 윤리적인 변화와 성숙의 원동력으로서 설교를 들은 청중의 심령 내면에 형성되는 이미지나 은유의 실행력(performative power) 또는 윤리적 기능(ethical function)에 주목한다.[7]

이런 다각도의 시도에도 불구하고 강단 위에서 선포된 설교 메시지가 강단 아래에서의 신자들의 윤리적이고 도덕적인 삶의 구현으로 쉽게 연결되지 못하는 이유는 무엇일까? 이 두 주제 사이의 간격을 극복하기 위

---

5 박용규, 『평양대부흥운동』(서울: 생명의말씀사, 2000), 218-19.
6 박영돈, "오늘날 교회의 구원과 성화-영적 성숙을 위한 한국 교회의 과제", 박영선 편, 『구원 이후에서 성화의 은혜까지』, 243-70. 특히, Bryan Chapell은 성화의 원동력으로서 설교자가 설교에서 구원의 은혜에 대한 지속적인 확인을 선포해야 할 것을 강조한다. Cf. Bryan Chapell, *Holiness by grace : delighting in the joy that is our strength*, 조계광 역, 『성화의 은혜』(서울: 생명의말씀사, 2002), 9.
7 Thomas H. Troeger, "The Social Power of Myth as a Key to Preaching on Social Issues," Arthur Van Seters (ed.) *Preaching as a Social Act: Theology & Practice* (Nashville: Abingdon, 1988), 206-08; Walter Brueggemann, *Texts under Negotiation: The Bible and Postmodern Imagination* (Minneapolis: Fortress Press, 1993), 24-25.

한 기존의 논의의 긍정적인 가치를 인정하면서도 동시에 이 두 주제(설교 메시지의 선포와 신자의 윤리적 삶의 실천) 사이의 간격을 극복하기 위해서는, 그 사이에 놓인 다음과 같은 중요한 주제들, 혹은 중요한 설교적인 단계들에 대한 심층적인 분석과 그에 따른 통합적인 대안이 필요하다.

① **성경해석학**: 과거에 기록된 성경 본문으로부터 오늘날의 신자의 삶을 향한 윤리적 적용점을 이끌어내서 그 적용점을 하나님의 말씀의 권위로 선포하기 위해서는 오늘날의 신자의 삶과 아무런 관련이 없어 보이는 이 성경 본문을 어떻게 올바로 해석할 것인가?

② **기독교윤리**: 특정한 성경 본문이 오늘날의 신자들을 향하여 지시하는 윤리적인 메시지를 오늘의 다양한 문화적인 삶 속에서 실천하려고 할 때 신자 개개인 사이나 혹은 교회 간의 윤리적인 격차나 도덕적 수준의 차이와 다양성 문제를 어떻게 극복하고 어느 수준에 맞게 도덕적인 규범과 윤리를 실천하도록 설교할 것인가?

③ **목회 리더십**: 설교자가 강단 위에서 하나님의 말씀의 권위로 선포한 윤리적인 규범들이 특정한 신앙 공동체 속에서 공동체적인 차원에서 실천되도록 하기 위하여 설교자는 강단 아래에서 어떻게 목회 리더십을 발휘할 것인가?[8]

---

[8] 기독교 윤리는 개인 윤리가 아니며 공동체 윤리이다. 신자가 성경에 기록된 하나님의 말씀을 실제 윤리적인 삶의 현장에서 실천하기 위해서는 하나님의 말씀 앞에 선 신자 개인의 심리적 결단만 필요한 것이 아니라 그 신자가 속한 신앙 공동체 안에서의 회중 전체의 윤리적 실천에 대한 동참과 공동체적인 관여가 함께 필요하다. 이 점이 기독교 윤리를 공동체 윤리 또는 사회 윤리의 관점에서 논증하는 Stanley Hauerwas와 William H. Willimon의 주장의 요점

하나님의 말씀 선포로서의 설교가 그 말씀을 들은 신자들의 윤리적 변화와 도덕적 개선으로 이어지도록 하기 위해서는 최소한 성경해석학과 기독교 윤리학, 그리고 목회 리더십에 관한 심층적인 논의의 기초가 마련되어야 한다. 하지만 제한된 지면으로는 설교와 윤리적 실천의 간격을 극복하는데 소요되는 모든 논의를 다 담아내기 어려우므로, 이 글에서는 설교와 윤리적 실천의 간격을 극복하기 위한 이론적인 토대를 위하여, 하나님 나라 관점의 성경 해석과 신앙 공동체를 추구하는 기독교 윤리에 근거한 설교의 윤리적 적용 방안에 대하여 주로 고찰하고자 한다.

3. 성경해석: 윤리 설교의 해석학적인 토대

1) 윤리 설교를 위한 통전적인 성경해석 전략의 필연성

신자가 각자의 삶 속에서 윤리적인 삶의 탁월성으로 사회적인 영향력을 발휘하여 하나님의 영광을 드높이도록 설교하기 위해서는 먼저 하나님의 말씀으로서의 성경에 대한 올바른 해석 작업이 선행되어야 한다. 이런 윤리 설교를 위하여 설교자에게 요구되는 성경 해석 작업은 특정

들 중의 하나이다. Stanley Hauerwas & William H. Willimon, *Resident Aliens*, 김기철 역, 『하나님의 나그네 된 백성』(서울: 복있는사람, 2008), 103-40. 그리고 기독교 윤리가 공동체 윤리이고 사회 윤리라면 신앙 공동체의 윤리적 실천을 위한 설교자의 중요한 역할은 윤리적 사안에 대한 공동체 전체의 실천과 헌신을 유도하기 위한 목회 리더십의 중요성이다. 이에 대한 좀 더 자세한 논의를 위해서는 다음을 참고하라. Michael J. Quicke, *360-degree leadership: preaching to transform congregation*, 이승진 역, 『전방위 리더십: 회중을 변화시키는 리더십 설교』(서울: CLC, 2009), 57-58.

한 구절 한두 개를 해석하는 방법이나 전략이 아니라, 성경 전체를 오늘의 상황에 적용시킬 수 있는 통합적인 해석 전략을 말한다. 예를 들어 집권층의 권력형 비리나 청탁성 뇌물 수수 문제와 같은 도덕적인 사안들에 대해서 기독교인들은 불신자들과 확연히 구별되는 윤리적인 탁월성을 실천할 수 있어야 한다. 그리고 불신자와 확연히 구별되는 윤리적인 탁월성을 실천하기 위해서는, 그 이전에 설교자들이 강단에서 악의적인 뇌물과 선의의 선물에 대한 성경적인 규범들을 하나님의 말씀의 권위로 분명하게 선포해야 한다.

그런데 "부당한 내부거래로 부당이득을 취하지 말라"거나 "뇌물을 주고 받지 말라"는 윤리적인 취지의 메시지를 성경에 근거하여 하나님의 말씀의 권위로 설교할 계획을 세운 설교자가 당장 직면하게 되는 문제점이 있다. 그것은 오늘날의 신자가 매일 부딪히며 살아가는 접대 문화나 뇌물 문화 속에서 성경은 어느 선까지가 선물이고 어느 선부터 뇌물인지를 어떻게 구분해야하는지를 아주 구체적으로 언급하고 있지 않다는 점이다.

또 설교자는 설교자 나름대로 뇌물에 관하여 하나님의 말씀으로서의 성경의 권위에 근거하여 설교하기 위하여 그 의도에 어울려 보이는 성경 구절을 찾지만, 어느 구절이 오늘날의 상황에서 뇌물과 관련하여 말씀하고 있는 구절인지를 결정하기가 쉽지 않다.

뇌물에 대하여 경계할 목적으로 "너는 굽게 판단하지 말며 사람을 외모로 보지 말며 또 뇌물을 받지 말라 뇌물은 지혜자의 눈을 어둡게 하고 의인의 말을 굽게 하느니라"(신 16:19)는 구절로 설교 메시지를 준비하는 경우를 가정해 보자. 이 때 이미 보편적인 뇌물 문화에 익숙한 사람들은 악의적인 뇌물에 대한 경계심보다는 정과 연에 의하여 움직이는 감성적인 한국 사회 속에서 이해 당사자 간의 원활한 관계를 위한 호의적인 선물이나 뇌물의 불가피성을 염두에 두면서, 에서의 마음을 얻기 위한 야곱의 전략(창 33:11)[9]이나 "선물은 그 사람의 길을 너그럽게 하며 또 존귀한 자의 앞으로 그를 인도하느니라"(잠 18:16)는 구절을 떠올리면서 설교 메시지를 반박할 수도 있다. 말하자면 한 가지 윤리적인 쟁점에 대해서 서로 상반된 입장을 가진 경우에 이해 당사자들은 자신들의 윤리적인 처신의 근거를 얼마든지 성경에서 가져올 수 있다는 것이다.

이렇게 동일한 윤리적 쟁점에 대해서도 서로 이해관계를 달리하는 신자들에 의하여 성경 본문이 얼마든지 전혀 상반된 맥락에서 동원될 수 있는 현실 속에서 과연 윤리적 실천의 근거를 성경에서 찾는다는 것은 무슨 의미가 있는가? 또 어떤 구절은 선물에 관한 말씀이고 또 어떤 구절은 뇌물에 관한 말씀이며 오늘날의 뇌물 문화와 관련하여 설교할 본문으로 어떤 구절이 더 적합하고 어떤 구절이 오늘의 뇌물 문화를 향한 하나님의 말씀이라고 판단을 할 때, 과연 설교자는 무슨 근거로 이런 도덕적이고 해석학적인 판단을 내릴 수 있을까?

신자와 설교자들은 오늘날의 윤리적이고 도덕적인 사안에 대한 올바른 행동 지침을 구할 때 성경을 펼치기 마련이다. 하지만 성경 안에서도 과연 어떤 구절이 오늘의 윤리적 상황에 대한 명확한 해답인지를 결정하는 문제는 어떤 한 가지 도덕적인 행동이나 윤리적인 실천 이상으로 복잡하다. 그래서 과거에 기록된 성경과 오늘 신자의 삶 속에서의 적용 사이의 엄청난 간격을 의식하는 리차드 헤이즈(Richard B. Hays)는 "우리가 성경 본문

---

[9] 야곱이 가로되 그렇지 아니하니이다 형님께 은혜를 얻었사오면 청컨대 내 손에서 이 예물을 받으소서. 내가 형님의 얼굴을 뵈온즉 하나님의 얼굴을 본 것 같사오며 형님도 나를 기뻐하심이니이다. 하나님이 내게 은혜를 베푸셨고 나의 소유도 족하오니 청컨대 내가 형님께 드리는 예물을 받으소서 하고 그에게 강권하매 받으니라(창 33:10-11).

과 올바른 윤리적 판단 사이를 오가는 방법에 대해 일관성 있는 설명을 할 수 있기 전에는 성경의 권위에 호소하는 것은 공허할 뿐 아니라 신뢰를 얻지도 못한다"고 잘라 말한다.[10] 그렇다면 성경과 윤리적 실천 사이를 오가는 방법에 관한 일관성 있는 설명을 어떻게 확보할 것인가?

본고에서는 먼저 제임스 구스타프슨(James Gustafson)이 말하는 성경이 윤리적인 판단의 근거로 작용하는 네 가지 방식을 살펴보고, 이어서 크리스토퍼 라이트(Christopher Wright)와 리차드 헤이즈(Richard B. Hays)로부터 각각 구약과 신약을 윤리적 실천으로 연결시키기 위한 일관성 있는 방법을 모색하고자 한다.

2) 성경이 윤리적 판단의 기초로 작용하는 방식들

신자나 교회가 현대의 다양한 윤리적 문제들에 대하여 성경적인 판단을 내릴 때 성경의 어떤 구절을 근거로 그런 판단을 내릴 수 있을까? 신정통주의 윤리학자 구스타프슨에 따르면 성경이 윤리적 판단의 토대로 작용하는 데는 다음 네 가지 방식이 있다고 한다.[11]

① 구체적인 도덕 규정집으로서의 성경: 성경이 윤리적 판단의 토대로 작용하는 첫번째 방식은, 성경을 인류가 항구적으로 준수해야 할 구체적인 도덕 규정집으로 받아들이는 입장이다. 이러한 해석은 과거에 기록된

---

10 Richard Hays, *The Moral Vision of the New Testament*, 유승원 역, 『신약의 윤리적 비전』(서울: IVP, 2002), 26.

11 James M. Gustafson, "The Place of Scripture in Christian Ethics: A Methodological Study", *Interpretation* 24/4(1970), 439-44.

성경 본문 자체를 오늘날의 윤리적 명령과 규정으로 간주하는 문자적 해석(literal interpretation)의 대표적인 입장이다. 성경을 통해서 계시되는 도덕법들은 계시의 원천인 하나님의 성품에 기초한 것으로서 십계명이나 구약의 시민법, 잠언과 전도서의 윤리적인 메시지들, 신약의 이혼 금지 명령(막 10:2-12), 사도 바울의 도덕적인 권면들은 문자 그대로 모든 인류가 준수해야 할 도덕법을 명하고 있으므로 오늘날에도 그대로 준행해야 한다. 그런데 유대교 전통에서는 토라로 대표되는 구약성경의 무수한 율법과 계명들에 근거하여 각각의 계명들을 구체적인 상황에서 좀 더 실천적으로 준행할 수 있도록 안내하기 위하여 할라카(halachah)라는 토라 율법에 대한 전통적인 해석 사례들을 만들어냈다.

하지만 기독교의 경우에는 유대교의 경우처럼 성경의 도덕법에 대한 구체적인 적용 사례집이나 법전이 존재하지 않는다.[12] 그래서 월터 카이저(Walter Kaiser)는 "구약에는 윤리라는 현대적 용어에 해당하는 추상적이고 일반적인 개념이 포함되어 있지 않다"고 주장한다.[13] 성경 전체를 아우르는 도덕적인 규정의 내용이 "이웃을 네 몸과 같이 사랑하라"는 명령에 모아진다 하더라도, 이 말씀을 도대체 어느 수준으로 적용시켜야 하는지에 대한 구체적인 적용의 수위나 그 적용의 방법에 관한 문제를 성경 본문이 직접 해결해 주지는 않는다는 말이다.

그래서 예를 들어 예수님이 "네게 있는 것을 다 팔아 가난한 자들에게 나눠 주라…그리고 와서 나를 따르라"고 하신 말씀을 오늘의 상황에서 구체적으로 실천에 옮기고자 할 때 이 말씀을 문자적으로 실천해야 하는지

---

12 James M. Gustafson, "The Place of Scripture in Christian Ethics", 440.
13 Walter Kaiser, *Toward Old Testament Ethics* (Mich.: Zondervan, 1983), 2.

상징적으로 받아들여야 하는지에 대한 해석학적인 딜레마(hermeneutical dilemma)를 피할 수 없다.

② **도덕적인 이상(moral ideal)을 천명하는 성경**: 성경을 윤리적 판단의 토대로 사용하는 둘째 방식은, 성경은 신자들의 행동을 원리적이고 보편적인 차원에서 통제하는 일반적인 도덕적 이상을 천명하고 있다고 여기는 입장이다. 예를 들어서 예수의 산상수훈이나 이중의 사랑의 계명(막 12:28-31)은 이러한 도덕적 이상과 표준에 미치지 못하는 신자의 구체적인 행동들을 통제하는 기준으로 작용할 수 있다. 용서와 관련하여 일흔 번씩 일곱 번을 용서하라는 말씀을 철저한 자국의 이득추구를 목표로 전개되는 국제간의 분쟁과 폭력 대결의 현장에 그대로 적용하기 보다는 하나의 도덕적 이상에 대한 묘사로 받아들이는 것이다.

하지만 성경 구절들을 지금 당장 실행 불가능하지만 소망하고 추구해야 할 미래의 목표로 간주한다면, 그 도덕적인 이상은 구체적인 윤리적 준수로부터 그만큼 멀어질 수밖에 없다. 예를 들어 이사야 11장 6절 이하에서 묘사하는 종말론적인 메시지가[14] 신앙 공동체가 지향해야 할 도덕적인 이상을 묘사한다고 할 때, 이에 근거한 실제 윤리적인 태도나 구체적인 적용점은 무엇인가? 그래서 도덕적인 이상에 관한 구절들의 현실적인 적용점은 결국 하나님 나라의 종말론에 관한 입장에 따라서 달라질 수밖에 없다. 이에 관한 논의는 잠시 후 하나님 나라의 윤리에 관한 예수의 산상수훈에 관한 논의에서 더 깊이 살펴볼 것이다.

---

14 그 때에 이리가 어린 양과 함께 거하며 표범이 어린 염소와 함께 누우며 송아지와 어린 사자와 살진 짐승이 함께 있어 어린 아이에게 끌리며 암소와 곰이 함께 먹으며 그것들의 새끼가 함께 엎드리며 사자가 소처럼 풀을 먹을 것이며 젖 먹는 아이가 독사의 구멍에서 장난하며 젖 뗀 어린 아이가 독사의 굴에 손을 넣을 것이라(사 11:6-8).

③ 윤리적인 행동의 범례(paradigm)를 제시하는 성경: 성경을 윤리적 판단의 근거로 활용하는 셋째 방식은, 성경의 내러티브에 등장하는 인물들이나 사건들은 후대의 신자가 따르거나 피해야 할 어떤 윤리적인 모델을 제공한다고 보는 입장이다.[15] 이 입장의 대표적인 학자로는 문화인류학에 기초한 선교학자 찰스 크래프트(Charles H. Kraft)가 있다. 그는 『기독교와 문화』(Christianity in Culture)에서 "성경은 하나님을 따르려는 오늘의 사람들의 교훈과 인도를 위해 과거 역사 속에서 하나님이 인간과 어떻게 상호작용하셨는지를 보여주는 전형적인 사례들을 담고 있는 하나의 영감된 고전적 사례모음집(divinely inspired casebook)"이라고 주장한다.

신자나 교회는 성경에 언급된 상황과 유사한 후대의 상황을 유비적으로 대응시키면서 그러한 유비적 동일시에 근거하여 도덕적으로 옳거나 그르다는 윤리적인 판단을 내릴 수 있다는 것이다. 이러한 범례적인 해석의 기초는 성경에 언급된 특정 상황과 후대의 특정 상황의 차이점에도 불구하고, 그 두 세계의 공통분모를 인식할 수 있는 유비적인 해석 능력이 결국은 성경의 윤리적 적용의 토대로 작용한다.

하지만 성경의 내러티브 본문에 등장하는 인물이나 사건들을 후대의 윤리적인 판단의 토대로 사용하고자 할 때, 두 세계를 유비적으로 연결시키는 일관성 있는 해석학적인 연결고리를 확보하지 못하면 그 해석은 알레고리 해석이나 자의적인 해석으로 전락될 수 있다. 예를 들어 이스라엘 백성들이 애굽의 압제로부터 해방되어 광야를 여행하는 과정에서 겪는 다양한 사건들, 그 중에 예를 들어 광야에서 마실 물이 떨어졌다가 모세가

---

15 Charles H. Kraft, *Christianity in Culture: A study in Dynamic Biblical Theologizing in Cross-Cultural Perspective*, 임윤택, 김석환 공역, 『기독교와 문화』(서울: CLC, 2006), 334-42.

지팡이로 반석을 두 번 쳐서 마실 물을 얻은 사건을 두고 생수되신 그리스도의 구속의 은혜와 결부지어 해석한 사도 바울의 해석(고전 10:4)이 정당한 해석이라면,[16] 이 사건으로부터 유비적으로 어려운 고난 중의 인내나 혹은 지도자의 리더십을 인정하는 계층과 반대하는 계층 간의 갈등이나 그런 갈등 속에서의 공동체의 화합에 관한 윤리적인 교훈을 찾아내려는 시도를 알레고리 해석이라거나 또는 자의적인 해석으로 평가할 수 있는 해석학적인 기준은 무엇인가?

또 해석자가 내러티브 본문의 역사적인 상황을 올바로 복원해 내서 본문의 의미를 올바로 이해했다고 하더라도, 본문의 상황과 유비적으로 가장 유사한 오늘의 상황이 바로 이것이라고 판단을 내리고 그렇게 두 세계를 연결시켜서 설교하면서 적용점을 제시할 수 있는 근거는 -해석자의 입장에 따라서는- 매우 자의적인 해석처럼 비춰질 수도 있다. 그래서 그랜트 오스번(Grant R. Osborne)은 찰스 크래프트(Charles H. Kraft)의 관점은 성경과 독자의 문화적 차이를 지나치게 강조하면서 두 세계를 통합하는 성경의 초문화적 차원을 경시하여 결국 신학의 상대화의 한계에 직면할 우려가 있다고 지적한다.[17]

---

16   고전 10:4에서 사도 바울은 출애굽한 이스라엘의 광야 여행을 그리스도의 구원사를 미리 가리키는 사건으로 해석하면서, 이스라엘 백성들이 모세가 내려 친 반석으로부터 생수를 마시고 기갈을 해소했던 것처럼 신약시대 신자들은 반석이신 예수 그리스도의 희생을 통한 생수로부터 영적 기갈을 해소하게 되었다고 해석한다. 하지만 고전 10:1-4에 등장하는 네 가지 사건들(홍해 도하, 구름의 보호, 만나 공급, 반석) 모두를 예표론으로 해석할 것인지 아니면 일부만 예표론으로 해석할 것인지에 대한 해석의 차이가 존재한다. Cf. Roy B. Zuck, *Basic Bible Interpretation* (Wheaton, IL.: Victor Books: 1991), 181.
17   Grant R. Osborne, *The Hermeneutical Spiral: A Comprehensive Introduction to Biblical Interpretation*, (Illinois: Intervarsity Press, 1991), 323.

④ 윤리적인 상징 세계의 구현체로서의 성경: 구스타프슨(Gustafson)에 의하면 성경의 특정 장르 하나가 아니라 성경 전체가 하나님과 세상, 그리고 인간의 실재를 이해하고 윤리적인 판단을 내릴 수 있는 하나의 포괄적인 상징 세계를 구현하고 있다고 여기고서, 이 포괄적인 상징 세계에 근거하여 윤리적인 판단을 내리는 것이 성경을 윤리적으로 사용하는 한 가지 방법일 수 있다고 한다. 예를 들어 마태복음 5장 43-48절은 악인과 선인을 향한 하나님의 보편적인 사랑을, 또 로마서 1장 19-23절은 그 하나님의 통치 아래 놓인 인간의 타락한 상황에 대하여, 그리고 빌립보서 2장 11절 이하는 그 죄악으로부터 구원받은 신자의 새로운 삶의 지표에 대해서 서술하고 있는데, 하나님과 인간, 그리고 세상에 대한 성경의 통합적인 관점에 근거하여 윤리적 판단과 실천을 이끌어낼 수 있다는 것이다.

이상에서 살펴보듯이 성경은 윤리적인 교과서가 아니지만 분명 윤리적인 함의를 담고 있으나 그 윤리적인 교훈과 명령을 전달하는 방식은 어느 한 가지 장르에 고정되지 않는 까닭에 성경 본문에 대한 윤리적 해석 역시 어느 한 가지 해석 방법으로 고정될 수 없다. 성경은 다양한 문학 형식과 장르를 통해서 후대의 독자들에게 윤리적 함의를 전달하고 있기 때문에, 결국 성경을 윤리적 판단의 근거로 사용하려면 성경의 도덕법이나 규범에 관한 구절에 국한하지 않고 다양한 문학 형식을 초월하는 통합적인 해석 전략이 요구된다. 그리고 그 통합적인 해석 전략 속에는 하나님과 인간, 그리고 세상과 아울러 그 속에서의 신자의 합당한 윤리적 함의가 핵심적인 요소로 포함되어야 한다.

3) 하나님 나라 관점의 윤리적 해석

과거의 성경과 오늘날의 윤리적 판단 사이의 여러 변수들을 이렇게 포괄적으로 담아낼 수 있는 해석 규범이나 해석 전략으로서 주목할 만한 것이 바로 하나님 나라 관점의 윤리적 해석이다. 즉 하나님과 인류, 세상, 그리고 그 세상 속에서의 하나님의 통치와 그 통치에 합당한 윤리적 반응을 모두 아우르는 해석 관점을 통해서 성경을 현대를 위한 윤리적 판단의 근거로 활용할 수 있다는 것이다. 성경과 윤리를 하나님의 통치의 관점에서 통합시키는 대표적인 신학자로 구약학계에 크리스토퍼 라이트(Christopher J. H. Wright)와 신약학계에 리처드 헤이스(Richard B. Hays)를 들 수 있다.

(1) 크리스토퍼 라이트의 구약 윤리의 구조

수천 년 전에 기록된 구약성경이 어떻게 현대를 살아가는 신자들과 교회를 위한 규범적인 근거로 작용할 수 있는가? 이 질문에 대해서 라이트는 구약에 스며들어 있는 이스라엘의 세계관은 하나님(신학적인 각)과 이스라엘 백성들(사회적인 각), 그리고 땅(경제적인 각)의 세 가지 기둥으로 구성되어 있으며, 구약 성경을 오늘날의 윤리적 판단의 근거로 사용할 수 있는 통합적인 해석 기준은 바로 이 세 가지 하나님 나라의 구성요소가 하나로 통합된 이스라엘 백성들의 세계관, 즉 하나님과 인간, 세상, 그리고 그 세상 속에서의 하나님의 통치에 대한 이스라엘의 세계관이라고 한다.[18]

구약성경에서 발견되는 하나님의 통치에 대한 이스라엘 백성들의 세계

---

18 Christopher Wright, 『현대를 위한 구약윤리』, 20.

관은 이스라엘 밖의 다른 열방이나 신약시대, 그리고 종말을 살고 있는 오늘날의 신자들과 윤리적 차원에서 무슨 상관이 있는가? 라이트는 이 질문에 대한 해답을 (구약시대 온 열방 민족들을 향한) 패러다임 해석과, (신약시대를 향한) 예표론 해석, 그리고 (현대를 살아가는 신자들을 향한) 종말론의 해석으로 대답한다.

① **패러다임 해석**: 패러다임 해석은 과거의 본문을 오늘날의 상황에 문자적으로 적용시키는 문자적 해석의 극단과 자의적인 우화적 해석의 또 다른 극단을 피하고 중간에서 이스라엘의 사회와 법률 구조를 전체 타락한 인류를 향한 하나의 패러다임(혹은 범례, paradigm)으로 간주하는 해석을 말한다.[19] 패러다임 해석은 구약의 율법이 이스라엘과 하나님 간의 특별한 언약의 배경 속에서 그들에게 특별하게 주어진 것을 인정하는 동시에 지상의 다른 모든 민족들 역시 궁극적으로 하나님의 언약 속으로 들어왔을 때 적용될 하나의 바람직한 사례와 모델을 암시하고 있다고 보고 율법에 관한 본문을 해석한다.

② **예표론 해석**: 둘째, 예표론 해석은 하나님과 인류, 그리고 이 세상에 대한 이스라엘 백성들의 세계관을 구성하는 세 축으로서의 하나님과 이스라엘, 땅이 신약시대의 예수 그리스도와 교회, 그리고 코이노니아를 미리 예표하는 것으로 이해하는 해석이다. 이 예표론 해석에서 주목할 점은 구약의 하나님과 이스라엘, 그리고 땅의 세 꼭지점을 단순히 신약의 예수라는 종착점을 미리 가리키는 예표(type)나 모형으로 국한시켜 해석하지

19　Christopher Wright, 85-86.

않는다는 점이다. 구약 윤리의 통합적인 구조 안에서 예표론 해석의 가치는 구약윤리의 사회적이고 경제적인 의미를 메시아 공동체인 신약 이스라엘 안에서 이루어지는 실제적 관계들에 대한 윤리로 옮겨 놓고 있다는 점에서 찾아볼 수 있다.[20]

③ 종말론 해석: 종말론 해석은 죄악의 영향 하에 있는 이 세상 속에서 타락한 인류 전체가 준행해야 할 윤리적인 범례와 신약 시대 교회 안에서 성취되고 적용되는 윤리적인 규범의 실체를 구약 성경에서 발견할 수 있더라도 구약성경이 보여주는 하나님 나라 윤리적 적용의 완벽한 성취는 이 세상에서 아직 다 이뤄진 것이 아니라 새 하늘과 새 땅에서의 온전한 성취를 여전히 기다려야 할 것을 지시하는 해석이다. 구약의 윤리적인 적용에 대한 이 세 가지 해석의 범주는 구약 성경에서 발견되는 윤리적인 메시지를 이후의 신약 시대와 오늘날의 교회 그리고 전 인류에게 어떻게 적용해야 할 것인지에 대한 통합적인 해석의 틀을 제공해 준다.

(2) 리처드 헤이스의 신약 윤리의 구조

구약성경을 윤리적 판단의 근거로 활용할 때 동원할만한 통합적인 해석 전략과 마찬가지로 신약성경을 윤리적 판단의 근거로 활용하려고 할 때 참고할만한 통합적인 해석 전략은 무엇인가? 즉 복음서 내의 산상수훈이나 내러티브 장르, 서신서, 그리고 계시록처럼 다양한 문학 장르를 통해서

---

20 Christopher Wright, 270. 바로 이런 맥락에서 한국교회의 예표론적 해석이 알레고리의 오류에 빠지는 이유 중의 하나로 예표론적인 해석의 종착점을 단순히 예수 그리스도께 집중시킬 뿐 그리스도의 뒤를 따르도록 부름 받은 하나님 나라 백성 공동체로서의 윤리적인 적용으로까지 예표론 해석이 확장되지 않기 때문으로 이해할 수 있다.

오늘날의 신자들에게 윤리적 규범을 제시하고 있는 신약성경 전체가 오늘날의 신자의 삶 속에서 윤리적 판단의 토대로 작용하도록 하려면 신약을 어떻게 해석해야 하는가?

이 질문에 대해서 헤이스는 "해석학적인 전용(hermeneutical appropriation)의 과제는 신약성경에 언급된 특정한 도덕적 규범을 단순히 문자적으로 오늘날의 동일한 윤리적 상황 속에 기계적으로 대입시키는 것이 아니라, 신약 전체가 지향하는 윤리 구조를 오늘의 특정한 상황과 은유적으로 대비시키는 통합적인 상상 행위(integrative act of imagination)를 필요로 하며, 현재 공동체의 삶을 신약 성경 본문이 상술하는 세계 속에 상상력을 발휘하여 위치시키는 은유 만들기(metaphor-making) 과정에 참여해야 한다고 주장한다.[21]

신약성경과 현재의 신자를 연결시키는 은유 만들기 과정의 토대로 헤이스가 주목하는 것이, 바로 예수 그리스도의 십자가 사건으로 말미암아 하나님의 구원을 위한 새로운 창조가 공동체로부터 시작되었다는 그리스도 중심의 구원사를 집약시키는 십자가와 새 창조, 그리고 공동체의 세 가지 이미지이다.[22] 즉 '예수의 십자가로 말미암은 새 창조를 구현하는 윤리 공동체'라는 핵심 이미지를 공통분모로 사용하여 신약성경과 오늘의 윤리적 상황을 연결시킬 수 있다는 것이다. 헤이스는 이 세 가지 핵심적인 이미지에 기초하여 하나님의 구원사에 대한 직설법과 그 직설법에 근거한 윤리적 명령을 담고 있는 신약성경을 오늘의 교회와 신자들의 윤리적 삶까지로 확장시키기 위해서 서술(description)-종합(synthetic)-해석(hermeneutics)-

---

21 Richard B. Hays, 『신약의 윤리적 비전』, 30, 464.
22 Richard B. Hays, 311.

실천(practice)의 네 단계를 따라서 신약성경에 대한 현대적 윤리의 실천 가능성을 모색하고 있다.[23]

성경을 오늘날의 윤리적 판단의 근거로 사용하려고 할 때 라이트와 마찬가지로 헤이스 역시 윤리적 규범을 문자적으로 언급하는 성경의 특정 구절들을 기계적으로 오늘의 윤리적 상황에 대입시키는 것이 아니라 구약과 신약이 동일하게 지향하는 하나님 나라(또는 하나님의 통치)의 세계관을 오늘의 윤리적 상황을 판단할 수 있는 통합적인 성경 해석의 기반으로 활용할 것을 제안하고 있다.

4) 하나님 나라의 선포 속에서 예수님이 기대했던 윤리

이렇게 성경을 윤리적 판단의 근거로 사용할 때 하나님과 그 백성, 세상, 그리고 그 세상 속에서의 하나님의 통치에 관한 통합적인 하나님 나라 세계관이 일차적인 해석의 준거틀로 동원되어야 하고, 또 그 해석의 준거틀에 근거하여 설교자가 청중들로부터 하나님 나라 백성에 합당한 윤리를 기대할 수 있다면 그 설교자는 결국 하나님 나라가 요구하는 윤리를 겨냥하여 설교하고 있는 셈이다. 이 단계에서 우리의 논의를 한 단계 진전시켜서 하나님 나라의 윤리를 설교하는 설교자의 윤리적 취지와 기대가, 자신의 인격과 사역, 그리고 설교로 이 땅에 하나님 나라를 가져왔던 예수 그리스도의 하나님 나라 선포와 그에 대한 윤리적인 기대와 일치해야 하는 당위성에 대해서 살펴볼 필요가 있다.

오늘날의 설교자가 회중에게 하나님 나라가 요구하는 윤리를 겨냥하여

---

[23] Richard B. Hays, 26-27.

설교한다면, 그 설교의 윤리적 취지는 하나님 나라의 담지자이자 설립자인 예수 그리스도의 사역과 선포에 담긴 하나님 나라의 윤리적 취지와 일치해야 하지 않겠는가 하는 것이다. 오늘날의 설교자 이전에 참 설교자로서 자신의 인격과 사역 속에서 이 땅에 하나님 나라의 통치를 가져오시고 직접 선포하셨던 예수님이 하나님 나라를 선포할 때 회중들로부터 혹은 신자들로부터 기대하셨던 윤리적인 삶의 실체는 무엇일까? 이 질문에 대한 해답 한 가지는 하나님 나라의 윤리를 집대성한 '산상수훈'을[24] 선포할 때 예수님이 기대했던 윤리적인 반응이 무엇이었는지를 살펴봄으로써 얻어질 수 있다. 산상수훈의 윤리적인 적용에 대해서는 다음 몇 가지 입장으로 구분된다.

① 복음으로 인도하는 몽학선생과 같은 산상수훈: 어거스틴(Aurelius Augustin, 354-430)은 산상수훈을 가리켜서 '그리스도인의 삶에 대한 가장 완벽한 표준'이라고 극찬하면서도 이 메시지의 급진적인 요구와 윤리적인 취지를 액면 그대로 받아들이지는 못했다.[25] 마르틴 루터(Martin Luther)는 여기에서 한 걸음 더 나아가 산상수훈을 실천하는 것이 현실적으로 불가능하지만 그럼에도 불구하고 영적으로 받아들여야 하는 불가능한 이상으로서 율법에 대한 절망과 좌절이 결국 신자를 복음으로 인도하는 기능을

24　산상수훈을 하나님 나라 윤리의 실제적인 적용의 관점에서 해석하는 연구로는 다음을 보라. Glen H. Stassen & David P. Gushee, *Kingdom Ethics: Following Jesus in Contemporary Context* (Downers Grove, IL.: InterVarsity Press, 2003), 125-48; Glen Stassen, *Living the Sermon on the Mount*, 박지은 역, 『산상수훈으로 오늘을 살다』(서울: 국제제자훈련원, 2009), 20-21.
25　Eusebius, of Caesarea, *The History of the Church*, (trs.) G. A. Williamson (London: Penguin, 1965), 3.39.

한다고 보았다.[26]

이렇게 산상수훈을 하나님이 인간에게 부과하시는 율법의 무게에 절망감을 느껴서 율법과 대비되는 은혜의 복음을 구하도록 하는 필요악으로 이해한다면, 산상수훈을 선포할 때 예수님이 의도했던 반응은 윤리적 판단과 도덕적 실천이 아니라 지고지순한 산상수훈을 전혀 실천할 수 없는 인간 자신의 무력감과 절망감뿐이다. 그리고 그런 절망감과 좌절감 속에서 하나님이 은혜로 베푸시는 복음을 기대할 뿐이다. 말하자면 산상수훈이 실제 적용과 실천을 목적으로 선포된 것이라고 보기 어렵기 때문에 오늘날의 상황에서도 산상수훈을 그대로 선포는 하더라도 실제적인 적용을 기대하는 것은 무리라는 입장이다.

② 중간(기를 위한) 윤리(interimsethik): 알버트 슈바이쳐(Albert Schweitzer)는 1901년에 저술한 『예수생애 약술』에서 '중간윤리'라는 용어를 도입하여 예수의 산상수훈의 현대적인 적용에 대한 부정적인 입장을 피력하였다. 그는 하나님 나라의 임박한 도래를 선포하던 예수는 선포 시점으로부터 하나님 나라의 실제 도래까지의 기간이 매우 짧을 것으로 기대하면서, 이 세상의 사회 구조가 오랫동안 견고하게 지속될 것으로 생각하지 못하고 또 지속적으로 유지되는 사회 구조 속에서 적용 가능한 윤리에 대해서는 무관심하고 그저 임박한 하나님 나라를 받아들이기에 합당한 내면 심성의 변화에 관한 심성윤리(Gesinnugsethik)만을 말했다고 보았다.

---

26 Martin Luther, *Lectures on Galatians, vol. 1, 1535 Chapters 1 to 4*, 김선희 역, 『말틴 루터의 갈라디아서 강해』(용인: 루터신학대학교출판부, 2003), 505-14.

산상수훈을 중간기 윤리나 심성윤리로 이해한다면 예수의 산상수훈은 이 세상의 사회적인 질서의 유지와 존속에 관한 윤리나 도덕과는 무관하며, 다만 구체적인 적용의 출발점은 이 세상의 질서가 곧 사라질 것이라는 파국적인 전제 아래서만 의미를 가질 뿐이다. 예수의 윤리가 역사의 종말이 임박했다는 기대에 의존해 있다는 슈바이처의 견해는 이후로 요하네스 바이스(Johannes Weiss)나 라인홀드 니버(Reinhold Niebuhr), 폴 램지(Paul Ramsey)를 통해서 계속 이어져오고 있다.

③ 기독교 현실주의(Christian realism)의 윤리: 라인홀드 니버에 의하면 예수님의 산상수훈은 인간이 역사 속에서 실천할 수 있는 가능성을 초월하며, 단지 신자가 자기 내면에서 고결한 이상을 품을 수 있도록 하는 개인적인 종교 윤리만을 염두에 둔 것이라고 한다. 예수는 소박한 시골사람으로서 어부와 농부, 그리고 나환자들과 소외된 자들을 대상으로 참새와 백합에 대해서 그리고 내면의 도덕적 심성의 변화에 대해서 말했을 뿐이라는 것이다.

이러한 개인 내면의 심성의 변화에 관한 윤리는 모든 구성원들이 서로를 개인적으로 알고 지내는 작은 촌락 단위에서 적용 가능할 뿐, 오늘날과 같이 정보공학과 물질문명의 총화로 이루어진 지구촌 사회가 비인간화와 몰개성화, 익명성, 무책임성과 같은 비윤리적인 세력에 의하여 움직여지는 상황에서는 현실적으로 적용불가능하다는 입장이다. 이 입장에 의하면 예수님이 다루고자 했던 윤리는 사회, 혹은 역사적인 주제가 아니라 개개인의 내면적이고 영적인 주제였으며, 구체적으로 실행할 수 있고 그래서 예수님의 가르침은 인간의 사회적이고 정치적인 삶의 영역에는 적용될 수 없다는 것이다. 오늘날 북미권 대다수의 개신교도들의 상식적인 기독교 윤리, 혹은 정치 윤리는 사실상 니버의 기독교현실주의가 대중화된 형태로서,[27] 이라크 전쟁을 지지하는 미국교회의 신학적인 배경 속에도 니버의 기독교 현실주의가 자리하고 있는 셈이다.

④ 신앙 공동체 정체성의 윤리(communal identity ethic): 앞에서 살펴본 세 가지 입장은 대체적으로 산상수훈의 윤리적 실천에 대하여 소극적인 입장을 취하고 있다. 하지만 메노나이트 교단의 신학자 존 하워드 요더(John Howard Yoder)나 미연합감리교 소속 듀크대학의 기독교 윤리학자 스탠리 하우어워스(Stanley Hauerwas)와 윌리엄 윌리먼(William Willimon) 그리고 풀러신학대학원의 기독교윤리학자 글렌 스태슨(Glen H. Stassen)은 하나님 나라 백성에 합당한 윤리를 집대성한 산상수훈은 멀리서 바라봄으로 만족해야 할 도덕적 이상도 아니고 내면의 심성의 혁신을 위해서 묵상해야 할 지침만도 아니라, 하나님 나라를 지향하는 백성들의 공동체 속에서 구체적으로 실행하고 구현해야 할 윤리임을 강조한다. 이들에 의하면 예수님이 선포한 산상수훈은 하나님 나라의 통치를 맛보고 또 온전한 성취를 소망하는 공동체의 정체성을 집약시켜 놓은 윤리적 토대이며 구체적인 행동을 이끌어내는 도덕적인 원천이라는 것이다. 그래서 예수님이 선포한 하나님 나라의 윤리가 구체적인 실효성을 확보하기 위해서는 반드시 하나님 나라의 통치를 수혜받는 백성들의 공동체라는 상황이 확보되어야 한다고 한다.[28]

---

27 Richard B. Hays, 『신약의 윤리적 비전』, 337-40.
28 Ben Wiebe, *Messianic Ethics: Jesus' Proclamation of the Kingdom of God and the Church in Response* (Scottdale, PA.: Herald Press, 1992), 166; Hans Kvalbein, "The Kingdom of God in the Ethics of Jesus", *Communio viatorum* 40/3 (Protestant Theological Faculty of Charles University, 1998), 204.

예수님의 산상수훈은 세상이 추구하는 복과는 전혀 대조적인 하나님 나라의 복을 추구하는 하나님 나라 백성들을 위한 새로운 전망을 제시한다. 요더에 의하면 산상수훈은 비역사적이고 비사회적이며 신자 개개인의 내면에서의 관점과 가치관의 변화에만 머무는 것이 아니라, 역사나 세속 사회와 관여하고 있는 신앙 공동체 안에서 구체적인 실천을 촉발하는 윤리적 근거와 원천으로 작용해야 한다는 것이다.[29] 또 산상수훈을 선포한 예수님의 의도는 산상수훈의 도덕적 원리에 의하여 지배를 받는 신앙 공동체를 통해서 악과 폭력에 의하여 지배받고 있는 세상의 기존질서를 정복하고 이 공동체를 통해서 하나님 나라가 확장되기를 의도했다는 것이다.

따라서 산상수훈은 오늘날 교회와 신앙 공동체의 구체적인 삶을 통제하는 윤리적 모태가 되어야 한다는 것이다. 그래서 예수님이 선포한 산상수훈은 구체적인 상황 속에서 문자적으로 적용해야 할 세부적인 지침으로 이해하기보다는, 하나님 나라 백성들의 실제 삶을 지탱하고 그 윤리적 방향을 보여주는 새로운 관점과 전망을 제시하는 것으로 이해할 수 있다.[30] 한 나라의 헌법체계도 포괄적이고 원리적인 법률체계를 제시하는 헌법과 법률로부터 이런 법치주의적인 원리를 구체적으로 실행하는 명령이나 조례, 혹은 규칙으로 구분되는 것처럼, 산상수훈은 하나님 나라의 윤리체계 안에서 포괄적인 통치 원리를 제시하는 것이라면, 실제 삶 속에서 이 원리를 구체적으로 어떻게 적용하면서 살아갈 것인지에 관한 규칙과 지침들을 제시하는 것이 설교의 적용사항들이라고 할 수 있다.

---

29 John H. Yoder, *The politics of Jesus*, 신원하, 권연경 공역, 『예수의 정치학』(서울: IVP, 2007).
30 C. Richard Wells & A. Boyd Luter, *Inspired Preaching: A Survey of Preaching Found in the New Testament* (Nashville: Broadman & Holman Publishers, 2002), 53.

5) 공동체적인 관점이 조화를 이루는 성경 해석

이상으로 윤리 설교를 위한 성경해석의 토대로서 하나님 나라 관점의 성경해석에 대하여 살펴보았다. 윤리적인 관점에서 볼 때 성경이 우리에게 펼쳐 보여주는 하나님 나라는 문자적인 규범 몇 가지만을 제시하는 것이 아니라 윤리적 삶으로 하나님의 구원을 구현하는 하나님 나라 백성들의 통전적인 삶을 지탱하는 하나님과 그의 구원과 통치, 그리고 그 통치를 받아 누리는 백성들과 그들이 살아가는 삶의 영역들에 관한 새로운 전망을 통합적인 관점에서 함께 제시하고 있다.

그러므로 윤리적 설교를 겨냥하는 설교자들은 성경을 하나님 나라의 윤리적 관점에서 해석해야 할 뿐만 아니라 하나님의 통치가 구현되는 세계로서의 개인 내면의 변화와 아울러 변화된 개인이 함께 살아가는 신앙 공동체의 사회적 차원을 함께 고려해야 한다. 이런 이유로 헤이스는 "성경해석은 필연적으로 공동체의 활동"이라고 주장한다. 그래서 "고립된 개인이 성경 본문들을 실행하는 것은, 혼자서 베토벤의 4중주를 연주하거나 셰익스피어의 비극을 공연하는 것보다 더 불가능하다"[31]고 한다. 그래서 설교자와 교회가 늘 성경을 읽고 연구하고 선포할 때 그 본문에 대한 윤리적 반응을 묻는다면 그 질문은 "내가 한 개인으로서 무엇을 해야 하는가"보다는 "우리 모두가 이 말씀에 어떻게 함께 반응해야 하는가?"라고 물어야 하며, 그러한 하나님의 뜻에 대한 공동체적인 해석과 탐구의 자세를 취할 때 비로소 우리는 개인이 아니라 신앙 공동체를 향하여 쓰여진 성경의 윤리적 명령의 통일성에 코드를 맞출 수 있다고 한다.[32]

---

31 Richard B. Hays, 『신약의 윤리적 비전』, 468.
32 Richard B. Hays, 312.

4. 회중의 윤리적인 상황: 윤리 설교의 연관성

설교자가 윤리 설교를 위한 하나님 나라 관점의 통합적인 성경해석의 기반을 확보한 다음에 대두되는 설교학적인 문제는, 특정한 성경 본문이 하나님 나라의 통치 안에서 오늘의 신자에게 요청하는 윤리적인 과제를 어떻게 구체적으로 실천하도록 요구해야 하는지, 어느 정도의 윤리적 수준을 겨냥하여 실천을 요청해야 하는지에 대한 문제에 부딪히게 된다. 예를 들어 스스로는 정직한 삶을 살아가는 설교자가 부정직해 보이는 신자들에게 "거짓증언하지 말라"는 십계명을 가지고 '정직한 삶'에 관하여 설교하는 경우를 가정해 보자. 거짓말하지 말고 정직한 삶을 살아가야 한다고 할 때 구체적인 윤리적 적용점의 수준은 어느 정도에 맞추어서 제시할 것인가?

설교를 듣는 회중들 가운데에는 하늘을 우러러 한 점 부끄러움이 없으며 스스로의 양심마저도 속이지 않는 수준을 따라 살아가는 신자가 있는가 하면, 어느 정도 하얀 거짓말은 인간관계의 윤활유라고 생각하는 신자들도 있기 마련이다. 윤리적인 주제에 대한 설교 메시지가 구체적인 적용점을 제시해야 한다면, 이렇게 다양한 윤리적인 수준에 대해서 설교자는 어느 구체적인 수준에 맞추어서 윤리적인 적용점을 제시해야 하는가? 또 정직성의 문제와 관련하여 설교자의 수준이 신자들의 수준보다 조금 더 높을 수 있다. 그렇다면 "정직하게 살라"는 메시지의 구체적인 의미는 설교자가 보여주는 삶의 수준을 의미하는가? 아니면 회중이 이상적으로 생각하는 수준치인가? 아니면 하나님이 기대하는 완벽한 수준을 의미하는가?

만일에 설교자가 구체적으로 보여주는 수준(인터넷에서 자료를 무료로 다운로드하는 경우도 금하고 새벽에도 교통질서를 완벽하게 지키는 수준)을 모두가 지키는 것이 하나님의 뜻이라고 한다면 모든 삶의 영역에서 그 정도의 완벽한 수준을 이미 지키는 신자가 있을 수도 있고, 반대로 이제 방금 예수를 믿어서 그런 수준의 윤리적인 삶에 대해서 단지 동기부여가 시작됐을 뿐이고 실제로는 이행하지 못하는 초신자도 있을 수 있다. 이런 경우에 설교의 적용점은 어느 수준에 맞추어야 하는가?

이런 질문—성경에 계시된 도덕적인 원리의 현실적인 적용의 수준—에 대하여 선교학자 찰스 H. 크래프트(Charles H. Kraft)는 위치의 기준(positional basis)과 방향의 기준(directional basis)의 두 가지 윤리적 적용 관점을 제시한다.[33] 크래프트에 의하면 하나님이 인간의 문화 속에서 구원과 성화의 과정을 이끌어 가실 때 택하는 윤리적인 기준은 위치의 기준보다는 '방향의 기준'을 택하신다고 본다. "한 사람의 영적인 신분을 결정하는 것은 그가 현재 서 있는 위치가 아니라 그가 참여하고 있는 과정이 지향하는 방향"이라는 것이다.

그렇다고 하나님이 자기 백성의 구체적으로 드러나는 표면적인 윤리적 결단과 행동을 무시하신다는 뜻이 아니다. 성경은 예수 그리스도 안에서 구원받아 변화된 신자의 윤리적인 삶과 성품의 필연성에 대해서 단호하다. 행함이 없는 믿음은 죽은 믿음이다(약 2:17-26).

하지만 그리스도로 말미암은 신자의 윤리적인 변화나 성령의 열매의 구체적인 모습과 수준은 신자가 속한 문화적인 수준이나 자라온 배경에 따라서 천양지차이기 마련이고, 하나님이 각인의 영적인 변화와 윤리적인 성숙에 대해서도 기대하시는 수준이 획일적이지 않고 다양하며 특히 신

---

33 Charles H. Kraft, 『기독교와 문화』, 402.

자 각자가 처한 문화적인 삶을 부정하지 않으시고 신자의 영적 변화와 성숙에 필요한 환경으로 인정하시기 때문에 설교자 역시 강단에서 윤리적인 수준을 획일적으로 지정하는 것이 바람직하지 못하다.

쉬운 판단으로는 신자답게 행동하는 사람들을 가리켜서 신자라거나 또는 그런 사람들의 모임을 가리켜서 하나님의 백성들의 공동체라고 말힐 수 있을 것이다. 하지만 문제는 사람들의 눈에 보이는 가시적인 교회(visible church)가 하나님의 선택을 받아 구원받은 신자들의 모임으로서의 불가시적인 교회(invisible church)와 일치하지는 않으며,[34] 가시적인 교회 안에서도 택함을 입은 참된 신자와 하나님의 선택과 거리가 멀게 단지 윤리적인 외양만을 취하는 불신자들이 뒤섞여 있을 수 있다. 말하자면 표면적으로는 신자이지만 삶의 지향점이 여전히 세속적인 욕망을 추구하므로 신자의 무리에 포함시키기 어려운 경우가 있을 수 있다.

반대로 표면적으로 볼 때 불신자처럼 행동하고 윤리적인 수준이 미약하지만 그러나 그 삶의 지향점이 하나님을 향하여 성숙해가는(상승화살표) 사람이 있을 수 있고 이를 신자의 무리에 포함시키지 못할 이유도 없다. 그래서 신자의 모임으로서의 교회를 표면적으로 나타나는 윤리적인 결단과 행동을 통해서 분별하는 것도 평이한 방법일 수 있지만, 그렇다고 이 기준을 신자와 불신자를 판단하는 절대적인 기준으로 받아들이는 것도 한계가 있다. 그래서 신자의 표면적인 윤리적 행동의 여부보다는 오히려 그의 삶의 지향점이 어디를 지향하고 있으며 비록 윤리적인 수준은 획일적으로 평가하지 못하더라도 그가 추구하는 삶의 방향이 무엇을 향하고 있는가를 기준으로 신자의 윤리적인 삶을 평가하는 것이 바람직하다.

---

34   John Calvin, 『기독교강요』, IV, i. 7.

그래서 참된 교회의 구성원들은 먼저 그의 윤리적인 삶의 지향점이 무엇을 향하고 있으며 여기에서 한 걸음 더 나아가서 실제로 윤리적인 공동체에 합당한 삶을 살아가기 위하여 구체적으로 어떤 노력을 기울이고 있는지에 따라서 신자의 윤리적인 수준을 규정하는 것이 바람직하다.

5. 윤리 설교를 위한 공동체적인 토대

앞에서 우리는 예수님이 선포한 하나님 나라의 윤리가 구체적인 실효성을 확보하기 위해서는 반드시 하나님 나라의 통치를 수혜받는 백성들의 신앙 공동체가 담보되어야 한다는 점을 살펴보았다. 거꾸로 말하자면 신앙 공동체라는 윤리적 토대가 확보되지 못한다면 윤리 설교는 개인의 결단으로 끝나버릴 가능성이 그만큼 높아진다는 것이다. 왜냐하면 하나님이 추구하는 하나님의 주권적인 통치는 삼위 하나님이 먼저 성삼위간의 관계와 교류를 공유하심과 같이 그의 통치를 따르는 하나님의 백성들 역시 이 세상에서 그 통치를 단순히 개인의 내면적인 심리적 차원에 국한되지 않고 가정과 교회와 사회, 국가와 같은 사회적 차원으로 확장되기를 원하시기 때문이다.[35]

같은 맥락에서 크리스토퍼 라이트도 "하나님의 목적은 의로운 개인들을 생산해 내는 작업소를 만드는 데 있는 것이 아니라, 그들의 사회생활 가운데서 하나님 자신의 성품을 반영하는 의와 평화와 정의와 사랑이라는 하나님의 속성을 구현하는 사람들로 이루어진 새로운 공동체를 만들

---

[35] Kenneth Leech, *Social God*, 신현기 역, 『사회적 하나님』(서울: 청림출판사, 2009), 26.

어 내는 데 있다"고 한다.³⁶ 하나님 나라를 선포했던 예수님의 설교에 담긴 윤리적 차원에 대하여 연구하면서, 예수님이 당시 청중에게나 오늘날 우리에게 어떤 윤리적 반응을 기대했을까 하는 질문을 던졌던 벤 위베(Ben Wiebe) 역시 예수의 메시아 윤리(Messianic ethics)는 그 윤리가 다뤄지는 윤리적 상황으로서의 신앙 공동체로부터 분리되는 순간 윤리적 명령이나 훈계는 그 사체로 공허해져버린다고 한다.³⁷

그래서 우리의 설교에 윤리적인 적용이 뒤따르지 못한다면 그 이유가 혹시 윤리적인 적용점을 실천에 옮기도록 지원해 주고 본을 보여주는 신앙 공동체가 뒷받침되지 않기 때문은 아닌지 반성해 볼 필요가 있다. 현대 교회의 윤리적 무기력에 대하여 고민했던 유진 피터슨(Eugene H. Peterson)의 결론을 들어보자.

> 결국 내가 도달한 확신은 이것이다. 결코 쉽지 않게 얻은 확신이며 또한 도저히 피할 수 없었던 확신이다. 즉 우리는 공동체에 자신을 담그고 공동체를 끌어안지 않고서는 영적인 삶에서 어떠한 성숙도, 예수님을 따르는 일에서 어떠한 순종도, 기독교적 삶에서 어떠한 온전성도 이룰 수 없다는 것이다.³⁸

신자가 하나님의 자녀로 구원받았다는 하나님의 구원의 은혜와 그 은

---

36 Christopher J. H. Wright, 『현대를 위한 구약윤리』, 67.
37 Ben Wiebe, *Messianic Ethics: Jesus' Proclamation of the Kingdom of God and the Church in Response* (Scottdale, PA.: Herald Press, 1992), 166.
38 Eugene H. Peterson, *Christ Plays in Ten Thousand Places*, 이종태, 양혜원 공역, 『현실, 하나님의 세계』(서울: IVP, 2006), 398.

혜에 대한 선포의 설교가 때로는 공허하게 들리는 이유가 있다. 그것은 인간을 향한 하나님의 거대한 구원의 드라마 속에서 하나님의 백성들에게 베푸시는 은혜와 일방적인 선택에 대한 선포가 말 그대로 신자 개개인의 심령의 변화에서 끝나버릴 뿐 선택받은 신자가 자신을 구원하신 하나님의 구원에 보답하는 삶을 위한 헌신의 단계로 나아가지 못하기 때문이며, 헌신을 표현하기 위하여 필수적으로 요청되는 중간고리가 바로 신앙 공동체이다.[39]

이렇게 하나님의 선택과 신자의 헌신 사이의 중간의 연결고리가 바로 신앙 공동체인데 윤리 설교에서 그 윤리를 실천할 신앙 공동체라는 윤리적 실천의 현장이 빠져버린다면 하나님의 선택과 구원에 대한 은혜의 선포는 신자의 헌신과 윤리적 삶으로 연결되지 못하고 공허한 선포로만 끝나버리기 쉽다. 그래서 윤리 설교를 위해서는 신앙 공동체라는 윤리적 삶의 실천 환경이 함께 고려되어야 한다.

윤리 설교를 위한 신앙 공동체의 필요성은 앞에서 살펴보았던 개인주의적인 관점이 아닌 공동체적 관점의 성경해석과도 연결될 뿐만 아니라 기독교 윤리학의 강조점의 변화와도 일치한다. 전통적으로 기독교윤리학의 관심사는 살인이나 도둑질, 낙태, 혹은 뇌물수수에 관한 몇 가지 개인적인 차원의 윤리 지침을 제공하는 데 관심을 두는 실천윤리(practical ethics)나 또는 이라크 파병을 지원할 것인가 말 것인가와 같은 도덕적 딜레마를 해결하는 윤리(quandary ethics)에 집중해왔다. 그러다가 최근에는 수많은 윤리적 난제에 대하여 적절해 보이는 규범을 제시하는 윤리학으로부터 신자와 교회가 수많은 윤리적인 사안에 대하여 자율적으로 판단할 수 있

---

39 Christopher J. H. Wright, 『현대를 위한 구약윤리』, 66.

고 실천할 수 있는 토양으로서의 성품을 계발하는 윤리(성품윤리: character ethics)나 덕목의 윤리(virtue ethics)로 발전하고 있다.[40]

기독교 윤리학자 스탠리 그랜츠(Stanley J. Grenz)는 규범 윤리나 신자 개개인의 구별된 삶을 중시하는 제자도의 윤리로부터 신앙 공동체 속에 존재하는 거룩한 덕목과 성품을 강조하는 성품 윤리학으로의 발전을 주도하는 대표적인 윤리학자 중에 한 사람으로 스탠리 하우어워스(Stanley Hauerwas)를 지목한다.[41] 성품윤리와 덕목윤리를 강조하는 기독교 윤리학에서 기본과제는 교회가 본연의 모습인 하나님 나라를 현시하는 방식으로 하나님의 이야기를 공동체적인 삶으로 구현하는 백성이 되도록 돕는 것이다.[42] 그래서 예전처럼 덕의 윤리가 강조되는 상황이라면 설교자는 특정한 윤리적인 사안(거짓말, 뇌물, 결혼)을 설교의 주제로 정하고 그 구체적인 주제에 대한 신자의 윤리적인 실천의 입장을 제시하는 메시지를 선포하는데 집중할 것이다.

하지만 탈자유주의(Postliberal) 진영의 설교학자 찰스 캠벨(Charles Campbell)에 의하면, 신자의 거룩한 성품은 단순히 회중석에 조용히 앉아서 설교를 듣는 일만으로 일어나지 않고, 오히려 신앙 공동체 내에서의 지속적이고 반복적인 관습과 활동을 통해서 꾸준히 형성된다고 한다.[43]

거꾸로 말하자면 지속적인 신앙 공동체의 활동 속에서의 관점의 변화와 성품의 변화가 일어나지 않은 상태에서는 특정 행동에 대한 윤리적

---

40 Stanley Grenz, *The Moral Quest : Foundations of Chrsitian Ethics*, 신원하 역, 『기독교 윤리학의 토대와 흐름』(서울 : IVP, 2001), 226-27.
41 Stanley Grenz, 230.
42 Stanley Grenz, 231.
43 Charles L. Campbell, "More Than Quandaries: Character Ethics and Preaching", *Journal for Preacher*, 16/4(1993):34.

인 요청이 담긴 메시지에 신자가 쉽게 동의하지 못하는 것이 일반적이라고 한다. 지속적인 목회와 공동체 활동들(예배, 교육, 상담 등)을 통한 신자의 관점과 성품의 변화의 토양이 배제된다면 특정 행동에 대한 윤리적인 요청의 선포에 집중하는 윤리인 설교는 화려한 말잔치로 끝나버릴 수 있다는 뜻이다.

이렇게 기독교 윤리학의 초점이 윤리적 난제 해결의 윤리학으로부터 신자가 스스로 각자의 난제를 해결할 수 있고 또한 교회가 자율적으로 사회적인 관계를 자기 주도적으로 이끌어갈 수 있는 윤리적인 토대로서의 성품과 덕목을 계발하는 것으로 이동하며 성품과 덕목의 계발이 단순히 설교 한 편을 들었는가 말았는가의 여부에 의해서가 아니라, 신앙 공동체의 지속적이고 통합적인 목회 환경에 신자가 꾸준히 노출되고 참여하였는가의 여부를 더욱 중요하게 여기고 있다. 그래서 신자의 윤리적인 삶을 위한 설교의 역할도 신자들로 하여금 하나님의 은혜로운 구원의 복음에 꾸준히 노출되고 확인하는 가운데 세상과 자신을 바라보는 관점과 가치관을 바꾸어갈 수 있도록 하는 데 집중해야 할 것이다.

그리고 이렇게 하나님의 주권적인 구원과 통치를 강조하는 거대담론 설교(metanarrative sermon), 즉 하나님이 과거에 타락하고 배은망덕한 자기 백성들 속에서 미리 정하신 구원을 신실하고도 은혜롭게 이루어 가셨는지를 다루는 구원의 역사에 관한 설교가 오히려 현대 신자의 윤리적인 삶의 변화를 위한 원동력으로 작용할 수 있다.

또한 설교의 지향점이 당장 이행해야 할 특정한 도덕적인 주제나 사안에 매달려서 이것은 행하고 저것은 행하지 말아야 한다는 도덕적인 권면에 머무르는 것이 아니라, 신자 개개인이 각자의 삶의 영역에서 또는 교회가 세상 사회와의 관계 속에서 실행해야 할 도덕 및 윤리적인 결정과 행동의 토양으로서의 기독교적인 덕과 성품을 계발하는데 집중해야 한다면, 그리고 그러한 덕과 성품이 계발된 경건한 토양 속에서 도덕적인 결단과 실천을 독려하는 방향으로 설교가 전환되어야 한다면, 이렇게 성품윤리학을 지향하는 설교를 위한 배경이자 환경으로서의 회중의 교회 문화나 예배나 혹은 교육, 상담, 또는 권징 제도에 대한 논의가 설교에 대한 논의 속에 함께 포함되는 것이 바람직하다.

6. 윤리 설교를 위한 실천 전략

1) 설교를 듣는 회중의 윤리적인 상황에 따른 설교의 과녁 정하기

윤리 설교를 선포해야 할 필요성은 먼저 회중이 처한 윤리적인 수준이나 상황에 대한 분석으로부터 시작된다. 그리고 윤리 설교를 통해서 설교자가 해결하고자 하는 윤리적인 난제를 먼저 이해해야 한다. 예를 들어 한국 사회에서 활동하는 기독교인들에게 뇌물이나 부정 거래에 대한 분명한 경계가 필요하다고 판단하는 경우에 설교자는 현재 한국 사회에서의 뇌물 문제에 대한 일반 시민들과 기독교인들의 인식수준을 파악해야 한다. 왜냐하면 윤리적인 수준이나 윤리적인 기대치는 시대와 장소에 따라 천차만별 다양하기 마련이고 어떤 사안에 대한 도덕적 혹은 비도덕적인 판단의 기준 역시 시대와 장소에 따라 천차만별 다양하기 때문이다.

예를 들어 뇌물에 대한 선진국의 문화적인 기준은 매우 엄격하다. 미국 공무원은 20달러를 넘어서는 식사접대나 선물을 받을 수 없으며 받을 경우에는 반드시 국가에 신고해야한다. 현금은 20달러 이하로도 불법이다.

이를 어겼다가는 가차 없이 감봉 등 징계를 받는다. 하지만 한국의 기업문화에서는 수십만 원, 때로는 수백만 원 어치의 접대가 관행처럼 굳어져 있다. 이런 사회에서는 교회 안팎의 윤리적인 차별성이 뚜렷하지 못하고, 신자들 역시 뇌물 수수의 심각성을 별로 느끼지 못할 것이다. 또 자율성을 추구하는 서구사회에서는 게으름이나 의존성이 죄가 되지만, 공동체의 조화를 추구하는 동양사회에서는 구성원 사이의 갈등이나 험담이 오히려 더 큰 죄가 된다.

공동체의 문화에 따라서 어떤 윤리적인 주제에 대해서는 별로 심각하게 여기지 않기도 하고 또 다른 곳에서는 심각하게 생각하지 않는 주제를 유독 중요시할 수도 있다.

이미 굳어질 대로 굳어진 문화적인 관습이나 관행 때문에 어떤 윤리적인 주제에 대한 신자들의 감수성은 매우 민감할 수도 있고 반대로 둔감할 수도 있다. 따라서 교회의 사회적인 신뢰도를 회복할 목적으로 설교하기 위해서 설교자는 회중의 문화와 한국사회의 문화를 분석하고 그 대안으로서의 회심과 윤리적인 변화의 수위를 어떤 방향으로 어느 정도까지 이끌어갈 것인지를 고려해야 한다.

2) 윤리적인 과제에 대한 하나님의 해답으로 은혜의 복음을 선포하라

윤리설교에서 설교자가 주의할 점은 바람직한 규범과 원칙만을 되풀이 하지 않도록 주의해야 한다. 신자가 일반 사회 속에서 도덕적으로나 윤리적으로 탁월한 삶을 살아야 하는 이유는 먼저 하나님이 베푸신 은혜의 복음에 대한 후속 반응 때문이다. 구약성경의 윤리적인 적용을 연구한 라이트(Wright)도 다음과 같이 주장한다.

그러므로 이스라엘이 하나님의 법을 지키는 일은 그 출발에서부터 하나님이 이미 행하신 일에 대한 응답이 되도록 의도되었던 것이다.… 이 점에서 신약과 구약 사이에는 근본적인 통일성이 있다. 구약은 구원이 율법을 준수함으로써 임한다고 가르쳤고, 신약은 구원이 은혜로 말미암아 임한다고 가르친 것이 신약과 구약의 차이점이라고 말하는 것은 잘못이다. 정확히 바로 그것이 바울이 맞서 싸웠던 성경에 대한 왜곡이다. 그가 예리하게 드러내 보여주었다시피, 은혜는 성경 전체에 걸친 우리 구원의 토대이자 윤리의 토대이다. 하나님의 은혜가 먼저 임하고 인간의 응답은 그 다음이다.[44]

그래서 윤리 설교를 통해서 규범과 도덕, 윤리를 언급하더라도 그런 도덕과 윤리는 반드시 하나님의 은혜의 복음에 대한 선포와 그 은혜의 복음에 대한 분명한 공감대가 마련된 다음에 후속으로 이어져야 한다. 설교자는 규범적이고 부담을 지우는 윤리와 도덕에 관한 강요가 하나님의 대속의 은혜와 구원 역사에 대한 감격보다 선행하지 않도록 주의할 필요가 있다.

3) 윤리적인 적용점을 개인 윤리가 아니라 공동체의 윤리로 선포하라.

하나님의 은혜의 복음에 근거한 윤리적 실천을 설득하기 위한 설교의 구조는 설명-확증-적용의 순서를 따르는 것이 일반적이다.[45] 적용의 단계

---

44 Christopher J. H. Wright, 『현대를 위한 구약윤리』, 33.
45 Steven D. Mathewson, *The Art of preaching old testament narrative*, 163.

에서 설교자는 회중들이 실천해야 할 구체적인 윤리적 적용점을 제시해야 한다. 이 단계에서 설교자가 주의할 점은 윤리적 적용점의 개인적인 차원과 공동체적인 차원에 균형을 맞추어야 한다는 것이다. 즉 개인적인 차원에서 윤리 실천을 결단하도록 독려해야 함과 동시에, 공동체적인 차원에서 함께 실천할 수 있도록 독려하고 또 그런 공동체적인 실천의 현장을 함께 제시해서 마음속의 개인적인 결단이 교회 문을 나서는 순간 사라져버리지 않고 실제 윤리적인 실천으로 이어질 수 있도록 유도해야 한다는 것이다. 왜냐하면 하나님 나라의 윤리는 개인 윤리가 아니라 공동체 윤리이기 때문이다.

신앙 공동체를 세울 목적으로 기록되었던 신약성경에 등장하는 다양한 윤리적 명령들 속에서 하나님의 말씀다운 통일성과 일관성을 확보하려면 이 윤리들을 개인 윤리가 아니라 공동체 윤리라는 렌즈를 통과하여 적용해야 하듯이,[46] 오늘날의 설교를 통해서도 내면적인 갈등을 해결한 개인이 아니라 하나님의 구원을 향한 신앙 공동체를 세우려면 그 설교의 적용점 역시 개인적인 적용점으로서의 윤리가 아니라 공동체 전체가 함께 이행할 적용점을 제시해야 한다.

4) 윤리 설교의 실천을 위한 목회 리더십을 발휘하라

설교의 목적 중의 하나가 신자의 윤리적인 삶의 변화를 이끌어내는 것이라면, 신자들은 설교 메시지 하나만 듣고 그들의 삶 속에서 윤리적인 변화가 뒤따르는 것은 아니다. 물론 감동적인 설교를 듣고 윤리적인 변화를 향한 심리적인 결단과 각오를 되새기겠지만, 삶 속의 윤리적인 변화는 심

---

46 Richard Hays, 『신약의 윤리적 비전』, 312.

리적인 결단과 각오만으로 충분하지 않다. 신자의 삶 속에서의 지속적인 목회적 돌봄과 지도가 필요하다. "뇌물을 받지 말고 하나님 앞에서 정직하라"고 설교한다고해서 신자의 직장생활 속에서 자동적으로 뇌물 문화가 청산되지는 않는다. 목회적인 개입과 돌봄과 상담과 교회 교육 활동이 지속적으로 병행될 때 가능한 일이다.

따라서 신자의 윤리적인 탁월성을 이끌어내고 교회의 사회적인 신뢰도를 회복할 목적으로 설교하기 위해서는 강단 위에서의 메시지가 강단 아래에서의 도덕적 변화로 이어질 수 있도록 해야 하고, 강단 위에서의 설교와 강단 아래서의 신자의 실제적인 변화를 연결시킬 수 있는 목회적인 개입이 요청된다.

7. 나가는 말

이상으로 한국교회의 대사회적인 윤리적 탁월성의 회복을 목표로 윤리 설교를 전하려고 할 때 설교자가 부딪히게 되는 해석학적 및 윤리학적인 난제를 극복하기 위한 방안으로서 공동체 지향적인 하나님 나라 관점의 성경해석과, 회중의 윤리적 상황, 공동체 지향적인 윤리 설교와 실제 전략에 대해서 살펴보았다. 강단에서 선포되는 하나님의 말씀은 결코 공허한 말장난일 수 없고 신자들의 삶 속에서 반드시 그 결실을 거둘 수밖에 없다. 하나님 자신의 말씀의 실행력에 대해서 하나님은 "비와 눈이 하늘에서 내려서는 다시 그리로 가지 않고 토지를 적시어서 싹이 나게 하며 열매가 맺게 하여 파종하는 자에게 종자를 주며 먹는 자에게 양식을 줌과 같이, 내 입에서 나가는 말도 헛되이 내게로 돌아오지 아니하고 나의 뜻을 이루며 나의 명하여 보낸 일에 형통하리라"(사 55:10-11)고 말씀하신다.

강단에서 선포된 하나님의 말씀이 신자들의 삶 속에서 교회 공동체의 신앙생활 현장에서 반드시 주님의 뜻을 이루며 주께서 명하여 보낸 구원의 일을 성취할 수 있도록 하기 위해서 이 시대 설교자는 성경 본문을 하나님 나라 관점으로 해석해야 할 뿐만 아니라 선포된 말씀이 실제 교회의 공동체적인 활동 속에서 윤리적인 탁월성으로 구현될 수 있도록 하기 위하여 실천적이고 윤리적인 적용점을 개인적인 차원이 아니라 공동체적인 차원에서 접근할 필요가 있다. 그래서 가치관의 푯대를 잃고 방황하는 세상 속에서 한국교회가 세상과 구별된 하나님 나라의 가치관을 확보할 뿐만 아니라, 현격하게 차이가 나는 윤리적인 탁월성으로 성경적인 가치관을 구현해 낼 때, 비로소 한국교회의 위상 회복에 대한 기대치는 한결 높아질 것이고 한국교회가 정녕 '언덕 위의 도시'로서 하나님의 영광을 구현하는 윤리 공동체로 우뚝 설 수 있을 것이다.

Preaching Ministry to strengthen the Church

TWO 2
교회를 세우는 설교목회

Preaching Ministry to strengthen the Church

| 06 |
포스트모던시대의 설교

1. 들어가는 말

성경에 기록된 하나님의 말씀을 선포하던 설교 현장에 어느 날 갑자기 차가운 비바람이 불어 닥치더니 차가운 비바람은 무서운 광풍으로 뒤바뀌었다. 교회 창문이 흔들리고 급기야 교회 지붕이 뜯겨 날아가 버리고 교회 안에서 성경책을 펼쳐 놓고 예배를 드리며 찬송을 부르던 목회자들과 성도들이 크나큰 충격에 휩싸여 해결책을 찾지 못하고 이리저리 황급히 뛰어다니고 있다. 포스트모더니즘이란 광풍이 오늘날 21세기 현대교회(또는 한국교회)를 강타한 모습을 비유적으로 묘사한다면 아마도 "광풍에 지붕이 뜯겨나가 버린 어느 초라한 가옥"의 이미지에 비유할 수 있을 것이다.

21세기 포스트모던시대로 진입한 한국사회에서 바람직하고도 효과적인 설교전략은 무엇일까? 본고에서는 이 질문에 응답하기 위하여 먼저 설교학의 관점에서 바라본 포스트모던 시대의 몇 가지 주목할 만한 사상적인 특징들에 대해서 고찰할 것이다. 이어서 포스트모던 시대에 대응하려는 서구 설교학계의 대응 전략들에 대해서 살펴보고, 마지막으로 21세기 포스트모던 시대에 접어든 한국사회에 적합한 한국적인 설교 전략들에 대해서 고찰할 것이다.

2. 설교학계에서 바라본 포스트모더니즘의 특성

포스트모더니즘의 정체에 대해서는 다각도로 분석하고 그 특징을 설명할 수 있겠지만, 본고에서는 먼저 설교학의 영역에서 바라보는 포스트모더니즘의 몇 가지 특징들을 정리하고 이어서 포스트모더니즘에 대한 최근 설교학의 대응 전략에 대해서 살펴보고자 한다. 포스트모더니즘(postmodernism)은 인간의 이성에 대한 신뢰를 기반으로 등장한 과학과 합리주의, 그리고 전체 집단보다는 인간 개개인의 가치와 존엄성을 중요시하는 개인주의, 그리고 이성을 통하여 궁극적인 진리에 도달할 수 있다는 사실주의를 기반으로 하는 문명사적인 조류이다.

하지만 20세기에 들어서서 과학의 영역에서는 상대성 이론과 양자 역학 이론의 등장으로 인하여 이성적인 인간의 눈앞에 벌어지는 자연 현상에 대한 객관적이고 정확한 관찰이 불가능하고, 객관적인 것처럼 보이는 자연 현상, 특히 미립자의 세계에서의 소립자의 위치 에너지의 변화 현상은 관찰자의 위치에 따라 관찰 결과가 달라진다는 사실에 대한 확인으로 인하여 인간의 이성과 과학에 대한 회의적인 풍조가 확산되었다.

철학계에서도 니체와 하이데거의 실존주의 이후에 아울러 자크 데리다

(Jacques Derrida)와 미셸 푸코(Michel Foucault), 장 프랑수아 리오타르(Jean-Francois Lyotard), 리처드 로티(Richard Rorty)의 해체주의의 등장으로 합리주의와 전통적인 표준에 근거한 근대적인 철학 사조들이 붕괴되고 말았다. 인간의 이성과 합리주의, 개인의 존엄성을 중시하는 모더니즘에 대한 반작용으로 등장한 포스트모더니즘은 기존의 권위에 대하여 비판적이며, 계몽주의와 인간의 이성과 과학을 통한 인류의 진보와 발전에 대해서도 부정적이며, 언어를 통한 궁극적인 진리에 도달할 수 있는 가능성에 대해서도 매우 회의적이다.

또한 주체와 객체의 이분법적인 구분을 인정하려들지 않으며, 모든 영역을 포괄하는 전체주의와 거대담론(metanarrative)에 대해서도 비판적이다. 이렇게 기존의 권위와 진리, 그리고 진리에 도달할 수 있는 인간의 이성과 언어의 역할에 대하여 회의적인 입장을 취하는 포스트모더니즘은 기독교 설교에도 상당한 파장을 미치고 있다.

그래서 로날드 알랜(Ronald J. Allen)과 같은 일단의 설교학자들은 20세기 후반에 맹위를 떨치며 등장한 포스트모더니즘이 현대 설교에 무슨 영향을 미치고 있는지에 대해서 질문을 던지면서 그 파장을 분석하는 기준으로 권위(authority)와 진리(truth), 지식(knowledge), 하나님(God)과 세상의 관계, 개인(individual)과 공동체(community)의 상호관계, 담화의 양식(mode of discourse)의 여섯 가지 범주를 동원하여 그 파장의 양상을 분석한다.[1] 본

---

1   김운용 교수도 여섯 가지 쟁점으로 포스트모더니즘에 대한 설교적인 대응 전략을 탐구한 Ronald J. Allen의 분석을 참고하여 포스트모던 시대에 진입한 한국교회의 설교적인 대응 방안을 모색한다. 김운용, "포스트모던 시대에서의 설교", 장로회신학대학교 기독교사상과 문화연구원 편, 「장신논단」(2001, 12월), 339-361; 김운용, "우리의 기초와 깃발을 든든히 세워야 할 때이니: 포스트모던 시대와 설교", 대한기독교서회 편, 「기독교사상」(2012년 5월호, 통권 641호), 44-57. Cf., Ronald J. Allen, "Six Key Issues for Preaching in a Postmodern Ethos",

고에서는 진리에 대한 절대주의와 상대주의의 대비, 지식을 통한 하나님 이해의 불가능성과 가능성의 대비, 그리고 기존의 권위에 대한 존중과 반발의 대비의 견해 차이를 중심으로 포스트모더니즘이 설교에 미친 파장에 대하여 살펴보고자 한자.

1) 진리의 절대성 vs. 내러티브의 상대성

계몽주의에 근거한 모더니즘(modernism)은 인간의 이성(reason)과 진리에 대한 낙관론에 기초하고 있지만 포스트모더니즘은 인간의 이성과 진리에 대하여 비관적이다. 따라서 모든 민족과 문화를 포괄할 수 있는 절대적인 진리가 존재한다는 사실을 부정한다. 이런 논리에 근거하여 우월한 문명이나 집단, 개인이 열등한 문명이나 집단, 개인에게 특정한 진리를 주장하거나 강요해서는 안 된다는 논리를 펼친다. 또한 포스트모더니즘은 각자 독특한 문명이나 집단, 혹은 개인의 정체성을 지탱해 주는 다양한 내러티브들과 상징들이 서로 공존해야 한다는 상대주의를 주장한다. 말하자면 포스트모더니즘은 절대주의를 부정하고 상대주의를 주장하는 셈이다.

이러한 상대주의적인 문명 사조는 절대적인 진리를 주장하고 선포해야 할 교회와 설교자들에게 전례 없는 장애물로 다가온다. 설교자는 "이것이 바로 오늘 우리에게 주시는 하나님의 말씀입니다"라고 선포해야 하지만,

---

Encounter, Vol 57, No. 1 (1996,Winter), 23-35; Ronald J. Allen, eds., *Theology for Preaching: Authority, Truth and Knowledge of God in a Postmodern Ethos*, (Nashville: Abingdon Press, 1997). 이성민, "포스트모던 시대의 개신교 설교", 감리교신학대학교, 「신학과 세계」(2002년 12월, 제 45호), 259-283; 김창훈, "포스트모더니즘과 설교", 신학지남사, 「신학지남」(2006년 12월호, 통권 289호), 272-294.

포스트모더니즘에 영향을 받은 신자들은 "그것은 목사님 개인의 생각일 뿐!"이라고 반발하면서 선포된 설교 메시지를 하나님의 말씀으로 수용하기를 거부한다.

2) 설교자가 발휘할 절대적인 권위 vs. 평등한 상대주의

절대적인 진리의 존재를 부정하며 각각의 문명이나 집단, 혹은 개인의 정체성을 담고 있는 지역적인 내러티브(local narrative)와 이야기들을 주장하는 포스트모더니즘은 기독교 설교의 토대를 지탱하는 권위(authority)에 심각한 도전을 제기한다. 설교자가 강단에서 하나님의 말씀을 선포하려면 하나님으로부터 위임된 권위와 아울러 청중으로부터 부여된 권위에 근거하여 "하나님의 말씀"을 선포해야 한다. 그 말씀은 인간 설교자의 지식과 경험을 초월하여 다른 세계로부터 들려오는 하나님의 임재 사건이다. 이러한 초월적인 말씀 사건이 일어나려면 하나님의 말씀 선포에 대한 절대적인 권위가 설교 사건을 지탱해 주어야 한다. 그러나 포스트모더니즘은 그러한 절대 권위를 부인하고 설교자와 회중 상호간의 평등한 평등주의나 상호 동질성을 강조한다.

3) 이성의 가치 vs. 체험적인 감정

계몽주의에 근거한 모더니즘은 기독교 영역 바깥에서는 인간의 이성에 대한 낙관론에 근거한 합리주의와 과학의 발전을 가져왔고 기독교 설교의 영역에서는 설교자가 인간의 이성적인 성경 연구를 통해서 하나님의 말씀을 청취하고 또 그렇게 확보된 본문의 중심사상(main idea)을 연역법의 논리와 설교자의 언어적인 선포를 동원하여 회중에게 살아 있는 하나님의 말씀으로 선포하여 하나님의 뜻으로 회중을 설득할 수 있는 설교 방법론을 발전시켰다.

하지만 포스트모더니즘의 등장으로 인간의 이성 대신에 감성을 중시하며, 설득과 이해 대신에 직접적인 체험을 중시하는 시대사조를 만들어 냈다. 그 결과 소통(communication)에서의 이성적인 이해와 납득과 설득이 중요한 것이 아니라 감성적인 느낌과 직접적인 체험이 중요해졌다.

이외에도 모더니즘은 전통과 집단적인 소속감, 명분을 중시했다면 포스트모더니즘은 전통으로부터의 자유와 찰나적인 실용주의를 중시하는 것으로 대비될 수 있으며, 이러한 변화는 교회를 향하여 새로운 설교 청취 환경으로 다가오고 있다.

결국 포스트모더니즘이 전통적인 기독교 설교에 미친 중요한 파장이 있다면, 그것은 인간 설교자가 강단에서 "오늘 우리에게 주시는 하나님의 말씀을 들으십시오"라고 주장하는 영적인 권위와 그 정당성, 그리고 수사적인 설득력에 심각한 의문을 던지고 있다는 것이다.

3. 포스트모더니즘에 대한 신설교학의 대응 전략

양차대전으로 인하여 서구사회에 인간의 이성과 과학, 그리고 합리주의에 근거한 낙관론이 송두리째 뿌리 뽑히게 되고, 그 연장선상에서 "오늘 하나님이 우리에게 이렇게 말씀하십니다"라고 주장할 수 있는 설교자의 영적인 권위 위에 선포되던 기독교 설교의 정당성도 심각한 위기에 직면하게 되었다. 2차 대전이 끝나고 서구사회가 60년대에 접어들면서 하나님의 대사로서의 영적인 권위를 주장하던 설교자의 권위도 심각한 도전을 받는 상황에서 설교자 중심의 논리가 주도하는 3대지 중심의 연역식 설교는 참으로 견디기 어려울 정도로 지루한 설교로 천시받게 되었다.

이런 상황에서 일단의 설교학자들이 영적인 권위를 상실한 시대 속에서도 설득 가능한 설교 방법론을 모색하게 되었고, 그러한 설교학적인 결과물들이 프래드 크래독(Fred B. Craddock)의 귀납적 설교(inductive preaching)로부터, 유진 로우리(Eugene L. Lowry)의 내러티브 설교(narrative preaching), 찰스 라이스(Charles L. Rice)나 에드먼드 스테임플(Edmund Steimle)의 이야기 설교(storytelling sermon), 그리고 데이비드 버트릭(David Buttrick)의 현상학적 설교(phenomenological preaching)로 나타났다.

1) 프래드 크래독(Fred B. Craddock): 독재적인 논리를 배격하는 귀납적인 설교

대표적인 신설교학의 주역 중의 하나인 프래드 크래독은 1970년에 『권위 없는 자처럼』(*As One Without Authority*, 예배와 설교 아카데미)라는 책을 통해서 전통적인 연역식 설교(deductive preaching)의 저변에 깔린 설교자의 권위적이고 일방적인 의사소통(authoritative and one-way communication) 방식의 문제점과 이러한 의사소통에 대한 청중의 강한 거부감을 비판하였다.[2] 크래독이 보기에 전통적인 연역식 설교의 약점은 먼저 설교자가 설교의 모든 내용과 결론을 미리 가지고서 설교를 시작하고, 설교자가 미리 전

---

2   Rose, Lucy A. *Sharing the Word: Preaching in the Roundtable Church*. Louisville (Kentucky: Westminster John Knox Press), 1997.

제하는 설교의 핵심적인 메시지를 3대지의 형식에 담아서 회중에게 일방적으로 주입하면서 설교가 끝난다는 것이다.

이 때 동원되는 가장 중요한 설교 논리는 연역법으로서 설교자가 일방적으로 주장하는 보편적인 명제를 먼저 제시하고 이어서 연역식 논리를 따라서 성경 본문 해설과 예화를 동원하여 그 대명제를 논증하고 강화하는 방식으로 설교의 논리적인 흐름이 이어진다는 것이다.

이러한 연역식 설교 논리에서 크래독이 특히 비판적인 부분은, 1대지의 말미와 2대지의 도입이 어떻게 그렇게 쉽게 연결될 수 있는가 하는 것이다. 만일 회중이 설교자에게 설교 전체의 논리를 일방적으로 이끌어가는 주도권을 허용하지 않는다면, 1대지의 말미와 2대지의 도입이 그렇게 비논리적이고 일방적인 방식으로 연결될 수는 없을 것이라는 것이다.[3]

그래서 크래독은 연역식 3대지 설교의 저변에 깔린 권위적인 설득 방식을 비판하면서 그 대안으로 구체적인 사례로부터 시작하는 귀납논리(inductive logic)와 아울러 설교 결론이나 설교의 적용점을 설교자가 회중에게 일방적으로 강요하지 않고 청중 각자가 자발적으로 자기의 고유하고도 구체적인 상황에 설교 메시지를 적용시키는 "열린 결론"(open-ending) 방식을 제안한다.

---

3 Fred B. Craddock, *As one Without Authority*, 김운용 역．『권위 없는 자처럼-귀납적 설교의 이론과 실제』(서울: 예배와설교아카데미, 2003), 74.

2) 유진 로우리(Eugene Lowry): 플롯(plot)을 통하여 청중의 자발적인 청취를 끌어내는 내러티브 설교

포스트모던 사조의 영향을 받은 현대 청중들은 설교자의 일방적인 논리가 압도하는 연역식 논리의 흐름을 따르는 설교에는 더 이상 귀를 기울이려 하지 않는다는 문제점을 인식함과 아울러, 설교 청취는 공간적인 차원으로 배치된 몇 가지 기독교적인 개념들을 습득하는 과정이 아니라, 문제점 해결을 통한 관점의 전환이 시간의 흐름 속에서 발생하는 사건(event-in-time)이어야 한다는 통찰을 가지고 플롯(plot)중심의 설교 모델을 제안한다. 유진 로우리가 제안하는 플롯을 따라가는 내러티브 설교의 5단계 과정은 다음과 같다.[4]

① 회중의 마음에 용납하기 어려운 문제를 제기함으로써 회중의 심리적인 평형감각을 무너뜨리는 단계(upsetting the equilibrium).
② 모순점과 불일치의 문제에 대한 피상적인 해답을 부정하면서 문제를 심화시키는 단계 (analysing the discrepancy).
③ 문제 해결을 위해 실마리를 제시(암시)하는 단계(disclosing the clue to resolution).
④ 복음을 경험하는 단계(experiencing the gospel).
⑤ 결론과 미래에 대한 긍정적 결과를 예견하는 단계(anticipating the consequence).

---

4 Eugene Lowry, *The homiletical plot*, 이연길 역, 『이야기식 설교구성』(서울: 한국장로교출판사, 1996).

이상의 다섯 단계를 따라 진행되는 흐름으로서의 플롯 또는 내러티브 전개는 크게는 율법으로부터 시작하여 은혜로 나아가는 루터의 신학적인 흐름이 반영된 율법-은혜의 설교(law-gospel sermon)와도 유사할 수 있으며, 문제-해답으로 연결되는 실용주의적인 교훈을 강조하는 문제-해결식 설교(problem-resolution sermon)와도 유사해 보일 수 있다. 하지만 유진 로우리에 의하면 자신이 제안하는 내러티브 설교의 성패를 결정하는 부분은 먼저 제기된 문제에 대한 피상적인 해답을 부정하면서 회중의 마음속에 심리적인 불편함을 고조시켜 가는 2단계이다. 2단계에서 설교자가 1단계에서 제시된 회중의 문제에 대한 피상적인 답변을 계속 부정함으로써 이후 3단계의 실마리와 4단계의 해답제시가 더욱 탄력을 받을 수 있다는 것이다.

3) 데이비드 버트릭(David Buttrick): 이미지 전개로 청중의 자발적인 경험을 끌어내는 현상학적인 설교

청중의 자발적인 청취를 가능하게 하는 설교 방법론을 고심하던 데이비드 버트릭은 영화 장면이 관객들의 마음 심상에 하나의 스토리와 감동을 이끌어내는 과정들을 자세히 분석하여, 설교 메시지가 청중의 내면세계에 일련의 이미지들과 이러한 이미지들의 누적적인 수용을 통한 말씀 사건을 가능하게 하는 설교 방법론을 모색한다. 이러한 연구 결과가 담긴 『설교학: 움직임과 구조』(*Homiletic: Moves and Structure*)라는 책에서 데이비드 버트릭은 설교를 듣는 청중의 의식(consciousness)과 그 의식세계 속에서 일련의 장면처럼 전개되는 설교의 움직임과 구조를 강조하였다. 그에 의하면, "설교는 일련의 연속적인 흐름을 담고 있으며…여러 개의 단어로 형성된 하나의 개념(idea)에서 다른 개념으로 이동해 가는 언어의 움직임(movement)"이라고 한다.[5]

버트릭에 의하면 마치 영화가 일련의 중요한 장면을 연속적으로 제시하고, 영화 전체는 그렇게 연속적으로 전개되는 장면들이 관객의 의식세계 속에서 의미 사건의 흐름을 만들어 내듯이 설교의 구조와 움직임도 그렇게 진행되어야 한다는 것이다. 그에 의하면 중요한 장면은 4-5개의 문장으로 청중의 심령에 투사가 가능하며 4-5개의 문장은 여는 말(opening statement)과, 전개(development), 그리고 닫는 말(closure)로 세분화되면서 한 가지의 일관된 장면을 청중에게 보여주고 그 다음에 또 다른 4-5개의 동일한 문장을 통해서 앞 장면과 연속이 되는 또 다른 장면을 보여주는 방식으로 계속 진행되고 결국 설교 전체가 일관된 하나의 영화를 보여주는 방식으로 진행되도록 해야 할 것을 주장한다.

간단히 말하자면 버트릭에 의하면 좋은 설교 형태란 잘 꾸며진 슬라이드 영사기처럼 하나의 화면에서 다음 화면으로 연속적으로 움직이면서 각각의 화면은 청중의 의식세계 속에 핵심적인 개념들에 대한 빛을 던져 주면서, 궁극적으로는 모든 화면들이 모아져서 설교의 전체적인 의사소통적 감동을 달성하는 설교를 말한다.

버트릭이 이렇게 청중의 내면의 의식세계를 통해서 장면이 전개되어 가는 것처럼 설교를 이미지화하도록 하는 것을 가리켜서 현상학적 설교(phenomenological sermon)라고 부르는데, 그 이유는 버트릭의 설교적 관점은 언어를 통해서 인간의 의식세계 속에 물(物)자체가 저절로 드러나는 것을 강조하는 현상학적 관심을 설교에 반영시키려고 했기 때문이다.

---

5 David Buttrick, *Homiletic: Moves and Structure* (Philadelphia: Fortress Press, 1987), 23.

절대 진리에 대한 권위를 부정하고 그 연장선상에서 설교자의 일방적인 논리를 거부하는 청중을 향한 자발적인 청취의 방법을 모색한 현대설교학은 이 외에도 찰스 라이스(Charles L. Rice)나 에드먼드 스테임플(Edmund Steimle)의 이야기 설교(storytelling sermon)와, 헨리 미첼(Henry Mitchell)의 아프리카계미국인들의 설교 청취의 역동성과 축제적 성격을 강조하는 아프리카계미국인들의 설교(Afro-American Preaching), 청중과의 상호 대화와 나눔을 강조하는 루시 로우즈(Lucy A. Rose)의 비교권적이고 대화적 설교(non-hierarchical and conversational preaching),[6] 목회 리더십을 통한 청중과의 협동을 강조하는 존 맥클루어(John S. McClure)의 상호 협동으로서의 설교(collaborative preaching)[7]를 통해서 계속 발전을 거듭하고 있다.

4. 포스트모던 한국사회에 적합한 기독교 설교의 전략

한국사회와 한국교회의 중요한 담론의 하나로 포스트모더니즘을 논의하려면 한국사회와 한국교회가 포스트모더니즘의 영향권 속으로 진입하였는지, 만일에 진입하였다면 그 시점은 언제부터이고 그 진입으로 인한 현상들은 무엇인지에 관하여 탐구할 필요가 있다. 7-80년대 한국교회가 누렸던 고도성장을 오늘날에는 더 이상 누릴 수 없다면 그 원인의 하나로 한국사회와 한국교회를 지배하는 포스트모더니즘의 시대사

---

6 Lucy A. Rose, Lucy Atkinson Rose, *Sharing the Word: Preaching in the Roundtable Church*, 이승진 역 『하나님 말씀과 대화설교』(서울: CLC, 2010).

7 John McClure, *The Roundtable Pulpit: Where Leadership and Preaching meet*, (Nashville: Abingdon Press, 1995).

조를 지적할 수 있다.

80년대 이후, 또는 88올림픽 이후 한국교회에 나타난 교회의 침체 혹은 쇠락의 원인을 다각도로 분석할 수 있겠지만, 한국교회의 영적인 권위가 점차 쇠락해간 내부적인 요인들을 몇 가지 지적한다면, 90년대 이후에 비약적으로 등장한 대형교회에 대한 비판적인 언론 보도들, 몇몇 대형교회들의 재정적인 비리와 세습의 문제, 반사회적이고 광신적인 이단들의 활동들로 인한 한국교회에 대한 부정적인 이미지의 확산, 대형교회와 중소형 교회들 간의 교회 간 양극화로 인한 경쟁적이고 이기적인 전도 활동들, 세속적인 기업 논리가 지배하는 목회 사역들에 대한 불신사회의 부정적인 시각들과 이에 대한 언론 보도들, 사회적인 위기에 대한 공신력 있고 합의된 기독교 리더십의 부재, 옷 로비 사건이나 아프간 피납 사태, 목회자 납세 문제처럼 한국사회에 상당한 파장을 던지는 이슈들에 대한 부정적이고 왜곡된 언론 보도 등등을 언급할 수 있다. 이렇게 한국교회가 한국사회로부터 영적인 권위를 상실한 상황에서 기독교 설교자는 어떻게 설교 사역을 감당해야 하며, 감당할 수 있을까?

인본주의적이고 다원론적인 포스트모더니즘이 지배하는 현대사회 속에서 기독교 복음의 선포와 선교의 전략을 모색하는 레슬리 뉴비긴(Lesslie Newbigin)[8]이나 로버트 웨버(Robert Webber),[9] 데이비드 헨더슨(David W. Henderson)[10]에 의하면, 포스트모더니즘은 기독교 복음 선포와 설교를 위

---

8 Lesslie Newbigin, *The Gospel in a Pluralist Society*, 홍병룡 역, 『다원주의 사회에서의 복음』(서울: IVP, 2007), 301-316; "종교 다원주의는 문화적 붕괴의 증거다."
9 Robert E. Webber, *Ancient-Future Faith; Rethinking Evangelicalism for a Postmodern World*, 이승진 역, 『복음주의 회복』(서울: CLC, 2012), 75, 171, 267.
10 David W. Henderson, 『세상을 따라잡는 복음』, 343-360.

한 적대적인 장애물이 아니라 오히려 기독교적인 복음 선포와 설교를 위한 새로운 환경을 조성하며, 교회가 2천년의 역사 속에서 꾸준하고도 일관되게 선포, 보존 및 전승해 왔던 기독교 복음을 수용할 새로운 영적 공백(new spiritual vacuum)을 조성하고 있다고 한다.[11] 따라서 기독교의 절대 진리와 영적인 권위, 그리고 하나님의 말씀을 선포하도록 위임받은 교회와 설교자들의 권위에 대하여 비판적인 시각을 가진 현대 한국인들을 대상으로 복음을 선포해야 하는 설교자들은 어떻게 효과적인 설교 사역을 감당할 것인가?

오늘날 설교 환경이 설교자의 영적인 권위를 존중하는 색조로부터 그 권위를 의심하고 비판하는 색조로 바뀌는 상황에서 설교자들은 무슨 목적(purpose)을 위하여, 무슨 메시지(content)를 어떻게(form) 설교해야 하는지에 대해서 혼란스러워 하고 있다. 그리고 그 한 가지 해답을 종교 시장 논리로부터 찾으려 하고 있다. 데이비드 웰즈(David Wells)에 의하면, 현대 설교자들은 목회사역의 전문직화 과정을 겪으면서 스스로를 "교회와 교인으로 이루어진 하나의 시장에 나와 있는 상품"으로 규정짓고, 자신을 "이 시장을 형성하는 사람들이 바라는 능력을 소유한 사람으로 제시해야 한다고 느끼고 있다"고 한다.[12] 그래서 기독교의 배타적인 진리에 대하여 거부감을 느끼고 신자의 죄를 지적하고 헌신을 촉구하는 메시지에 대해서 비판적인 회중을 향하여 심리적인 만족과 위안을 제공하고 감동적인

---

11 기독교 복음에 대한 새로운 기대감을 형성하는 포스트모던 시대사조를 단적으로 보여주는 대중적인 표현이 "Spiritual But Not Religious"(SBNR)이다. Robert C. Fuller, *Spiritual but not Religious: Understanding Unchurched America* (Oxford, New York : Oxford University Press, 2001).

12 David Wells, 『신학실종』, 365, 368-369, 395.

이야기 형식을 갖춘 설교 메시지로부터 해답을 찾으려 한다.

하지만 인류 역사는 이 세상이 기독교 복음 이외에 그 어디에서도 가치 있는 해답을 얻을 수 없음을 증명한다. 게다가 포스트모던 현대인들조차 예수 그리스도의 복음 안에서 인간의 패역함과 죄악의 문제에 대한 단호하고도 결정적인 해결이 없이는 재미있는 이야기에 담긴 심리적인 만족과 위안이 한시적일 뿐이라는 사실을 스스로도 잘 알고 있다. 다만 현대인들이 기독교 설교자의 권위를 부정하고 설교를 지루하다고 느끼는 이유는, 설교자가 설교를 통해서 하나님의 절대 권위 아래 스스로 복종하고 있음을 증거하지 않기 때문이다. 문제는 설교자에게 달렸지 회중이 바뀐 것이 아니다. 회중이 먼저 하나님의 절대 권위를 부정하고 부인한 적은 단 한 번도 없다. 그래서 문제에 대한 해결책은 설교자가 예수 그리스도의 복음이 항구적인 해답임을 얼마나 확신할 수 있는가에 달렸다.

그렇다면 설교자가 설교를 통해서 먼저 스스로 하나님의 절대 권위에 복종하고 그러한 복종에 근거하여 하나님의 말씀을 올바로 선포함으로 신자들을 하나님의 말씀의 권위에 순종하도록 인도하려면 어떻게 설교해야 하는가? 포스트모던 시대의 목회 전략을 모색하는 레오나드 스윗(Leonard Sweet)은 그의 책 『영성과 감성을 하나로 묶는 미래교회』(*Postmodern Pilgrims*, 좋은씨앗)에서 포스트모던 시대에 적합한 목회 전략으로 경험(Experience), 참여(Participatory), 이미지(Image-Driven), 그리고 관계(Connected) 중심의 EPIC 목회를 제시한다. 이 글에서는 설교학적인 관점에서, 즉 설교의 목적과 설교의 내용, 설교의 형식, 그리고 설교자의 인격의 맥락에서 그 대안을 모색하고자 한다.

1) 설교의 목적 : 개인주의를 극복하는 공동체 지향적인 설교

포스트모더니즘의 중요한 시대사조의 특징 중 하나는 개별적인 요소를 분리하여 사고하는 분과주의가 아니라 개별적인 요소가 서로 상호작용하는 전체주의(holism)이다. 이런 맥락에서 볼 때 설교의 중요한 목적은 단 한 편의 설교로 단 한 사람의 회중의 내면적인 심리 세계에 찰나적인 만족을 제공하는 것이 아니라, 창조로부터 재창조로 이어지는 거대한 하나님의 구원의 역사 속에서 예수 그리스도의 복음에 담긴 영적인 생명력이 교회의 복음 선포와 교회의 복음 누림의 과정을 통해서 만유 가운데 하나님의 영광으로 드러나도록 하는 것이다(사 55:10-11).

이러한 거시적인 목적에 비추어 볼 때 포스트모던의 시대사조에 적극적으로 부응하기 위하여 등장한 신설교학운동(new homiletical movement)은 설교에서 청중의 위치에 대한 관심을 촉발시켰고 청중의 자발적인 청취를 이끌어내는 설교 형식이나 방법을 제공했지만, 구원역사의 흐름 속에서 특정한 신앙 공동체를 세우고, 이러한 공동체 형성을 통해서 거시적인 하나님의 구원 역사의 계승 발전에 설교 사역이 어떻게 연결될 수 있는지에 대한 신학적인 시야를 놓치고 말았다.

이렇게 설교 사역이 하나님의 구원 역사에 대한 거시적인 차원을 간과하고 청중 개개인의 세속적인 만족이나 심리적인 위안에 집중하면 회중의 개인적이고 세속적인 차원만을 겨냥한 설교의 사사화(privatization)와 기독교의 사사화가 심화될 수밖에 없다.[13]

13　David Wells, 148, 430; 이 과정을 종교의 세속화 관점에서 설명할 수 있으며 자세한 논의는 다음을 참고하라. Peter Berger, 서광선 역, 『이단의 시대』(서울: 문학과지성사, 1981), 35.

따라서 포스트모던 시대의 설교자들은 죄악으로 인하여 해답과 출구를 찾지 못하고 있는 인류를 향하여 "천하 인간에 구원을 얻을만한 다른 이름을 우리에게 주신 일이 없음"(행 4;12; 갈 1:7)을 확신해야 한다. 이와 아울러 복음 선포로서의 설교 사역을 통해서 설교자는 창조와 재창조의 중간에 위치하여 예수 그리스도의 객관적인 구속 역사를 강단 아래 모인 특정한 회중 공동체의 삶 속에서 구원의 서정(ordo salutis)으로 주관적으로 적용됨으로서 창조와 타락, 그리고 구속으로 이어져 오고 있는 하나님의 구원 역사가 재림과 재창조 때까지 계속 이어져 갈 수 있도록 하는 일에 하나님으로부터 부름 받았음을 확신하고, 이 일을 위한 신앙 공동체 세움을 위하여 설교 사역을 감당해야 한다는 목표 의식을 분명히 정립해야 한다.

2) 설교의 내용 : 성경적인 구속사를 구원의 서정에 적용하는 성령 주도적인 설교

설교의 목적이 개인 신자의 세속적이고 심리적인 불안의 문제를 찰나적으로 그리고 반복적으로 해소하는 것이 아니라 창조로부터 재창조로 이어지는 거대한 하나님의 구원 역사의 계승을 위한 연결고리로서의 "예수 그리스도의 교회를 세우는 것"(oikodomeo mou ten ekklesian)이라면,[14] 이를 위한 설교 내용은 성경에 담긴 하나님의 일관성 있고 점진적이며 통일성 있는 구원의 역사이다.

---

14 또 내가 네게 이르노니 너는 베드로라 내가 이 반석 위에 내 교회를 세우리니 음부의 권세가 이기지 못하리라(마 16:18); 우리가 그를 전파하여 각 사람을 권하고 모든 지혜로 각 사람을 가르침은 각 사람을 그리스도 안에서 완전한 자로 세우려 함이니 이를 위하여 나도 내 속에서 능력으로 역사하시는 이의 역사를 따라 힘을 다하여 수고하노라(골 1:28-29).

구약과 신약 성경 전체는 창조로부터 예수 그리스도를 통과하여 종말의 재림으로 이어지는 거대한 하나님의 구속 역사를 통한 하나님의 계시를 담고 있다. 창조 사건 이후 아담의 타락과 원시복음(창 3:16), 노아 언약, 아브라함의 소명, 출애굽 사건, 시내산 언약, 광야 생활, 가나안 입성, 다윗 왕국, 다윗 언약, 솔로몬의 성전 건축, 이스라엘의 멸망, 바벨론 포로, 포로 귀환, 중간기, 그리고 예수 그리스도의 성육신과 십자가 죽음, 부활, 승천, 오순절 성령 강림, 교회의 탄생과 예수 그리스도의 재림으로 이어지는 전체 구속 역사(redemptive history)가 한 치의 오차도 없이 서로 유기적이면서도 점진적으로 연결되고 발전하면서(an organically unfolding historical process) 예수 그리스도를 통한 하나님의 구원을 증언하고 있다. 따라서 설교자는 특정한 성경 본문을 해석하여 설교할 때 해당 본문을 통해서 전달되는 하나님의 전체 구속 역사의 한 단면을 이해하고 그 한 단면에 담긴 거시적인 하나님의 구원의 한 측면이 오늘의 회중 가운데 반복적으로 재현될 수 있도록 설교해야 한다.

이러한 구속사적인 설교(redemptive history preaching)를 위해서 설교자는 모든 성경 말씀에 대한 신적인 권위(divine authority)를 확신해야 하며(딤후 3:16-17),[15] 설교의 권위를 부정하는 포스트모던 시대사조의 문제점은, 하나님의 말씀에 대한 절대적인 권위를 부정하는 것이 아니라 설교자가 자신의 인격과 설교와 목회 사역 속에서 먼저 하나님의 말씀의 절대적인 권위를 복종하고 있음을 증명하지 못하는 것에 대한 실망임을 직시해야 한다.

---

15 모든 성경은 하나님의 감동으로 된 것으로 교훈과 책망과 바르게 함과 의로 교육하기에 유익하니 이는 하나님의 사람으로 온전케 하며 모든 선한 일을 행하기에 온전케 하려 함이니라 (딤후 3:16-17). Richard L. Holland, "Expository preaching; the logical response to a robust bibliology", *Master's Seminary Journal*, Vol. 22, No 1 (2011, Spr), 19-39.

그래서 포스트모던 시대 설교자들은 성경 전체를 일관성 있게 설교하는 성경적인 연속 강해설교(series expository sermon)[16]를 지속적으로 설교해야 하며, 예수 그리스도의 죽음과 부활에서 성취된 하나님의 전체 구원 역사를 설교하며,[17] 기독교의 핵심적인 진리를 강조하는 교리설교(doctrinal preaching)[18]를 회복해야 한다. 뿐만 아니라 사도신경이나, 웨스트민스터신앙고백서, 하이델베르크요리문답과 같은 교회사의 중요한 신앙고백서들이나 요리문답서들에 대한 연속 교리설교, 구원 역사 속에서의 하나님의 절대 주권을 부각시키는 성경인물들에 대한 연속 강해설교, 기독론과 구원론, 성령론, 교회론, 종말론과 같은 조직신학의 핵심적인 사상들에 대해서도 연속 주제설교를 전해야 한다. 물론 조직신학 서적을 그대로 강론하기보다는 먼저 설교자가 조직신학의 관점을 확보한 다음에 특정한 성경책을 선정하여 특정한 조직신학의 관점을 부각시키는 방향으로(에베소서-교회론, 갈라디아서-구원론, 계시록-종말론)연속 강해설교를 시도할 수도 있다.

설교의 내용을 준비할 때 설교자의 중요한 관심사는 신자들을 성경 지식으로 무장시키거나 교리적인 개념들로 무장시키는 것이 중요한 것이 아니라, 창조로부터 재창조로 진행되는 거시적인 구원의 역사 속에서, 특히 예수 그리스도의 십자가 죽음과 부활 사건에서 완성된 하나님의 객관적인 구원에 관한 설교가 신자들의 이해와 납득과 인식론적인 수용을 통해서 각자의 삶과 교회 공동체의 삶 속에서 중생과 회심-신앙-성화-인내-영화로 이어지는 구원의 서정(ordo salutis)으로 적용되는 것이다.

---

16   John MacArthur, *The Heart of the Bible*, 전의우 역, 『성경의 핵심을 꿰뚫어라』(서울: 생명의 말씀사, 2007).
17   Graeme Goldsworthy, 『복음과 하나님의 나라』; 『복음과 하나님의 계획』.
18   Millard J. Erickson & James L. Heflin, 『건강한 교회를 위한 교리 설교』, 108.

3) 설교의 형식 : 전방위적인 소통을 촉진시키는 설교

그렇다면 객관적인 구원사의 주관적인 적용을 이끌어낼 수 있는 설교의 방법이나 형식은 무엇일까? 포스트모던 시대에 기독교 복음의 전달 방식에 대하여 깊이 성찰한 피에르 바뱅(Pierre Babin)에 의하면 정보기술(Information Technology)의 비약적인 발전으로 소통의 시간적인 간격과 공간적인 간격이 사라지고 빛의 속도로 온갖 시청각 매체들이 전방위적으로 쏟아지는 소통 환경에 노출된 상황에서 효과적인 종교 소통 방식은, 청중의 좌뇌와 우뇌를 동시에 겨냥하여, 인지적인 수용을 겨냥한 문자 매체(구텐베르크 언어)와 감성적인 수용을 겨냥한 시청각 매체(상징 언어)가 혼합된 스테레오 소통(stereo communication)이 요청된다고 주장한다.[19] 말하자면 설교 시간에 시청각 자료들을 함께 활용하는 설교가 필요하다는 것이다.[20]

하지만 기존 권위에 회의적이고 설교자의 청각적인 설교 메시지에 집중을 거부하는 신세대의 호기심과 관심을 몇 가지 시청각 자료를 동원하여 눈요깃거리로 붙잡아 두기에는 한계가 있기 마련이다. 입체적이고 다감각적인 전자매체에 노출된 신세대에게 효과적인 설교 형식이나 전략의 문제는 설교자가 교회 바깥의 미디어 환경과 동일한 방식으로 경쟁함으로써 해결될 수 없고, 기독교적인 소통의 독특성으로서 설교자가 먼저 확보한 하나님 나라의 영적인 시야를 설교 언어를 통해서 회중들에게 진정

---

19 Pierre Babin, *New era in religious communication*, 유영난 역, 『종교 커뮤니케이션의 새시대』 (왜관 : 분도출판사, 1993).
20 Michele Hershberger, "Navigating with a new map: preaching for youth and young adults", *Vision*, Vol 10, No 1 (2009, Spring), 56-62.

성 있게 구현하고, 회중의 상상력을 자극하고,[21] 하나님과 세상에 대한 영적인 진정성을 감지하도록 자극하여, 그들로 하여금 하나님 나라를 스스로 조망하여 바라볼 수 있도록 하는 설교 전략이 요구된다.

쉽게 말하자면 시청각 자료들을 동원하여 회중에게 무언가를 보여주려고 하는 설교(예를 들어 시청각 설교나 ppt 설교, 혹은 영화설교)가 대안이 아니라, 이야기와 시적인 이미지들을 동원하여 회중으로 하여금 하나님의 세계를 스스로 열어 볼 수 있도록 안내하는 설교(예를 들어 내러티브 설교, 이야기 설교, 간증 설교)가 더 효과적이다.[22]

설교의 내용과 목적이 성경에 담긴 하나님의 객관적인 구원 역사에 대한 선포를 통해서 신앙 공동체 안에서 구원과 성화가 나타나는 교회를 세워가는 것이라면, 이러한 설교의 내용과 목적을 담아낼 수 있는 설교의 중요한 형식과 관련하여 고려할 사항이 바로 특정한 신앙 공동체의 과거 역사와 미래 비전을 하나의 내러티브로 엮어내는 신앙 공동체 정체성에 관한 설교(communal identity narrative sermon)이다.

조지 스트룹(George Stroup)에 따르면, 기독교 공동체도 신자 개개인처럼 그 공동체 나름의 독특한 정체성을 담아내는 정체성의 내러티브를 가지고 있으며, 신앙 공동체의 정체성은 내러티브의 형태를 통해서 드러난다고 한다.[23] 즉 특정한 신앙 공동체 구성원들이 하나님 나라에 관한 동일한 집합의식을 공유할 때, 그렇게 공유된 집합의식은 공동체의 정체성의 내

---

21 Thomas H. Troeger, "Imaginative Theology: The Shape of Post-Modern Homiletics", *Homiletic*, Vol. 13 no 1 (1988), 28-32.
22 정창균, "고정된 설교의 틀에서 벗어나라", "보여주는 설교, 보게 하는 설교"「빛과 소금」(1998, 6월).
23 George W. Stroup, *The Promise of Narrative Theology* (Atlanta: JohnKnox Press, 1981), 91-95.

러티브(communal identity narrative)의 형태를 취한다는 것이다.

따라서 예수 그리스도의 죽음과 부활에 관한 객관적인 구원 역사가 특정한 교회와 신자들의 삶 속에서 중생-믿음-칭의-성화-인내-영화로 이어지는 구원의 서정(ordo salutis)으로 구현되도록 설교하려면, 설교자는 성경에 담긴 하나님의 자기 주도적인 구속사에 관한 설교를 전할 뿐만 아니라, 설교로 선포된 메시지가 특정한 교회 공동체의 영적인 성숙의 과정 속에서 어떤 난관을 공동체적으로 함께 극복해가면서 살아계신 하나님의 임재와 활동을 가시적으로 드러내고 있는지에 대해서도 설교 시간에 다뤄야 한다.

이러한 설교를 준비하려면 설교자는 자신의 설교를 듣는 신앙 공동체 회중이 공동의 차원에서 경험한 과거의 교회 역사와 현재의 상황을 성경적 관점에서 해석하고 그 공동체를 향한 하나님의 미래 비전을 꾸준히 제시할 수 있어야 한다. 그리고 이러한 특정 공동체의 정체성의 내러티브에 관한 설교를 통해서, 공동체로 함께 설교를 듣는 신자들의 의식 속에 객관적인 구속사 뿐만 아니라 해당 교회의 역사 속에서 누적되는 주관적인 구속사에 대한 공동의 의식과 기억, 즉 집단기억이 형성될 수 있도록 유도해야 한다.[24]

---

24 이에 관한 자세한 논의를 위해서는 다음을 참고하라. 이승진, "신앙 공동체 활성화를 위한 설교 방법에 관한 연구", 「복음과 실천신학」제 21권 (2010, 봄호), 99-123; "설교를 통한 신앙 공동체의 집단기억 형성에 관한 연구", 「신학과 실천」제 24권 1호 (2010), 145-175. 이문균은 포스트모던 시대의 효과적인 설교 전략으로, 현대세계를 지배하는 세속성에 대항하여 성서 텍스트의 변혁적인 위력을 설교로 표출하여 그 성서 텍스트의 변혁적인 능력을 덧입고 생존하는 대안 공동체의 형성을 주장하는 Walter Brueggemann의 설교신학을 제시한다. 이문균, "월터 브루그만의 설교신학: 포스트모던 세계에서 설교하기", 「장신논단」장로회신학대학교 기독교사상과 문화연구원 편, (2010년, 9월), 309-332.

4) 설교의 영적 기반 : 인격적인 리더십으로 구현된 진정성

진리의 절대성을 부인하는 포스트모던 시대는 혼란스럽고 의심스러운 상대주의의 바다에서 계속적으로 절대 진리와 절대 진리를 증명하는 공동체를 찾아서 끊임없이 방황하는 시대이다. 이런 상대주의가 지배하는 시대에 기독교 설교자는 성경적인 진리에 대한 연구와 아울러 그렇게 체득한 진리를 특정한 공동체 안에서 인격적인 리더십으로 구현하는 진정성을 확보해야 한다.

기준과 중심이 사라진 허무한 상대주의의 시대에 여전히 절대 진리를 찾고 있는 현대인들에게 기독교 설교가 해답이 되기 위해서는 기독교 설교자가 먼저 예수 그리스도를 지시하는 성경의 진리 안에서 해답을 확보해야 하며, 그 해답을 가시적으로 구현하는 신앙 공동체의 형성과 성장을 위하여 성경에 담긴 하나님의 객관적인 구원 역사를 지속적으로 선포하여 이를 듣는 회중 공동체 가운데 중생과 회심, 믿음, 신앙, 인내, 성화의 과정들이 나타날 수 있도록 해야 하며, 이 과정에서 설교자는 자신이 선포하는 메시지를 먼저 인격적으로 체득하고 구현하고 전인격적인 매체에 담아서 그 메시지를 설교함으로써,[25] 그 메시지를 듣는 사람들에게 영적인 리더십을 발휘하여 신앙 공동체를 구원의 서정으로 이끌어가야 한다.

25　Glenn A. Nielsen, "Preaching doctrine in a Postmodern age", *Concordia Journal*, Vol 27, No 1, (2001, Jan.), 17-29.

5. 나가는 말

오늘날 포스트모던 시대사조의 격랑에 휘말린 현대(한국)교회는 마치 폭풍으로 지붕을 잃어버린 초라한 가옥처럼 보일 수도 있다. 이런 상황에서 역사의 주인되시고 살아계신 하나님의 말씀을 선포하도록 부름 받은 설교자들은 허무주의와 상대주의, 실용주의, 인본주의, 즉흥성과 피상성, 혼합주의의 시대사조를 바라볼 것이 아니라 시대사조 속에서 자신의 주권적인 통치를 구현해 가시는 삼위일체 하나님께 시야를 고정시켜야 한다. 왜냐하면 현대 교회를 압도하는 광풍이나 현대교회의 복음 선포 사역을 지원하는 미풍도 결국은 역사의 주관자이신 하나님의 섭리 아래 포함된 것이고, 교회의 일차적인 책임은 광풍 자체를 제거하는 것이 아니라 광풍 속에서 자신의 교회의 복음 선포를 사용하여 구원 역사를 이어가시려는 하나님의 뜻에 순종하는 것이기 때문이다(사 55:10-11; 마7:24-27).

따라서 포스트모던 시대사조가 교회를 압도하는 상황에서 설교자가 먼저 하나님의 권위에 순복하고 성경의 진리가 해답 없는 이 시대의 영적인 흑암의 문제를 해결할 수 있다는 확신에 근거하여 성경에 담긴 객관적인 하나님의 구원 역사가 특정한 신앙 공동체의 역사 속에서 어떻게 단계적으로 실현되어가고 있는지를 설교할 때, 그러한 설교 메시지를 지속적으로 듣고 반응하는 신앙 공동체가 형성될 수 있을 것이고, 그런 신앙 공동체를 통해서 창조와 구속의 역사는 계속 재창조로 연결될 수 있을 것이다.

| 07 |
신앙 공동체
활성화를 위한 설교

1. 들어가는 말

현대 기독교의 개인주의적인 성향을 비판하는 랜디 프레지(Randy Frazee)에 의하면, "오늘날의 교회는 공동체가 아니라 개인들의 집합체"에 불과하다고 한다.[1] 이러한 현대 기독교의 개인주의적인 특성에 대한 비판은 그대로 기독교 설교에도 해당된다. 1970년대 이후 프래드 크래독이나 데이비드 버트릭, 유진 로우리와 같은 저명한 현대 설교학자들의 주도적인 노력으로 등장한 신설교학운동(New Homiletic Movement)이 전 세계의 신학교와 기독교 강단에 소개되고 전통적인 설교의 한계를 극복하려는 다양한 설교학적인 시도들이 이뤄졌다.

---

[1] Randy Frazee, *The connecting church : beyond small groups to authentic community*, 차성구 역, 『21세기 교회 연구: 공동체』(서울 : 좋은 씨앗, 2003), 48.

하지만 신설교학운동 역시 설교의 모든 문제를 해결하는 데에는 한계가 있기 마련이다. 신설교학 운동은 전통적으로 설교의 중심축으로 간주했던 성경 본문의 중요성이나 설교자의 권위(authority)와 리더십(leadership) 보다는 오히려 개인 청중(individual audience)을 더욱 중요시하였고, 설교에서의 개인 청중의 메시지 수납과 체험을 강조하다보니 설교의 개인주의가 심화되는 부정적인 결과가 나타났다. 그래서 최근의 설교학자들은 다시 신설교학운동에 대한 대안으로 설교의 목표를 개인 청중의 심리적 각성이나 체험이 아니라 하나님 나라를 지향하는 '신앙 공동체 세우기'와 아울러 이를 위한 설교학적인 근거로서의 성경 내러티브를 재조명하고 있다.[2]

따라서 이 글에서는 신설교학운동 이후의 설교학적인 변화에 주목하면서 개인주의적인 설교의 대안으로서 신앙공동체를 활성화시킬 수 있는 설교 방법에 관하여 연구하고 이를 위한 실천적인 설교 방안을 모색하고자 한다. 이를 위해서 먼저 기존의 설교의 강조점이 지나치게 개인주의에 치우쳐 있음을 비판할 것이다.

이어서 설교의 중요한 목표로서 신자 개개인의 사적인 문제 해결만이 아닌 신앙 공동체 전체의 영적 변화와 성숙에 관한 신학적인 근거를 주로 하나님 나라 공동체 위에 정초할 것이다. 즉 신앙 공동체를 활성화시키는 설교 방법이라는 논지와 관련하여, 먼저 설교자는 어떤 공동체를 염두에

---

2 신설교학운동의 저변에 깔린 개인주의적인 토대에 대한 비판과 아울러 공동체를 세우기 위한 설교에 대한 제안은 다음을 참고하라. John McClure, *The Roundtable Pulpit: Where Leadership and Preaching meet* (Nashville; Abingdon Press, 1995), 15-40; Charles Campbell, 『프리칭 예수: 한스 프라이의 탈자유주의 신학에 근거한 설교학의 새 지평』, 17-25; Lucy A. Rose, Lucy Atkinson Rose, *Sharing the Word: Preaching in the Roundtable Church* (Louisville, Kentucky: Westminster John Knox Press, 1997), 34-7.

두고서 설교해야 하는지에 대한 설교신학적인 입장을 주로 교회와 하나님 나라의 관련성에 따라서 정리할 것이다. 이어서 신앙 공동체 세우기를 위한 설교신학적인 토대로서의 본문 공동체(textual community)의 역할과 본문 공동체 안에서 설교를 통하여 선포되는 하나님의 구원에 관한 거대 담론(salvational metanarrative)의 기능과 역할에 대해서 살펴볼 것이다. 마지막으로 공동체를 세우는 설교를 위한 구체적인 설교 전략들을 제시함으로써 공동체를 세우는 설교의 실제 활용 방안을 모색하고자 한다.

2. 신설교학운동의 한계

1971년 프래드 크래독의 『권위 없는 자처럼』(*As One Without Authority*)[3]이 출판된 이후 전통적인 설교학의 한계를 극복하기 위한 대안으로서 신설교학운동(New Homiletic Movement)이 설교학계와 강단에 소개되기 시작했다. 신설교학운동을 한 마디로 정리하기가 용이하지 않지만 설교학자 폴 윌슨(Paul S. Wilson)은 최근 설교학의 '새로운 대열'에 합류한 설교학자들을 다음과 같이 분류하고 있다.

최근 설교학의 관점들이 엘리자베스 악트마이어(Elizabeth Achtemeier)와 찰스 바토(Charles Bartow), 프레드릭 부흐너(Frederick Buechner), 데이비드 버트릭(David Buttrick), 프래드 크래독(Fred B. Craddock), 그래디 데이비스(Grady Davis), 유진 로우리(Eugene L. Lowry), 모리스 니덴달(Morris J. Niedenthal), 찰스 라이스(Charles L. Rice), 에드먼드 스테임플(Edmund

---

3 Fred B. Craddock, 권위 없는 자처럼, 56-9.

Steimle), 토마스 트뢰거(Thomas H. Troeger), 로버트 와즈낙(Robert Waznak)과 같은 학자들의 저서들에서 발견되듯이 새로운 경향을 중심으로 수렴되고 있음을 분명히 발견할 수 있다.[4]

프래드 크래독의 귀납적 설교(inductive preaching)로부터 유진 로우리의 내러티브 설교(narrative preaching), 찰스 라이스나 에드워드 스테임블의 이야기 설교(storytelling sermon), 그리고 데이비드 버트릭의 현상학적 설교(phenomenological preaching)를 관통하는 중요한 관심사가 바로 '청중의 자발적인 청취를 가능케 하는 메시지 전달 방법'이다. 신설교학운동이 교회와 강단에 소개되면서 설교의 강조점이 성경 본문의 중요성이나 회중의 영적 리더십을 위한 설교자의 인격보다는 청중의 실존적인 문제(설교 주제)나 청중의 경험(설교의 목표),[5] 또는 청중의 효과적인 설득을 위한 귀납적 형식이나 내러티브 형식(설교의 방법)으로 점차 이동하게 되었다. 하지만 신설교학운동이 설교의 모든 문제를 해결해 주지는 못했을 뿐만 아니라 교회의 설교 사역에 또 다른 새로운 문제를 야기하였다.

그 대표적인 문제가 바로 '개인주의 설교'의 심화 내지는 고착화 문제이다. 그래서 90년대 후반 들어 데이비드 버트릭(1987)[6]을 비롯하여 존 맥클

---

[4] Paul S. Wilson, *Imagination of the heart: New understandings in preaching* (Nashville: Abingdon Press, 1988), 22-23.

[5] 포스트모던 시대의 신설교학 운동에 대해서는 다음을 참고하라. 김창훈, "포스트모더니즘과 설교" 한국복음주의 실천신학회, 「복음과 실천신학」제 13권(2007년 봄호), 149-174; 류응렬, "Eugene Lowry의 설교신학", 한국복음주의 실천신학회, 「복음과 실천신학」제 20권 (2009년 가을호), 209-231.

[6] Ronald Allen에 의하면 David Buttrick은 신설교학자들처럼 청중 중심의 설교를 강조하지만 Buttrick이 의도하는 청중 중심은 개별적인 청중(individual audience)이 아니라 공동체적인 청중을 염두에 둔 공동체적 자의식(communal consciousness)을 겨냥한 설교학을 제시하고 있다는 점에서 신설교학자들의 개인주의적인 설교와는 구별되어야 한다고 본다. Ronald Allen, ed., *Theology for Preaching: Authority, Truth and Knowledge of God in a Postmodern Ethos*

루어(1995), 찰스 캠벨(1997), 루시 로우즈(1997)와 같은 여러 설교학자들과 신학자들(Stanley Hauerewas, Walter Brueggemann)[7]은 신설교학운동에서 발견되는 개인주의 설교의 폐해를 이구동성으로 지적하면서, 그에 대한 대안으로 공동체적인 설교를 강조하기 시작했다. 그렇다면 개인주의 설교는 구체적으로 무엇이 문제인가?

3. 개인주의 설교의 문제점

개인주의 설교(individualistic preaching)란 설교의 목표가 설교 메시지의 선포를 통한 회중 전체의 공동체적인 반응과 신앙의 활성화를 달성하지 못하고 신자 개개인의 지적인 이해와 내면적인 결단의 단계에 머무르기 때문에 청중의 지적인 이해와 정서적인 결단이 실제 행동의 변화와 공동체 전체의 윤리적인 성숙과 헌신으로 이어지지 않는 설교를 말한다. 오늘날의 설교가 대체적으로 신앙 공동체를 세우고 활성화시키는 공동체 지향적인 설교와 거리가 먼 개인주의적인 설교에 치우쳐 있다는 증거는, 설교의 목적이나 하나님의 이미지, 설교자의 역할, 설교 방법, 그리고 설교의 적용점 등등을 살펴볼 때 더욱 분명하게 나타난다.

첫째, 설교의 목적과 관련하여 개인주의적인 설교는 하나님과 신자 개

(Nashville: Abingdon Press, 1997), 228. Cf., David G. Buttrick, Homiletics (Philadelphia: Fortress Press, 1987), 356.

[7] 개인주의 설교를 비판하는 최근의 신학자들에 대해서는 다음을 참고하라. Stanley Hauerwas, *Resident Aliens: Life in the Christian Colony* (Nashville: Abingdon, 1989), 36ff; Walter Brueggemann, *Texts under negotiation: The Bible and Postmodern Imagination* (Minneapolis: Fortress Press, 1993), 25ff.

인 사이에 발생한 인지적 혹은 심리적 문제점을 개별적으로 해결하는데 집중할 뿐이다.[8] 물론 신자와 신앙 공동체의 삶에서 하나님의 말씀 선포를 통한 신자 개개인의 개별적인 회심, 개별적인 결단, 그리고 개별적인 인격적 성장은 두말할 나위 없이 절대적으로 중요하다. 이 점이 무시되거나 소홀히 여겨진다면 기독교 신앙의 주체성이 상실되고 말 것이다. 하지만 현대 설교학과 교회 강단에서 비평적인 성찰이 요구되는 점은, 신자와 신앙 공동체의 신앙 함양을 위한 설교 메시지의 선포가 지나치게 신자 개개인의 메시지 감화력에만 의존하면서 그 신자 하나 하나가 모여 전체를 구성하는 유기적인 신앙 공동체 공동의 성숙과 헌신으로 승화되어야 한다는 점에는 취약하다는 것이다. 그 결과 개인주의적인 설교가 신앙 공동체 전체가 함께 해결해야 할 공동의 과제를 해결하는데 집중하거나 공동의 실천적인 대안과 전략을 제시하는데 소홀해지기 쉽다.

둘째, 설교에서 강조되는 하나님의 이미지 역시 신앙 공동체 전체의 사역과 모임 속에 임재하면서 공동체가 현재 당면한 문제점들을 단계적으로 해결하는 주체로서의 삼위 하나님의 모습보다는, 신자 개개인의 삶 속에 개인적으로 찾아오시고 개인적이고 사적이며 심리적인 문제들을 개별적으로 해결해주는 분으로서의 하나님의 이미지가 부각되는 편이다.

셋째, 설교자의 역할도 개인주의 설교에서는 신자 개개인의 내면적인 문제를 해결하는 상담가나 지적인 통찰을 제공하는 교사로 간주될 뿐, 신앙 공동체 전체를 향한 하나님의 뜻을 분별하고 이를 전달할 뿐만 아니라 그의 뜻이 실제로 공동체 안에서 실현되도록 영적인 리더십을 발휘하는

---

8 Michale J. Quicke, 『전방위 리더십: 회중을 변화시키는 리더십 설교』, 49.

지도자(leader)의 역할은 축소되는 편이다.[9]

넷째, 설교의 적용점에서도 공동체 활성화를 추구하는 설교라면 설교를 듣는 전체 회중이 공동체적으로 함께 감당하고 책임지고 해결해야 하는 목회적이고 공동체적인 적용점들이 강조되겠지만, 개인주의적인 설교에서 메시지의 적용이나 실천의 문제는 신자 개개인의 사적인 선택의 문제로 남겨진다.

이렇게 개인주의 설교가 교회의 강단에서 더욱 심화되면 그 결과는 사뭇 부정적일 수밖에 없다. 대표적인 폐해로는 먼저 강단에서 선포되는 복음의 수용 문제가 공동체 전체의 책임의 문제가 아닌 신자 개개인의 선택의 문제로 변질되는 복음의 사사화(私事化)나 설교 이후 실천적인 순종과 변화를 무시하는 무율법주의적 신앙생활을 우려할 수밖에 없다. 복음의 사사화(私事化, privatization of the Gospel)란 복음의 효력이 미치는 파장을 인류 역사와 전 우주의 공동체적 구원과 변혁에까지 확장시키지 않고 한 개인의 사적인 영역에서 일어나는 심리적인 갈등을 해소하기 위한 더 효과적인 설득력 구조(plausibility structure) 하나를 선택하고 더 효과적인 심리 기제(psychological mechanism) 하나를 소비하는 개인의 선택 문제로 국한되는 현상을 말한다.

이렇게 복음이 사사화되면 예수 그리스도의 십자가 죽음과 부활로 의도했던 성부 하나님의 통전적 구원과 그 통전적 구원의 가시적인 증표들인 신앙 공동체 전체의 성숙과 변화나 공동체적 윤리, 그리고 신자의 사회적인 책임은 결코 기대할 수 없다. 또 사사화된 복음이 지배하는 강단에서는 비록 회개와 구원이 선포되더라도 그 회개와 구원은 철저히 신자 개인의

---

9 Michale J.Quicke, 47.

선택의 문제이며, 설령 선택하더라도 그 신앙은 내면적 각성이나 체험에 집중될 뿐, 교회가 속한 지역 공동체와 사회 속에서 어떻게 거룩한 신자다운 삶을 살아내야 하는지에 대해서는 관심을 두지 않는다.

이렇게 복음의 사사화가 심화되면 자연히 설교 메시지의 사사화가 이어진다. Rudolf Bohren에 의하면 "구체적인 회중과의 연합과 사귐이 없이는 성령과의 사귐도 있을 수 없고 하나님의 말씀을 들을 수도 없다"고 한다.[10] 성령 하나님은 공동체에게 약속된 것이며 혼자만의 내적인 빛의 도움이나 혼자만의 결정으로 성령과 함께 동행하는 삶을 살기 어렵다. 하지만 설교 메시지에 대한 반응의 문제가 개인의 취사선택의 문제로 전락되면, 결국 말씀을 통한 신앙 공동체 전체의 총체적인 성숙과 활성화를 기대하기 어려울 것이다. 설교 메시지가 사사화된 상황에서 설교 메시지의 수용과 반응은, 공동체의 집단적인 연대책임의 문제가 아니라 순전히 신앙이 좋은 신자와 신앙이 나쁜 신자 간의 개개인의 사적인 선택의 문제로 전락되기 때문이다.

설교 메시지가 사사화됨으로 말미암은 또 다른 부정적인 결과로는 무율법주의적인 신앙을 지적할 수 있다. 개인주의 설교에서 메시지에 대한 청중의 반응이 신자 개개인의 선택사항으로 밀려나면, 설교 메시지의 적용점을 실천해야 한다는 부담감은 그만큼 약해질 수밖에 없다. 메시지에 대한 반응으로서의 순종과 실천이 개인적인 선택과 결단에만 내맡겨지고 공동체적인 상호 지원이 없는 상황에서, 개인 혼자서 메시지를 이해하고 그에 대한 반응으로 혼자서 실천적인 순종의 자리까지 나아갈 수 있는 강

10　Rudolf Bohren, *Preaching and Community*, tr. by David E. Green (Richmond: John Knox Press, 1965), 105.

력한 의지를 가진 개인은 그리 많지 않다. 감동적인 설교를 듣더라도 모두가 가만히 있는 상황에서 자기 혼자서 이러 저러한 실천을 감행할 수는 없는 노릇이다.

이렇게 설교가 실제적인 변화와 순종과 밀접하게 연결되지 못하는 일이 반복되면, 설교자와 청중 사이에는 실천적인 변화와 실행적인 적용점을 배제하고 주로 지성적인 이해를 강조하는 설교를 전하고 듣는 방향으로 암묵적인 동의가 이뤄진다.[11] 설교와 기독교 교육이 실천과 순종으로 이어지지 못하는 일이 반복되면, 행동하지 않는 신자들을 계속 교회 안에 붙잡아 두기 위한 대안으로서 지성적이거나 감성적인 메시지가 등장하게 되고, 결국 이런 설교 메시지 앞에서 신자는 세상을 변화시키는 능력을 갖춘 하나님 나라 백성이 아니라 자신들의 종교 기호에 부합하는 메시지를 끊임없이 소비하는 종교 소비자로 전락하고 말 것이다.

개인주의 설교의 한계가 이렇게 치명적이라면 그에 대한 대안은 무엇일까? 그 대안을 극복하는 공동체 지향적이고 신앙 공동체의 활성화를 촉진시키는 설교를 위해서는 먼저 설교자가 설교를 통하여 추구하고자 하는 신앙 공동체에 대한 신학적인 이해를 확보해야 한다. 그리고 설교를 통한 신앙 공동체 형성의 토대로 작용하는 본문 공동체(textual community), 그리고 본문 공동체를 구현하기 위한 공동체 지향적인 설교 전략에 대한 이

---

11 교회 안에 순종과 실천이 사라진 현상에 대해서 Neil Cole은 다음과 같이 비평한다. "일꾼 교육은 새 신자들을 나태하고 수동적이며 이기적인 사람으로 변질시키는 지름길이다. 요즘 교회 대부분이 바로 이런 교육을 펼치고 있다. 교회들은 성도들을 일꾼이 아닌 소비자로 교육시켰다. 추수할 밭에서 일꾼들을 멀리 떼어놓았다…그들에게 정말 부족한 것은 무어일까? 지식이 아니다. 바로 순종이다. 미국의 크리스천들은 너무 배운 나머지 순종하지 않는다. 많은 교육은 답이 아니다." Neil Cole, *Organic church*, 정성묵 역, 『오가닉 처치』(서울: 가나북스, 2006), 225-6.

해가 필요하다. 따라서 이 글에서는 설교의 지향점으로서의 하나님 나라 백성 공동체와 설교를 통한 본문 공동체의 형성, 그리고 신앙 공동체의 활성화를 위한 설교 전략에 대해서 순차적으로 살펴볼 것이다.

4. 설교의 지향점으로서의 하나님 나라 백성 공동체

공동체를 세우는 설교의 전략을 모색하는 로날드 앨런(Ronald Allen)에 의하면, 지난 20세기 말의 설교학 운동은 어떻게 하면 청중 개개인으로 하여금 설교를 효과적으로 듣도록 할 수 있는지에 대한 고민을 해결하기 위하여 주로 문화인류학이나 상담학에 집중하였다고 한다. 하지만 설교를 통하여 올바른 공동체를 세우고자 한다면 바람직한 설교에 대한 고민의 해답은 교회론(ecclesiology) 속에서 찾아야 한다는 것이다.[12] 교회를 어떻게 이해하느냐에 대한 신학적 인식에 따라서 그 정체성을 실현시키는 수단으로서의 설교에 대한 논의도 달라지기 때문이다. 그렇다면 설교를 통하여 달성하고자 하는 하나님 나라 백성 공동체란 무엇을 의미하는가?

교회나 신앙 공동체와 하나님 나라의 연관성에 대해서 화란의 실천신학자 제이콥 피레(Jacob Firet)에 의하면 설교나 예배, 교육, 봉사와 같은 다양한 목회 사역들이 이뤄지는 신앙 공동체는 하나님이 자기 백성들에게 찾아오시며 자기 백성들을 하나님 나라로 인도하는 통로이자 방편을 제공한다고 한다.[13] 제이콥 피레의 목회신학을 설교에 적용한다면, 설교를 통해

---

12 Ronald J. Allen, *Theology for Preaching: Authority, Truth, and Knowledge of God in a Postmodern Ethos* (Nashville: Abingdon Press, 1997), 155.

13 Jacob Firet, *Dynamics in Pastoring* (Grand Rapids: Eerdmans, 1986), 82-4.

서 하나님의 말씀이 선포되며 그 백성들 가운데 하나님 나라가 계시되고 그 설교 사건을 통해서 자기 백성 가운데 하나님이 친히 찾아오시며 임재하시며 하나님 나라의 영광이 실현되는 것도, 하나님 나라 백성들의 모임으로서의 공동체가 하나님 나라의 도래를 위한 배경과 상황을 형성해 주기 때문이다.

공동체적 설교를 강조하는 찰스 캠벨(Charles Campbell)도 하나님 나라의 실현을 위한 신앙 공동체의 중요성을 설명하는 가운데 "교회는 이 세상 속에서의 예수의 임재를 위한 시공간의 근거와 기초의 역할을 한다. 교회는 다시 말해서 이 세상 속에서 그리고 이 세상을 위한 예수의 간접적인 임재를 구현하고 있다"는 것이다.[14] 따라서 공동체적인 설교를 통해서 신앙 공동체를 세우고자 할 때 설교자는 공동체의 본질이나 그 주역은 인간 설교자나 청중이 아니라 바로 말씀 속에서 자신을 드러내시며 이 땅에서 선포되고 증언되는 말씀을 통해서 이 땅에서 자신의 나라를 세워 가시는 하나님 자신이 그 공동체의 주인공이며 공동체 신앙의 활성화의 원동력임을 명심해야 한다.

---

14 Charles Campbell, 『프리칭 예수』, 351. 예수 그리스도의 간접적인 임재에 대한 Hans Frei의 입장을 연구한 설교학자 Charles Campbell은 Frei로부터 다음과 같은 결론을 이끌어내고 있다. "기독교인들이 예수 그리스도와 아울러 그와 함께 하시는 성부 하나님의 간접적인 임재로서 성령에 관하여 말할 때, 그들은 사실 교회를 말하고 있다. 그래서 교회는 그리스도의 임재에 대한 증언인 동시에 공생애 동안에 지상에 직접 임재하셨던 것과 대조적으로 그리스도의 간접적인 임재가 이 땅에 구현되는 공적이고 공동체적인 임재 형태이다. 교회의 언어 행위는 예수 그리스도를 증언하는 것인 동시에 세상 속에서 그리고 세상을 위한 그의 임재를 구현하는 행위 그 자체이기도 하다." Cf., Charles Campbell, 50, no 53.

5. 공동체 활성화를 위한 본문 공동체와 하나님의 구원 내러티브

이 땅에서의 신앙 공동체의 목회 활동들은 말씀을 통하여 이 땅에 스스로 임재하시며 자기 백성들에게 찾아오시며 이 땅에 하나님 나라를 세워 가시는 하나님의 간접적인 임재 양식이라면, 그 공동체가 하나님 나라 백성 공동체로서의 정체성을 지속적으로 유지할 수 있는 비결도, 그 공동체가 얼마나 효과적이고 지속적으로 하나님 나라의 구원의 역사에 관한 이야기를 선포하고, 그 결과 신앙 공동체의 회중이 얼마나 그 구원 내러티브를 자신들의 정체성의 근간으로 잘 붙잡고 있느냐에 의해서 결정될 것이다. 설교가 한 개인의 영적 자각만을 겨냥하는 것이 아니라 신앙 공동체 전체의 영적 성숙과 활성화를 겨냥하는 것이라면, 이 때 설교자가 염두에 두어야 할 중요한 개념 중의 하나가 바로 본문 공동체이다.

브라이언 스톡(Brian Stock)의 '본문 공동체'(textual community),[15] 또는 폴 리쾨르(Paul Ricoeur)의 '담론 공동체'(community of discourse)[16]란 성경과 해석자, 그리고 신앙 공동체가 삼위일체로 하나가 되어 해석자의 본문 해석이 공동체 형성의 토대로 작용하는 공동체를 말한다. 이 공동체 안에서 신자 개개인은 설령 공동체로 가입하기 이전에는 성경에 대해서 또 공동체

---

15 Brian Stock, *Listening for the Text: On the Uses of the Past* (Philadelphia : University of Pennsylvania Press, 1990), 37.

16 Ward Holder에 의하면 담론 공동체(community of discourse)는 Hans-Georg Gadamer와 Paul Ricoeur에게서 유래한 용어로서 특정 본문에 대한 해석과 이해를 가능하도록 지원하는 공동체의 역할이 전제되어야 한다는 의미를 담고 있다. 하지만 이 용어는 성경의 신적인 기원과 해석에 대한 성령의 주도적 역할을 적극적으로 수용하지 못하기 때문에 Ward Holder는 '담론 공동체'보다는 '본문 공동체'라는 용어를 사용한다. R. Ward Holder, "*Ecclesia, Legenda atque Intelligenda Scriptura*: The Church as Discerning Community in Calvin's Hermeneutic," *Calvin Theological Journal* 36 (2001):277.

의 정체성에 대해서 아무런 지식이나 경험이 없었더라도, 공동체 안에서 성경을 해석하는 해석자의 지속적인 해석과 설교를 통해서 성경이 지시하는 방향이 곧 해당 공동체가 지향하는 방향과 일치함을 서서히 깨달으며 공동체의 정체성을 자신의 개인의 정체성으로 받아들인다. 설교를 통하여 선포된 하나님의 구원 내러티브가 본문 공동체 안에서 작용하는 몇 가지 기능이 있다.

첫째, 본문 공동체(Textual community)가 확보하고 있는 하나님의 구원 내러티브는 공동체 구성원들을 서로 결속시킨다. 설교학자 칼빈 밀러(Calvin Miller)에 의하면 이야기는 공동체 구성원들의 상호 관계를 결속시키는 '회반죽'(mortar)이라고 한다.[17] 하나님이 이 땅에서 그리고 인류의 역사 속에서 구원을 완성해 가시는 구원 역사에 관한 내러티브는, 과거의 하나님 나라 백성들과 현재의 백성들 그리고 미래의 백성들로 하여금 시간의 벽을 뛰어 넘어서 하나님의 구원 안에서 서로를 결속시킬 뿐만 아니라 공간적으로도 멀리 떨어져 있는 이 땅의 모든 교회들을 하나 되게 만든다. 시공간적으로 흩어져 있는 하나님 나라 백성들이 서로 한 몸을 이룰 수 있는 이유는 하나님 나라의 구원에 관한 거대담론이 모든 지체들을 하나로 결속시켜주는 회반죽 역할을 하기 때문이다.

이야기가 공동체 구성원들을 결속시키고 그 과정에서 현 실체를 새롭게 대응하는 공동체를 창조해 내는 능력을 가지고 있다는 사실에 대해서 여러 언어학자들과 설교학자들이 주목하고 있다. 그 중에 대표적으로 로드니 케네디(Rodney Kennedy)는 『메타포의 창조적인 능력』(*The Creative Power of Metaphor*)이라는 책에서 메타포가 신앙 공동체 안에서 작용하는

---

17 Calvin Miller, *Spirit, Word, and Story* (Grand Rapids: Baker, 1996), 173.

창조적인 기능에 대해서 몇 가지로 설명하고 있다.[18] 로드니 케네디에 의하면 메타포는 설교에서 메타포를 함께 공유하는 자들 가운데 그들만의 독특한 성품을 창조한다고 한다. 또한 메타포는 공동체를 창조하는 기능을 하며, 마지막으로 메타포는 해당 공동체가 함께 공유하는 개념을 창조한다고 한다. 여기에서 주목할 점은 메타포와 이야기를 통해서 설교자는 청중들을 새로운 공동체 속으로 이끌어 늘이면서 그들과 공동체를 서로 결속시킨다는 것이다.

둘째, 공동체 안에서 구성원들이 함께 공유하는 하나님의 구원 내러티브는 구성원 자신과 주변의 세상, 그리고 하나님을 인식할 수 있는 인식의 창문 또는 해석의 틀을 제공한다. 주변에 일어나는 사건들이나 여러 현상들이나 사람들은 그 자체로는 아무런 의미가 없다. 하지만 공동체가 그 사건들이나 현상, 혹은 사람들에 대하여 어떤 해석의 틀을 제공하느냐에 따라서 무의해 보이는 사건들이나 현상들은 의미를 갖게 된다. 무의미하게 보이는 사건들이나 인물, 또는 현상들이 독특한 의미를 확보하게 되는 계기가 바로 공동체의 이야기를 통해서 구성원들에게 전달되고 스며들며 동화되는 세계관 때문이다.

설교학자 로날드 앨런(Ronald J. Allen)에 의하면 세계관이 표현되는 가장 기본적인 방식이 바로 이야기라고 한다. 이 이야기는 특정 공동체가 왜 그 자리에 모이게 되었으며 무슨 목적으로 존재하는지를 설명해준다고 한다.[19] 앨런에 의하면 공동체가 공유하는 이야기 속에 내포된 세계관은

---

18 Rodney Kennedy, *The Creative Power of Metaphor: Rhetorical Homiletics* (Lanham, University Press of America, 1993), 99-113.

19 Ronald J. Allen, "The Social Function of Language" Van Seters, Arthur (ed) *Preaching as a Social Act: Theology & Practice* (Nashville: Abingdon Press, 1988), 168-69.

다음 세 가지 중요한 기능을 한다고 한다.

① 공동체의 이야기에 깃들어 있는 세계관은 혼란과 죽음과 같은 위기에 직면했을 때 공동체에게 질서와 안정감을 제공한다고 한다.

② 공동체의 이야기에 깃들어 있는 세계관은 공동체 구성원들의 정체성과 삶의 목표와 방향감각을 제공한다. 나는 누구이며 우리 공동체는 왜 이 자리에 함께 모였는가?

③ 공동체의 이야기에 깃들어 있는 세계관은 사회적인 삶의 이유와 방향을 제시한다고 한다.

셋째, 신앙 공동체 안에서 구성원들이 함께 공유하는 하나님의 구원에 관한 이야기는 하나님에 대한 공동체 구성원들의 기대와 경험이 개인적인 관심사로 흩어지지 않고 하나님에 대한 공동체적인 반응과 경험으로 승화될 수 있는 인식론적인 토대를 제공한다. 신앙 공동체의 종교 활동과 공동체 구성원의 종교적 경험의 상관관계를 설명하는데 조지 린드벡(George Lindbeck)의 견해에 대해서 논의해 볼 필요가 있다.

조지 린드벡은 1984년에 출간된 『교리의 본질: 탈자유주의 시대의 종교와 신학』(*The Nature of Doctrine: Religion and Theology in a Postliberal Age*)에서 종교에 대한 문화-언어적 이론(a cultural-linguistic theory of religion)을 제시한다. 그에 따르면 종교 활동 속에는 인지적인 요소들(예, 교리나 신앙고백문들, 신학적 명제들)이나 체험적인 요소들(예, 기쁨과 슬픔, 절대자와의 만남, 결단)이 포함되지만, 린드벡에 의하면 종교의 특징을 가장 잘 파악할 수 있는 것은 이러한 인지적 요소나 체험적 요소보다는, 공동체의 문화적 관습과 언어적 관습을 통해서 공동체 구성원들의 사고방식과 가치관과 삶의 방식을 빚어내고 있는 공동체의 포괄적인 문화-언어적 체계(cultural-linguistic frame)라고 한다. 그래서 문화-언어적 종교 모델의 관점에서 볼 때 "기독교인이 된다는 것은 특정한 문화-언어적 공동체 안에서의 사회화의 과정 또는 문화화의 과정이라고 볼 수 있다.

즉 신자가 구원을 받고 기독교인이 된다는 의미는 기독교 공동체 안에서 한 사람의 경험과 이해, 그리고 삶을 형성하는 언어 관습과 문화적 실천들을 적절하게 사용할 줄 아는 능력을 습득하는 과정이다."[20] 린드벡의 종교관이 교리나 신앙고백문과 같은 종교의 인지적인 차원이나 규범적 차원을 간과한 약점이 있지만, 문화와 언어를 통한 공동체적 활동의 측면의 중요성을 강조했다는 측면에서는 본문 공동체의 논의와 관련하여 고려할 여지가 있다.

이렇게 본문 공동체(textual community) 안에서 설교를 통하여 선포된 하나님의 구원에 관한 공동의 내러티브(salvational meta-narrative of God)는 공동체 구성원들을 서로 결속시키며 그들의 정체성의 토대를 제공하며 가치관과 세계관의 판단 기준으로 작용할 뿐만 아니라 공동의 경험을 위한 토대로 작용한다. 본고에서는 본문 공동체 구성원들이 함께 공유하는 하나님의 구원 내러티브의 세 가지 기능에 대해서 살펴보았다.

첫째, 공동체의 구원 내러티브는 공동체 구성원들을 서로 결속시킨다.

둘째, 공동체 안에서 구성원들이 함께 공유하는 구원 내러티브는, 구성원 자신과 주변의 세상, 그리고 하나님을 인식할 수 있는 인식의 창문 또는 해석의 틀을 제공한다.

셋째, 신앙 공동체 안에서 구성원들이 함께 공유하는 하나님의 구원에 관한 내러티브는 하나님에 대한 공동체 구성원들의 기대와 경험들이 개인적인 관심사나 개인적인 감정적 체험으로 흩어지지 않고 이야기 속에

---

20   Charles Campbell, 『프리칭 예수』, 120.

깃들어 있는 해석 체계가 지향하는 방향대로 하나님에 대한 공동체적인 반응과 경험으로 승화될 수 있는 토대를 제공한다.

6. 공동체를 세우는 설교의 전략

앞에서는 신앙 공동체의 목회 활동 속에서 이 땅에 자신의 나라를 증거하며 세워가고 계시는 하나님이 신앙 공동체를 세우는데 중요하게 사용하는 것이 바로 하나님 나라의 구원 역사에 관한 이야기(salvational meta-narrative of God)임을 확인하였다. 그렇다면 하나님 나라의 가치에 부합하는 신앙 공동체를 효과적으로 세울 수 있는 구체적인 설교의 전략은 무엇일까?

1) 공동체적 상황과 임무를 설교의 과녁으로 정하기

공동체를 활성화하는 설교를 전하기 위해서 설교자는 먼저 청중 전체를 개인적인 문제를 가지고 교회에 나온 개개인들의 집합체로 이해하지 않고 공동의 정체성과 공동의 상황, 공동의 목표를 가진 하나님 나라 백성 공동체로 이해하면서 이들에게 선포되어야 할 하나님의 말씀은 무엇이겠는지를 고려해야 한다. 설교의 주제나 목적으로서 신앙 공동체가 당면한 과제나 문제점으로는 예를 들어 해당 공동체 전체가 특정한 사건들(예, 부흥회, 지역 봉사, 교회 건축, 새로 부임한 목회자, 교회 분립, 선교사 파송, 직분자 세우기)을 계기로 회중 전체가 이에 대한 하나님의 뜻과 사명을 다시금 확인하거나 각오를 다지도록 하는 목적으로 설교할 필요가 있다.

2) 하나님을 개인의 문제 해결자가 아니라 공동체 인도자로 선포하라

모든 설교에서는 항상 하나님의 이미지나 성품이 부각되기 마련이다. 신앙 공동체의 활성화를 추구하는 설교를 위해서는 하나님의 모습 역시 개개인의 문제 해결사가 아니라 공동체와 해당 공동체 구성원들에 대해서 독특한 목적과 사명을 부여하시며, 그 목적과 사명을 달성하는 과정에서 그 공동체 구성원들이 하나된 유기적인 헌신 속에서 공동체를 목적지로 이끌어 가시는 분으로 선포해야 한다. 이러한 하나님의 모습은 구성원에게는 개개인의 문제를 해결하시는 분이기 이전에 공동체 전체를 섭리하시며 인도하시는 분으로 부각될 것이며, 섭리의 주이신 하나님이 멀리 허공 속에나 개개인의 내면에서 은밀하게 역사하시는 개인적인 문제 해결사나 나의 감정적 기복에 따라서 그 능력과 영광이 변화하는 존재가 아니라, 한 개인보다 더 큰 공동체 전체를 다스리시고 섭리하시며 인도하시는 능력의 주님으로 다가올 것이다.

3) 성경을 개인의 내면적 문제 해결서가 아니라 하나님 나라 공동체 완성의 지침서로 해석하라

개인주의 설교가 사라지지 않는 원인 중의 하나는 성경을 청중 개개인의 내면적 문제 해결서로 간주하면서 성경에서 그 해결 원리나 지침을 뽑아내려는 입장에서 성경을 해석하기 때문이다. 그러나 성경은 개개인의 내면적 문제 해결서이기 이전에 먼저 하나님 나라 백성 공동체에게 하나님 나라의 성취와 완성에 대한 청사진을 제공하면서 그 나라의 주인되신 하나님을 선포하며 그 나라 속으로 백성들을 초대하는 초청장의 역할을 하고 있다.

하나님은 언약 공동체를 부르셔서 그 공동체로 하여금 사랑과 진리의 모델이 되게 하신다. 이스라엘의 토라는 그리스도 안에 있는 새 공동체의 해석학적 렌즈를 통하여 읽혀질 때 비로소 참 의미를 살려내며, 그렇게 하여 토라의 성취는 공동체 속에서 이루어진다.[21]

따라서 설교자는 성경 본문을 해석하여 설교할 때, 본문 속에서 신자 개개인의 내면적 문제를 해결하시는 하나님의 모습을 강조할 것이 아니라 공동체 전체를 향하여 말씀하시고 통치하시는 모습을 묘사하는 하나님의 구원 내러티브를 확보하고 이를 선포하기를 주력해야 한다.[22]

4) 설교자가 공동체 리더의 위치에 서라[23]

개인주의적 설교에서 설교자의 자기 정체성에 대한 이해는 주로 영적인 교사에 집중되는 경향이 강하다. 하지만 설교자는 영적인 진리를 신자 개개인에게 전수하는 교사이기도 하지만 공동체적인 설교를 위해서 함께 강조되어야 할 설교자의 모습은 하나님 나라 백성 공동체 안에서 진정한 리더(divine leader)이신 하나님의 공동체적인 인도와 섭리를 섬기는 인간 리더(human leader)이다. 그래서 다수의 설교학자들에 의하면 설교자는 특

---

21 Richard Hays, 『신약의 윤리적 비전』, 87.
22 Richard L Eslinger, *Narrative & Imagination: Preaching the worlds that shape us* (Minneapolis: Fortress Press, 1995), 125; Stanley Hauerwas, *Resident Aliens: Life in the Christian Colony* (Nashville: Abingdon, 1989), 163.
23 리더십이 결합된 설교에 대해서는 다음을 보라. Michael J. Quicke, 『전방위 리더십: 회중을 변화시키는 리더십 설교』; 23ff. McClure, John S. *The Roundtable Pulpit: Where Leadership and Preaching Meet* (Nashville: Abingdon Press, 1995). 45ff.

정 신앙 공동체에 속한 청중으로 하여금 현 상황을 넘어선 곳으로 우리를 초청하고 계시는 하나님의 말씀의 실체를 미리 듣고 맛보고서 그것을 청중들에게 제시할 줄 아는 선견자(Seer)의 역할을 감당해야 한다고 한다.[24]

공동체적 설교를 위하여 공동체 지도자의 입장에서 설교를 할 때 리더에게는 공동체가 처한 현실에 대한 진단과 아울러 하나님이 특정 공동체에게 기대하는 미래적인 전망이 담긴 비전을 확보하는 것이 매우 중요하다. 조지 바나(George Barna)의 설명에 의하면 건강하게 성장하는 교회들의 공통점은 교회 지도자와 회중이 사역에 대한 비전을 공유하고 있으며 그 결과로 교회의 영적인 성장과 수적인 증가가 반드시 뒤따른다고 한다. 결국 하나님이 특정 설교자를 통하여 이루기를 원하시는 것에 대한 거룩한 비전과 열망은 설교 사역에 있어서 매우 중요한 요소이다. 또 짐 니코뎀(Jim Nicodem)에 의하면 리더로서의 설교자가 설교 시간에 강단에서 다뤄야 할 것은 회중이 처한 현실을 진단하는 일과, 공동체의 비전을 제시하는 일, 비전 완수를 위한 동기를 부여하는 일, 그리고 공동체의 비전 성취와 관련된 핵심 주제를 지속적으로 반복하는 일이라고 한다.[25]

따라서 설교자는 단순히 성경 교사의 위치에서 한 걸음 더 나아가 공동체 전체에 대한 영적 지도자의 입장에서 해당 공동체를 향한 하나님의 계획과 비전을 분별하고 그 내용을 강단에서 지속적으로 선포할 뿐만 아니라 실제 목회 사역을 통해서 신자 개개인과 공동체 전체가 하나님의 구원

---

24 Van der Geest, *Presence in the pulpit: The impact of personality in preaching* (Atlanta: John Knox, 1981), 75; Miller, *Calvin, Spirit, Word, and Story: A philosophy of Marketplace Preaching* (Grand Rapids: Baker Books, 1989), 148; Jabusch, Willard F, *The spoken Christ: Reading and preaching the transforming word* (New York: Crossroad, 1990), 121.
25 Haddon W. Robinson, ed., *The art and craft of biblical preaching*, 이승진 외 역, 『성경적인 설교 준비와 전달』(서울: 두란노, 2006), 317-320.

을 경험하며 계속 진행되는 하나님의 구원 드라마에 동참할 수 있도록 안내해야 한다.

5) 비전 공동체를 세우기 위한 의사소통 전략을 수립하라

설교자가 하나님 나라 백성 공동체를 위한 인간 리더의 역할을 감당하고자 할 때 중요한 구비요건이 공동체가 함께 공유하는 이야기와 공동체를 향한 하나님의 뜻이 담긴 비전임을 앞에서 살펴보았다. 이와 아울러 설교자에게 더 필요한 것은 그 비전을 성취하기 위한 포괄적인 의사소통 전략(comprehensive communication strategy)이다. 공동체 리더로서의 설교자가 공동체가 달성해야 할 비전을 요약한 비전선언문을 만들고 구성원들에게 그 내용과 목표에 관하여 설교하더라도, 자동적으로 구성원들이 그 비전을 자신의 것으로 받아들이고 목표를 향하여 달려가는 것은 결코 아니다.[26]

공동체가 비전을 성취하기 위해서는 리더의 리더십이 공동체 내에서 효과적으로 발휘되어야 한다. 존 가드너(John Gardner)는 리더십을 가리켜서

---

[26] 설교와 같은 대중매체 채널을 통하여 메시지가 확산될 경우에 공동체 구성원들이 그 메시지를 듣고 즉각적인 변화의 반응을 보일 것이라는 점에 대한 회의적인 입장은 여러 (설교)학자들에게서 발견된다. Cf., John S. McClure, *The Roundtable Pulpit: Where Leadership and Preaching Meet,* 49; Jim Herrington, eds, *Leading congregational change : a practical guide for the transformational journey,* 임미순 역,『아무것도 바꾸지 말라: 변화의 기술을 연마하기 전에는』(서울: 생명의 말씀사, 2006), 113. 경영학의 대가 Peter F. Drucker의 다음과 같은 통찰도 대중매체 채널의 일종인 설교의 한계를 이해하는데 도움이 된다. "더 많은 그리고 더 좋은 정보는 커뮤니케이션 문제를 해결해 주지도 못하고 또한 커뮤니케이션의 격차를 줄여주지도 못한다. 그 반대로 정보가 많으면 많을수록 커뮤니케이션의 기능과 효과적인 커뮤니케이션에 대한 필요성은 더욱 커진다. 다시 말해서, 정보가 많을수록 커뮤니케이션의 격차는 더욱 벌어질 것이다." Peter F. Drucker, Essential Drucker, 이재규 역,『미래경영』(서울: 청림출판, 2001), 209.

"개인(또는 팀 리더십)이 자신의 목표나 아랫사람과 공유된 목표를 추구하기 위해 설득과 모본을 통해 한 단체를 유도하는 과정"이라고 정의한다.[27] Gardner의 정의에서 주목할 점은 비전 성취를 위해서 중요한 전략이 바로 설득과 모본이라는 점이다. 따라서 신앙 공동체의 활성화를 추구하는 설교자에는 설득과 모본이 공동체 속에서 어떻게 효과적인 의사소통 과정으로 발휘되는지를 고려해야 한다.

6) 설교의 적용점을 개인 윤리와 아울러 공동체 윤리의 차원에서 제시하라

하나님 나라를 선포했던 예수님은 당시 청중에게나 오늘날 우리에게 어떤 윤리적 반응을 기대했을까? 이 질문에 대한 해답을 추구한 벤 위베(Ben Wiebe)에 의하면 예수님의 메시아 윤리(Messianic ethics)는 그 윤리가 다뤄지는 윤리적 상황으로서의 신앙 공동체로부터 분리되는 순간 윤리적 명령이나 훈계는 그 자체로 공허해져 버린다고 한다.[28]

왜냐하면 하나님 나라의 윤리는 개인 윤리를 뛰어넘은 공동체 윤리(community ethic)이기 때문이다. 신약 윤리의 현대적 적용의 전략을 모색한 리차드 헤이즈(Richard Hays) 역시 2천 년 전에 기록된 신약성경이 오늘날의 상황에서도 여전히 하나님의 말씀으로 적용될 수 있는 해석학적이며 윤리적인 패러다임으로서 십자가와 새창조, 그리고 공동체의 세 가지 초점 이미지(focal image)를 제시하면서 공동체적인 관점의 성경해석 뿐만 아

---

27 Blackabey, Henry T., *Spiritual leadership : moving people on to God's agenda*, 윤종석 역,『영적 리더십』(서울: 두란노, 2002), 36.
28 Ben Wiebe, *Messianic Ethics: Jesus' Proclamation of the Kingdom of God and the Church in Response* (Scottdale, Pa. Herald Press, 1992), 166

니라 공동체적 관점의 윤리의 중요성을 강조한다.[29]

예수 그리스도 안에서 자신을 계시하신 하나님의 구원이 십자가의 죽음과 부활로 말미암아 그 절정에 도달하여 새로운 세상을 창조하였다면, 십자가로 말미암은 하나님의 새로운 창조는 그 복음의 윤리를 구현해 내는 신앙 공동체를 통해서 가시화되며 신약성경의 복음과 윤리에 관한 메시지는 바로 이 세 가지 초점 이미지를 통과함으로 신앙 공동체가 처한 상황에 맞게 새롭고도 꾸준히 적용될 수 있다는 것이다.

이 세 가지 초점 이미지 중에서 특히 공동체를 세우는 설교와 관련하여 주목할 것은 바로 설교의 적용점이 개인 윤리가 아니라 공동체적인 윤리로 구체화되어야 한다는 점이다. 신앙 공동체를 세울 목적으로 기록되었던 신약성경에 등장하는 다양한 윤리적 명령들 속에서 하나님의 말씀다운 통일성과 일관성을 확보하려면 이 윤리들을 개인 윤리가 아니라 공동체 윤리라는 렌즈를 통과하여 적용해야 하듯이,[30] 오늘날의 설교를 통해서도 내면적인 갈등을 해결한 개인이 아니라 하나님의 구원을 향한 신앙 공동체를 세우려면 그 설교의 적용점 역시 개인적인 적용점으로서의 윤리가 아니라 공동체 전체가 함께 이행할 적용점을 제시해야 한다.

7. 나가는 말

이상으로 현대 설교학과 설교 강단을 짓누르고 있는 개인주의 설교의

---

29 Richard Hays, 『신약의 윤리적 비전』, 307-316.
30 Richard Hays, 312.

문제점을 비판하면서 그 대안으로 설교의 본래 목적인 하나님 나라 백성 공동체의 부흥과 활성화를 위한 설교학적인 관점의 토대를 모색하였다. 이사야 선지자를 통해서 말씀하시는 하나님의 말씀의 능력과 영광은 오늘날의 무기력한 개인주의 설교와는 전혀 다르다.

> 비와 눈이 하늘에서 내려서는 다시 그리로 가지 않고 토지를 적시어서 싹이 나게 하며 열매가 맺게 하여 파종하는 자에게 종자를 주며 먹는 자에게 양식을 줌과 같이, 내 입에서 나가는 말도 헛되이 내게로 돌아오지 아니하고 나의 뜻을 이루며 나의 명하여 보낸 일에 형통하리라(사 55:10-11).

하나님의 입에서 나간 하나님의 말씀의 뜻은 온 세상을 구원하는 것이다(요 3:16). 온 세상의 구원을 위하여 이 땅에서 하나님이 사용하시는 도구가 바로 주님의 몸된 교회의 부흥과 활성화이다. 개인주의의 늪에 빠진 한국교회와 강단이 공동체 활성화를 추구하는 설교를 통하여 세상을 변화시킬 수 있는 강력한 능력을 공급받는 공동체로 거듭날 수 있기를 기대한다.

| 08 |
설교신학과 설교환경의 상관관계

1. 들어가는 말 – 예배신학과 예배 환경 사이의 균열

신학적 전통에 따라 기독교 예배(christian worship)를 다양하게 정의할 수 있다. 개신교 예배학자 폴 훈(Paul W. Hoon)은 기독론에 근거하여 "예수 그리스도 안에서 자신을 계시한 하나님의 계시(God's revelation)와 그에 대한 인간의 응답(human response)"으로 예배를 정의한다.[1] 폰 알멘(Jean-Jaques von Allmen)도 이와 유사한 관점에서 그리스도의 구속사관에 기초하여 "인류 역사 속에 개입하신 예수 그리스도의 구속 사건을 재현(recapitulation)하는 것"으로 예배를 정의한다. 독일의 루터교 신학자 피터 부르너(Peter Brunner)는 "회중에 대한 하나님의 봉사와 하나님께 드리는

---

1 제임스 화이트, *Introduction to Christian Worship*, 정장복, 조기연 역, 『기독교예배학 입문』(서울: 예배와설교아카데미, 2000), 24-31.

회중의 봉사"라는 이중적인 관점에서 예배를 정의한다.

이렇게 다양한 예배의 정의에서 공통적으로 발견될 수 있는 핵심 요소는 바로 삼위 하나님과 인간 양자 간의 만남의 사건이다. 기독교 예배에 대한 다양한 정의들은 교회 역사 속에서 기독교 신학의 발전을 계기로, 또는 예배자의 하나님 이해가 성숙하고 발전하는 과정에서 정리된 경우도 있고, 예배자가 처한 문화적 특성이 예배에 대한 정의에 반영된 경우도 있으며, 바르지 못한 예배를 경계하려는 신학적 성찰을 계기로 정립된 경우도 있다.

그런데 기독교 예배를 올바로 정의하고 이해하려는 노력 속에서 함께 고려해야 할 것은, 기독교 예배에 대한 이해나 인식은 실제로 예배가 진행되는 예배 현장의 물리적 환경과 밀접한 관련을 맺고 있다는 사실이다. 유한하고 가시적이며 물질적인 인간과 무한하고 비가시적이고 초월적인 하나님과의 만남의 사건은, 그 예배 현장을 구성하는 물질적인 예배 환경들(예, 교회 건축물, 성구, 배너, 예배 비품 등등)과 뗄 수 없는 필연적인 관계를 맺고 있다. 기독교 예배에 대한 인식이나 예배신학이 예배 환경을 결정하기도 하고, 반대로 예배 환경이 예배에 대한 인식에 영향을 미치기도 한다. 삼위 하나님에 대한 예배의 이해나 예배신학은 구체적인 예배 양식이나 예배 환경 조성에 직접 영향을 준다.

반대로 구체적인 예배 양식을 따라 예배 사건에 참여하거나 특정한 예배 환경 속에서 예배를 경험하다보면 기독교 예배란 바로 이런 것이라는 나름의 예배 이해에 도달하게 되고 그러한 경험과 이해가 모여서 예배신학이 정립되기도 한다.[2]

---

2   예배신학과 예배 환경의 밀접한 상호 관계에 대해서 종교개혁자들 중에 칼빈과 루터는 대조

이렇게 예배신학(또는 예배 이해)과 예배 환경의 밀접한 연관성은 하나님과 인간의 만남 사건의 이중성 때문이다. 예배 현장에서 예배 참여자는 하나님만을 만나는 것이 아니라 인간과도 만난다. 예배학자 제임스 화이트(James White)도 "하나님과 인간의 수직적인 만남은 인간과 인간의 수평적인 만남 가운데에서 일어난다"고 말한다.[3] 이렇게 하나님과의 수직적인 만남이 인간끼리의 수직적인 만남 가운데 일어나기 때문에, 하나님과의 만남에 대한 예배 이해와 예배신학은 자연히 인간과 인간끼리의 상호 만남 가운데에서 일어나는 문화나 주변 환경으로부터 영향을 받을 수밖에 없다.

예배의 역사를 보더라도 하나님의 주권과 인간의 순종을 중시하는 종교개혁자들의 예배관은 하나님의 말씀 선포와 그에 대한 인간의 적극적인 순종을 부각시키는 말씀 예배 중심의 예배 환경을 만들어냈다. 즉 장방형 예배 공간의 중심부에 하나님의 주권적인 뜻과 의지를 선포하는 설교단을 위치시키고 그 뜻을 듣고 순종해야 할 나머지 회중들은 장방형의 공간에 가만히 앉아서 설교 메시지를 청취하는 수동적인 반응을 유도하는 예배 환경이 조성된 것이다. 하나님과 인간의 만남 사건에 대한 예배학적인 이해가 결국은 예배 환경을 결정한 셈이다.

또 말씀 예배 중심의 예배 환경과 달리 정방형이나 원추형 예배 공간의 중심에는 성찬대가 위치하고 있으며 회중석 역시 설교단 하나만을 바라

적인 입장을 취했다. 루터는 성경이 분명하게 금지하지 않는 형식들을 예배 환경에 자유롭게 사용할 수 있다는 입장을 취했지만, 칼빈은 성경이 분명하게 언급하지 않는 것은 자유롭게 사용할 수 없다는 입장을 취했다.

3 James White & Susan White, 정시춘 역, 『교회건축: 예배공간디자인을 위한 새로운 논의』(서울: 정주건축연구소), 10.

보는 일방향의 고정좌석이 아니라 부채꼴 형태나 원형 예배 공간 속에서 제단에 집중되는 형태로 배치되어 있으며 다양한 방향으로부터 성찬대나 제단에 자유롭게 접근이 용이한 형태로 구성된 예배 환경이라면—처음 참석하는 초신자나 오랫동안 참석하는 신자에 관계없이—그런 환경에서 진행되는 예배를 통해서 경험하는 하나님과의 만남의 사건은 설교 중심의 예배 이해와는 사뭇 다를 수밖에 없다. 이런 예배 환경을 통한 하나님과의 만남의 사건은 좀 더 참여적이고 자발적이며 적극적이고 공동체적일 수밖에 없다는 뜻이다. 결국 예배 환경이 예배 이해를 결정한 셈이다. 이렇게 예배신학과 예배 환경은 필연적인 관계를 맺고 있는 까닭에, 올바른 기독교 예배를 이해하고 정의하려는 신학적인 작업은 사변적이고 추상적인 논쟁에 멈추어서는 안 되고 그 예배신학에 부합한 예배 환경을 구성하려는 프락시스(praix)로 이어져야 한다.[4]

예배신학	예배 환경
설교신학	설교단 모양, 배치, 회중석과의 관계
성만찬신학	성찬상, 빵, 포도주, 분병 분잔 방식
찬송신학	회중의 기립, 성가대 의자나 복식, 교창
기도신학	회중석 배치, 무릎받침대
코이노니아신학	회중석 배치, 상호 접근 방식
Lex Credendi 신앙의 법	Lex Orandi 기도의 법
Second Order Description	First Order Language

〈표 1〉 예배신학과 예배 환경의 상호관계

---

4 프락시스(praxis)는 이론과 유리된 실천(practice)과 달리 올바른 이론(정론, ortho-theory)에 대한 탐구와 올바른 행동(정행, ortho-practice) 사이의 지속적인 상호 작용으로 구성되며, 비평적인 성찰에 기초한 행동(critically reflected action)으로 정의할 수 있다.

그래서 고든 래이드롭(Gordon W. Lathrop)과 같은 예배학자는 3부로 구성된 『거룩』(Holy Things: A Liturgical Theology)에서 예배신학을 다룰 때, 예배신학(Part I, Patterns: Secondary Liturgical Theology)과 예배 환경(Part II, Holy Things: Primary Liturgical Theology), 그리고 예배신학의 목회적 적용(Applications: Pastoral Liturgical Theology)의 3차원으로 구분하여 예배신학을 다루고 있다. 종말론을 예배신학에 도입한 돈 셀리어스(Don E. Saliers) 역시 『신학적 예배』(Worship as Theology: Fortaste of Glory Divine)에서, 조셉 시틀러(Joseph Sittler)가 제안한 '교의(教義)와 찬송'의 이중구조로서의 'Dogma & Doxa'의 틀을 참고하여 예배에 대한 신학적 성찰로서의 예배신학과 실제 예배 활동 및 환경의 상호 관계 속에서 예배에 대한 인식의 지평을 펼치고 있다.

예배신학과 예배 환경(또는 실제)의 통합을 주장하는 예배학의 논의에 비추어 볼 때, 현재 한국교회 예배 환경에 대해서 다음과 같은 비평적인 질문들을 던져 볼 필요가 있다.

현재 한국교회 예배 환경은 예배신학을 충분히 반영하고 있는가? 거꾸로 현재 예배 환경은—굳이 말이나 어떤 명제로 설명하지 않더라도—예배 참가자들에게 기독교 예배에 대한 올바른 이해와 하나님과의 만남의 사건으로 회중들을 인도하기에 충분하고 효과적인가? 현재의 예배 환경(예, 예배 비품 활용 방식이나 성구 배치)은 목회자나 평신도들이 가지고 있는 예배 이해와 충돌하거나 괴리감이 있지 않은가? 예배신학이나 예배 이해는 'A'라는 특정 신학으로 정리되어 있음에도 불구하고 실제 예배 환경으로부터 예배 참가자들이 얻는 예배 경험이나 예배 이해는 여기에서 이탈되어 'A'와 거리가 먼 'B'에 도달하는, 신학과 실제의 괴리감 문제는 없는가?

이런 질문들에 대해서 현재 한국교회의 예배 환경은 기독교 예배신학과 부적절한 갈등 관계에 있거나 양자 사이의 괴리감을 인정할 수밖에 없다. 예를 들어 예배에 회중의 능동적인 참여를 배제시키거나 목회자 혹은 설교자 한 사람이 주도하는 현재 한국교회 예배 환경은, 결국 하나님과 예배 참가자들 간의 자발적인 만남을 매개하기 보다는 수동적인 회중들이 하나님과 목회자 또는 설교자 혼자 주도하는 하나님과의 만남의 사건을 멀리서 구경하고 참관하는 결과를 초래하는 경우가 적지 않다.

예배신학과 예배 환경이 긴밀한 상호 관계를 맺어야 하며 더 나아가서 예배 환경은 예배신학에 따라서 마련되고 조성됨으로써 예배신학의 목표를 달성하도록 안내해야 함에도 불구하고, 현재 한국교회 예배 현실 속에서는 예배신학과 예배 환경 양자 간에 밀접한 연관성을 발견하기 어려울 뿐만 아니라 오히려 왜곡된 형태의 예배 환경이 그릇된 예배 이해를 낳고 있는 현실 속에서, 본고에서는 특별히 말씀 예배와 성구 배치의 문제를 집중적으로 조명하면서 예배신학과 예배 환경의 괴리감 문제를 극복할 수 있는 단초를 마련하고자 한다.

이를 위해서 이 글의 앞부분에서는 예배신학 중에서 특별히 예배의 일부분을 차지하는 설교에 대한 신학적 이해가 어떻게 설교단과 회중석의 상호 배치에 관한 예배 환경 조성에 영향을 주게 되었는지를 유형별로 정리함으로써 예배신학과 예배 환경의 밀접한 연관성 내지는 상호 괴리감이 말씀 예배 속에서는 어떻게 나타나는지를 파악하고자 한다.

그 다음에 말씀 예배의 신학적 목표가 "하나님의 구원 역사 속에 펼쳐진 하나님 나라를 증언하고 재현함으로써 회중으로 하여금 현재 진행중인 하나님의 구원에 올바로 반응하고 순종하는 공동체를 세워가는 것"이라면 이러한 설교신학의 궁극적인 목표를 달성하는데 가장 효과적인 예배 환경을 조성하기 위해서 고려해야 할 사항들에 대해서, 그리고 설교와 관련하여 설교단과 회중석의 배치는 어떠해야 하는지에 대해서 살펴보고자 한다. 말씀 예배와 성구 배치의 밀접한 연관성을 정리함으로서 좀 더 커다란 주제인 예배신학과 예배 환경의 긴밀한 연관성을 이해하는 데 단초를 제공하고자 한다.

2. 설교자와 설교단의 이미지

미국의 소설가이자 수필가이며 시인이었던 허먼 멜빌(Herman Melville, 1819-1891)이 근대 미국 문학사에 불후의 명작으로 남긴 『모비 딕』, 혹은 『백경』(Moby Dick)이라는 소설 속에는 흥미로운 설교단이 등장한다. 포경선이 모여 있는 뉴베드포트 항구에 위치한 "고래잡이 교회"의 매플 목사가 사용하는 설교단(pulpit)은 '포경선의 뱃머리'(pulpit, 포경선의 작살을 발사하는 상자 모양의 단) 모양을 하고 있으며, 매플 목사가 이 설교단에 오를 때에는 바다에서 작은 보트로부터 큰 배로 오를 때 사용하는 줄사닥다리(Jacob's ladder)[5]를 사용하여 등단한다.[6] 그리고는 마치 다른 이들은

---

5 문자적으로 '야곱의 사닥다리'라는 뜻을 가진 제이콥스 래더(Jacob's Ladder)는 선박용 줄사닥다리를 가리킨다.

6 Pulpit of Seaman's Bethel, New Bedford, Mass.

감히 이 설교단에 오를 수 없다는 듯이 자기가 올라간 줄사다리를 한 단씩 정성들여 걸어 올린 다음에 뱃머리 모양의 설교단에 선다. 뱃머리 모양의 설교단에서 성경을 들고 서 있는 설교자의 모습, 또는 설교 환경은 이미 그 자체로 회중들에게 무언의 메시지를 전달한다.

즉 이 세상이란 항해 중인 한 척의 배이며 목사의 설교단은 거친 세상을 헤쳐 가는 사람들에게 고난의 파고를 이기며 앞으로 나아갈 방향을 제시해 주는 안내 표지판이자 그럴 힘과 용기를 부여하는 사령탑이라는 뜻이다. 뱃머리처럼 생긴 설교단은 그 설교단에 선 설교자와 그 설교단 주변에 모인 회중들에게 그 자리는 어떤 자리이며 그 설교단 주변에 모인 자신들의 정체는 무엇이며 그 설교단 주변에서 무슨 일이 일어나야 하는지에 대한 기대감까지 무언으로 웅변한다. 즉 설교단이라는 말씀 예배의 환경이 설교를 통한 말씀 사건(Word-event)에 관한 설교신학을 지원하며 강화하며, 설교단의 모양과 배치가 설교에 대한 신학적 이해에 영향을 미치고 있는 셈이다.

그래서 마이클 호튼도 "말씀과 성만찬의 중요성을 강조하는 교회 건축 형태나 예배 환경은 극장이나 공연장과 같은 교회 건축 형태를 따르는 예배 환경에서 전제하고 있는 것과 전혀 다른 신학적 지향점을 반영한다"고 하면서 설교신학과 설교 환경의 밀접한 상관관계를 지적한다.[7]

이렇게 설교단의 모양과 배치가 설교 행위에 대한 신학적 이해에 영향을 미치거나 반대로 설교에 대한 독특한 신학적 이해에 따라서 설교단의 모양과 회중석 간의 배치가 결정된다면, 설교신학과 설교 환경 또는 설교

---

7   Michael Horton, *A Better Way: Rediscovering the Drama of God-Centered Worship* (Grand Rapids: Baker Books, 2002), 174.

신학과 설교단 배치의 밀접한 상호관계는 구체적으로 어떻게 나타나고 있는가? 설교신학과 설교환경의 밀접한 상호 관계를 파악할 수 있는 한 가지 방법은, 설교자의 이미지에 대한 설교학적인 유형 분류 방식을 참고하는 것이다. 설교신학과 설교환경의 긴밀한 연관성에 대해서 토마스 롱은 이렇게 말한다.

> 만약 목회자가 '목자'로서, 혹은 '선지자'나 '돕는 조력자', '전도자', 혹은 '치료자'로서의 이미지를 가진다면 이러한 목회의 이미지들은 그들의 목회의 어떤 요소를 강조하게 하기도 하고, 어떤 요소에 대해서는 관심을 적게 갖도록 하기도 할 것이다. 그들은 그 이미지가 요구하는 방식으로 말하며 행동할 것이다.[8]

설교자가 자기 스스로를 누구로 이해하는지에 대한 설교자의 자기 이해를 담고 있는 이미지는, 설교가 무엇인지에 대한 설교신학에 근거할 뿐만 아니라 설교단의 형태나 배치, 그리고 회중석과의 상호 배치에까지 영향을 주기 마련이다. 따라서 설교자를 유형별로 분류함으로써 말씀 예배에 대한 신학적 이해와 설교단 배치와 같은 설교 환경의 상호 관계를 유형별로 정리할 수 있는 단초를 마련하고자 한다.

최근 설교학자들은 설교자에 대한 이미지를 다양하게 분류하고 있다. 예를 들어 토마스 롱(Thomas Long)은 왕의 전령(herald)과 목양자(pastor), 이야기전달자(storyteller), 그리고 증인(witness)의 네 가지 이미지를 활용

---

8 Thomas Long, *Witness of Preaching*, 정장복, 김운용 공역, 『증언으로서의 설교』(서울: 쿰란출판사, 1998), 32.

하여 '설교 행위의 의미'에 관한 설교신학을 전개하고 있다.[9] 마이클 퀵(Michael Quicke)은 설교의 역사에 등장한 다양한 설교자들의 유형을 정리하면서 앞의 토마스 롱이 언급하는 전령과 이야기전달자와 아울러 교사형 설교자와 귀납법적인 설교자의 네 가지 이미지로 설교자들을 간략하게 분류한다.[10]

설교자에 대한 이상의 다양한 이미지들은 결국 설교를 구성하는 핵심적인 구성요소로서의 ① 하나님과 ② 성경, ③ 설교자 그리고 ④ 회중의 네 가지 구성요소들 중에서 설교자를 나머지 세 가지 요소들 중에서 특별히 어떤 요소와의 관계를 더욱 중요시하느냐에 따라서 그 이미지가 강조된다.

첫째, 살아있는 하나님의 말씀의 요소를 강조하는 입장에서 설교자의 이미지를 고려하는 경우에 그 말씀을 직접 대언하는 전령(herald)이나 하나님의 대변인(spokesman of God), 하나님과 인간 사이를 중재하는 중재자(mediator), 혹은 사자(使者, messenger)와 같은 이미지를 강조하게 되고, 이런 이미지들 속에는 자연히 그 이미지를 지지하는 설교신학으로서의 '살아계신 하나님의 말씀을 직접 대언한다'는 자의식이 깔려 있으며 또한 이러한 설교이해는 자연히 설교단의 형태나 크기 또는 배치 방식에도 영향을 주기 마련이다.

둘째, 설교의 신학적 및 영적 권위의 근거는 성서에 기초하고 있는 까닭에 성서를 올바로 해석하고 정확하게 전달해야 하는 과제를 중시하는 경우에는 설교자의 이미지를 성서해석자(interpreter)나 교사(teacher), 교육가

---

9 Thomas Long, 32-89.
10 Michael Quicke, "설교의 역사", 헤돈 로빈슨 편, 전의우 역, 『성경적인 설교와 설교자』(서울: 두란노, 2006), 84-85.

(educator), 신학자(theologian, L. Lischer), 혹은 선지자(prophet, Calvin Miller)의 이미지를 강조한다.

셋째, 설교 현장에 동참하는 회중의 적극적인 동참과 체험을 강조하는 경우에는 의사소통자(communicator, Calvin Miller)나 웅변가(orator, Rodney Kennedy), 대화 참가자(dialogue partner, L Rose), 이야기를 들려주는 사람(storyteller, E. Steimle), 시인(poet, W. Brueggemann), 또는 회중의 내면세계에 그림을 걸어주는 큐레이터(curator, W. Wiersbe, T. Troeger)의 이미지로 설교자를 설명한다.

이렇게 다양한 설교자의 이미지 속에는 설교자에 대한 독특한 신학적 이해가 담겨 있을 뿐만 아니라 그 이미지에 어울리는 독특한 설교단의 형태나 설교 환경을 결정하는데 영향을 줄 것이다. 본고에서는 이렇게 다양한 각각의 설교자 이미지 속에 들어 있는 고유한 설교신학과 이를 지원해 줄 설교단의 형태나 배치 문제를 모두 다루지 않고 하나님과 성서, 교회, 청중의 네 요소 중의 하나를 집중적으로 강조하는 설교자의 이미지에 제한하여 전령(하나님)과 교사(성서), 목자(교회), 이야기전달자(청중)의 네 가지 이미지를 중심으로 설교신학과 설교환경의 상호 관계를 살펴보고자 한다.

3. 하나님의 말씀을 대언하는 전령형 설교자와 성구 배치

설교의 역사에서 살아계신 하나님의 말씀을 대신 전하는 전령(傳令, Herald)의 이미지는, 분명한 성서적 근거를 가지고 있을 뿐만 아니라 유구한 설교 역사 속에 불꽃처럼 등장한 걸출한 설교자들을 통해서 확고하게 정착되었다. 하나님의 말씀을 대언하는 전령형 설교자의 이미지는 먼저 성서 속에서 다양하게 발견된다. 살아 역사하는 하나님을 직접 만나고 그로부터 들은 말씀을 전달하기 위하여 영광의 광채를 가리기 위하여 수건을 둘러쓰고 백성들 앞에 선 모세의 선지자적 이미지나 그 후로 등장한 구약의 여러 선지자들의 이미지, 그리고 신약시대 예수의 복음을 전하기 위하여 유대인들과 이방인들 앞에 선 사도들의 이미지가 전령형 설교자의 이미지를 뒷받침한다.

전령형 설교자 이미지는 자신의 말씀을 대언하도록 특별히 소명을 받은 ① 설교자의 소명의식을 강조할 뿐만 아니라 ② 설교 현장에서의 하나님의 현존성, 그의 말씀을 대언하는 ③ 설교의 신적인 권위, 설교하는 장소는 하나님의 말씀이 선포되는 공간이기 때문에 특별히 거룩하고 귀중한 공간이라는 ④ 설교단의 성역화, ⑤ 그리고 회중의 일방적인 수용성을 강조한다.

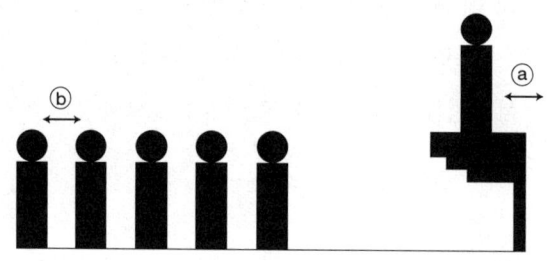

〈그림 1〉 전령형 설교자의 성구배치

전령형 설교자의 이미지 속에는 설교자 스스로가 자신의 존재와 직무를 이해하는 자기이해의 핵심으로서 하나님의 말씀을 대언하도록 하나님으로부터 부름을 받은 대언자라는 소명의식이 자리하고 있다. 왕의 메시지를 전달하는 사명을 부여받은 전령은 결코 자기 마음대로 전령의 직무를 감당하지 않았고 위로부터 내려온 명령에 근거하여 전령의 직무를 감당하는 것처럼, 전령형 설교자는 하나님의 말씀을 전달하라는 분명한 소명의식에 근거하여 설교직을 감당한다. 또한 전령형 설교자의 이미지 속에는 메시지만 전해주고 사라지는 하나님이 아니라 설교 현장에서 설교자의 대언활동을 통해서 살아 역사하시는 하나님의 현존성에 대한 확신도 자리하고 있다.[11] 그리고 회중은 그 설교 현장에서 조용히 하나님의 말씀을 받들어 경청해야 한다는 회중의 수동적인 수용성을 강조한다.

전령형 설교자의 이미지에 담긴 이러한 설교신학은 자연히 이러한 관점에 어울리는 설교단의 형태나 배치 방식을 결정한다. 〈그림1〉은 전령형 설교자의 이미지에 담긴 설교신학을 반영하는 설교단의 형태나 설교단 배치 방식을 보여준다. 전령형 설교자의 이미지는 설교자가 말씀을 대언하도록 하나님으로부터 보냄을 받았음을 시각적으로 보여줄 수 있는 설교단의 형태나 배치를 요구한다. 하나님으로부터의 파송이라는 설교직의 신학적 의미를 시각적으로 표현하는 한 가지 방식 중의 하나는 설교자가 설교단에 접근하는 과정을 회중석으로부터 분리시키는 것이다.

그래서 18,9세기의 서구 교회의 설교단이나 한국의 6,70년대 설교단은, 회중의 진입 방향(ⓑ)과 전혀 다른 방향(ⓐ)으로부터 또는 전혀 다른 길, 예를 들어 강단 뒤쪽으로 마련된 작은 문을 통해서 발코니 형태의 설교단이나 탑 모양의 설교단으로 나아가도록 설계된 경우들이 많다. 또는 회중이 입장하기 전에 이미 설교자가 설교단에 등단하여 기다리도록 설계된 경우나 또는 설교나 예배가 끝나고 설교자가 회중석 사이로 내려오지 않고 설교단이나 강단 뒤로 사라졌다가 교인들과의 파송 인사를 위하여 교회

---

11 Thomas Long, 『증언으로서의 설교』, 34.

문 앞에 다시 등장하도록 설계된 경우도 있다. 그렇게 함으로써 설교자는 회중으로부터 구별된 하나님의 세계로부터 회중들을 향하여 하나님의 말씀을 선포하도록 보냄을 받은 자라는 이미지를 부각시키려고 하였다.

전령형 설교자의 이미지를 부각시키는 설교 환경 중에는 설교단에 접근하는 방법이나 그 방향을 회중과 구분하는 것뿐만 아니라 설교단 자체가 회중석과 공간적으로 분리되는 경우도 있다. 강단 전면이나 측면의 벽에 고정된 발코니 형태의 설교단이나 또는 강단 주변에 화려하게 돌출된 첨탑형 설교단은 회중석과 공간적으로 분리된 형태로 설교자의 영적 권위를 현저하게 부각시킨다. 그렇게 함으로써 설교자는 설교 현장에서 위에 계신 하나님의 말씀을 대언하는 자라는 신학적 의미를 강조한다. 또한 의사소통의 파트너인 회중은 설교단 아래에서 침묵하면서 하나님의 음성을 귀 기울여 경청해야 한다는 의미를 담고 있다. 그리고 전령은 하나님으로부터 특별히 구별되어 파송된 하나님의 대리인이며 그가 설교하는 장소는 하나님의 말씀이 선포되는 거룩한 장소이기 때문에, 일반 신자들은 접근해서는 안 된다는 설교단의 성역화(sanctification of the pulpit) 작업도 이러한 맥락에서 더욱 강화된다.

전령형 설교자의 이미지를 강조하는 설교단의 형태나 배치 방식은 설교를 '살아있는 하나님의 말씀을 선포하는 것'으로 이해하는 교단이나 신학적 전통 속에서 쉽게 발견된다. 왼쪽의 사진은 화란개혁파(Dutch Reformed)에 속한 뷰포트웨스트 모교회(Beaufort West Mother Church, South Africa)에서 사용 중인 설교단이다. 또 오른쪽의 두 사진은 뷰포트웨스트 교회와 동일하게 화란개혁파(Dutch Reformed)의 신학적 전통을 따르는 스텔렌보쉬 모교회(Stellenbosch Mother Church, South Africa)의 설교단이다.

첨탑형 설교단 앞에는 장로나 부교역자가 예배 인도나 사회 및 광고 시간에 사용하는 조그만 독서대와 세례반이 마련되어 있으며 설교단 뒤편에는 설교자나 예배 사회자용 의자가 있으며 그 뒤 2층 공간에는 성가대석이 위치하고 있다. 설교 시간에 설교자는 조그만 계단을 따라서 설교단에 오르면서 뒤에 달린 작은 문을 닫음으로써 하나님으로부터 부름받은 설교자만이 배타적으로 설교단에 오를 수 있다는 상징적인 의미를 전달한다.

이렇게 화려한 설교단 역시 회중석 앞에 우뚝 솟아 있으며 설교자는 뒤쪽에 설치된 계단을 따라서 설교단으로 올라가서 회중을 내려다보면서 메시지를 전한다. 성찬식이 포함된 예배인 경우에는 설교자는 설교가 끝나고 아래로 내려와서 성찬상에 진열된 떡과 포도주를 직접 분병하고 분잔함으로써 하나님과 신자들의 사이에 서서 하나님의 말씀과 은혜를 신자들에게 전달해주는 전령의 이미지를 부각시킨다.

하지만 전령형 설교자의 이미지에 담긴 신학적인 의도를 강조하는 설교단과 설교 환경에 전혀 문제가 없는 것이 아니다. 전령형 설교자의 이미지를 강조하는 성구 배치가 초래할 수 있는 문제점들로는 ① 하나님의 말씀으로서의 설교의 영적 권위의 근거에 대한 오해, ② 회중과의 적극적인 의사소통에 대한 노력의 부재, ③ 설교 사건에 대한 회중의 적극적인 참여가 차단되는 약점이 있다.

첫째, 전령형 설교자의 이미지를 부각시켜 주는 성구 배치로부터 야기될 대표적인 문제점은, 하나님의 말씀 선포로서의 설교의 영적 권위의 근거를 하나님의 말씀인 성서로부터 설교자로 오해할 소지가 있다는 점이다. 설교가 하나님의 말씀으로서의 영적 권위를 확보할 수 있는 이유는, 회중 앞에 높이 솟은 화려한 설교단이나 그렇게 높은 설교단에서 설교자가 발휘하는 카리스마 때문이 아니라, 칼 바르트의 지적과 같이 예수 그리스도의 위임과 더불어 성서의 하나님의 말씀이 선포되고 있기 때문이다. 즉 성서의 하나님 말씀이 설교단에서 소홀히 여겨진다면 아무리 화려한 설교단도 아무리 유능하고 현란한 설교자의 언변도 소용없다.

둘째, 전령형 설교자로 하여금 회중의 상황을 이해하고 그들의 영적인 필요를 적극적으로 충족시켜 주려는 목회자적인 노력을 소홀하게 만들 수 있다는 점이다. 전령형 설교자에게 가장 중요한 것은 하나님의 말씀을 선포하는 자로 하나님으로부터 직접 부름을 받았다는 자의식과 그 설교 현장에 만왕의 왕이신 하나님이 직접 임재하신다는 확신이다. 이러한 확신이 지나치게 강하다보면 회중의 상황과 영적 필요를 이해하고 그들에게 필요하고 적합한 해답을 제시하려는 노력을 소홀히 하기 쉽다.

셋째, 설교자와 회중 사이의 소통으로 발생하는 설교 사건에 회중이 적극적이고 능동적으로 참여할 여지를 은연 중에 배제시킬 수 있다는 점이다. 전령형 설교자에게 가장 중요한 것은 하나님의 말씀이며 이 말씀을 −일점일획도 가감하지 않고− 그대로 전달하는 것이 최우선의 과제이다. "회중이 어떻게 효과적으로 듣는가?"에 관한 고민은 그리 중요하지 않다는 뜻이다. 전령형 설교자가 설교단에서 하나님의 말씀만을 편협하게 강조하는 중에 그 말씀 선포를 통해서 일어나는 회중과 하나님 간의 만남의 사건에 대화참가자로 참여하는 회중의 적극적인 청취의 가능성에 대해서 소홀하기 쉽다. 또한 전달형 설교자와 높이 솟은 설교단은 설교의 영적 권위의 출처로서의 성서의 가치를 잠식할 뿐만 아니라 평신도는 근접할 수 없는 설교 자리의 차별성 때문에 자칫 성직자 우월주의를 조장할 우려가 있다.

4. 성서의 말씀을 설명하는 교사형 설교자와 성구 배치

설교신학과 설교단의 형태나 배치의 상호관계에 대한 두번째 유형은 교사형 설교자의 이미지로부터 찾아볼 수 있다. 교사형 설교자란 설교에서 가장 중요한 과제는 회중에게 하나님의 말씀이 기록된 성서 본문의 의미를 올바르고 명확하게 이해시키는 것이라고 여기는 설교자를 의미한다. 전령형 설교자 역시 성서 본문을 선포하는 것의 가치를 중요하게 인식하지만, 교사형 설교자는 설교 시간에 현존하는 하나님의 직접적인 임재에 대한 확신보다는 오히려 하나님의 말씀이 기록된 성서 본문의 의미를 회중들의 지성을 깨우침으로써 분명하고 명확하게 이해시켜야 한다는 목표의식이 더 강하다.

〈그림 2〉 교사형 설교자와 성구 배치

〈그림2〉는 교사형 설교자의 이미지를 반영하는 성구 배치를 기호화한 것이다. 교사형 설교자의 성구 형태나 성구 배치를 결정하는 것은 회중이 설교자가 설명하는 성서 본문의 의미를 얼마나 명료하게 들을 수 있는가 하는 가청성(audiability)과 이해가능성이다. 설교자가 회중 앞(이나 또는 비교적 높은 자리)에 서는 이유도 순전히 설교 메시지의 가청성이나 이해가능성에 관한 기능적인 이유들 때문이다.

교사형 설교자는 전령형 설교자와 달리 회중과 전혀 다른 세계에 살고 있는 설교자 자신의 영적 권위를 강조할 필요가 없다. 회중이 설교자에 대해서 기대하는 것도 자신들과 전혀 다른 세계에 살면서 자신들을 대신하여 하나님의 말씀을 듣고 자신들을 위해서 그 말씀을 전해주는 설교자가 아니다. 회중이 교사형 설교자에게 기대하는 것은 성서의 말씀을 전문적으로 연구하고 깨달은 교사가 회중들에게 그 본문의 의미를 충분히 설명하여 회중이 그 말씀을 자주적으로 깨닫고 순종하도록 하는 것이다. 설교를 통해서 제시된 성서의 말씀에 대해서 회중이 어떻게 순종하는가 하는 문제는 부차적이다. 그래서 설교단과 회중석에서 설교자와 회중의 만남은 설교라는 극히 짧은 시간에 성서 해설과 이해 활동을 중심으로 설교 시간에 만났다가 헤어질 뿐이다.

〈그림 2〉에서 설교자가 강단 뒤쪽의 계단을 따라 설교단에 오르고 내리는 모습은, 설교 현장에서 설교자와 회중이 함께 하나님의 말씀 사건에 접근할 때 서로 다른 입장에서 접근하고 있음을 나타낸다.

설교의 영적 권위를 성서로부터 확보하는 것은 설교신학적으로 매우 바람직하지만 그렇다고 설교자의 이미지를 영적인 교사에 국한시킬 경우에도 문제가 없지 않다. 설교사건이 교사형 설교자의 이미지로 지나치게 함몰될 경우에는 ① 주지주의(intellectualism)적인 신앙 조장과, ② 신앙 공동체의 영적인 지도자로서의 목회적 리더십 상실을 우려할 수 있다.

설교단 앞에 모인 회중들이 설교자와 설교단으로부터 기대하는 것은 단순히 성서의 메시지를 해설해 주는 차원을 넘어서 신앙 공동체의 영적인 리더이자 목자로서 인격적인 책임을 함께 지고서 설교 메시지를 전해 주는 것이다. 하지만 설교가 교사형 설교자의 이미지에 국한되는 경우에 설교자와 회중의 인격적인 상호 교감과 공동체적인 연대감은 실종되기 쉽다. 설교단과 회중석의 배치가 단순히 성서 본문의 의미를 해설해주고 그 본문의 의미를 이해하는 차원에 머무른다면, 설교 사건을 통해서 신앙 공동체를 세우며 이 공동체를 통해서 이 땅에서 하나님 나라를 증언하는 설교의 본질이 흐려질 수 있다.

5. 회중을 인도하는 목자형 설교자와 성구 배치

설교신학과 성구 배치의 상호 관계를 보여주는 또 다른 설교자의 이미지는 목자(Pastor)형 설교자이다. 목자형 설교자의 이미지는 랜달 니콜스(J. Randall Nichols)가 주장하는 바와 같이 "교인들의 사적인 관심사에 깊이 관여하면서 그들의 필요를 충족시켜 주고 돌봐주는 설교자"의 모습을 강조한다.[12] 목자형 설교자는 설교단에서 회중의 개인적인 필요를 하나님의 말씀으로 돌보고 위로할 뿐만 아니라 공동체 전체의 영적 필요를 파악하고 이를 말씀으로 처방하는 역할을 강조한다.

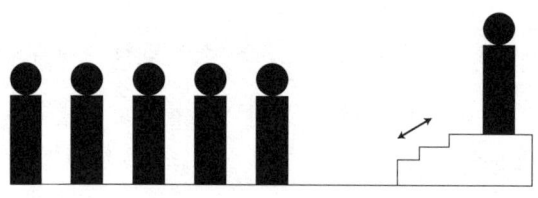

〈그림 3〉 목자형 설교자와 성구 배치

〈그림3〉은 목자형 설교자의 이미지를 반영하는 성구 배치를 기호화한 것으로서, 교사형 설교자의 경우와 비슷하지만 설교단과 회중석의 관계에서 상호 접근성을 더욱 중요시한다. 설교단과 회중석 사이의 물리적인 환경 속에서 설교자와 회중의 상호 연대감을 중시할 뿐만 아니라, 설교가 포함된 목회 사역 전반에서 회중과 설교자의 상호 연대감과 일체감을 중시한다. 설령 목자형 설교자의 이미지에서 설교단이 회중석보다 높거나 또는 예배 공간 속에서 설교단이 단연 돋보이더라도, 그 이유는 주로 설교의 가청성 때문이며, 설교자가 설교 시간이나 예배 시간에 발휘하는 영적 권위는 회중과 전혀 다른 세계에서 오직 설교자만이 접하는 하나님의 말

12　J. Randall Nichols, *The Restoring Word: Preaching as Pastoral Communication* (San Francisco: Harper & Row, 1987), 16.

쏨을 선포하기 때문이 아니라 설교자와 동일한 하나님의 백성들인 회중을 영적으로 돌보며 치유하고 그들을 한 발자국 앞서 인도하기 때문에 나타나는 영적 권위이다.

이렇게 설교자의 권위가 설교 행위나 설교 사건 그 자체에 국한되지 않고 목회 사역 전반에 의존하기 때문에, 설교단의 형태나 기능은 전령형 설교자의 경우에 비해서 그리 화려하거나 높이 치솟는 형태가 아니다. 또 교사형 설교자의 설교단 배치에 비하여 좀 더 회중의 세계에 쉽게 동화되는 친근한 이미지를 담고 있다. 물론 목자형 설교자가 사용하는 설교단의 외형적인 크기나 모양이 전령형 설교자의 설교단에 비하여 좀 더 수수한 형태를 취할 수도 있겠지만, 설교 시간에 회중이 목자형 설교자와 설교단으로부터 느끼는 친숙한 이미지는 단순히 설교단의 외형적인 형태 때문만이 아니라 어떤 설교단이든 결국 설교자가 그 자리에서 품어내는 하나님과 신앙의 세계가 회중의 입장에서는 좀 더 자신들의 영적인 입장이나 처지를 돌보고 배려해주기 때문에 느끼는 정서일 것이다.

그런데 토마스 롱(Thomas Long)에 의하면 목자형 설교자에게도 몇 가지 설교학적인 단점이 있다. 대표적으로는 청중과의 연관성(relevance)에 집착하느라 복음의 급진성과 변혁적 능력을 간과할 수 있다는 점과, 둘째로 설교가 회중 개개인의 필요와 문제 해결에 집중되면서 복음의 공동체성이 간과되고 복음이 사사화(privatization of the gospel)되는 결과가 빚어질 가능성이 높다는 점이다.

먼저 목자형 설교자는 회중 개개인의 영적 및 목회적 필요에 대응하는 차원에서 설교 메시지를 전하다보니 회중 상호간의 공동체적 참여나 공동체 전체의 헌신이 배제되기 쉽다. 이런 경우에 예배 형태 역시 회중 전체의 공동체적인 참여와 헌신을 이끌어내지 못하고 목자형 설교자가 제시하는 개인적인 메시지를 개별적으로 수납하고 설교가 끝나면서 예배도 끝나고 흩어지는 형태가 되기 쉽다. 물론 예배에서 회중의 공동체적인 참여와 헌신을 배제시키는 설교 양식이 꼭 목자형 설교자에게서만 발견되는 것은 아니다. 하지만 목자형 설교자가 회중 개개인의 사적인 문제나 필요만을 중요시한다면, 그러한 전제가 깔린 예배나 설교 현장에서는 신앙공동체 전체 속에서 회중 상호간의 적극적인 참여와 공동체적인 헌신은 기대하기 어려울 것이 분명하다.

6. 하나님의 이야기를 들려주는 이야기전달자(Storyteller)와 성구 배치

설교신학과 성구 배치의 상호관계를 엿볼 수 있는 마지막 유형은 하나님의 이야기를 들려주는 이야기전달자로서의 설교자의 이미지이다. 최근 설교학에서는 인간 설교자와 인간 회중 사이의 의사소통의 일종인 설교를 설교자가 회중에게 일방적으로 메시지를 전하는 일방향 의사소통(one-way communication)이 아니라 쌍방향 의사소통(two-way communication)으로 이해하려는 시도들이 활발하게 진행 중이다. 그리고 그러한 쌍방향 의사소통의 핵심에는 이야기식 설교(narrative preaching)를 통한 하나님의 이야기와 인간의 이야기가 상호 결합되는 사건이 자리하고 있다. 이야기전달자로서의 설교자의 역할은, 무엇보다도 성서가 일관되게 증언하고 있는 하나님의 구원사에 관한 이야기를 성서로부터 전해 듣고 그 이야기 속에서 하나님의 구원 역사를 목격한 다음에 그 이야기를 설교 사건에서 다시 구연함으로서 회중으로 하여금 그 이야기 속에서 펼쳐지는 하나님의 구원 역사에 동참하며 자신들과 교회와 세상을 변화시키는 자리로 나아가도록 한다. 설교를 하나님의 이야기를 구술하는 것으로 이해할 때 중요한 것은 이야기 사건에 대한 회중의 적극적이고 능동적인 동참이다.

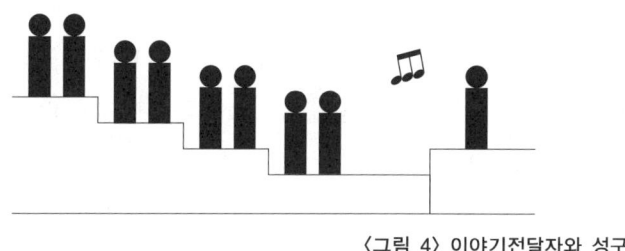

〈그림 4〉 이야기전달자와 성구배치

다음 그림은 설교 사건에 회중의 적극적인 동참을 이끌어내기 위한 설교단과 회중석의 배치를 시각화한 것이다. 이야기전달자의 이미지를 부각시키려는 의도가 담긴 성구 배치의 장점은 의사소통의 일종인 설교 사건에서 회중의 위치와 역할을 적극적으로 수용한다는 점이다. 앞에서 살펴본 전령형 설교자의 이미지를 강조하는 성구 배치에서 회중은 거룩하신 하나님이 임재하시는 설교 현장에서 조용히 수동적으로 침묵해야 할 것을 강요받는다. 설교 사건에 회중은 다만 수동적인 말씀 수용자로서만 참여할 뿐 회중이 말씀을 어떻게 적극적이고 효과적으로 들을 수 있는지에 대한 적극적인 배려는 찾아보기 어렵다.

하지만 이야기전달자의 설교 사건에서는 하나님의 이야기가 인간의 이야기 속에서 어떻게 결합되는지, 그리고 인간의 이야기가 어떻게 하나님의 이야기 속으로 흡수되는지를 각자가 생생하게 체험할 수 있도록 하는 것이 중요하다. 이를 위해서 설교자는 하나님의 이야기를 담은 성서의 세계 뿐만 아니라 인간의 이야기를 담은 회중의 세계를 적극적으로 이해해야 할 뿐만 아니라, 실제 설교 사건에서도 회중의 세계를 하나님의 세계로 끌어들이기 위한 적극적인 노력이 요청된다.

그러한 노력의 일환으로서 설교자는 높은 설교단 위에서 내려와 회중과 눈높이를 맞추어야 하고 회중석 역시 이야기가 구연되는 공연 현장에 적극적으로 참여할 수 있도록, 교실형 배치가 아니라 공연장 형태로 혹은 부채꼴 형태로 배치된다. 그렇게 함으로써 하나님의 구원사에 관한 이야기는 저 머나먼 세상 너머에 있는 이야기가 아니라 치열하게 몸부림치는 회중의 삶과 밀접한 관련을 맺고 있으며 설교 사건을 통해서 회중이 적극적이고 감동적으로 체험하는 가운데 그 하나님의 이야기와 만날 수 있음을 강조한다.

하지만 이야기전달자로서의 설교자의 이미지와 그런 이미지를 반영하는 성구 배치도 지나친 경우에 문제가 발생한다. 즉 회중과 세상을 변화시키는 단초를 제공하는 설교 사건의 가치가 회중의 체험 한 가지에 의하여 결정될 수 있다. 설교 사건은 회중의 삶의 가치와 정당성이 하나님의 구원에 관한 이야기 속에서 용납되고 공인되는 시간이 아니라 하나님의 구원에 관한 이야기로 말미암아 회중의 이야기가 새롭게 변혁되는 진통의 사건이다. 토마스 롱이 이야기식 설교에 대하여 경고하는 바와 같이, 회중이 설교 시간에 얼마나 감동적인 신앙적 경험을 가졌는가에 의해서 설교가 평가되면 체험을 중시하는 감정주의와 인간의 체험을 가치판단의 기준으로 삼는 인본주의의 길을 열어줄 수 있다.[13] 이런 이유로 이야기전달자로서의 설교자의 이미지는 하나님의 말씀으로 회중의 삶과 세상을 변혁시

---

13 Thomas Long, 『증언으로서의 설교』, 73.

키려는 의도를 중시하는 전령형 설교자의 이미지에 의하여 그 약점이 보완되어야 한다.

이상으로 네 가지 설교자의 이미지를 동원하여 설교신학과 설교환경의 밀접한 상호 관계를 살펴보았다. 결국 설교자가 자신의 설교 사역의 목표와 자신이 감당해야 할 설교의 사명을 어떻게 이해하느냐에 따라서 그런 목표를 반영하는 설교 환경을 선호하게 되고, 그러한 설교신학에 따라서 설교 환경이 형성되며 설교단과 회중석이 배치된다는 점을 살펴보았다. 그렇다면 올바른 설교신학과 그에 따른 바람직한 성구 배치는 어떤 것일까?

이 문제의 해답을 얻으려면 설교에 대한 다양한 신학적 입장들을 분석 검토해야 할 뿐만 아니라, 그 신학적 목표를 달성하는데 가장 효과적으로 도움되는 설교단의 형태나 회중석의 배치에 영향을 주는 회중의 시대적, 예술적 및 문화적 취향은 무엇인지, 그리고 그러한 시대적, 예술적, 및 문화적 취향에 대한 교계의 공감대는 어느 정도 형성되어 있는지를 체계적이고 종합적으로 논의해야 하며 이는 본고의 한계를 넘어서는 것이다.

본고에서는 올바른 설교신학과 바람직한 성구 배치의 상호 관계를 이해하는 한 가지 요소로서 설교신학에 어울리는 "특별한 목적으로 구별된" 설교단과 성구 배치의 필요성에 대해서 살펴보고자 한다. 이를 위해서 먼저는 설교단의 성역화가 어떻게 시작되었는지에 대한 역사적 과정을 간략하게 정리하고 이어서 하나님의 말씀을 선포하는 자리에 걸맞게 특별한 목적으로 구별된 설교단의 필요성에 대해서 살펴보고자 한다.

7. 설교단의 성역화

앞에서 살펴본 전령형 설교자의 이미지를 부각시키는 첨탑형 설교단의 형태와 배치에 대한 최근 초신자들의 반응은 "설교자가 강단 위에서 자신들을 내려다보면서 이야기하는 방식"이 마음에 들지 않는다는 것이다.[14]

이렇게 화려하게 치장되어 회중석 앞에서 높이 치솟아 분리된 설교단에 대해서 다음과 같은 질문이 자연스럽게 떠오른다. "하나님의 말씀을 대언하는 설교 사역"에 적합한 설교단의 형태나 배치는 꼭 이렇게 화려해야 하고 회중석과 뚜렷하게 구별되어야만 하는가? 다른 설교 환경으로는 하나님의 말씀 대언이라는 설교의 영적 권위를 효과적으로 담아낼 수 없는가? 이런 설교단의 기원은 어디에서 비롯된 것일까? 예수나 사도들이 사용했던 설교단도 이처럼 화려하게 회중들 앞에서 높이 치솟았을까? 신약성서에서 예수와 그의 사도들은 오늘날과 같은 설교단을 아예 사용하지 않았거나(마 5:1), 사용하더라도 발코니 형태의 설교단이나 첨탑형 설교단에서 느낄 수 있는 전령형 설교자의 영적권위를 강화하려는 목적보다는 회중의 가청성(可聽性)을 최우선으로 고려했을 것으로 추정할 수 있다.[15]

그렇다면 화려한 설교단에서 발견되는 이러한 설교단의 성역화는 교회 역사 속에서 어떻게 시작된 것일까? 교회 역사 속에서 설교단의 성역화 과정은 예배 공간(또는 예배 환경)의 성역화 과정과 밀접하게 결부되어 있

14　Dan Kimball, *The Emerging Church*, 윤인숙 역, 『시대를 리드하는 교회』(서울: 이레서원, 2007), 168-9.
15　예수께서 다시 바닷가에서 가르치시니(막 4:1), 예수께서…회당에 들어가사 성경을 읽으려고 서시매(눅 4:16), 예수께서 한 배에 오르시니 그 배는 시몬의 배라 육지에서 조금 떼기를 청하시고 앉으사 배에서 무리를 가르치시더니(눅 5:2).

다. 하나님과 인간 사이의 만남의 사건이 일어나는 예배 공간이 세상의 속된 공간과 특별하게 구별된 곳이라는 예배 공간 또는 성전의 성역화 과정은, 구약의 이스라엘 역사 속에서 이를 지지하는 입장과 반대하는 입장 사이에 첨예하게 대립되어 왔다.

대표적으로 예루살렘에 건축된 성전은 하나님과 그의 백성 이스라엘을 중재하는 특별한 공간으로서 세상의 다른 공간과 구별된 거룩한 장소라는 인식이 구약시대 유대인들의 마음 속에 자리하고 있었다. 하지만 그 성전을 완공하고 드리는 솔로몬의 기도 속에도 하나님은 인간의 손으로 만든 그 성전 공간 속에 갇힐 수 없는 분이라는 인식이 분명히 확인되고 있다.[16] 또한 성전제일주의와 자기 중심적인 제의의 늪에 빠진 이스라엘 백성들에 대한 선지자들의 준엄한 책망(예, 사 1:10-17) 속에서도 인간이 만든 건물로서의 성전은 결코 하나님과 인간의 만남을 자동으로 중재해 줄 수 없다는 예배 공간의 한계의식을 분명히 확인할 수 있다.

구약시대 성전이 하나님과의 만남을 중재하는 특별한 예배 공간으로 존중되었다고 하더라도 이미 바벨론 포로기를 계기로 예루살렘 성전이 무너지고 이스라엘이 포로로 끌려간 고대 근동 지역에 유대인들의 회당이 세워지면서 이러한 특별한 공간의 성역화 작업은 상당 부분 위축될 수밖에 없었고, 더욱 결정적으로는 예수의 부활과 초대교회의 탄생으로 예배 공간의 성역화에 대한 인식 자체가 일순간 사라진다.[17]

그 결정적인 이유는 하나님의 현존을 체험하는 특별한 공간이자 장소로

---

16 하나님이 참으로 땅에 거하시리이까 하늘과 하늘들의 하늘이라도 주를 용납지 못하겠거늘 하물며 내가 건축한 이 전이오리이까(왕상 8:28).
17 눅 24:53에서 예수의 부활 직후 예루살렘 교회가 성전이라는 특별한 공간에 따로 모여 하나님을 찬송하였다는 내용에 대해서는 별도의 주해가 필요하다.

서의 성전은 예수의 부활을 자신의 운명으로 확신하고서 하나님 나라의 도래를 소망하면서 함께 모인 신자들의 모임으로 극적으로 선회하였기 때문이다. 그래서 구약에서는 특정한 장소와 공간을 세속과 구별하여 거룩한 공간으로 존중하였다면, 신약에서는 특별한 장소와 공간에 대한 성역화를 거부하고 오히려 예수의 죽음과 부활을 자신의 운명으로 받아들이고 모인 특별한 신자들의 모임 자체를 세상과 구별된 거룩한 존재들로 존중하였다.

특별한 장소가 중요한 것이 아니라 특별한 존재들의 모임 그 자체가 중요한 것이다. 그래서 예수의 부활 이후 생겨난 초대 교회 시대에는 특별한 장소와 공간에서 하나님을 만나기 때문에 그 예배 환경을 거룩하게 별도로 구별시켜야 한다는 예배 공간의 성역화는 전혀 꿈도 꿀 수 없었다.

하지만 주후 313년 콘스탄틴의 극적인 회심 사건으로 교회 건물이 세워지면서 예배 환경에 상당한 변화가 일어나기 시작하였고 이는 곧 예배신학에도 상당한 변화를 초래하였다. 알렉산더 슈메만(Alexander Schmemann)에 의하면 기독교가 예배 공간을 성역화하기 시작한 계기가 콘스탄틴의 기독교 회심 때문이라고 한다.[18] 기독교의 보급에 적극적이었던 콘스탄틴 대제는 로마나 동아시아와 팔레스타인 지역에 여러 교회 건물을 세우고 또 이 공간에 대해서 특별한 종교적 경건심을 표시함으로써 이후의 기독교 예배에서 교회 건물 안에서 진행되는 예배 행위에 특별한 종교적 의미를 부여하는 전통이 확립되기 시작하였다. 원시 기독교와 비잔틴 시대 기독교 예배 공간에 대한 인식의 변화에 대해서 심층적으로 연

---

18 Alexander Schmemann, *Introduction to Liturgical Theology* (New York: St. Vladimir's Seminary Press, 2003), 113-8.

구한 프랑스의 역사학자 앙드레 그라바르(Andre Grabar, 1896-1990) 교수에 의하면 이러한 변화의 계기는 두 가지 때문이라고 한다.

첫째, 콘스탄틴 대제 이후로 교회 건물을 세울 때 기독교가 따라야 할 모델 건물이 없는 상황에서 당시의 공공집회 장소나 또는 이교적인 제의의 목적으로 활용되었던 바실리카(Basilica)가 그 첫번째 계기이다.

둘째, 기독교의 순교자들이나 성인들의 무덤 또는 이들이 현현한 곳으로 알려진 장소에 이들을 기념하는 교회가 세워짐으로써 교회 건물과 예배 공간의 성역화가 시작되었다고 한다. 비잔틴 시대에 기독교 순교자들이나 성인들의 무덤 또는 이들의 현현과 관계된 장소에 교회 건물이 세워지고 점차로 예배 공간 속에 성인들의 무덤이나 유품이나 유물들이 들어오면서, 점차로 교회 건물과 그 안에서 진행되는 예배 공간은 세속의 공간과 구별된 특별한 공간으로서 그 안에 들어와 예배에 참여하는 자들을 거룩하게 만들어 준다는 의식이 점차 기독교 예배 속에 자리하기 시작하였다는 것이다.[19] 그리고 성인들의 무덤이나 유물들이 있는 자리에서 함께

---

19 H. Thurston에 의하면 3세기 중엽 이전까지는 기독교 예배에서 성인과 순교자들에 대한 존숭의 태도를 입증할만한 자료들을 발견하기 어렵다고 한다. 하지만 콘스탄틴 대제에 의해서 기독교가 공인되고 4세기 중엽을 거치면서 이교적인 장례 의식이 자연스럽게 기독교 안으로 흡수되기 시작하였고 이교적인 장례의식에서 신들에게 드리던 제사는 성체 봉헌으로 대체되었으며 무덤에서 망자에게 베풀던 잔치 역시 기독교식의 애찬으로 전환되었다고 한다. 원시교회가 박해를 거치면서 다수의 순교자들을 배출하게 되었는데 H. Thurston에 의하면 순교자와 성인들의 무덤 위에 세워진 기념 교회당 안에서 진행되는 예배 시간에 이들 성인과 순교자들에게 기도하는 관습이 기독교 예배 안으로 흡수되면서 이교시대의 영웅숭배와 같은 현상이 나타난 것은 신학이나 논리의 문제이기 이전에 본능적인 문제였다고 한다. 즉 기독교인들에게조차 죽음의 문제는 두려움의 대상이었으며 순교자들은 승리 가운데 죽음을 극복하고 하나님의 품으로 갔으며 그들의 생명이 죽음을 넘어 하나님께 온전히 열납된 것은 전혀 의심의 여지가 없어 보였다. 그리고 그들의 무덤 곁에서 그들에게 남은 자들의 안녕을 위하여 도움을 구한다는 것은 지극히 본능적이고 자연스러운 일이었다는 것이다. 그 결과 4세기 후반에 동서방 기독교인 사이에서는 성인을 향한 직접적인 기원이 충분히 용인되었으며 크리소스톰이나 제롬, 어거스틴, 암브로시우스와 같은 교부들 역시 당시의 이러한 관습이 이미 확립되었음을

진행되는 성만찬 의식은 이러한 의식을 더욱 강화해 주기에 충분하였다.

물론 콘스탄틴 대제의 영향력으로 예배 공간의 성역화가 어느날 갑자기 시작되었던 것은 아니다. 콘스탄틴 대제가 도처에 교회 건물을 세우면서 예배 공간에 대한 성역화 작업을 진행하던 비슷한 시기에 활동하던 크리소스톰(John Chrysostom)은 "십자가와 강도"(On the Cross and the Robber)라는 설교에서 "그리스도께서 강림하셨을 때…그는 온 땅을 거룩하게 하셨으며 모든 장소를 기도하기에 합당한 장소로 만드셨다. 그러므로 만일 여러분이 어떻게 온 땅이 드디어 거룩한 성전이 되었는지를 알기 원한다면…"[20]이라고 하면서 예배 공간의 성역화에 대하여 경계하는 입장을 분명히 나타냈다.

하지만 콘스탄틴 대제가 주도했던 교회 건물 안의 예배 공간의 성역화 작업은 주후 415년에 기독교 최초의 순교자였던 스데반의 유물이 발견되면서 더욱 가속화되었다. 이후로 순교자나 성인의 유물이 없는 교회에서는 이들의 유물에 대한 향수와 아울러 종교적 경건심을 자극할 목적으로 모조품을 만들거나 성경에 등장하는 인물들에 대한 성상이나 성화, 또는 이콘들이 예배 환경에 첨가되면서, 예배 참가자들이 세속적인 공간과 전혀 다른 거룩한 예배 공간을 통해서 하나님과 만나거나 그 분의 은혜를 받아 누릴 수 있다는 예배 공간의 성역화가 한층 강화되었다.

순교자나 성인들의 무덤이나 유물이 교회 건물 안으로 들어오면서 먼저 교회 건물의 성역화가 진행되었고 그 교회 건물 안에서도 회중석과 달리 사제가 성찬을 집례하고 말씀을 선포하는 성소(chancel)이나 성찬상

나타내는 증거들을 보여준다고 한다. Cf., H. Thurston, "성인과 순교자" 『기독교대백과사전 9권』(서울: 기독교문사, 1980), 172-182.
20 Alexander Schmemann, 115.

주변, 또는 사제가 성찬을 집례하는 중간에 거양성체하는 자리, 또는 회중석과 분리된 주교좌(cathedra)와 같은 특정한 장소에 대한 성역화가 뒤따르게 되었다. 교회사 속에서 화려한 설교단의 등장도 이러한 맥락에서 이해할 수 있다.

C. 포크니(C. E. Pocknee)에 의하면 설교자나 성서낭독자를 위해서 돌이나 나무로 높이 세운 설교단(pulpit)이나 독서대(ambo)가 일반화된 것은 중세기 후반부터라고 한다.[21] 6세기 이전에는 사제 공간에 위치한 주교좌(cathedra)에서 설교하거나 회중 공간과 사제 공간을 분리하는 칸막이 뒤의 높은 자리가 설교단으로 사용되기도 하였다.

콘스탄틴 대제 이후로 교회 건물로 많이 도입된 바실리카의 일반적인 형태는 장방형의 회중을 위한 공간과 장축의 끝부분 동쪽으로는 반원형의 후진(後陣, 또는 엡스, apse)이 위치한다. 엡스 부분은 주로 사제들을 위한 공간으로서 중앙에 주교의 자리가 위치하며 양편에 사제의 자리가 있고 그 앞이나 양측면에 설교단과 성찬상이 마련되어 있다. 또 6세기 이전에는 성찬예식 중에 복음서를 낭독하는 독서대(ambo)가 움직일 수 있는 형태로 만들어져 사용되다가, 6세기 이후에는 성소의 양측 벽에 부착되나 성소 가운데 고정된 형태로 발전하면서 예배에 비해서 좀 더 화려해지고 더 큰 고정형의 독서대가 점차 설교단으로 사용되기 시작하였고 12세기 경에는 거의 대부분의 교회에서 이러한 고정식 설교단이 사용되기에 이르렀다.

예배 공간에서 설교단이 차지하는 비중이나 그 중요성은 예배에서 성서에 기록된 하나님의 말씀 선포를 중시하는 종교개혁자들에 의해서 더

21　C. E. Pocknee, "강대", 『기독교대백과사전 1권』(서울: 기독교문사, 1980), 326-8.

욱 강화되었다.²² 종교개혁 직후에 개신교 설교자들은 전쟁이나 종교적 분쟁, 혹은 비용이나 시간의 문제 때문에 이전 중세시대의 교회 건물을 허물고 자신들의 예배신학적 입장을 잘 표현해 줄 수 있는 교회 건물을 새로 건축할 형편이 되지 못했다. 이런 상황에서 현실적인 대안은 기존의 중세 교회 건물을 수리하거나 개조하는 것이었다. 중세 시대의 미사가 희생 제사를 강조하며 사제와 회중을 분리시키고 회중의 참여를 배제시켰다고 비판했던 영국 국교회 당국자들은, 회중석과 제단을 통합하되 회중석은 설교단을 중심으로 그리고 제단은 성찬식을 거행하는 장소로 통합시켰다.²³

즉 이전 중세 시대에는 반원형의 후진(엡스) 내에 주교좌가 있었고 그 뒷면쪽의 성가대석 앞에 제단이 있었으며, 사제석을 회중석과 분리하는 강단 후면 칸막이에 설교단이 위치해 있었다. 하지만 종교개혁을 계기로 예배가 갱신되면서 사제석과 회중석을 분리하던 칸막이가 철거되고 설교단도 회중석으로 더 가까이 다가가게 되었고 성찬상에 대한 회중의 접근 역시 훨씬 더 자유롭게 되었다. 종교개혁 이후 17,8세기가 들어서면서 점차 예배에서 신비주의가 사라지고 회중의 가청성(audibility)이 중요해짐에 따라서, 자연히 사제들만의 배타적 공간으로 여겨졌던 제단이나 성소 대신에 크고 눈에 잘 보이는 설교단이 예배 공간을 점령하게 되었으며 이러한 설교단의 비중은 1,2차 대각성부흥운동과 청교도 설교 운동을 통해서 더욱 강화되었다.

그런데 종교개혁기에 부각되었던 화려한 발코니 형태의 설교단은 근대

22　Michael Horton, *A Better Way: Rediscovering the Drama of God-Centered Worship* (Grand Rapids: Baker Books, 2002), 173.
23　J. G. Davies, "교회건축양식", 『기독교대백과사전 2권』(서울: 기독교문사, 1980), 47.

부흥운동기를 거치면서 장방형 혹은 정방형 예배 공간에서 제단이나 성소의 비중이 약해지고 예배에 비하여 좀 더 아래로 내려오는 설교단을 중심으로 하는 중앙집중식 강당건축 방식이 확산되었다.[24]

이상으로 설교단의 성역화가 예배 장소의 성역화로부터 시작되었다가 신비주의적인 미사를 배격하고 말씀 선포를 중요시하는 종교개혁자들에 의하여 예배 공간에서 차지하는 설교단의 비중이 더욱 강화되었음을 간략히 살펴보았다.

8. 바람직한 설교단의 형태와 배치

오늘날 교회에서 활용되는 설교단의 중요성, 더 나아가서 평신도가 접근하기 어려운 장소로 이해하고 있는 설교단의 성역화의 저변에 이러한 예배 공간의 성역화 과정이 깔려 있었다면, 이제 이어지는 질문은 과연 "사역의 권리를 평신도에게 넘겨야 하는 제 2의 종교개혁이 일어나야 할 것!"을 부르짖는 "오늘날에도 이토록 화려한 설교단이 필요한가?"이다.

설교가 예수 그리스도의 성육신으로 구현된 하나님 나라를 지속적으로 선포하는 교회의 사건이라면 이 설교를 지원하는 설교단이나 성구들로 이루어진 예배 환경은 어떻게 배치되고 구성될 때 비로소 오늘날의 설교가 하나님 나라를 올바로 선포하는데 도움이 될 수 있을까? 어떤 설교단을 사용하며 성구를 어떻게 배치해야 설교의 목표를 더욱 효과적으로 달성할 수 있을까?

---

24 Michael Horton, 174.

설교단의 형태와 배치 방식은 예배신학에 기초해야 할 뿐만 아니라 예배 참가자들이 살아가는 당대의 문화적 환경도 함께 고려해야 한다. 특정한 형태의 설교단이나 배치 방식이 어떤 회중에게는 더욱 효과적인 반면에 또 다른 회중에게는 오히려 하나님의 음성을 듣는데 방해가 될 수도 있다. 그 이유는 특정한 형태의 설교단에 내포된 상징과 이미지의 파급 효과가 회중마다 또 시대마다 다르기 때문이다. 그리고 설교단에 내포된 상징과 이미지를 통해서 청중의 의식 세계 속에 구현되는 하나님의 이미지도 회중마다 시대마다 다를 수밖에 없다.

예를 들어 하나님의 말씀을 전하는 전령으로서의 설교자를 부각시키는 첨탑형 설교단이 어떤 회중에게는 거룩한 하나님의 세계로부터 들려오는 하나님의 음성을 더욱 확실하고도 분명하게 각인시키는 촉매제 역할을 하는 반면에, 또 다른 회중들이나 예배 참가자들에게는 오히려 설교자의 권위를 일방적으로 부각시키면서 청중의 수동성을 강요하는 듯한 느낌 때문에 설교사건 자체에 반발심을 불러일으킬 수 있으며 그 결과 설교를 통해서 구현되는 하나님과의 만남의 사건 자체가 침해를 당할 수도 있다. 21세기 북미권에 형성되고 있는 새로운 문화적 조류를 직시하면서 신세대에게 어필되는 예배의 방향을 모색하고 있는 댄 킴볼은 설교자의 위치를 부각시키고 있는 대부분의 교회 설교단의 배치에 대한 불신자들의 불편한 심기를 있는 그대로 전달해 주고 있다. 그는 교회를 방문하는 불신자들은 "설교자가 강단 위에서 자신들을 내려다보면서 이야기하는 방식"을 마음에 들어 하지 않는다고 지적한다.[25]

결국 특정한 형태의 설교단 자체가 문제가 아니라 그 특정한 형태의 설

---

25 Dan Kimball, 『시대를 리드하는 교회』 168-9.

교단이나 성구를 예배 인도자와 참가자가 어떠한 상징적인 의미를 가지고 사용하느냐 하는 의미와 해석의 문제가 더 중요하다고 볼 수 있다.

1) 구별된 공간의 필요성

그렇다고 설교단의 형태나 배치를 불신자들이 전혀 불편함을 느끼지 못하는 까페나 일반 공연장처럼 꾸밀 수도 없는 노릇이다. 교회의 설교단의 배치 방식이 일반 까페나 공연장의 배치와 같을 수 없는 가장 결정적인 이유는, 평범한 나무나 인조 재질로 제작된 설교단이 세상으로부터 들을 수 없는 하나님의 음성을 선포하고 듣는 자리로서의 제 기능을 감당하기 위해서는 설교단은 최소한 세속의 일반적인 공간과 구별된 자리라는 상징성이 그 설교단에 확보되어야 하기 때문이다. 거룩한 사건 또는 특별한 영적 사건이 일어나기 위해서는 일상적이지 않은 특별하게 구별된 공간이 확보되어야 한다.

거룩성을 잃어가고 있는 현대 문명과 현대 기독교의 한계를 예리하게 통찰하고 있는 닐 포스트만(Neil Postman)은 『죽도록 즐기기』(*Amusing Ourselves to Death*)에서 흥미와 오락 중심의 현대적인 대중매체의 대명사인 텔레비전이 거룩함을 핵심에 두는 기독교적인 예배와 결코 통합될 수 없는 근원적인 한계가 있음에도 불구하고, TV 복음전도자들(Televangelists)이 이 둘을 서로 결합시키려고 함으로써 현대 기독교가 거룩함을 잃어버리고 속화될 수밖에 없음을 다음과 같이 예리하게 지적하고 있다.

> 요점을 말하자면 텔레비전에는 진정한 종교적 경험을 할 수 없게 만드는 몇 가지 특성이 있다. 우선 텔레비전쇼가 경험되는 공간(예, 거실이나

안방)은 절대로 신성한 곳이 될 수 없다. 전통적인 예배의 필수 요건 가운데 하나는 예배가 이루어지는 공간이 어느 정도 성스러워야 한다는 것이다. 교회나 유태교회는 본래부터 종교 의식을 수행하기 위한 장소로 디자인되어 있다.…그렇다고 예배가 오로지 교회나 유태교회에서만 이루어질 필요는 없다. 무엇보다 정화된 곳이기만 하다면, 다시 말해서 불경스럽게 사용되는 곳만 아니라면 어디든 상관없다. 이것은 벽에 십자가를 걸거나, 테이블 위에 촛불을 밝히거나, 혹은 사람들 눈에 띄는 곳에 종교 문서를 놓음으로써 가능하다. 그러한 방식을 통해 체육관이나 식당이나 호텔방도 예배의 장소가 될 수 있다.

즉 약간의 공간-시간이 세속적인 사건의 세계를 벗어나 세상에 속하지 않는 현실 속에서 재창조되는 것이다. 그러나 이 같은 변환이 이루어지기 위해서는 어떤 행위의 규칙이 반드시 지켜져야 한다…우리의 행위가 속세를 초월한 그 공간의 상황과 일치해야 하는 것이다. 그러나 텔레비전의 종교 프로그램을 보고 있을 때 이러한 요건이 충족되는 경우란 별로 없다…만일 속세를 초월한 상황이 지닌 신비적이고도 상징적인 분위기에 몰두하지 않는다면 의미 있는 종교적 경험을 위해 요구되는 마음 상태를 가질 가능성은 별로 없다.[26]

설교신학과 설교환경은 떼려야 뗄 수 없다. 설교가 세상 밖에서 들을 수 없는 하나님의 구원 역사를 증언함으로써 하나님과 자아와 세상에 대한 새로운 이해 사건을 통해서 자아와 세상을 변화시키도록 인도하는 사

---

26 Neil Postman, *Amusing Ourselves to Death*, 정탁영 공역, 『죽도록 즐기기: TV시대의 사람. 사회. 담론』, (서울: 참미디어, 1997), 162.

건이라면, 이러한 설교 사건을 위해서는 반드시 이 설교 사건에 어울리는 설교 환경이 필요하다. 즉 설교가 세상에서 들을 수 없는 하나님의 구별된 메시지를 듣는 시간이라면 세상과 어느 정도 구별된 자리가 필요하다는 것이다. 이는 곧 영적 목적에 부합하는 특별한 환경 또는 특별한 공간이 필요하다는 뜻이다. 저명한 종교학자 엘리아데(Mircea Eliade)에 의하면 "종교적 인간에게는 공간이 균질하지 않다"고 한다.

> 종교적 인간은 공간 내부의 단절과 균열을 경험한다. 공간의 어떤 부분은 다른 부분과 질적인 차이를 보인다. "여기에 가까이 오지 마라. 네가 서 있는 곳은 신성한 땅이니 신을 벗어라"(출 3:5)라고 하나님은 모세에게 말씀하셨다. 거기에는 어떤 거룩한 공간, 그러므로 힘이 있고 의미가 있는 깊은 공간이 있고, 다른 한편에는 성스럽지 않은, 따라서 일정한 구조와 일관성을 찾아볼 수 없는 무형태의 공간이 있는 것이다. 종교적 인간은 성스러운 공간과 그 밖의 다른 공간, 그 주변을 둘러싸고 있는 무형태적인 넓은 공간 사이의 대립을 경험함으로써 이 공간의 비균질성을 알아내는 것이다.[27]

엘리아데는 평범하고 세속적인 일반적인 공간과 특별하고 구별된 의미있는 공간 사이의 비균질성을 경험하는 종교적 경험을 '세계의 창조'와 동일시한다. 거룩한 공간에 대한 경험을 세계의 창조와 동일시하는 이유는, 이 세상은 사람들이 이해하고 파악하며 통제 가능한 세상으로서의 코스모스와 이해할 수 없고 파악할 수 없으며 통제 불가능한 카오스로 이루어

27　Mircea Eliade, 이은봉 역, 『성과 속』(서울: 한길사, 1998), 55.

져 있으며 종교적 인간이 구별된 공간에서 공간의 비균질성을 경험함으로써 무한히 균질적인 공간 속에서 하나의 고정점을 획득하고 삶의 방향성을 정할 수 있으며 이러한 삶의 고정점과 방향성이 그 사람에게는 혼돈 속에서도 삶을 이어갈 수 있는 새로운 세상을 열어주기 때문이다.

> 성스러운 공간의 계시는 인간에게 고정점을 부여하고, 그리하여 혼돈된 균질성 가운데서 방향성을 획득하며 세계를 발견하고 진정한 의미에서 삶을 획득하게 된다.[28]

세속적이고 균질한 공간과 구별된 특별한 비균질적인 공간의 가치와 중요성에 대한 엘리아데의 통찰은, 세속적인 소리와 전혀 다른 하나님의 음성을 선포하는 설교 현장의 공간을 어떻게 구성해야 하는지에 대해서 시사점을 던져준다. 설교가 혼돈 가운데 있는 하나님의 백성들에게 하나님의 말씀을 전하여 그들의 삶에 대한 올바른 방향을 정할 수 있도록(orientation) 함으로써 이전의 혼란스러운 세상으로부터 벗어나며(disorientation), 한 걸음 더 나아가서 이전의 혼란스러운 삶을 새로운 세상으로 변화시킬 수 있도록(reorientation) 해야 한다.

이렇게 설교가 세상에서 들을 수 없는 하나님의 음성을 듣는 구별된 사건이라면, 그러한 설교 사건에 어울리는 구별된 공간과 구별된 자리로서의 설교 환경이 필요하다. 설교단과 설교 배치의 일차적인 기능과 가치는 그 자리와 공간에서 일어나고 있는 영적인 현상을 효과적으로 지원하고 촉진해 주어야 한다는 것이다. 바람직한 설교 사건을 위한 구별된 공간의

---

28 Mircea Eliade, 57.

필요성은 설교가 행해지는 예배 환경 자체가 이미 성례전적인 의미와 기능을 감당하고 있음을 이해할 때 더욱 분명해진다.

성례전(sacrament)은 어거스틴의 고전적인 정의에서 알 수 있는 바와 같이 "보이지 않는 하나님의 은혜를 매개하는 보이는 상징"(visible sign of invisible grace)"이다. 예배 환경을 구성하며 예배에 동원되는 다양한 물질적인 요소들, 세례식의 물이나 성만찬의 떡과 포도주는 삼위 하나님을 예배하며 그 분의 은혜를 선포하는 예배 현장에서는 더이상 세속적인 물이나 포도주가 되는 것을 멈추고 거룩한 하나님의 세계를 매개하는 기능을 감당한다. 예배 환경의 성례전적인 관점에서 볼 때 설교단 역시 세속 사회에서 사용되는 강단이나 교단, 혹은 식탁이나 책상으로서의 기능을 멈추고 설교자가 선포하는 하나님의 구원과 은혜를 매개하는 장소로서의 구별된 영적 가치를 획득하게 된다.

하나님의 은혜를 매개하는 자리로서의 성만찬 시간에 소용되는 떡과 포도주는 화체설적인 관점에서 그 속에 주술적인 신비한 요소가 내포되어 있기 때문에 소중하게 다뤄져야 하는 것이 아니라, 세상에서도 흔히 사용하는 떡과 포도주이지만 그 떡과 포도주를 그리스도의 이름으로 나누는 그 공간, 그 물리적인 자리에 그리스도께서 영적으로 함께 임재하시기 때문에 이러한 영적 목적을 위해서 사용되는 떡과 포도주를 소중하게 다루는 것이다. 마찬가지로 설교단 역시 세상에서 흔히 발견되는 나무나 철, 또는 플라스틱과 같은 인조 재질로 만들어졌지만 그 설교단에서 하나님의 권능 있는 말씀이 선포되며 하나님의 놀라운 구원의 세계가 펼쳐지기 때문에 그 설교단에는 일반 교탁이나 책상과 다른 "구별된 의미와 가치"를 부여하여 활용해야 한다.

2) 다기능적인 설교단

설교단을 중심으로 하는 설교 환경이 설교신학과 설교의 목적을 지원해주어야 한다면, 설교의 목적이 다양하거나 또는 설교의 목적이 매주 바뀔 때는 어떻게 해야 하는가 하는 실제적인 문제가 대두된다. 예를 들어 지난 주에는 목자형 설교자로서 회중의 영적 문제를 해결하고 싸매주고 치유하는 목회적인 설교를 전했지만, 이번 주에는 이야기전달자로서 하나님의 구원에 대한 감동적인 이야기를 전달하려거나 또는 세상의 변화를 위한 헌신의 자리로 이끄시는 하나님의 음성을 전령형 설교자의 입장에서 전달하려고 한다면 그 설교 목적에 걸맞는 설교단은 어떻게 준비할 것인가?

구체적인 설교단의 형태와 회중석의 상호 배치의 방식은 설교 현장에서 일어나는 설교 사건의 구체적인 지향점이 어떤 것인지, 예를 들어 회중의 현 상태에 대한 급진적인 조우(encounter)를 통한 변혁을 의도하는 것인지, 아니면 회중이 처한 현재의 고난에 대한 하나님의 위로의 메시지를 통해서 그들의 상처를 위로하고 감싸주며 회복시키려는 것인지에 따라서 설교단의 형태가 그 목적에 걸맞게 배치되고 조성되어야 할 것이다.

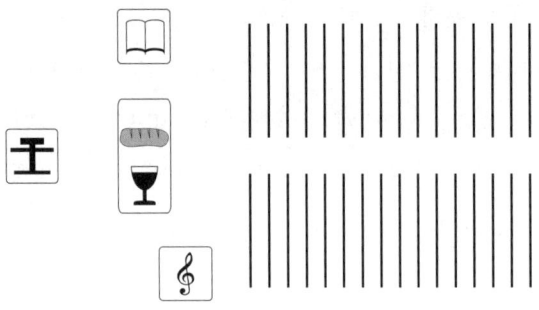

〈그림 5〉 장방형 예배 공간과 성구 배치

하지만 설교 목적에 맞게 매주 설교단 모양이나 배치 방식을 변경하는 것은 현실적으로 불가능하다. 그리고 설교자가 염두에 두고 있는 설교의 목적을 달성하는데 영향을 주는 설교 환경의 요소 중에서 꼭 설교단만이 가장 결정적인 영향을 미치는 것도 아니다. 앞에서 살펴본 네 가지 유형의 설교단이 각기 독특한 설교신학이나 설교자의 이미지를 담고 있지만 설교의 효과가 반드시 설교단의 형태나 배치에 의해서만 결정되는 것도 아니다. 오히려 설교단과 회중석의 복합적인 배치와 아울러 그 설교단에 선 설교자의 인격적인 영향력이나 설교의 구성의 형태(예, 3대지 설교 구성이나 이야기의 플롯에 의한 구성, 문제-해답의 구성 등등)에 의해서도 설교의 효과가 결정되기도 한다. 다음에 소개되는 이미지들은 예배 환경에서 설교단과 회중석의 상호 배치를 서로 비교한 것이다.

〈그림 5〉는 장방형 예배 공간 내에서 설교단과 회중석의 상호 배치 방식을 보여준다. 이러한 배치 방식은 전령형 설교자나 교사형 설교자의 이미지와 어울린다면 〈그림 6〉은 목자형 설교나 이야기전달자로서의 설교자의 이미지에 어울린다. 단순히 설교단의 형태 한 가지만이 아니라 다양한 성구들의 복합적인 배치 방식에 의하여 결정되는 예배 환경이 결국은 설교 사건에 영향을 줄 수밖에 없다는 것이다.

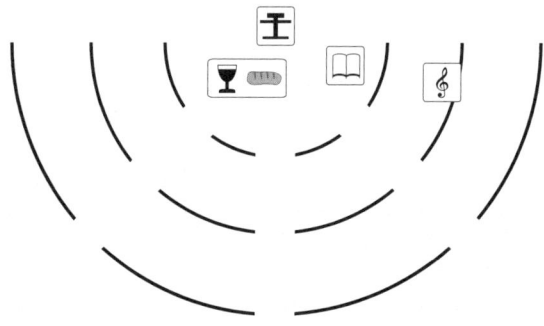

〈그림 6〉 장방형 예배 공간과 성구 배치

따라서 설교의 목적이나 설교의 효과를 어느 한 가지로 고정하지 않고 다양한 설교의 효과를 의도하는 설교자라면, 설교단과 회중석의 배치 역시 어느 한 가지 설교신학을 강조하는 방향으로 극단적으로 배치하지 않고, 다만 세상과 구별된 환경임을 충분히 각인시킬 수 있는 정도의 일반적인 설교단을 활용하되 그 때 그 때의 목적에 맞게 설교단 이외의 다른 설교 환경들을 적극적으로 활용하는 것이 효과적일 것이다. 예를 들어 대부분의 교회에서 널리 사용하는 교사형 설교자나 목자형 설교자의 이미지를 반영하는 설교단이라고 하더라도 다양한 소품들을 동원함으로써 그 설교단 주변의 설교 환경을 전령형 설교나 이야기식 설교를 충분히 전달할 수 있다.[29]

9. 나가는 말

이상으로 예배신학과 예배 환경의 상호 밀접한 연관성의 맥락에서 설교신학과 설교단의 상호 관계에 대해서 살펴보았다. 설교신학이 살아계신 하

---

[29] 설교단을 연극 공연장처럼 꾸밀 수 있느냐의 질문에 대한 설교학자들의 입장은 다양하다. 전령과 교사의 이미지가 결합된 설교자의 역할을 중요시하는 존 맥아더(John MacArthur Jr.)는 하나님의 말씀에 내포된 자체의 효과를 강조하면서 인간적인 의사전달 기법이나 강단에서 드라마 활용의 필요성에 대해서 경계한다. Cf.,"Frequently Asked Questions About Expository Preaching," in *Rediscovery Expository Preaching*, ed. Richard L. Mayhue (Dallas: Word, 1992), 345. 반면에 스티븐 매튜슨(Steven D. Mathewson)이나 제임스 헤플린(James L. Heflin), 그리고 오버스트릿(R. Larry Overstreet)은 강단에서 연극 소품을 활용한 연극적인 설교 전달 방법의 가치를 긍정한다. Steven D. Mathewson, "Guidelines for Understanding and Proclamation Old Testament Narratives," *Biblitheca Sacra* 154 (October-December 1997), 430 n. 98; Millard J. Erickson & James L. Heflin, 『건강한 교회를 위한 교리 설교』, 345-78; 『인물 설교 이렇게 하라』.

나님의 말씀 선포를 강조할수록 자연히 설교단은 회중과 구별되거나 회중석으로부터 분리되어 화려하게 부각되는 반면에 회중을 돌보시며 치유하시는 하나님의 구원에 관한 이야기를 강조할수록 설교단은 자연히 그러한 설교신학의 이해를 따라서 회중 가까이 접근한다는 것이다. 그렇다면 오늘날과 같이 예배 환경에서나 설교 사건에서 회중의 자율성과 주체성이 강화되는 문화적 상황 속에서 바람직한 설교단은 어떠해야 하는가?

설교자의 설교에 대한 신학적 이해가 다양하고 또 회중의 문화적인 견해가 다양하기 때문에 어떤 설교단의 형태나 배치가 바람직하다고 획일적으로 단정내릴 수는 없다. 하지만 종교적 인간에 대한 공간의 비균질성의 관점에서 볼 때, 설교자와 회중은 최소한 설교 환경이 자신들이 기대하는 설교신학을 담아내기에 충분한 것인지, 그리고 세상과 구별된 하나님의 음성을 듣는 자리라고 하는 구별된 의식을 담아낼 수 있는 구별된 공간과 구별된 환경이 충분히 조성되고 있는지에 대한 신학적 성찰이 필요하다.

그리고 이러한 진지한 반성과 성찰을 통해서 조성되는 설교 환경과 예배 환경이라면 이런 환경 속에서 진행되는 설교 실제와 예배 실제가 올바른 예배신학의 구현으로 이어질 것으로 확신할 수 있다. 설교신학과 설교단의 상호 연관성에 대한 논의를 통해서 올바른 예배 환경과 예배신학에 관한 논의들이 더욱 활성화되며 이를 통해서 올바른 예배신학을 지원해 줄 수 있는 예배 환경 조성과 성구 제작이 가속화될 수 있기를 기대한다.

Preaching Ministry to strengthen the Church

| 09 |
다차원의 사회적인 소통망 안에서 진행되는 설교목회

1. 들어가는 말

기독교의 설교는 하나님의 말씀의 선포(proclamation, preaching as kerygma)인 동시에 인간 설교자가 교회에 모인 회중들을 대상으로 하나님의 말씀에 대한 이해와 동의를 구하는 설득 예술(preaching as a persuasion art)이요 소통 행위(communication act)다. 기독교 설교는 하나님의 말씀의 선포라는 초월적인 차원과 회중과의 소통이라는 내재적인 차원을 동시에 포괄하기 때문에,[1] 설교실제(preaching practice)에 대한 이론적인 성찰을 추구하는 설교학이 두 차원을 균형 있게 고려하지 못하면 편향된 설교학을 전개할 우려가 있다. 하나님의 말씀의 선포와 회중과의 소통이라는 이

---

1 Charles L. Bartow, *God's Human Speech: A Practical Theology of Proclamation*, (Grand Rapids: W. B. Eerdmans Publishing, 1997).

중적인 차원을 함께 포괄하면서 발전해온 기존의 설교학은 21세기를 맞이하는 시점에서 회중 개개인의 심리적인 만족을 추구하는 개인주의적이고 심리주의적인 설교의 문제점에 직면해 있다. 그래서 일부 설교학자들은 개인주의적이며 심리주의적인 설교의 한계를 극복하기 위한 대안으로 교회론에 근거한 공동체 지향적인 설교학(community-oriented homiletics)을 모색하고 있다.

필자는 본 연구에서 회중과의 소통 행위로서의 설교를 일차원적인 소통 구조가 아니라 교회론의 관점에서, 특별히 유기적인 생명체로서의 회중을 대상으로 하는 소통 행위의 관점에서 효과적인 설교 사역의 방안을 모색하고자 한다.

이를 위해서 이 글의 앞부분에서는 먼저 일차원적인 소통 모델로부터 다차원적인 사회적 소통망 모델(multi-dimensional social communication network model)로 발전을 거듭해 온 커뮤니케이션 모델들(communication models)의 발전 과정을 간략히 정리할 것이다. 다차원적인 사회적 소통망 모델에 대한 이론적인 전거를 확보하기 위하여 위르겐 하버마스(Jürgen Habermas)의 의사소통합리성(communicative rationality)의 한계에 대한 대안을 제시하는 니클라스 루만(Niklas Lhumann)의 기능적인 시스템 이론(Funktionale Systemtheorie)에 근거한 소통이론에 대해서 고찰할 것이다. 이어서 교회론에 근거한 설교학과 소통 이론을 전개하기 위하여 체계이론의 연장선상에서 교회를 유기적인 생명체와 다차원의 사회적인 소통망의 관점에서 고찰할 것이다.

이러한 논의를 통해서 교회 내에서의 결정적인 소통행위로서의 설교가 다차원의 사회적인 소통망 안에 소통의 공진과 증폭을 일으킴으로써 궁극적으로는 교회가 하나님 나라의 구속 역사의 소명을 올바로 감당하는 전환점을 제공할 설교학적인 토대와 전략을 모색하고자 한다.

2. 신설교학의 개인주의적인 약점

루시 로우즈(Lucy Rose)는 자신의 설교학 박사학위 논문을 수정하여 출간한 『하나님 말씀과 대화 설교』(*Sharing the Word: Preaching in the Roundtable Church*, CLC)에서 지난 2천년의 역사 속에서 발전을 거듭해온 설교(학)을 전통적인 설교학(traditional homiletic)과 케리그마 설교학 (kerygmatic homiletic) 그리고 변혁적인 설교학(transformational homiletic)의 세 가지 설교학 모델로 정리하고 있다.[2] 전통적인 설교는 성경적인 진리를 연역식의 논리나 3대지 형태의 설교를 통해서 회중을 설득시키고 하나님의 말씀을 납득시키는 목적을 추구해왔다. 두번째로 등장한 케리그마 설교는 신약 성경에 등장하는 초대교회의 케리그마 메시지의 선포를 통해서 회중들로 하여금 살아계신 하나님과의 조우(encounter)를 경험하며 그 가운데 하나님의 음성을 듣도록 하는 목적을 추구한다.

마지막으로 1970년대 초반 프래드 크래독(Fred Craddock)의 귀납적 설교나 유진 로우리(Eugene Lowry)의 내러티브 설교를 중심으로 등장한 변혁적인 설교(transformative preaching)와 신설교학운동(New Homiletic Movement)은 회중이 설교의 소통 과정에 자발적이고 능동적으로 참여하여 자기 주도적으로 메시지에 대한 깨달음이나 감동적인 경험에 도달할 수 있도록 유도한다. 프래드 크래독의 귀납적 설교(inductive preaching)

2　Lucy Atkinson Rose, 『하나님 말씀과 대화설교』.

로부터 유진 로우리의 내러티브 설교(narrative preaching), 찰스 라이스(Charles L. Rice)나 에드먼드 스테임플(Edmund Steimle)의 이야기 설교(storytelling sermon), 그리고 데이비드 버트릭(David Buttrick)의 현상학적 설교(phenomenological preaching)를 관통하는 중요한 관심사가 바로 "청중의 자발적인 청취를 가능케 하는 메시지 전달 방법"이다.

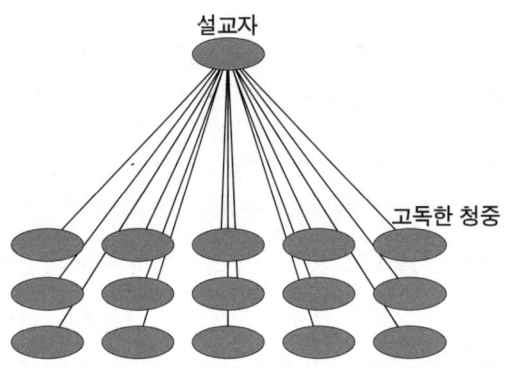

〈그림 7〉 전통적인 설교 소통 모델

그런데 신설교학의 여러 공헌에도 불구하고 간과할 수 없는 약점은 개인주의적인 소통 구조에서 발견된다. 신설교학에서 발견되는 개인주의적인 소통 구조(individualistic communication structure)란, 소통 행위로서의 설교가 소통의 목적을 기독교 설교 본연의 가치인 신앙 공동체 세우기(building up the faith community)에 두지 않고 신자 개개인의 이해나 체험을 통한 만족의 단계에 머무르는 소통을 말한다.[3]

신설교학이 제시하는 설교 모델이 개인주의적인 소통 구조를 취하고 있

---

[3] 신설교학의 저변에 깔린 개인주의적인 설교의 특징은 다음을 참고하라. 이승진, "신앙공동체 활성화를 위한 설교방법에 관한 연구", 한국복음주의실천신학회, 「복음과 실천신학」제 21권 (2010년 봄), 99-123.

는 증거는, 설교의 과녁으로 염두에 두는 회중을 신앙 공동체나 교회론의 관점에서 접근하지 않고 단지 감동적인 메시지를 경험하는 신자 개개인으로 접근한다는 점에서 발견된다. 개인주의 설교가 추구하는 설교의 목적도, 신자 전체의 공동체적인 신앙 형성과 세상 속에서 하나님의 영광을 공동체적인 차원에서 구현하는 신앙 공동체를 지향하지 못하고, 신자 개개인이 회중석에서 자기 옆에 앉은 신자의 영적인 형편과 처지에 관계없이 개별적인 (심리적 혹은 내면적) 욕구를 충족시키는 차원에 머무른다. 이를 위한 설교자의 역할도 신앙 공동체 전체 앞에서 공동체 전체의 성숙을 인도하는 리더 목회자보다는 신자 개개인에게 하나님의 말씀을 해석해주는 성경 교사의 차원에 머물러 있다.

이러한 개인주의적인 설교의 약점 때문에 90년대 후반 들어 데이비드 버트릭(1987)[4]을 비롯하여 존 맥클루어(John McClure, 1995), 찰스 캠벨(Charles Campbell, 1997), 루스 로우즈(Lucy Rose, 1997)와 같은 여러 설교학자들과 신학자들(Stanley Hauerewas, Walter Brueggemann)[5]은 신설교학운동에서 발견되는 개인주의 설교의 폐해를 이구동성으로 지적하면서, 신앙

---

4   Ronald Allen에 의하면 David Buttrick은 신설교학자들처럼 청중 중심의 설교를 강조하지만 Buttrick이 의도하는 청중 중심은 개별적인 청중(individual audience)이 아니라 공동체적인 청중을 염두에 둔 공동체적 자의식(communal consciousness)을 겨냥한 설교학을 제시하고 있다는 점에서 신설교학자들의 개인주의적인 설교와는 구별되어야 한다고 본다. Ronald Allen, ed., *Theology for Preaching: Authority, Truth and Knowledge of God in a Postmodern Ethos* (Nashville: Abingdon Press, 1997), 228. Cf., David G. Buttrick, Homiletics (Philadelphia: Fortress Press, 1987), 356.
5   개인주의 설교를 비판하는 최근의 신학자들에 대해서는 다음을 참고하라. Stanley Hauerwas, *Resident Aliens: Life in the Christian Colony* (Nashville: Abingdon, 1989), 36ff; Walter Brueggemann, *Texts under negotiation: The Bible and Postmodern Imagination* (Minneapolis: Fortress Press, 1993), 25ff.

공동체를 세워가는 설교의 대안을 제시하고 있다.[6]

그렇다면 신설교학운동에서 발견되는 개인주의 설교의 한계를 극복하고 신앙공동체를 세워가는 기독교 설교 본연의 목표를 달성할 수 있는 설교 전략은 어떻게 모색할 수 있을까? 이 질문에 대한 해답은 "신앙 공동체 세우기"를 위한 다양한 목회 전략들을 설교사역과 접목시키는 과정에서 다양한 형태로 나타날 수 있다. 신앙 공동체를 세우기 위한 다양한 목회 전략을 위해서는, 역사 속에서의 하나님의 구원을 경축하는 기독교 예배와 신앙 공동체 안에서의 각각의 신자들이 하나님의 말씀의 토대 위에 지속적으로 성장할 수 있도록 안내하는 기독교 교육, 그리고 신앙 공동체를 구성하는 여러 신자들이 교회의 공동의 목표와 비전을 향하여 성장해 가는 과정을 인도하는 목회리더십이 필요하다.[7]

그리고 예배와 기독교 교육, 상담과 목회 리더십과 같은 목회 사역들은 모두 다 역사 속에서의 신앙 공동체의 지속적인 성장과 발전을 유도하는 중요한 목회사역들이다. 그래서 설교가 개인주의적인 약점을 극복하고 신앙 공동체를 세워가는 목표를 달성하기 위해서는 역사 속에서의 하나님 나라의 존재 양식으로서의 목회 사역에 대한 통전적인 구조 안에서 예배와 교육, 친교, 훈련, 봉사, 목회리더십과 같은 다양한 목회 사역들이 설교와 긴밀하게 연결됨으로써 설교 사역이 "신앙 공동체 세우기"라는 설교

---

[6] 개인주의 설교의 한계를 극복하기 위한 공동체 지향적인 설교에 대한 제안은 다음을 참고하라. John McClure, *The Roundtable Pulpit: Where Leadership and Preaching meet* (Nashville; Abingdon Press, 1995); 15-40; Charles Campbell,『프리칭 예수: 한스 프라이의 탈자유주의 신학에 근거한 설교학의 새 지평』, 17-25; Lucy A. Rose, Lucy Atkinson Rose, *Sharing the Word: Preaching in the Roundtable Church* (Louisville, Kentucky: Westminster John Knox Press, 1997), 34-7.

[7] 목회리더십과 설교를 통합한 리더십 설교 모델(readership preaching model)에 대해서는 다음을 참고하라. Michale J. Quicke,『전방위 리더십: 회중을 변화시키는 리더십 설교』, 49.

본연의 목표를 달성할 수 있어야 한다. 이렇게 신앙 공동체를 지향하는 설교의 방안을 모색하기 위하여 설교 사역을 교회 내의 다양한 목회 사역과 연계시키는 전략은, 설교를 역사 속에서의 하나님 나라의 존재 양식으로서의 신앙 공동체를 향한 통합적인 목회 철학의 관점에서 접근할 수 있도록 하는 장점이 있다.

하지만 통합적인 목회 철학만으로 개인주의적인 설교의 한계가 극복될 수는 없다. 앞에서 확인한 바와 같이 기독교 설교가 하나님 말씀의 선포로서의 초월적인 차원과 회중과의 소통이라는 내재적인 차원을 모두 갖고 있다면, 신앙 공동체를 세우는 설교를 위해서는 이러한 이중적인 소통의 차원이 모두 개인주의 소통 구조에서 공동체적인 소통 구조로 전환되어야 한다.

그리고 하나님의 말씀도 신자 개개인을 대상으로 개별적으로 말씀하시는 측면만 고려할 것이 아니라, 이와 아울러 말씀을 듣는 신앙 공동체 전체에게 말씀하시는 차원이 보강되어야 하며, 설교자와 회중 사이의 소통 역시 회중 개개인에 대한 소통만 고려할 것이 아니라 회중 전체에 대한 소통의 차원이 보강되어야 한다. 신앙 공동체를 세우는 설교를 위해서 설교자는 공동체 지향적인 목회철학을 확보해야 할 뿐만 아니라, 기독교 설교의 개인주의적인 소통 구조(individualistic communication structure)를 극복할 공동체적인 소통 구조(communal communication structure)와 여기에 부합되는 공동체 지향적인 소통 전략(communal communicative strategy)을 확보해야 한다.

그렇다면 공동체 지향적인 설교를 위한 공동체적인 소통 구조와 전략은 어떻게 확보될 수 있을까? 이 질문에 대한 해결의 실마리를 확보하기 위하여 먼저 다양한 커뮤니케이션 모델의 발전 과정을 정리해보고, 이어서 위르겐 하버마스(Jürgen Habermas)의 의사소통합리성의 한계에 대한 대안을 제시하는 니크라스 루만(Niklas Lhumann)의 기능적인 시스템 이론 (Funktionale Systemtheorie)에 근거한 소통이론에 대해서 고찰하는 과정에서 그 해결의 실마리를 모색하고자 한다.

3. 커뮤니케이션 모델의 발전

커뮤니케이션 원리에 대한 연구의 초기 역사는 수사학(rhetoric)의 역사의 초기 단계와 서로 겹친다. 그래서 초기 커뮤니케이션 연구의 중심인물로는 수사학의 초석을 제공한 아리스토텔레스와 그의 스승을 들 수 있다. 오늘날의 발전된 커뮤니케이션의 모델로 비추어 볼 때에 아리스토텔레스는 연설자(화자)-메시지-수용자(청중)의 틀을 중심으로 전개되는 청중의 설득(persuasion)을 목표로 하는 연설에서 연설자 혹은 화자를 중심으로 커뮤니케이션을 설명하였다. 그에게 있어서 커뮤니케이션이란 청중의 설득을 염두에 둔 언어적 행위로서 연설자는 논증의 기술적 구성과 연설이라는 전달매개체를 통해서 청중에게 자신이 의도하는 목적을 달성시키기 위해서 설득하려고 노력하는 행위이다.

그러나 아리스토텔레스의 수사학 이론은 꾸준히 발전되지 못하고 로마 수사학과 함께 쇠퇴의 길을 걷다가 중세에는 언어의 묘사와 관련된 문채론으로 축소되어버렸다. 그 결과 19세기까지도 커뮤니케이션에 대한 고전적인 연구 영역이었던 수사학과 연설은 독보적인 학문으로서가 아니라 그저 문학에 속한 분과학문 정도로 머물러 있었다.

그러다가 1920년대 전자공학의 발전 속에서 라디오가 등장하고 1940

년대 텔레비전이 출현하면서 대중매체와 매스 커뮤니케이션에 대한 연구가 점차 학문적인 비중을 확보하기 시작하였다. 그리고 1950년대를 지나면서 커뮤니케이션 연구의 영역은 문화인류학(특정 문화 안에서의 비구어적인 커뮤니케이션 연구), 심리학(사회적 영향력 속에서 설득 전략 연구), 정치학(정치적 행위 속에서의 의사소통), 언어학, 기호학, 해석학 등등의 여타 다양한 다른 학문과 연쇄반응을 일으키면서 비약적인 발전을 거듭하고 있다.[8] 지난 반세기 동안의 커뮤니케이션 이론의 발전 과정을 개괄하면 다음과 같다.

1) 해럴드 라스웰(Harold Lasswell)의 모델

1948년에 해럴드 라스웰(Harold Lasswell)은 고대 그리스 철학자 아리스토텔레스가 화자(speaker)-메시지(message)-청자(listener)의 단선적이고 일방향의 관점에서 연설과 설득을 위한 수사학을 이해하였던 것과 유사한 맥락에서, "누가(화자), 무엇을(메시지), 어떤 경로로(채널), 누구에게(청중) 어떠한 효과를 목표로 말하는가?"하는 간단한 구조로 커뮤니케이션 과정을 잘 이해할 수 있다고 보았다.[9] 이 모델에서 라스웰은 소통을 이전의 아리스토텔레스처럼 주로 단선적이고 일방향의 구조로 파악하고 있지만, 소통의 목적이나 효과를 단지 수사학을 통한 회중의 설득에 국한시켰던 입

---

[8] Randall Nichols, "Communication" eds. by William H. Willimon and Richard Lischer, *Concise Encyclopedia of Preaching*, 이승진 역, 『설교학사전』(서울: CLC, 2003), 648. Aubrey Fisher, *Perspective on Human Communication* (New York: Macmillan, 1978).

[9] Harold D. Lasswell, "The Structure and Function of Communication in Society," in *Mass Communications*, ed. by Wilbur Schramm (Urbana, IL: Univ. of Illinois Press, 1960), 117. Brent D. Ruben, 정근원 역, 『인간의 행동과 커뮤니케이션』(서울: 민문사, 1994), 59-60.

장에서 진일보하여 회중에게 정보를 알리고 회중은 그 내용을 축적하여 즐기는 등의 다양한 사회적인 현상의 관점에서 파악하려고 노력하였다.

2) 샤논(Shannon)과 위버(Weaver)의 모델

라스웰의 모델이 등장한 직후 1949년에 클라우드 샤논(Claude Shannon)과 워렌 위버(Warren Weaver)는 전화 통화의 기술적인 과정을 고려하여 다음과 같은 커뮤니케이션 모델을 제시하였다.[10]

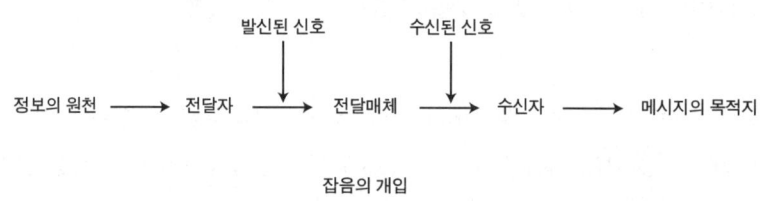

〈그림 8〉 Shannon과 Weaver의 소통모델

샤논과 위버는 이 모델을 통해서 "커뮤니케이션을 한 쪽 정신이 다른 쪽 정신에게 영향을 미칠 수 있는 모든 절차들을 포함하는 광의적인 의미"로 이해하면서 문자적이고 구어적인 연설을 포함하는 것은 물론이고 음악과 시각예술, 연극, 발레, 그리고 인간 행위 전체를 커뮤니케이션의 관점에서 파악하고자 시도하였다. 사실 인간의 행위 전체가 일종의 커뮤니케이션 활동이었음에도 불구하고 전통적으로는 커뮤니케이션은 주로 구두에 의

---

10   Claude E. Shannon and Warren Weaver, *The Mathematical Theory of Communication* (Urbana, IL: Univ. of Illinois Press, 1949), 3ff.

한 언어 전달 행위나 기록된 문서에 국한되었으며, 인간의 모든 의미 포함적인 행동에 대해서는 간과했던 것이 사실이었다. 이들은 또한 소통 모델을 발전시키는 과정에서 소통 구조에 잡음(noise)의 개념을 도입하여 소통 과정에서 의미의 왜곡 발생 가능성을 고려하였고, 소통의 왜곡을 극복할 피드백의 중요성을 지적하였다.[11]

3) 윌버 슈람(Wilbur Schramm)의 모델

1954년에 출판된 "어떻게 커뮤니케이션이 작용하는가"(*How Communication Works*)라는 논문에서 윌버 슈람(Wilbur Schramm)은 이전의 샤논과 위버의 모델에 "의미에 대한 해석학"의 관점을 도입하여 정보원으로부터 출발한 정보가 부호화(encoding)의 과정을 거쳐서 메시지의 신호(sign)로 전환되어 전달되고 다시 수신자에게서 해독(decoding)의 과정을 거쳐서 최종적으로 메시지가 목적지에 도달하는 모델을 제시하였다.[12]

11　Claude E. Shannon and Warren Weaver, 68. Shannon과 Weaver가 소통 과정에서 전달되는 기호를 메시지 전달자의 내면에서 미리 염두에 두고 있는 이미지와 기호를 통해서 전달되는 외면적인 표현의 두 가지 차원으로 구분했던 소통 모델은, 이후에 Berlo의 수용자 지향적인 의사소통 모델에 영향을 주었고, 남침례교 목사이자 저명한 언어학자였던 Eugene Nida의 번역에 관한 역동적 등가(dynamic Equivalence)의 원리와, 선교학자 찰스 크래프트(Charles Kraft)의 선교학 이론을 형성하는데 상당한 영향을 주었다. Cf., Daniel Shaw and Charles Van Engen, *Communicating God's Word in a Complex World*, 이대헌 역,『기독교복음전달론』(서울: CLC, 2007), 192. 번역에 관한 역동적 등가 원리는 직역(literal translation)과 달리 원천언어(source language)가 지닌 '(숨은, 또는 본래) 의미'를 수용언어(target language)로 옮기려는 시도로 흔히 의역(meaning/free translation)에 비견될 수 있다. 번역에 관한 Eugene Nida의 역동적 등가에 관한 설명을 위해서는 다음을 참고하라. Eugene A. Nida and Charles R. Taber, *The Theory and Practice of Translation* (Leiden: E. J. Brill, 1966); Jan De Waard and Eugene A. Nida, *Functional Equivalence in Bible Translation: From One Language to Another* (Nashville: Thomas Nelson Publishers, 1986).

12　Wilbur Schramm, "How Communication Works" in *The Process and Effects of Mass*

커뮤니케이션 모델의 발전 속에서 슈람의 공헌은 그가 커뮤니케이션 구조 속에 송신자와 수신자 사이의 공통분모로서의 경험의 장(field of experience)을 포함시켰다는 것이다. 슈람은 커뮤니케이션(communication)이라는 단어가 공통의(혹은 일반적인, common)이라는 뜻을 가진 라틴어 '*communis*'로부터 파생된 것임을 지적하면서, 의사소통 현장에서 송신자와 수신자 사이에 공통의 공감대에 도달하려는 의도적인 노력의 관점에서 커뮤니케이션을 이해하였다. 또 바람직한 소통을 위해서는 송신자와 수신자 사이에 '공통의 경험의 장'이 확보되어야 하며, 공통의 문화나 언어 혹은 경험과 같은 공통의 인식론적인 토대가 없이는 송신자가 의도하는 메시지가 수신자에게 올바로 전달될 수 없음을 지적하였다.

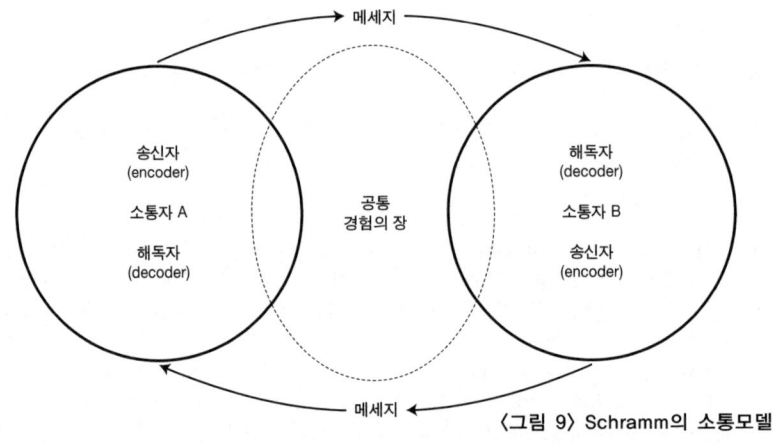

〈그림 9〉 Schramm의 소통모델

또한 슈람은 이전에 샤논과 위버가 제안한 잡음의 방해를 극복하는 수단으로서의 피드백(feedback)의 중요성을 강조하면서, 커뮤니케이션

Communication, ed. by Wilbur Schramm (Urbana, IL: Univ. of Illinois Press, 1954), 3-4.

을 송신자에게서 수신자에게로 일방향의 단선적인 구조로 진행되는 관점을 극복하고 송신자와 수신자 모두가 메시지의 부호화(encoding)와 해독화(decoding)를 반복하는 과정에서 쌍방간의 지속적인 순환을 통한 공통의 공감대에 도달하는 관점에서 이해할 수 있는 전거를 마련하였다. 슈람의 모델에서 주목할 점은 소통 과정에서 메시지 수신자는 고정된 위치에 머물러 있지 않고 피드백 과정에 개입함으로써 새로운 소통의 진행을 위한 송신자의 역할을 맡는다는 점이다. 그래서 바람직한 소통의 진행을 위해서는 메시지의 송신자와 수신자를 이분법적으로 구분하는 것은 비현실적이다.[13]

4) 캇츠(Katz)와 라저스펠드(Lazarsfeld)의 모델

정보원 → 메시지 → 대중매체〈one step flow〉 → 여론 지도자〈two step flow〉 → 공중

〈그림 10〉 Katz와 Lazarsfeld의 소통모델

1955년에 정치학자인 엘리후 캇츠(Elihu Katz)와 폴 라저스펠드(Paul Lazarsfeld)는 『개인적인 영향』(*Personal Influence*)이라는 책에서 커뮤니케이션의 2단계 흐름(two step flow)을 소개하였다.[14] 이 모델은 기존의 규범화된 커뮤니케이션의 구조와는 별도로 발생하는 비공식적인 의사소통의 결과를 고려한 모델로서 다수의 개개인 수신자들은 대중매체로부터 필요한

---

13 Norbert Wiener. *The human use of human beings : Cybernetics and society*, (New York: Avon Books, 1967), 47, 81.
14 Elihu Katz and Paul F. Lazarsfeld, *Personal Influence: The Part Played by People in the Flow of Mass Communication* (New York: Free Press, 1956), 32.

정보를 획득할 뿐만 아니라, 자신들의 최종적인 의사결정 과정에서 영향력을 행사하는 여론 지도자들과의 개인적인 접촉을 통하여 메시지에 대한 이해와 최종적인 의사결정을 내린다는 점에 주목하였다. 특히 이 모델은 공식적인 연설이나 선전을 통해서 마음의 결정을 내리지 못한 유권자들이나 소비자들이 매스미디어의 정보보다는 주위 사람들에 의해서 제공되는 정보로부터 더 많은 영향을 받는 점을 잘 드러내 주었다.

캇츠와 라저스필드의 모델이 설명하고 있는 두 단계의 메시지의 전달과정(two step flow)으로부터 주목할 점은, 청중이나 대중의 의사결정은 공식적인 루트를 통해서 전달된 정보와 여론 지도자들과 같이 비공식적인 루트를 통해서 전달되지만 자신들의 입장에 더 부합한 전달자들로부터 전달된 정보에 더 큰 영향을 받는다는 사실이다. 그래서 캇츠와 라저스필드의 모델은 특정한 집단이나 사회 내의 소통이 출발점에서 목표점으로 단선적이고 일방향으로 진행되는 것이 아니라, 다양한 루트를 따라서 쌍방향으로 복잡하게 확장된다는 관점을 보여준다.

5) 웨슬리(Westley)와 맥린(MacLean)의 모델

50년대 중반에 브루스 웨슬리(Bruce Westley)와 말콤 맥린(Malcolm MacLean)은 현대 사회의 소통 구조를 특정 정보를 취득한 한 명의 송신자(A)로부터 시작하지 않고, A가 전하는 메시지를 다양한 정보 환경 속의 복합적인 상호 작용의 결과로 전달받는 수신자(X)의 입장에서 커뮤니케이션 모델을 발전시켰다.[15] 웨슬리와 맥린에 의하면 송신자(A)가 어떤 수신

---

15 Bruce H. Westley and Malcolm S. MacLean, Jr., "A Conceptual Model for Communication

자(X)에게 특정한 정보를 전하기 이전에 송신자(A) 주변에 다수의 메시지들(M1, M2, M3, M4,...)이 잠재해 있는 소통 환경 속에서 특정한 메시지 일부(M1)를 선택하여 선별된 메시지가 송신자(A)를 통해서 특정한 수신자(X)에게 전달되는 과정을 고려하였다. 또 수신자(X)는 해당 메시지와 관련하여 특정한 송신자(A)로부터 해당 메시지(M1)만을 전달받는 것이 아니라, 다수의 메시지 송신자들(A-M1, B-M2, C-M3, D-M4,...)로부터 여러 메시지들이 함께 결합된 통로를 따라 전달받기 때문에, 특정한 송신자(A)가 전달한 특정한 메시지(M1)가 수신자(X)에게 도달할 때는 발송된 메시지(Message Sent)와 다른 메시지로 수신될(Message Received) 수밖에 없다(Message Sent≠Message Received).

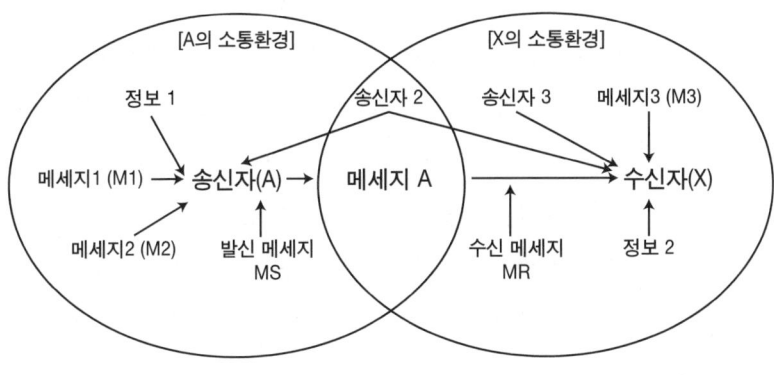

〈그림 11〉 Westley와 Maclean의 소통모델

또한 웨슬리와 맥린의 모델은 커뮤니케이션 과정에서 수신자(X)가 의미있게 받아들이는 메시지가 꼭 송신자(A)가 의도한 의사소통의 노력과 일

Research," *Audio-Visual Communication*, Vol 3. (Winter, 1955), 4ff.

치하지 않는다는 점도 지적하고 있다. 그래서 웨슬리와 맥린의 모델은 송신자의 기침이나 옷차림, 심지어는 침묵조차도 때로 수신자들에게는 의미 있는 메시지로 전달될 수 있는 가능성을 고려한다.

6) 벌로(Berlo)의 모델

1960년에 데이빗 벌로(David Berlo)는 『커뮤니케이션 과정』(*The Process of Communication*)이라는 책을 통해서 기존의 커뮤니케이션 이론을 계속적으로 발전시켰는데 그는 송신자-메시지-매체-수신자로 이어지는 전통적인 아리스토텔레스의 틀을 그대로 차용하면서도 이상의 4 요소를 통제하는 여러 요인들을 나열하였다. 송신자와 수신자는 모두가 커뮤니케이션의 암호화와 해독의 기술, 태도, 선지식, 소속 사회의 체계와 문화의 영향을 받으며, 메시지는 해당 내용과 구조, 그리고 처리방식의 영향을, 마지막으로 매체는 오감 모두의 영향을 받는다는 점을 지적하였다. 커뮤니케이션의 발전에서 벌로가 차지하는 비중은 그가 "의미는 말 속에 있는 것이 아니라 사람들 속에 있다"(meaning in the people)는 점을 지적한 점이다.[16]

말하자면 수신자가 메시지를 해석해서 의미를 이해할 수 있는 이유는 단순히 메시지 자체가 어떤 의미를 제공하기 때문이 아니라, 송신자와 수신자가 사용하는 단어나 몸짓에 따라서 특정한 메시지는 얼마든지 다른 방식이나 다른 내용으로도 해석될 수 있다는 것이다. 동일한 의미라도 말하는 사람과 그 말을 받는 사람에 따라서 의미가 달라질 수 있다는 점은, 결국 커뮤니케이션에 대한 학문적인 발전이 해석학 이론이나 문학 이론,

---

16 David K. Berlo, *The Process of Communication* (New York: Holt, 1960), 175.

또는 언어 이론들과 긴밀한 연관을 맺고 진행되고 있음을 반증한다.

7) 뉴컴(Newcomb)의 모델

1961년에 데오도르 뉴컴(Theodore Newcomb)은 심리학적인 관점에서 커뮤니케이션의 과정에 접근하면서 지속성 혹은 균형의 이론(consistency or balance theory)에 근거하여, 메시지의 송신자는 우호적인 수신자와 신념이나 행동, 혹은 태도와 가치관에 있어서 적절한 조화를 유지하려는 욕구를 가지고 있음을 보여주었다.[17] 예를 들어서 어떤 송신자(A)가 소통의 내용이자 판단의 대상이 되는 X라는 주제에 관하여 수신자(B)와 의사소통을 진행할 때, 소통의 초기단계에서 A는 B도 X에 대하여 자신과 동일한 (혹은 다른) 견해를 가지고 있는 것으로 미리 가정할 수 있다. 소통이 진행되는 과정에서 A는 X에 대하여 B가 자신과 다른 (혹은 같은) 견해를 가지고 있음을 깨닫게 될 때, A는 X에 대한 입장과 관련하여 B와의 (불)균형 상태에 직면하고 이전의 기대감과 관련된 조화나 균형을 회복하기 위한 다음과 같은 몇 가지의 후속적인 변화를 선택하게 된다.

① B와의 의견 불일치를 줄이기 위하여 X에 대한 A의 입장 변경하기.
② X에 대한 B의 입장 차이에 A가 부여하는 중요성을 감소시키기.
③ X가 A와 B를 위해서 공통으로 확보하고 있을 것으로 여겨지는 부분에 대한 A의 관심의 감소.
④ B에 대한 A의 긍정적 매력의 감소.

---

17 Theodore M. Newcomb, *The Acquaintance Process* (New York: Holt, 9161), 17.

뉴컴의 소통 모델은 기존의 커뮤니케이션 과정을 인간들 사이에 일어나는 정보의 전달과 수납의 과정으로 이해하기 보다는, 송신자와 수신자 사이의 조화와 일치를 추구하는 소통하는 인간 내면에서 진행되는 심리적이고 해석적인 과정을 잘 보여준다.

7) 마샬 맥루한(Marshall McLuhan)의 소통 이론

1964년에 마샬 맥루한(Marshall McLuhan 1911-1980)은 『미디어의 이해: 인간의 확장』(Understanding Media: The Extensions of Man, 커뮤니케이션북스)라는 책을 출판하면서 커뮤니케이션에 대한 새로운 통찰을 제공하였다.[18] 이 책에서 맥루한은 소통에서 형식보다는 내용을 중요시하는 기존의 관례를 무너뜨리기 위하여 소통에서 형식은 내용과 분리될 수 없고 그동안 간과해온 형식이 실상은 내용보다 더 중요하다는 점을 강조하며 "매체가 곧 메시지이다"(The medium is the message)라는 파격적인 주장을 제시한다. 이러한 주장은 커뮤니케이션 현상이나 틀에서 메시지 자체를 중시하는 많은 현대인들과는 너무나도 상반된 것이었다. 보통 의사소통되는 것은 메시지이고, 메시지의 전송 수단인 매체라는 것은 메시지가 통과되는 통로에 불과하다고 생각하는 것이 일반적인 경향이다.

그러나 맥루한은 구술매체와 문자매체, 그리고 전자매체로 소통 매체가

---

18 Marshall McLuhan, *The Mechanical Bride: Folklore of Industrial Man,* (New York: The Vanguard Press, 1951); *The Gutenberg Galaxy: The Making of Typographic Man,* (New York: New American Library, 1962); *Understanding Media: The Extensions of Man,* (New York: McGraw-Hill Co., 1964), 박정규 역, 『미디어의 이해: 인간의 확장』(서울: 커뮤니케이션북스, 2001); *The Medium Is the massage* (Harmondsworth : Penguin, 1967), 김진홍 역, 『미디어는 맛사지다』(서울: 커뮤니케이션북스, 2002).

발전해가는 인류 문명의 역사를 주목하면서, 커뮤니케이션에서 의외로 중요한 것은 메시지보다는 매체라고 주장하였다. 또한 매체 자체를 메시지로 이해할 수 있는 근거는 매체는 인간의 삶 속에서 인간의 교류와 행동의 범위와 형태를 형성하게 통제하는 능력을 발휘하기 때문이라고 한다. 예를 들어서 전기적인 빛이라는 매체가 던지는 메시지는 '변화'라고 한다. 그래서 전기적인 빛은 그 자체로는 아무런 메시지를 담고 있지 않지만 그 전기적인 빛이 관통하게 되는 모든 인간 구조 속에서 밤은 낮이 되고, 캄캄한 건물 내부를 밝게 만들며, 어둠 속에서의 업무나 여행을 가능하도록 하면서 '변화'라는 메시지를 준다고 한다.

커뮤니케이션에 대한 맥루한의 견해들에서 또 하나 주목할 점은 '매체는 인간 자질의 확장'이라는 견해이다. 맥루한에게 있어서 매체는 특정의 인쇄된 메시지를 담고 있는 책만이 아니라 텔레비전과 길, 자동차, 주택, 무기와 그 밖에 인간의 자질이 확대될 수 있는 모든 것을 포함한다. 그래서 맥루한은 자동차는 인간의 발의 확장이라면, 책은 인간의 눈(시야)의 시공간적 확대이며, 옷은 피부의 확대로, 전자적인 회로망은 인간의 신경망의 전세계적인 확대로 이해하였다. 이러한 맥락에서 맥루한은 매체는 인간의 자질의 확장이라고 결론을 내렸다.

핫 미디어(hot medium)와 쿨 미디어(cool medium) : 맥루한은 소통의 과정에서 내용보다는 매체의 중요성에 관심을 기울이면서 매체에 담긴 메시지나 정보의 정밀도가 소통 참여자의 수동적인 참여나 혹은 능동적인 참여의 정도에 영향을 미칠 수 있다고 보았다. 그래서 사진과 만화를 비교한다면 사진 한 장에 담긴 정보는 만화의 묘사보다는 더 세부적인 정보를 담고 있어서 정보의 정밀도가 높으며, 그에 따라 소통 참여자의 적극적인 참여를 억제하는데 이런 매체를 가리켜서 쿨 미디어로 분류하였다. 반대로 만화의 정보 정밀도는 낮지만 만화를 읽는 독자의 적극적인 참여를 촉진시키기 때문에 쿨 미디어로 분류하였다. 이렇게 맥루한이 소통에서 소통 내용보다는 내용을 담은 매체의 중요성을 부각시키고, 여기에서 한 걸음 더 나아가 매체의 성격에 따라 소통 참여자의 참여의 정도에까지 영향을 미친다는 점을 지적함으로써 소통의 다차원적이고 복합적인 양상을 좀 더 입체적으로 이해할 수 있는 전거를 마련하였다.

9) 로저스(Rogers)와 킨케이드(Kincaid)의 모델

1981년에 에버렛 로저스(Everett Rogers)와 로렌스 킨케이드(Lawrence Kincaid)는 『커뮤니케이션 네트워크: 새로운 패러다임을 향하여』(*Communication Network: Toward a New Paradigm for Research*)라는 책에서 기존의 개인 간의 단선적인 소통 모델의 한계를 뛰어 넘어서, 다양한 소통 참여자들 간에 사회적인 소통망을 이루고 그 안에서 각 개개인이 정보를 통해서 사회적인 망으로 서로 연결되는 수렴 모델(convergence model)을 제시하였다.[19] 수렴모델에서는 참여자 A와 참여자 B가 함께 메시지의 표현과 수납된 메시지에 대한 해석을 반복하면서 상호이해에 도달해가는 지속적 과정으로서 커뮤니케이션을 이해한다. 소통을 통한 상호이해는 사회의 구조를 형성하고 유지하는데 필수적이며 사회 구조의 효과적인 형성과 유지를 위해서 소통에 참여하는 당사자들은 일종의 사회적인 소통망(social

---

19 Everett Rogers and D. Lawrence Kincaid, *Communication Networks* (New York : Free Press, 1981), 65ff; D. Lawrence Kincaid, "The Convergence Theory of Communication, Self-Organization and Cultural Evolution," in *Communication Theory: Eastern and Western Perspectives*, ed. D. L. Kincaid (San Diego: Academic Press, 1987), 15.

communication network)을 형성한다. 이러한 소통망은 사회 구성원들을 특정한 집단이나 사회에 연결시키며 그들 상호 간의 정보를 교환할 수 있는 토대를 제공한다. 이러한 소통의 과정에서 해당 사회나 조직의 고유한 문화나 신념, 가치관, 관습들이 강화되기도 하고 변화를 거듭하기도 한다.[20]

10) 소결론

앞에서 개괄한 다양한 소통이론의 발전과 변화로부터 몇 가지 설교학적인 함의를 이끌어낼 수 있다.

(1) 소통 패러다임과 무게중심의 변화

소통 모델의 발전 과정은 발신자(sender, speaker) → 메시지(message) → 수신자(receiver, listener)로의 단선적이고 일방향의 모델에서 주로 발신자나 혹은 발신자가 전달한 메시지를 중요하게 여기는 소통 모델로부터, 수신자나 혹은 수신자가 받아들이는 의미(meaning)를 중요하게 여기는 모델로 변화해왔다. 그래서 소통 모델에서의 무게중심이나 소통 모델의 패러다임이, 발신자(혹은 발신자가 전달한 메시지) 중심의 패러다임에서 수신자(혹은 수신자가 받아들이는 의미) 중심의 패러다임으로 바뀌어왔다.[21]

---

20   Stephen W. Littlejohn, *Theories of Human Communication*, 김홍규 역, 『커뮤니케이션 이론』 (서울: 나남출판사, 1996), 88-89.

21   Brent D. Ruben, *Communication and Human Behavior*, 정근원 역, 『인간의 행동과 커뮤니케이션』(서울: 민문사, 1994), 79.

(2) MS(Message Sent)≠MR(Message Received)

샤논과 위버는 소통 모델에 잡음의 개념을 도입하면서 MS는 MR과 동일하지 않다는 점을 지적하였고, 그 이후의 소통에 관한 연구의 변화를 재촉하였다. 또 캇츠와 라제스펠드 역시 기존의 단선적이고 일방향의 소통 모델에 비공식적인 여론 지도자의 역할을 포함시킴으로써 소통 모델을 훨씬 복잡하고 다층적인 차원으로 접근하도록 유도하였다. 그런 과정에서 화자나 송신자가 보낸 메시지가 청자는 수신자가 받아들이는 의미와 동일하지 않다는 사실에 대한 새로운 각성과, 효과적인 소통 목적의 달성을 위한 다차원적인 소통 역학을 총체적으로 고려할 필요성을 환기시켰다.

(3) 소통에서 경험의 장(field of experience)이나 공감대의 중요성

윌버 슈람이 지적한 소통에서의 공통의 경험의 장은, 소통을 단순히 일방적인 정보의 전달이 아니라 메시지 발신자와 수신자가 함께 공감대를 확보함과 동시에 상호 이해를 확대해 가는 과정으로 소통을 이해하는 이론적인 기반을 제공하였고 이러한 소통 모델은 그 이후 뉴컴의 모델이나 로저스와 킨케이드의 모델을 통해서 계속 발전되었다.

4. 다차원적인 사회망 속의 소통

인간은 소통하는 존재(*homo communicus*)이기 때문에 인간의 삶을 연구하는 인문학 발전의 역사 속에서 소통에 관한 학문적인 이론들이나 소통 모델들에 대한 연구 역시 지속적인 발전을 거듭해왔다. 게다가 정보공학

(IT)의 비약적인 발전은 소통 매체와 소통 환경의 급격한 변화를 초래하였고 기존의 단선적이고 일방향의 소통 모델이 폐기처분되는 시대가 열리고 있다. 그동안 소통의 최대 장애라 여겼던 지리적인 장애물이나 공간의 한계를 모두 극복하고서 어디에서든 전 세계의 누구에게나 소통을 나눌 수 있고 정보를 교환할 수 있는 소통의 유비쿼터스 시대를 맞이하고 있다.[22]

무선인터넷과 통신 기술의 발달이 단순히 기존의 단선적이고 일방향의 소통 모델만 폐기시킨 것이 아니라, 인류의 가치관과 의식 구조의 변화까지 초래하고 있으며, 그러한 단적인 증거들이 2011년 중동의 여러 독재정권을 무너뜨리는 민주화 운동으로 나타나고 있다. 수천 년 이어져 온 독재정권이 최대의 위기를 맞이할 수밖에 없는 결정적인 요인은, 정보공학의 비약적인 발전 속에서 작고 보잘것 없는 시민들이 수동적인 정보 수신자의 지위에 머무르지 않고, 자신들이 가지고 있는 휴대폰으로 예전의 거대한 방송국이 감당했던 정도의 정보 전달 기능을 직접 수행하기 때문이다.

이렇게 비약적으로 발전하는 정보공학과 무선통신 기술의 발전, 그리고 그로 말미암은 독재적인 소통 환경의 퇴거와 민주적인 소통 환경의 등장은, 자연히 새로운 의식구조를 가진 소통인의 등장을 예고하고 있으며, 이런 상황에서 2천년 동안 변함없이 동일한 소통 구조를 유지해 오고 있는 기독교 설교에 대하여 현실성 있고 효과적인 소통 구조의 변화를 촉구하고 있다. 그렇다면 인류가 비약적인 정보공학과 무선통신 기술의 발전으로 인하여 소통의 유비쿼터스 시대를 맞이하고 있는 상황에서, 하나님의

---

22 한국사회학회, 「융합사회의 소통양식 변화와 사회진화 방향 연구: 디지털 컨버전스 기반 미래연구(I)」(서울: 한국사회학회, 2009), 11-12.

백성들에게 살아계신 하나님의 말씀을 설교하도록 부름받은 목회자들은 어떻게 좀 더 효과적인 기독교 설교의 전략을 모색할 수 있을까?[23]

2천년 설교학의 변화를 추적하면서 새로운 세기의 설교학의 발전 방향을 모색한 설교학자 로날드 앨런은, 지난 세기에 설교의 발전을 위한 토대학문이 문화인류학이었다면, 앞으로 21세기에 설교 발전을 견인할 중요한 토대학문을 교회론으로 전망한다.[24] 말하자면 설교의 중요한 현장인 교회가 설교를 위한 결정적인 환경을 제공함에 있어서 그 교회 내부의 회중이 유기적인 생명체로서 어떻게 상호간에 소통의 구조를 형성하고 있는지에 대한 올바른 이해가, 효과적인 설교 사역을 위한 중요한 밑거름이 될 수 있다는 것이다.

그래서 필자는 이와 비슷한 맥락에서 인류가 비약적인 정보공학과 무선통신 기술의 발전으로 인하여 소통의 유비쿼터스 시대를 맞이하고 있는 상황에서, 좀 더 효과적인 기독교 설교의 전략을 모색할 수 있는 방안을 오늘날 인문학과 사회과학 뿐만 아니라 자연과학까지 포함한 전방위적인 차원에서 진행되는 커뮤니케이션 연구의 동향 중에서 시스템 이론의 관점에서 진행되는 커뮤니케이션 이론과 다차원의 사회적인 소통망 모델로부터 모색하고자 한다.

커뮤니케이션 학자인 오브리 피셔(Aubrey Fisher)는 소통에 관한 다양한 이론들을 각각의 고유한 연구 방법론이나 모델, 또는 연구의 주된 관심

---

[23] 홍삼열, "U시대 패러다임과 교회 공동체", 「한국인터넷정보학회 학술발표대회 논문집」, 한국인터넷정보학회 편, Vol 19. (서울: 한국인터넷정보학회, 2009), 473-478.

[24] Ronald Allen, eds., *Theology for preaching: Authority truth and knowleldge of God in a postmodern ethos* (Nashville: Abingdon, 1997), 155.

사에 따라서 다음 네 가지 영역으로 구분한다.[25] 첫째 영역은 소통 과정에서 정보가 어떻게 물리적으로 전달되는지에 집중하는 커뮤니케이션 공학(mechanistic) 차원의 연구와, 둘째는 커뮤니케이션 과정에 참여하고 있는 참여자의 내면적인 체험에 집중하는 심리학적인 연구, 셋째는 커뮤니케이션 참여자가 서로 관계를 맺고 있는 상호관계에 관한 해석학적인 연구, 넷째는 커뮤니케이션 체험의 역동성을 체계이론(system theory)의 관점에서 접근하는 실용적인 차원의 연구이다.

이상의 네 가지 소통 이론의 영역들 중에서 소통의 역동성을 체계이론의 관점에서 접근하는 소통 모델은, 유기적인 생명체이자 일종의 사회적인 체계로 작용하는 교회 내에서의 설교의 독특성을 좀 더 효과적으로 파악할 수 있는 유용한 이론적인 틀을 제공해 줄 수 있다. 그래서 체계이론과 소통론을 결합한 니클라스 루만(Niklas Lhumann)의 소통론을 간략히 살펴보고, 이어서 다차원의 사회적인 소통망 안에서의 효과적인 설교의 전략을 모색하기 위하여 먼저 소통 이론의 한 가지 범주에 해당하는 체계이론에 대해서 살펴봄으로써 다차원의 사회적인 소통망 안에서의 바람직한 설교전략을 위한 이론적인 전거를 마련하고자 한다.

1) 니클라스 루만(Niklas Lhumann)의 소통이론

커뮤니케이션 이론의 대표적인 선구자 중에서 단연 돋보이는 학자는 위르겐 하버마스(Jürgen Habermas)이다. 그는 서구의 인식론 중심의 철학

---

25 Randall Nichols, "Communication" eds. by William H. Willimon and Richard Lischer, *Concise Encyclopedia of Preaching*, 『설교학사전』, 648; Aubrey Fisher, *Perspective on Human Communication,* (New York: Macmillan, 1978).

에서 논의되어 온 합리성 개념이 주로 도구적인 합리성으로 축소되어 온 것을 비판하면서, 전통적인 합리성 개념에 대한 의미론적인 확장을 시도한 선구자이다. 즉 전통적인 인식론 중심의 합리성이 도덕적이고 심미적인 차원의 합리성을 배제함으로써, 포괄적인 합리성이 탈가치적이고 도구적인 합리성으로 왜곡되었기 때문에 본래의 포괄적이고 다차원적인 합리성으로의 회복을 제안하였고, 이러한 그의 제안은 '의사소통합리성'(communicative rationality)으로 구체화되었다.[26]

하버마스가 제안하는 의사소통합리성에 기반한 소통이론은 소통에 참여하는 당사자들 간의 언어를 통한 상호 작용을 전제한다. 하버마스에 따르면 인간의 언어 속에는 상호이해를 위한 규범적인 목표가 내재되어 있으며, 인간 상호 간의 언어행위는 소통에 참여하는 당사자들 간의 공유된 지식에 기초한 타당성 주장을 함축하고 있으며 이러한 타당성은 담론이라는 논증행위를 통해서 객관적으로 검증할 수 있다고 보았다. 이를 위해서 하버마스는 반사실적인 조건으로서 이상적인 담화상황(ideal speech situation)을 전제한다. 이상적인 담화상황이란 담화 참여자가 외부의 강제나 억압으로부터 자유롭게 논증이나 담화 과정에 평등하게 참여할 수 있다는 공동의 합의에 기반한 대화를 통해서 진리에 도달할 수 있는 상황을 말한다.

그래서 하버마스의 소통이론에서는 소통에 참여하는 당사자가 언어 및 행위 능력을 갖춘 유능한 주체로 가정할 뿐만 아니라 소통에 참여하는 당사자 간의 평등하고 자유로운 대화를 위한 이상적인 소통환경을 염두에

---

26 Jürgen Habermas, *Theorie des kommunikativen Handelns* (Frankfurt: Suhrkamp Verlag, 1981), 장춘익 역, 『의사소통행위이론 1.2』(서울: 나남출판사, 2007).

두고 있다.[27] 말하자면 하버마스의 소통이론은 여전히 이성을 중요시하고 있을 뿐만 아니라 소통에 참여하는 당사자의 의사소통능력에 대한 과잉신뢰를 바탕으로 하고 있다.

그런데 이러한 이상적 담화 상황이 과연 현실적인가 하는 의문이 제기된다. 이러한 문제제기는 하버마스의 소통론의 한계를 극복하려는 니클라스 루만의 소통론의 중요한 출발점이기도 하다. 루만은 사회시스템을 거시적이고 구조주의적인 맥락에서 접근하는 독일의 사회학자 맥스 웨버(Max Weber)나 프랑스의 사회학자 에밀 뒤르켐(Emile Durkheim)와 유기적인 생명체에 대한 체계 이론을 발전시킨 오스트리아의 이론생물학자 루드비히 폰 베르탈란피(Ludwig von Bertalanffy), 그리고 미국의 사회학자 탈콧 파슨스(Talcott Parsons), 커뮤니케이션 학자인 윌버 슈람(Wilbur Schramm)의 영향을 받아서 자신만의 고유한 사회체계이론과 소통이론을 발전시켰다. 루만에 의하면 사회체계를 구성하는 최소단위의 구성요소는 인간이 아니라 의사소통이라고 본다. 그래서 사회 체계는 소통 체계이며, 이 소통 체계들은 계속해서 기존의 소통을 또 다른 소통과 연결시키는 가운데 새로운 소통체계들이 계속 재생산 된다는 것이다. 그래서 루만은 인간을 의사소통의 장본인으로 고려하지 않고 사회를 구성하는 주체적인 한 부분으로도 여기지 않고 의사소통의 총합체인 사회의 환경의 일부분으로 간주한다.[28]

이러한 루만의 사회체계이론은 사회를 인간 또는 인간의 사회적인 관

27　한국사회학회,「융합사회의 소통양식 변화와 사회진화 방향 연구: 디지털 컨버전스 기반 미래연구(I)」, 79.
28　오명근, "니클라스 루만의 사회체계이론", 오명근, 백승대 편,『현대사회학이론』(서울: 삼영사, 1985), 211-250.

계들로 이뤄진 것으로 이해하는 기존의 철학적 및 사회학적인 전통과 거리를 둔다. 기존의 사회학이나 소통이론에서 볼 때 소통의 주체는 당연히 인간이나 소통 과정에 동참하는 여러 인간들이지만, 루만은 인간을 소통의 주제로 인식하지 않고 다양한 소통체계로 이루어진 사회체계 속에서 끊임없이 진행되는 소통으로부터 영향을 받는 환경의 일부분으로 이해한다. 그래서 루만의 의사소통은 인간행위의 결과물이 아니라 의사소통의 총합체인 사회체계의 산물이다.

루만은 커뮤니케이션을 정보(information), 전달(mitteilung), 이해(vestehen)의 세 요소의 통합체로 이해하면서, 이 세 가지 요소의 통합으로서의 소통은 소통에 참여하는 소통 당사자 한 개인에 의하여 좌우될 수 없음을 지적한다. 이것이 바로 루만이 사회체계를 소통체계로 이해하는 단초이며, 소통 과정에서의 주체적인 역할을 인간에게 부여하지 않는다는 점에서 그는 이러한 소통 과정을 탈주체적인 소통으로 이해한다.

예를 들어 어떤 남자가 어떤 여자에게 꽃을 선물하는 과정을 살펴보자. 전달과정에서 발생할 수 있는 돌발적인 사고를 제외한다면 꽃이 여자에게 무사히 전달된 것을 전통적인 소통모델로 보자면 성공적인 소통으로 이해할 수 있다.

그러나 루만이 보기에 "남자가 여자에게 꽃을 선물했다"는 사실만으로는 성공적인 소통으로 단정내릴 수 없다. 루만이 이해하는 소통은 남자가 마음 속에 "꽃을 선물해야겠다"는 최초 정보의 선택으로부터 시작하여, 어떤 수단을 통해서든 꽃이라는 메시지가 여자에게 전달되고, 마지막으로 남자로부터 꽃이라는 매체와 메시지를 전달받은 여자는 전달받은 매체(꽃)로부터 남자가 기대했던 의미(사랑)를 선별하고 획득하고 마음 속으로 승인하여 감동하는 단계로 이어져야 하기 때문이다. 결국 마지막 단계에서 전달매체로부터 본래 전달자가 의도했던 의미의 이해와 승인이 이뤄지지 않으면 그 커뮤니케이션은 성공적이라고 평가할 수 없다.

루만에 의하면 사회체계는 다양한 사람들과 인간 구성원들의 결합으로 이루어진 것이 아니라, 다양한 소통이 새로운 소통을 파생시키면서 진행되는 거대한 체계이다. 그 소통체계 안에서 진행되는 소통을 위해서는 송신자와 수신자가 있고 그들 간에 정보가 전달되며 수신자는 송신자가 의도한 의미를 이해하는 과정이 진행된다. 루만의 소통이론에서 주목할 점은 소통을 구성하는 정보, 전달, 이해의 세 가지 요소가 어느 한 개인에 의해서 좌우될 수 없다는 것이고, 올바른 소통은 이 세 가지 요소의 전체적인 통합이며 지속적인 과정으로 이해해야 한다는 점이다. 그리고 이 세 가지 소통의 요소 중에서 이해는 소통이 하나의 사건으로 단편적으로 일어나는 것이 아니라 계속해서 기존의 소통체계의 연장선상에서 발생했을 뿐만 아니라 그 이후에도 새로운 소통 과정을 스스로 만들어내는 독특한 기능을 수행한다는 것이다.

이러한 과정을 설명하기 위하여 루만은 1960년대 신경물리학자인 마투라나(Maturana)와 바렐라(Varela)의 생물학 용어를 빌려서 '자동' 혹은 '스스로'를 의미하는 헬라어의 *autos*와 '만들다'는 의미의 *poiein*이 결합된 자동생산성(혹은 자생성, *autopoiesis*)이라는 단어를 동원하였다. 말하자면 소통체계로 구성된 사회체계 내의 소통 과정은 정보의 선택과 전달매체의 선택, 그리고 이해의 선택을 통해서 하나의 소통 사건이 종결되는 것이 아니라 그 이후에 의미의 수용과 거절의 선택을 거쳐서 새로운 소통을 야기시키면서 지속적인 소통체계를 만들어 나간다는 것이다.[29] 이러한 루만의 소

---

29 문영빈, "관찰과 하나님: 현대물리학, 시스템이론, 신학의 대화" 「한국기독교 신학논총」 43

통이론은 커뮤니케이션 현상을 이해함에 있어서 '유기적인 체계의 작용'을 신중히 고려해야 한다는 사실을 일깨워주고 있다.

2) 다차원의 사회적인 소통망 내에서의 설교사역

사회체계를 다양한 인간의 상호 관계로 이루어진 복합적인 체계가 아니라 다양한 소통 체계의 결합체로 이해하는 니클라스 루만의 소통론은, 유기적인 생명체로 작용하는 교회 내에서의 설교 사역을 좀 더 현실적으로 이해할 수 있는 이론적인 전거를 제공한다. 그리고 루만의 소통이론을 설교와 목회사역에 적용할 때 설교자는 현재 자신의 설교를 듣는 회중과의 소통 구조를 좀 더 입체적으로 이해할 수 있는 근거를 확보할 수 있다.

앞에서 살펴본 바와 같이 소통 모델은 전통적인 아리스토텔레스의 단선적이고 일방향의 모델로부터 다차원의 사회적인 소통망 모델로 발전을 거듭해왔다. 이러한 변화는 소통을 이해하는 학문적인 이론이 바뀌었기 때문이 아니라, 정보공학과 무선통신 기술의 비약적인 발전의 소용돌이 속에서 인류 문명과 문화가 이전과 판이하게 다른 소통 환경으로 진입함으로 말미암은 자연스러운 결과이다.

앞에서 살펴본 바와 같이 전통적인 설교 소통 모델은, 설교를 듣는 회중을 서로가 긴밀한 소통의 관계를 맺지 않고, 다만 설교자와 개별적인 소통 관계를 맺고 있는 고독한 청중들로 가정한다. 이러한 전통적인 설교 소통 모델은 앞에서 지적한 바와 같이 지성적인 메시지를 전달하여 이성의 차원에서 설득시키고 납득시킴으로써 청중 개개인의 심리적인 만족을 달성

집 (서울:한국기독교학회), 178-179.

하려는데 치중된다. 이러한 개인주의 설교는 설교를 듣는 회중이 옆에 앉은 다른 신자들과 유기적인 생명체로 작용하고 있음을 간과한다.

그러나 기독교 설교를 위하여 결정적인 소통 당사자이자 소통 환경을 제공하는 회중은 결코 이러한 수동적인 위치나 개인주의적인 관점에서 이해될 수 없으며, 기독교 설교에 능동적으로 참여하는 회중에 대한 올바른 이해는 앞에서 살펴본 바와 같이 유기적인 생명체로서 그 내부에 다차원의 사회적인 소통망을 형성하고 있는 회중으로 이해해야 한다.

설교에서의 사회적인 소통망이란 사회를 구성하는 분석단위를 인간 개인의 개별적인 속성이 아니라 개인의 관계적인 속성에서 출발하여 인간 상호간의 관계에 입각하여 인간행위와 사회구조의 효과를 설명하려는 사회연결망이론을[30] 앞에서 살펴본 니클라스 루만의 소통이론과 결합하여 [31] 설교를 듣는 회중이 설교자 이전에 선행하시는 하나님과의 소통으로 말미암아 지속적이고 다차원적인 소통망, 즉 하나님과 신자 간의 소통망과 신자들끼리의 복합적인 소통망을 맺고 있음을 고려하는 설교를 말한다.

---

[30] 사회연결망이론은 사회를 구성하는 분석단위를 개인의 개별적인 속성(attribute)이 아니라 개인의 관계적인 속성(relational attribute)에서 출발하여 인간 상호간의 관계에 입각하여 인간행위와 사회구조의 효과를 설명하려는 시도이다. Cf., 김용학, 『사회연결망 이론』(서울: 박영사, 2004).

[31] 니클라스 루만이 의사소통의 주체를 인간이나 사회로 이해하는 것을 거부하면서 사회체계를 유지하는 소통체계의 지속성을 소통구조 스스로에게 귀인시키는 자동생산성(autopoiesis)로 설명하거나 또는 우연성(Kontigenzformel)로 설명하는 것을 일부 신학자들이 하나님(Gott) 개념에 적용시키기도 한다. Cf., 최주훈 "루만의 시스템 이론에 관한 비판적 고찰과 커뮤니케이션의 신학적 이해" 「한국기독교신학논총」제 64집 (서울: 한국기독교학회, 2009), 122.

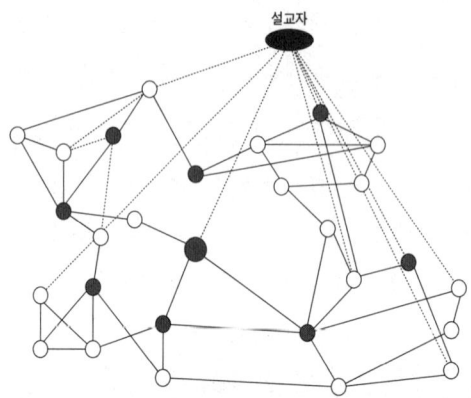

〈그림 12〉 다차원의 사회적인 소통망 속의 설교 모델

설교를 듣는 회중이 신자들끼리 유기적인 생명체의 구성요소로서 나름의 독특한 소통망(communication network)을 맺고 있음을 가리킨다. 설교학자 프래드 크래독이 지적한 바와 같이, 어떤 설교자가 한 편의 설교를 회중에게 전달하여 말씀의 소통 사건을 일으키기 이전에 이미 그들은 하나님과의 소통을 맺고 있는 하나님 나라 백성들일뿐만 아니라, 어느 특정한 설교자로부터 특정한 설교를 듣기 이전에 이미 수십, 수백 편의 설교를 공동체에서 들어오면서 그 메시지로부터 다차원적인 반응을 실행해오고 있는 공동체이다.[32] 이러한 선행적인 소통 사건을 고려하지 않은 채로 마치 회중의 마음을 아무것도 그려지지 않은 백지로 여기고 그 백지에 처음 붓을 가져다 대면서 그림을 그리는 심정으로 회중에게 메시지를 전달할 수는 없는 노릇이다.

32　Fred B. Craddock, *Preaching*, 김영일 역, 『설교』(서울: 컨콜디아사, 1989), 30. 또 같은 맥락에서 독일의 설교학자 루돌프 보렌은 설교의 공동체적 환경을 다음과 같이 강조한다. "구체적인 회중과의 연합과 사귐이 없이는 성령과의 사귐도 있을 수 없고 하나님의 말씀을 들을 수도 없다". Bohren, Rudolf, *Preaching and Community*, tr. by David E. Green (Richmond: John Knox Press, 1965), 105.

설교 메시지를 듣는 특정한 회중은 기존의 다차원의 사회적인 소통망을 통해서 공동체적으로 하나님의 말씀을 들으면서 특정한 주변 환경과 상호 작용을 하는 가운데 자신들에게 부여된 특정한 사명을 발휘하는 공동체로 성장해 간다. 그리고 이 과정에서 선포된 하나님의 말씀은 이 공동체가 예수 그리스도의 말씀을 통한 통치를 통해서 이 땅에서 하나님의 영광을 구현하는 공동체로 변모되어 갈 수 있는 원동력을 제공한다. 따라서 유기적인 생명체로 작용하는 신앙 공동체 안에서의 효과적인 소통을 위한 설교사역을 위해서는 다차원의 사회적인 소통망이 어떻게 작용하는지를 이해할 필요가 있고, 또 이를 위해서는 다차원의 사회적인 소통망이 형성되어 있는 유기적인 생명체로서의 신앙 공동체를 체계이론의 관점에서 살펴볼 필요가 있다.

3) 체계이론과 설교목회

체계란 일부분이나 요소들이 상호 관계를 맺고서 전체를 형성하는 상호 관계를 의미한다. 체계이론이나 시스템 사고(system thinking)가 오늘날과 같이 커뮤니케이션 이론뿐만 아니라 인문학 전반에 걸쳐 중요한 기반이론으로 구축될 수 있었던 배경에는 오스트리아의 이론생물학자인 루드비히 폰 베르탈란피(Ludwig von Bertalanffy)의 연구 때문이다.[33]

1920년대에 베르탈란피는 살아 있는 생명체나 유기체들을 연구하면서 유기체를 단순한 부분들이나 요소들의 합으로 이해했던 뉴튼의 분석 중심

---

33 Stephen W. Littlejohn, *Theories of Human Communication*, 김홍규 역, 『커뮤니케이션 이론』 (서울: 나남출판사, 1996), 72.

의 과학적인 관점의 한계를 깨닫고, 부분들 간의 상호 작용으로 구현되는 전체로서의 유기체에 대한 새로운 접근 방법을 제시한다. 그는 어떤 유기체이건 부분들의 단순한 총합으로 유기체를 이해하는 것이 아니라, 단순한 부분들의 합 이상의 상호 유기적인 관계가 그 유기체 속에 작용하고 있으며 부분들의 단순한 총합 이상의 결과를 얻어내는 유기체로서의 시스템에 주목해야 한다고 주장했다.

유기적인 체계(시스템, organic system)는 네 가지 요소로 구성되어 있다.

첫째, 객체(objects)로서 전체 체계를 구성하는 부분이나 요소, 또는 구성원을 가리키며 이러한 객체들은 체계 내에서 물리적일 수도 있고 추상적일 수도 있고 양자 모두에 해당될 수도 있다.

둘째, 체계는 고유한 속성(attributes)을 가지고 있다.

셋째, 체계는 객체들과의 내적인 상호 관계(internal relationship)를 맺고 있으며 그 상호 관계는 상호 영향이나 상호 의존성, 또는 압력이나 영향력으로 나타난다.

넷째, 체계는 진공 속에 존재하는 것이 아니라 그만의 고유한 환경(environment) 속에 위치하며 주변 환경과도 일정한 상호 작용을 한다.

또한 체계는 다음과 같은 고유한 특성을 나타낸다. 체계 내의 구성요소들 간의 상호의존성과 이를 통한 고유한 전체성 형성, 체계 내에서의 상위체계(higher system)와 하위체계(sub system)간의 위계성, 체계 유지를 위한 통제와 자율성, 환경과의 상호 작용, 체계의 균형과 현상 유지, 외부환경에 대한 적응과 적응 과정에서의 체계 자체의 변화와 부적응에 따른 소멸의 특성을 나타낸다.[34] 이러한 체계의 고유한 특성은 유기적인 생명체나

---

34 Stephen W. Littlejohn, 72-76.

유기적인 조직체(예, 가족, 교회)에서 가장 잘 나타난다.

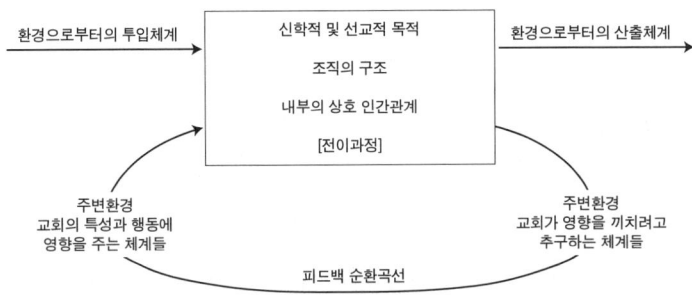

〈그림 13〉 시스템으로 작용하는 교회와 주변 환경과의 상호 작용

교회의 목회 사역을 교회를 구성하는 다양한 구성 요소들 간의 복합적인 상호 작용이 진행되는 시스템의 관점에서 접근하는 앨빈 린그랜(Alvin J. Lindgren)과 노만 샤우척(Norman Shawchuck)에 의하면 유기적인 생명체로서의 교회는 아래 그림에서 볼 수 있는 바와 같이 투입체계(input system)와 전이체계(transforming system), 산출체계(output system), 환경(environment), 경계(boundary), 피드백 순환곡선(feedback loop)과 같은 핵심적인 구성요소들 간의 상호 작용이 진행된다고 한다.[35]

린그랜과 샤그척의 목회 시스템 모델은 단순한 소통 모델에 피드백의 중요성을 포함시켰던 샤논과 위버의 소통 모델을 목회신학에 적용한 모델로 평가할 수 있다. 또한 오브리 멜퍼스(Aubrey Malphurs)에 의하면 대부분의 지역교회는 주변 환경과의 상호 작용을 진행하는 과정에서 해당 교

35　Alvin J. Lindgren and Norman Shawchuck, *How to Realize Your Church's Potential through a System Approach*, 박은규 역, 『교회개발론』(서울: 대한기독교출판사, 1986), 38-39.

회만의 고유한 성장과 쇠퇴의 과정을 밟는다고 한다. 그래서 오브리 멜퍼스는 유기적인 생명체의 생명 주기 곡선을 교회에 적용하여 특정한 시간과 공간 속에 존재하는 유형 교회도 탄생-성장-정체-사멸의 과정을 거친다는 사실에 주목한다. 그리고 교회의 생명 주기 곡선을 나타내는 시그모이드 곡선(the sigmoid curve, 그림 14)을 개교회의 상황에 적용하여 각각의 교회의 상황과 대안을 파악할 수 있는 지침을 제시한다.[36] 따라서 개교회의 목회자와 신자들은 늘 스스로를 하나님의 말씀에 비추어 보면서 탄생과 성장, 그리고 정체와 사멸의 과정 중에서 어느 단계에 와 있는지를 비평적으로 평가하면서 교회의 건강한 성숙을 저해하는 요소들을 제거하면서 끊임없는 개혁과 변화의 과정을 밟아가야 한다.

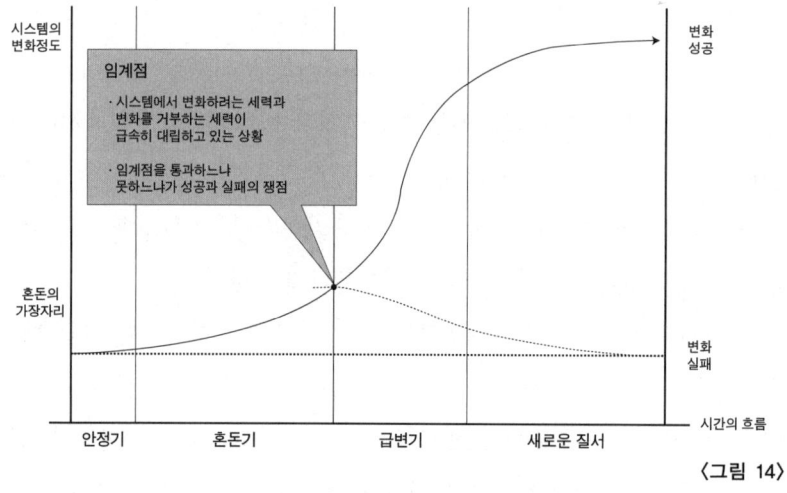

〈그림 14〉

위의 시그모이드 곡선은 모든 모든 유기적인 조직체들이 변화의 과정

---

36 Aubrey Malphurs, 56-75.

을 밟아가는 과정을 단계적으로 보여준다.[37] 변화의 단계가 단절적으로 진행되는 단절적인 변화의 첫째 단계는 시스템의 변화가 전혀 일어나지 않는 안정기이며, 그 다음 단계는 시스템 내부의 변화가 조금씩 진행되는 혼돈기이다. 대부분의 시스템은 두번째 단계에 위치하며 외부로부터의 변화요인의 유입에 의하여 혼돈의 가장자리로 이동한다. 3단계의 급변기는 시스템이 변화의 임계점(critical point)을 통과하면서 급격한 변화를 통해서 새로운 질서를 창출하는 단계이다. 이 단계에서는 시스템 구성 요소들 사이에 활발한 전이 과정과 자기조직화(self-organization), 그리고 공진화(coevolution)가 진행된다. 마지막 4단계는 새로운 안정기로 시스템의 변화가 정착되는 단계이다.

모든 교회가 이러한 변화의 과정을 그대로 밟아가는 것은 아닐지라도 대부분의 유기적인 생명체들은 이와 유사한 변화 또는 성장의 과정을 밟아가므로, 교회의 성장과 변화를 추구하는 목회자는 해당 교회가 지속적인 성장 과정에서 현재는 어떤 단계에 위치하고 있는지를 평가하고 또 앞으로의 교회 개혁의 지향점을 향하여 어떻게 강단을 통한 하나님 말씀의 소통 과정을 효과적으로 진척시킬 수 있는지에 대해서 고민해야 한다.

5. 나가는 말

설교는 교회 회중들을 대상으로 하나님의 말씀을 선포하는 공동체적인 사역이다. 20세기 후반에 등장한 신설교학은 설교에서의 청중의 적극적

---

37 윤병수, 채승병, 『복잡계 이론』(서울: 삼성경제연구소, 2005), 183.

인 청취를 위한 효과적인 설교 전략을 제공해 주었다. 하지만 신설교학에서 (의도했든 의도하지 않았든) 간과할 수 없는 설교학적인 약점은 신설교학에서 염두에 두는 설교 메시지의 청취자를 군중 속의 고독자로 상정한 반면에, 그 내부에 유기적인 생명체로 작용하는 신앙 공동체를 염두에 두지 못했다는 점이다. 교회는 하나님의 구원 역사 속에서 예나 지금이나 유기적인 생명체로 작용하는 신앙 공동체이기 때문에 교회 안에서의 설교를 통한 하나님의 말씀의 소통을 위해서도 설교자는 유기적인 생명체로서 그 내부에 다차원의 사회적인 소통망을 형성하고 있는 신앙 공동체를 염두에 두고서 설교사역을 감당해야 한다.

  본고에서 필자는 설교를 듣는 회중을 그 내부에 다차원의 사회적인 소통망이 형성되어 있고 하나님이 그 특정한 교회에게 기대하시는 거룩한 목표를 향하여 유기적인 시스템으로 작용해가는 과정으로서의 신앙 공동체를 염두에 두고 설교전략을 계발할 수 있는 이론적인 전거를 모색하였다. 이러한 논의를 통해서 현대 설교학의 논의가 개인주의적이고 심리적인 설교의 한계를 극복하고 하나님의 통치를 따르는 신앙 공동체를 세워가는 공동체 지향적인 설교학이 지속적으로 발전되고 또 이러한 공동체 지향적인 설교사역을 통해서 이 땅에 하나님 나라에로 부름받고 또 그 나라의 영광을 공동체의 차원에서 구현하는 교회들이 더욱 많아질 수 있기를 기대한다.

| 10 |
구속사 관점에 기초한 설교목회

1. 들어가는 말

설교는 성경을 통하여 계시된 하나님의 말씀을 교회로 모인 하나님의 백성들에게 선포하여 구속 역사의 진행 과정 속에서 각 시대마다 하나님의 영광을 구현하도록 부름 받은 하나님의 백성들의 공동체인 교회로 하여금 자신들에게 부여된 구속사적인 사명에 온전히 순종함으로써 하나님의 영광을 구현하도록 이끄는 목회사역이다. 이러한 설교사역을 올바로 감당하려면 설교자들은 여러 가지 선결 요건들을 갖추어야 한다.

① 하나님의 말씀으로 죽어가는 영혼을 살리도록 하나님으로부터 소명을 받아서 하나님의 말씀을 선포하도록 위탁을 받은 설교직의 무한한 영광에 대한 특권과 책임의식이 있어야 한다(딤후 4:1-2).
② 성경이 살아계신 하나님의 말씀으로서 신앙과 행위의 절대적인 규

범임을 인정하고 이러한 인식에 근거하여 성경을 설교할 수 있는 강해설교의 철학이 요구된다(딤후 3:16-17).

③ 성경 전체를 예수 그리스도의 죽음과 부활로 완성된 구속의 관점에서 해석하는 구속사적인 관점의 성경해석 관점이 동원되어야 한다(눅 24:25-27; 요 5:39).

④ 인간 설교자의 성경해석과 선포의 과정 속에서 설교자와 신자들 모두에게 하나님의 말씀을 실제적으로 조명하시고 적용하시는 성령 하나님의 조명의 역사가 동반되어야 한다(고전 2:1-5; 계 2:7a).

⑤ 성경해석을 통해서 확보한 성경 본문 내의 하나님의 통치의 구현이 설교를 통해서 교회 회중 가운데 다시금 재현될 수 있도록 하는 수사적인 설득 전략과 효과적인 전달 형식이 요구된다(롬 10:17).

⑥ 선포된 하나님의 말씀이 신자의 지성적인 이해의 차원에 머무르지 않고 신앙 공동체의 공동체적인 적용과 순종으로 나타나도록 회중을 이끄는 목회 리더십이 요구된다(롬 8:11).

⑦ 마지막으로, 선포된 하나님의 말씀에 교회 전체가 한 마음으로 순종함으로써 지역 교회가 시대적인 상황 속에서 하나님의 영광을 반영하는 단계까지 도달해야 한다(사 55:10-11).

그래서 "구속사 관점에 기초한 설교목회"란, 성경에 계시된 하나님의 말씀이 창조와 구속, 그리고 재림으로 이어지는 거대한 하나님의 구속의 역사적인 과정 속에 부름 받은 특정한 교회 회중 가운데 새롭게 선포되고 또 설교 말씀을 들은 회중의 순종과 헌신을 통해서 과거의 구속 역사가 회중 속에서 현재화되도록 유도하는 목회 사역을 의미한다.

이 글에서 연구자는 구속사 관점에 기초한 설교목회의 방안을 모색하고자 한다. 이를 위해서 연구자는 먼저 개혁주의 신학에 기초한 설교 전략의 하나로 널리 알려진 구속사 설교의 장점을 살펴봄과 동시에 구속사 설교의 실천 지향성의 한계를 지적할 것이다. 이어서 개혁주의 신학의 실천지향성에 관한 예비적인 논의를 위하여 성경에 제시된 과거 구속사의 실현이 오늘의 목회 현장에서 재현될 수 있도록 하는 목회실천의 중요성과 아울러 이를 위한 통전적인 실천신학적인 연구방법론에 관하여 논의할 것이다. 신학실천을 위한 실천신학 연구방법론에 관한 논의에서는 특히 유기체로서의 교회와 지역 교회 내에서의 효과적인 설교목회의 전략에 대해서 논의할 것이다. 이러한 논의에 근거하여 연구자는 구속사 관점에 기초한 설교목회를 위한 통전적인 설교신학적인 청사진을 제시할 것이다.

2. 개혁신학과 구속사 설교

개혁신학[1]은 예수 그리스도와 성경의 계시로부터 발원하여 사도 바울과 어거스틴, 그리고 칼빈과 같은 16세기의 종교개혁자들과 그 이후 청교도 신학자들에 의하여 체계적으로 정리되고 장로교회의 역사 속에서 계승 발전된 신학사상으로서 삼위일체 하나님의 절대적인 주권 사상을 강조하며, 역사 속에서 인류의 구원에 관한 하나님의 계시를 위하여 성령의 영감으로 기록된 하나님의 말씀으로서의 성경의 권위를 강조한다.

---

1 개혁신학을 간단히 설명하기 위하여 '칼빈주의'(Calvinism)라는 단어가 동원된다. 개혁신학의 형성과 발전 과정에서 16세기 제네바의 종교개혁자 요한 칼빈(John Calvin)이 가장 결정적인 역할을 감당한 것은 사실이지만, Richard A. Muller에 의하면 "개혁신학을 칼빈 혼자만의 고유한 신학으로 규정짓는 것은 궤변일 뿐"이라고 주장한다. Richard A. Muller, "Was Calvin a Calvinist?"「한국복음주의신학회 제 58회 정기학술대회」2-37.

하지만 개혁신학은 오늘날의 장로교회와 신학교 안에서 일종의 문서의 기록으로만 남아 있는 사변화된 이론이 아니라, 성경이 일관되게 가르치는 성경적인 교리에 근거하여 구속 역사 속에서의 끊임없는 교회 개혁(*semper reformanda*)을 추구한다. 그래서 개혁신학의 참된 가치는 삼위 하나님과 그 백성 간의 언약이 특정한 역사적 상황 속에 위치한 교회의 설립과 성숙을 통해서 구현되는 구속 역사의 진행을 통해서 증명된다고 말할 수 있다.

구속 역사의 진행 과정 속에서 올바른 교회의 설립과 성숙을 통해서 증명되는 개혁신학의 참된 가치는, 특히 하나님의 말씀의 선포로서의 설교를 통해서 실현된다. 이런 이유로 개혁신학은 설교의 중요성을 강조한다.[2] 개혁신학의 강조점 중의 하나가 바로 계시된 하나님의 말씀인 성경의 영감과 충족성, 절대적인 권위(absolute authority)에 대한 확고한 믿음(*sola scriptura*)이다. 개혁주의 성경관은 성경이 인간의 창작품이 아니라 성령 하나님의 영감으로 기록된 하나님의 말씀이며 성경은 인류의 구원에 필요한 지혜를 충분하고도 분명하게 제시함을 강조하기 때문에, 하나님의 음성을 듣기 위하여 교회는 무엇보다도 성경을 성실하고도 경건한 자세로 해석하고 그 본문의 중심사상을 분명하게 파악하여 설교를 통하여 신자들에게

---

2 Praedicatio verbi Dei est verbum Dei. W. Peter Stephens, "The Interpretation of the Bible in Bullinger's Early Works", *Reformation & Renaissance Review: Journal of the Society for Reformation Studies*. 11/3 (2009, Dec), 311-33; W. Peter Stephens, "The Authority of the Bible in Heinrich Bullinger's Early Works", *Reformation & Renaissance Review: Journal of the Society for Reformation Studies*. 10/1 (2008, Apr), 37-58; Steinmetz, David C. "The Intellectual Appeal of the Reformation", *Reformation & Renaissance Review: Journal of the Society for Reformation Studies*, 2(1999, Dec), 18-34; 정인교, "Praedicatio verbi Dei est verbum Dei의 이론설교학적 해석과 현대적 의의", 한국복음주의신학회,「성경과 신학」21(1997), 119-58.

선포해야 한다.³

개혁신학이 기독교 설교에 미친 영향이 강하게 드러나는 설교형식이나 설교전통이 있다면, 그것은 바로 설교를 위하여 특정한 성경 본문을 해석할 때 성경 전체의 맥락 속에서 해석하며(tota scriptura), 특히 창조-타락-구속-심판의 거시적인 구속 역사의 맥락에서 해석하는 구속사적인 성경 해석에 근거한 구속사 설교(redemptive historical preaching)이다. 개혁파 설교자들이 구속사적인 관점에서 성경을 해석하고 설교할 수 있는 신학적인 토대를 제공한 개혁파 신학자로는 게할더스 보스(Geerhardus Vos, 1862-1949)를 빼놓을 수 없다. 게할더스 보스는 "개혁주의 성경신학의 아버지"로 불릴 정도로 구속사적인 관점을 중시하는 성경신학의 선구자나 다름없다.⁴

게할더스 보스가 개혁신학에 기초한 설교신학의 발전에 독보적인 기여를 제공한 계기는, 그가 『성경신학』(Biblical Theology)에서 인류를 향한 하나님의 특별한 계시의 말씀이, 구속의 역사 속에서 먼저 주어진 계시(적인 사건과 말씀)와 이후의 계시가 서로 단절되지 않고 예수 그리스도를 통한 최종적인 계시를 향하여 점진적이면서도 유기적으로 서로 연결되는 형태로 진행된다는 점을 강조했기 때문이다.⁵

구속사(redemptive history)를 정의하자면, 삼위 하나님이 시간과 공간의 구조를 가진 인류의 역사 속에서 점진적이고 유기적으로 자신의 계획하

3　정창균, "설교자가 본문해석에서 범하는 의미 주입하기와 그 유형들", 「신학정론」 30/1(2012, 6월), 199-224.

4　Geerhardus Vos, *Redemptive History and Biblical Interpretation,* ed., R. B. Gaffin, Jr. (NJ: Presbyterian and Reformed Pub. Co., 1980), xiv.

5　Geerhardus Vos, *Biblical Theology,* 『성경신학』, 4-15; Vos, *Redemptive History and Biblical Interpretation,* xvii.

신 인류 구원을 예수 그리스도의 죽음과 부활 사건 속에서 완성하시고 그 완성된 구속 사역을 지상의 교회에게 종말의 날까지 단계적으로 적용시키고 실현시켜가는 역사적인 과정이다. 그런데 창조-타락-구속-재림과 심판으로 이어지는 하나님의 구속 역사는 성경 속에만 들어 있는 것이 아니라 오순절 성령 강림 사건을 통한 교회의 탄생 이후 "우리의 삶과 시대를 포함하여" 재림의 날까지 현재 진행형의 사건으로 계속되고 있다.[6] 그리고 하나님의 통치가 역사 속에서 실현되는 구속사는 하나님의 말씀의 선포로서의 설교를 통해서 오늘의 교회 회중의 신앙과 삶 속에서 반복적으로 재현된다.

그래서 구속사 설교의 목표는 설교를 통하여 성경이 제시하는 과거의 구속사가 오늘 교회 회중 가운데 성령 하나님의 말씀의 조명 사역을 통하여 현재화되도록 하는 것이다. 게할더스 보스가 초석을 놓은 구속사적인 관점의 성경해석과 설교는 그 이후 시드니 그레이다누스(Sidney Greidanus)나 그레엄 골즈워디(Graeme Goldsworthy)를 통해서 설교신학의 발전으로 이어져 오고 있다.

3. 객관적인 구속사만을 강조하는 구속사 설교의 한계

이렇게 하나님과 자기 백성들 사이에 채결된 언약이 실현되는 구속 역사의 과정에 관한 구속사 설교를 위해서 설교자는 언약사이자 구속사를

---

[6] Michael Lawrence, *Biblical Theology in the Life of the Church: A Guide for Ministry*, 윤석인 역, 『목회와 성경신학』(서울: 부흥과개혁사, 2010), 47.

담고 있는 성경 본문을 올바로 해석하고 주해해야 한다. 그러나 구속사 설교는 구속 사건을 묘사하는 내러티브 본문에 대한 구속사적인 관점의 해석에서 멈출 수 없다. 구속사 설교는 그러한 해석 작업을 거친 다음에 해당 본문이 말씀 앞에 모인 오늘의 교회 회중들을 향하여 구체적이고 실천적인 차원에서 어떤 방식으로 과거 구속 사건이 재현되고 현재화되어야 하는지에 대한 실천적인 적용점을 제시하여 회중이 순종하고 실천하는 단계로까지 나아가야 한다.

구속사 설교에서 주해작업과 설교 사역이 본문에 대한 정확한 해석 작업을 공유하더라도, 해석과 설교 사이에 분명한 차별성이 나타나야 하는 부분이 바로 설교를 통한 구속 역사의 현재화(presentization) 또는 실행화(actualization)이다. 이런 이유로 구속사 설교의 중요성을 인정하는 그레엄 골즈워디는 구속사에 관한 내러티브 본문에 대한 적실성 있는 설교의 적용 지향성, 또는 실천 지향성에 대해서 다음과 같이 주장한다.

> 주해는 거의 모든 설교 준비에서 중요한 측면이기는 하지만, 주해가 곧 설교는 아니다. 주해란 어떤 본문이 그 근접 전후 문맥에서 어떤 의미인지를 이해하는 것이다. 설교는 그 본문의 의미에서 시작해서, 오늘날의 청중의 정황에서 그 의미에 대한 합당한 적용으로 복음에 비추어서 진행해야 한다.[7]

그러나 해석과 설교의 차이점에도 불구하고, 전통적인 구속사 설교의 약점은, 오늘 교회로 모인 회중의 신앙과 삶 속에서 하나님의 구속이 구

---

7 Graeme Goldsworthy, 『성경신학적 설교 어떻게 할 것인가』, 197.

체적이고 실제적으로 어떤 방식으로 구현되어야 하는지에 관한 실천적인 적용점 제시가 종종 배제되고 있다는 점이다.[8] 즉 설교자들이 성경에 계시된 객관적인 구속사에 대해서는 충실한 반면에, 성경 바깥에서 오늘 신앙 공동체 현장에서도 계속 진행되어야 하는 주관적인 구속사에 대해서는 소홀했다고 평가할 수 있다. 구속사 설교가 역사 속에서의 구속 사건을 담고 있는 성경 본문, 특히 구약의 내러티브 본문에 대한 역사적, 문학적 및 신학적 해석은 충실하지만 그와 동일한 비중을 본문에 대한 오늘 회중의 적용과 실천을 충분히 강조하지 못하는 이유는 무엇일까? 다음 몇 가지 원인을 고려해 볼 수 있다.

1) 구속사의 객관적인 차원과 주관적인 차원의 구분

첫째, 설교자들이 구속 역사의 진행 과정에서 나타나는 하나님의 객관적인 구속 역사의 진행 단계(창조-타락-구속-심판)와 객관적인 구속사가 신자 개개인에게 또는 지역 교회에게 개별적으로 적용되는 구속사의 주관적인 차원으로서의 구원의 서정을 구분하여 그러한 차별성에 근거하여 적용 지향적인 설교를 시도하지 않기 때문이다. 이와 관련하여 구속사적인 관점의 성경 해석을 강조한 게할더스 보스는 객관적인 구속사와 주관적인 구속사의 상호 연대와 구분에 대해서 이렇게 설명한다.

> 계시 영역 그 자체 내에 한 가지 중요한 구분이 있다는 점을 고려해야 한

---

8 구속사 설교에 내포된 이러한 한계점은 다음의 설교집에서도 종종 관찰된다. 고재수, 『구속사적 설교의 실제』(서울: CLC, 1987).

다. 구속은 그 일부는 객관적이요 중심적이며, 일부는 주관적이요 개인적이다. 객관적이요 중심적인 부분이란 인간을 대신하여 인간의 외부에서 일어나는 하나님의 구속의 행위들을 지칭한다. 그리고 주관적이며 개인적인 부분이란 인간 속으로 들어와 역사하는 하나님의 행위들을 지칭한다…객관적인 과정과 더불어 주관적인 적용의 역사가 계속되고 있고, 또한 그 역사의 상당 부분이 성경 속에 반영되어 있다는 점을 기억해야 하기 때문이다. 주관적이며 개인적인 구속이, 객관적이며 중심적인 구속이 끝난 이후에 비로소 처음 시작된 것은 아니다. 그것은 애초부터 후자와 더불어 존재해 온 것이다.[9]

예수 그리스도를 정점으로 하는 계시의 역사는 성경의 저작이 종료되면서 종료되었지만, 창조-타락-예수그리스도의 구속-재림의 심판으로 이어지는 구속의 역사는 예수 그리스도의 구속과 재림의 심판 사이에 위치한 교회의 역사를 통해서 오늘 이 시대를 감당하는 지역 교회 속에서 그리고 객관적인 구속사의 종착점인 종말과 심판을 향하여 계속 진행 중이다. 그런데 성경은 예수 그리스도의 십자가 죽음과 부활에서 최고조에 달하는 객관적인 구속사와 아울러, 각각의 독특한 역사적인 상황과 인간의 삶 속으로 침투해 들어온 객관적인 구속사에 대하여 각기 독특한 시대적인 상황과 환경 속에서 반응했던 성경 인물들의 개별적인 구원의 서정을 함께 담고 있다. 성경 인물들의 삶 속에서 발견되는 주관적인 구원의 서정은 성경 안에서 종료된 것이 아니라 오늘을 살아가는 신자와 교회와 이 세상 가운데 살아 역사하시는 삼위 하나님의 주권적인 통치에 올바로 반응

---

9 Geerhardus Vos, 『성경신학』, 15.

하는 가운데 현재 진행형으로 계속 진행되고 있다.

그래서 종말을 향하여 계속 진행 중인 구속 역사는 신자 바깥에서 바라보는 보편적인 차원에서 모든 인류에게 동시에 적용되는 종말을 향하여 계속 진행된다는 점에서 객관적인 동시에, 각 시대마다 독특하고도 개별적으로 나타나는 교회와 신자들에게 주관적이고 개별적인 구원의 서정으로 다시금 반복적으로 적용되고 구현되어야 한다는 점에서 주관적이다. 이렇게 과거 구속사가 성경 안에서 종료된 것이 아니라 종말을 향하여 현재 교회 회중의 신앙과 삶 속에 계속 진행되고 있기 때문에 구속사 설교는 과거 사건에 대한 해설과 현재 구속사의 재현을 위한 적용점 제시를 포함해야 한다.

2) 성경 내러티브 장르의 적용 지향성의 한계

둘째, 구속사 설교가 현대적인 적용점을 설득력 있게 제시하는데 소극적인 이유는 내러티브 본문 자체의 적용지향성의 한계에서도 찾을 수 있다. 구속사 설교에서 다뤄지는 성경 본문의 장르는 역사적 사건체(혹은 내러티브) 장르이다. 내러티브 장르는 과거에 하나님이 인류와 하나님의 백성들의 역사 속에 개입하셔서 자신을 계시하시면서 구원과 심판을 행하셨던 사건들을 사실성 있게 묘사하는 장르이다. 구약에서는 모세오경과 신약에서는 복음서가 이 장르에 해당한다.

그런데 이런 내러티브 장르의 일차적인 관심사는 독자나 청중에게 구체적인 윤리나 도덕에 관한 행동 지침을 제시하는 것이 아니라, 하나님이 우리 인류를 위해서 자기 백성들을 위해서 과거에는 무엇을 행하셨으며 앞으로 미래에는 무엇을 행하실 것인지에 대한 하나님의 객관적인 구원 역사를 서술하고 선포하는 것이다.

예를 들어, 아브라함의 삶에 관한 내러티브 본문의 일차적인 기능은 하나님이 아브라함을 대표 삼아서 족장들과 언약을 맺으셨음을 진술하여 후대의 독자들로 하여금 유기적이고 발전적으로 그러나 본질적으로 동일하게 진행되는 구속 역사의 흐름에 믿음으로 반응할 것을 요청하는 것이지, 그 속에서 어떤 인과율적이고 도덕적이고 윤리적인 교훈들을 그대로 실천함으로써 하나님의 축복을 끌어낼 보편적인 공식을 제시하고자 함이 아니다. 이런 이유로 성경의 내러티브 본문에 대한 설교에 현대적인 적용점을 구체적으로 제시하는 것에는 설교 본문과 관련하여 태생적인 한계가 있다.

3) 구속사 설교와 목회 리더십의 분리

셋째, 구속사 설교가 현대적 적용점을 적극적으로 제시하는데 소극적인 이유는 설교자 자신의 목회적 리더십의 한계에서도 찾아볼 수 있다. 설교는 성경을 강의하는 것이 아니라 성경이 펼쳐 보여 주고 있는 하나님의 구원 역사가 지금도 설교를 듣는 신앙 공동체 안에서 신자들과 함께 진행되고 있음을 확인하는 시간이다. 이를 위해서는 설교자는 구속사적 관점을 선포하는 것만이 중요한 것이 아니라, 그렇게 현재 진행 중인 구속사에 대하여 신자들이 어떻게 반응해야 하는지에 대한 적용적인 지침들을 적극적으로 제시하고 설득해서 청중이 그러한 적용점을 받아들여 이행할 수 있도록 인도해야 한다.

그래서 설교를 통해서 구속사의 연결고리를 제공하는 설교자의 책임은 이러한 적용이 포함된 구속사 설교를 통하여 성경이 제시하는 객관적인 구속 역사 속에서 단계적으로 나타나고 예수 그리스도의 죽음과 부활에서 최고 정점에 도달한 삼위 하나님의 통치가 설교를 통하여 특정한 교회 회중의 신앙과 삶 속에서 다시금 반복되도록 하는 것이다.

하지만 하나님의 객관적인 구속 역사가 신자와 교회의 주관적인 삶과 신앙 속에서 재현되도록 인도하는 일의 책임은 설교자가 감당하는 것이 아니라 성령 하나님의 책임일 뿐이고 설교자는 성경 본문만 해설하는 것이 전부라고 생각한다면 구속사 설교에서 현실적인 적용점 제시에 대해서 매우 소극적인 입장을 취할 수밖에 없으며, 그런 설교는 결국 목회 리더십이 배제된 '성경 본문에 대한 강의'에 머무를 뿐이다.[10]

그렇다면 구속사 설교를 통하여 과거에 발생한 구속 사건이 말씀 앞에 모인 교회 회중의 삶과 신앙 속에서 구체적으로 현재화되도록 설교할 수 있는 근거나 그 방법은 무엇인가?

4. 과거 구속사의 현재화를 위한 구속사 설교

네덜란드의 자유대학교(Vrije Unversiteit) 실천신학자였던 제이콥 피레트 교수(Jacob Firet, 1924-1994)에 의하면, 목회사역의 핵심적인 과제는 말씀의 형태로 자기 백성들의 영적 변화와 성숙의 역동성(agogic moment)을 위하여 찾아오시는 하나님의 구원 사건을 섬기는 것이라고 한다.[11] 피레트에 의하면 말씀의 형태로 자기 백성들에게 찾아오시는 하나님의 구원과

---

10 Michael Quick, 『전방위 리더십』.
11 Jacob Firet, *Dynamics in Pastoring* (Grand Rapids: Eerdmans, 1986), 15-17, 21-22, 29.

이를 통한 영적 변혁을 위한 구체적인 실천 양식은, 케리그마(*Kerygma*, 설교)와 디다케(*Didache*, 교육), 그리고 파라클레시스(*Paraklesis*, 상담)의 형태를 취한다고 한다. 말씀의 형태로 자기 백성들에게 찾아오시는 하나님의 구원의 현재화의 세 가지 양식 중에서, 케리그마는 말씀을 통한 하나님의 찾아오심에 의한 구원의 실행화를 위한 양식(the mode of actualization)이고, 디다케는 구원의 지속화(continuation)를, 그리고 마지막으로 파라클레시스는 구원의 집중화(concentration)를 위한 양식이라고 한다.[12]

이상의 세 가지 구원의 현재화 양식 중에서 케리그마 양식(kerygmatic form)을 통하여 찾아오시는 하나님의 구원과 이를 통한 신자의 구원의 서정 과정에서, 인간 설교자는 성령 하나님과 함께 설교 사역에 관여한다. 성령 하나님은 선포된 말씀에 대한 내적인 조명의 과정에, 그리고 인간 설교자는 성경의 진리에 대한 논리적이고 설득력 있는 선포의 역할을 감당한다. 설교자의 설교 메시지 선포와 그 과정에 개입하시는 성령 하나님의 조명의 인도를 통해서 회중은 말씀의 빛 아래 자신의 내면세계를 조명하게 되고 그로 인하여 죄악을 깨닫고 그리스도의 대속의 은혜를 더욱 간절히 의지함과 동시에 새로운 생명을 허락하신 하나님을 위한 성화의 삶을 추구하게 된다.

또한 과거 구속사의 현재화 구현 방식은, 개인적인 차원과 공동체적인 차원으로 구분될 수 있으며 개인적인 차원에서의 과거 구속사의 현재화 방식은 신자 개개인의 구원의 서정으로 나타나며, 공동체 차원의 과거 구속사의 현재화 방식은 신앙 공동체의 집단적인 부흥과 영적인 변화와 성숙으로 나타난다.

---

12 Jacob Firet, 82-83.

1) 객관적인 구원의 개인적인 적용 방식: 신자 개개인의 구원의 서정

과거에 발생한 하나님의 객관적인 차원의 구속 사건에 관한 해설을 담은 구속사 설교는 그 정점에서 예수 그리스도의 죽음과 부활을 선포한다. 예수 그리스도의 죽음과 부활에서 정점에 도달한 하나님의 구속 역사에 관한 설교는, 자연히 그 설교를 듣는 신자의 신앙과 삶 속에서 신자 개개인의 구원의 서정으로 적용되어서, 신자 개개인의 칭의와 성화의 과정을 유도한다. 예수 그리스도의 죽음과 부활에 관한 구속사 설교는, 이를 듣는 신자들에게 자신의 죄악과 그 죄악을 용서하시며 구원의 은총을 베푸시는 하나님의 은혜를 바라볼 수 있게 되고 그 은총을 수납함으로 그리스도와 연합하여 구원의 서정 단계를 이어간다. 그리하여 신자의 바깥에서 발생한 하나님의 객관적인 구속 역사에 관한 선포로서의 구속사 설교의 일차적인 적용 방식은 신자 개개인의 칭의와 성화를 중심으로 진행되는 구원의 서정이다.

신자가 구원의 서정(*ordo salutis*)에서 그리스도의 십자가 죽음과 부활에 함께 연합함으로 성화의 과정을 밟아간다는 의미는, 예수 그리스도의 대속 사역의 은총을 수납함으로 그리스도와 연합한 신자는 칭의와 성화의 전체 과정에서 그리스도께서 이 땅의 구속 역사

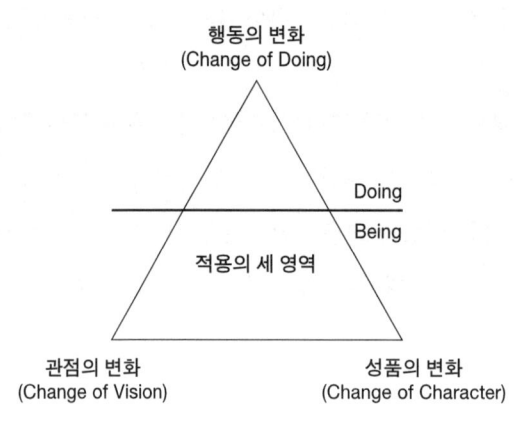

〈그림 15〉 적용의 세 영역

속에서 구속 사역을 이루시기 위하여 통과하셨던 죽음과 부활, 승귀, 만유의 통치의 전체 과정들에 함께 동참하고 그 각각의 과정에 담긴 은혜와 축복을 함께 누리게 되었다는 의미이다. 그런 의미에서 신자와 그리스도와의 연합의 핵심은 구속사적인 연합(redemptive historical unification)으로 이해할 수 있다.[13]

이렇게 구속사 설교의 개인적인 적용 방식으로서 신자 개개인의 구원의 서정이 진행되기 위해서는 구속사 설교를 듣는 신자 개개인의 내면에서 하나님의 말씀으로 인한 영적인 변화가 발생해야 하며 그러한 영적인 변화는 관점의 변화와 성품의 변화, 그리고 행동의 변화가 입체적으로 진행된다.

2) 관점의 변화

관점의 변화(change of vision)란 하나님과 인간, 혹은 세상에 대한 청중의 세속적인 관점을 성경적 관점으로 변화시키는 것을 말한다. 설교를 듣는 신자들은 하나님에 대하여, 인간에 대하여, 세상에 대하여, 그 밖의 여러 대상들에 대하여 나름대로의 입장과 견해 및 가치관을 가지고 있으며 이러한 가치관들은 결국 신자의 정체성과 행동의 방향까지 영향을 미친다. 따라서 적용적인 설교가 꾀하는 신자의 변화의 영역 속에는 신자가 마음속에 품고 있는 세속적인 가치관을 거룩한 가치관으로 변화시키는 내용들을 포함해야 한다.

---

[13] 김은수, "칼빈의 구원론의 이해: 그리스도와의 연합과 이중은혜를 중심으로", 「한국기독교신학논총」 67 (2010), 178.

구속사적 설교가 관점의 변화를 이끌어 내는 데 효과적인 이유는 세속적 가치관에 가장 극명하게 대비되는 것이 바로 구속사 중심의 성경적 가치관이기 때문이다. 세속적 가치관 중에 대표적인 것은 원인과 결과를 기계론적으로 연결시켜놓은 인과율이다. 성공과 부귀를 꿈꾸는 세속 사회를 지배하는 대표적인 가치관 중의 하나가 바로 인과율의 논리(law of causality)이다. 이런 저런 방법을 따르면 성공의 결과가 뒤따른다는 인과율의 논리가 기독교 설교 속에 스며들 때 교회는 세속적인 성공을 추구하는 번영 신학에 빠지고 만다.[14]

하지만 이 인과율의 논리를 깨부수는 것이 구속사에서 강조되는 하나님의 주권적인 구원의 은혜이다. 구속사 설교는 성경 본문을 인과율의 논리에 따라서 해석하지 않고 하나님이 친히 자신의 주권과 능력으로 이 땅에서 미리 예정된 구원을 하나하나 펼쳐가고 계심을 강조한다. 성경 본문을 구속사의 관점에서 해석해 보면 결국 본문의 의미가 인간의 강퍅함과 패역함, 그리고 이와 대비되는 하나님의 신실하심와 오래참으심, 계획된 구원을 차질이 없이 성취해 가시는 그 분의 주권과 능력에 관한 것들이다. 예수 그리스도 안에서 분명하게 계시된 하나님의 주권적인 구원의 은혜가 강단에서 지속적으로 선포될 때에 세상을 지배하는 인과율의 논리에 세뇌되어 있는 신자들의 세속적인 가치관들이 성경적 가치관으로 변화될 수 있다.

---

14 이철, "한국교회 설교와 교인교육에 대한 문화사회학적 비판", 한국기독교교육정보학회 편, 『기독교교육정보』 26 (2010년 4월), 140.

3) 성품의 변화

성품의 변화란 하나님 나라 백성에 합당한 성품과 자질을 갖추도록 유도하는 내용을 설교의 적용점으로 제시하는 경우를 말한다. 성경에서 강조하는 대표적인 성품은 사랑과 희락, 화평, 자비, 오래참음, 양선, 충성, 온유, 절제와 같이 성령의 아홉 가지 열매를 중심으로 나타난다. 성경에 기록된 다양한 문학 장르들 중에서 내러티브나 이야기, 교훈, 그리고 계명들은 신자의 내면에서 관점의 전환을 이끌어낼 뿐만 아니라 신자가 자신의 삶을 꾸려나갈 때 형성되는 성품의 변화에도 영향을 줄 수 있다.

예를 들어 하나님이 죄인된 우리 자신에 대해서 끝까지 인내하시면서 사랑을 베푸시는 내용을 담고 있는 내러티브나 그러한 교훈들은 신자들의 마음 속에 자신이 하나님으로부터 크나큰 사랑을 받은 자임을 깨닫게 하여 타인에 대해서도 사랑을 베풀거나 실수를 너그럽게 용납할 수 있는 성품을 빗어내도록 작용할 수 있다.

4) 행동의 변화

적용적인 구속사 설교의 마지막 변화의 영역은 행동의 변화이다. 행동의 변화는 설교를 들은 신자가 구체적으로 거룩하고 성결한 삶을 실천하는 결과를 가리킨다. 신자가 구속사 설교를 듣고서 거룩한 삶을 실천할 수 있는 설교학적인 근거는, 객관적인 구속사의 지향점이 그리스도와 신자의 연합이기 때문이며, 그리스도와 신자의 구속사적인 연합(redemptive historical unification)은 신자 개개인과 공동체적인 차원에서의 구원의 서정(*ordo salutis*)으로 구체화되기 때문이다.

달리 말하자면, 그리스도의 죽음과 부활에서 정점에 달한 하나님의 객관적인 구속 역사에 관한 구속사 설교가 구체적으로 신자의 경건한 행동의 변화를 겨냥하는 실천적인 적용점을 제시해야 하며, 그 적용점은 신자가 자신의 중생과 칭의로 인하여 자신은 더 이상 죄악의 세력과 관계가 없음을 확인하고 인정하면서 계속해서 죄의 권세를 멀리 배척하고 자기 안에 뿌려진 거룩한 하나님의 새생명의 역사를 따라서 거룩한 하나님의 성품을 추구하는 성결한 삶을 구체적으로 실행하도록 촉구해야 한다.

신자의 행동의 변화와 실천을 이끌어 내는 설교의 방법에 있어서 구속사 설교와 인본주의적인 윤리 설교는 분명한 차이점을 갖는다. 그 차이점은 설교를 들은 신자가 실제로 구원의 서정 과정에서 경건한 삶을 실천할 때 그 마음속에서 선행을 중심으로 한 쪽에서는 자신의 죄인됨을 인정하며 선행을 실천할 능력이나 자격이 없음을 인정함과 동시에 또 다른 쪽에서는 그럼에도 불구하고 자신을 그리스도 안에서 용서하시고 새로운 생명을 부여하신 성령 하나님이 자기 안에서 역사함으로 경건과 선행을 실행하도록 인도하기에 오직 하나님의 은혜만을 인정하면서 하나님께 영광을 돌리는 역설의 논리(paradoxical logic)에서 찾아볼 수 있다.[15]

구속사 설교를 들은 신자의 마음속에 하나님의 거룩과 인간의 죄악 사이의 현격한 심연을 인정하면서, 이 심연을 연결하는 그리스도의 십자가를 바라보면서 그 십자가의 공로에 근거하여 신자가 죄를 미워하고 그리스도를 닮아 거룩한 성품을 추구하며 선행을 실천하되, 그러면서도 자신의 삶 속에서 나타나는 거룩한 성품과 성결한 삶의 실천은 절대로 자신의

---

15 Ford Lewis Battles, *Analysis of the Institutes of the Christian Religion of John Calvin* (Grand Rapids: Baker, 1980), 15.

능력으로 가능한 것이 아니라 오직 하나님의 은혜로 밖에는 달리 설명할 수 없음을 인정하며 하나님의 영광을 추구한다면, 그 신자에게서는 객관적인 구속사가 올바른 의미의 구원의 서정으로 실현되고 있다고 추정할 수 있다.

5. 교회를 세우는 구속사적인 설교목회

그렇다면 하나님의 객관적인 구원 역사의 과정에 관한 구속사 설교는, 신자들에게 하나님의 풍성한 구원의 부요함을 잘 이해하도록 하고 또 실천적인 적용의 차원에서 관점의 변화와 성품의 변화, 그리고 행동의 변화를 이끌어냄으로써 구속사 설교의 본래 목적을 효과적으로 달성하는가? 개혁파 설교자들이 하나님의 객관적인 구원 역사에 관한 선포로서의 설교 사역만 잘 감당하면 저절로 신자들은 그 메시지를 듣고서 인류를 구원하시고 자기 백성들과 언약을 신실하게 이행해 가시는 하나님의 구원의 부요함 앞에서 자신의 관점을 바꾸고 성품을 바꾸며 죄를 죽이며 의의 성품을 살려 가는 신자들의 공동체로서의 교회가 저절로 세워지고 성장하는가?

앞서 확인한 바와 같이 개혁파 설교자들이 구속사 설교를 중요하게 여기면서도 구속사 설교에서 성경 본문에 대한 해설에 머무를 뿐, 회중의 입장에서 개인적으로 그리고 공동체적으로 어떻게 반응해야 하는지에 대한 목회적인 적용점 제시의 필요성을 인정하지 않거나 또는 객관적인 구속사가 신자의 주관적인 구원의 서정을 통해서 적용되도록 구속적인 진리를 개별적이고 집단적으로 교육하고 그 구속적인 진리의 실천을 위한 목회리더십을 발휘해야 하는 필요성에 대해서는 소극적이다.

그 이유로는 설교자들이 설교 사역을 성경과 설교자 그리고 신자 개개인으로 연결되는 단선적인 소통 구조로만 이해할 뿐, 창조-타락-구속-심판으로 이어지는 하나님의 객관적인 구속 역사가 매번 새롭게 구원의 서정을 개인적이고 집단적으로 구현해야 하는 세상 속의 교회 안에서 다양한 목회 사역과 연계된 가장 중요한 소통으로서의 설교를 이해하려 들지 않기 때문이다. 또 다른 이유로는 개혁파 설교자들의 목회사역의 저변에 깔린 교회론은, 신학적인 관점의 원론적인 교회론에 편중되어 있는 반면에 그러한 신학적인 교회론이 예측을 불허하는 세속 사회 속에서 다양한 방식으로 꿈틀거리는 유기체로 작용하는 현실 교회 안에서 어떤 방식으로 세워져가야(*oikodomein*) 하는지에 대한 현실적인 목회 사역에 관한 실천 전략의 부재 때문이다.[16]

칼빈의 교회론에서 큰 비중을 차지하는 주제로는 "신자의 어머니로서의 교회"와 "가시적인 동시에 불가시적인 교회", "교회의 표지로서의 말씀과 성찬"을 들 수 있다. 이러한 교회론에 근거하여 개혁파 설교자들은 성경적인 말씀 선포와 성례의 시행을 중요한 목회 사역으로 여기지만, 방대한 하나님의 말씀 중에서 구체적으로 어떤 말씀을 어떤 과녁을 향하여 어떤 수준의 설득력으로 선포되어서 어떤 차원의 회중의 영적인 변화와 성숙이 일어나야 하는지에 대한 이해를 결정하는 변수로 작용하는 교회의 현 상황에 대한 선이해와 그에 대응하는 현실적인 목회 사역에 대한 전략 마련이 빈약하다.

하지만 칼빈의 설교목회를 근거로 설명한다면, 칼빈은 정확무오한 하나

---

[16] Charles Campbell, "Building the Church: Vision, Practice, Preaching," 김운용 역, "교회를 세우는 설교: 비전, 실천, 설교", 김운용 편, 『교회 십자가 목회』(서울: WPA, 2008), 422; Charles Campbell, 『프리칭 예수』, 223.

님의 말씀으로서의 성경 본문에 대한 역사적, 문법적, 신학적 해석 과정을 거쳐서 강단에서 하나님의 말씀이 조금도 가감이 없이 올바로 선포되는 강해설교의 모범을 확립하였다. 파렐의 부름을 받고 제네바에 도착한 칼빈이 교회의 개혁을 위하여 처음부터 노력을 기울였던 것도 하나님의 말씀 선포로서의 설교 사역만이 아니라 새로운 교회 조직의 기초로서의 일련의 신앙규칙들(성찬식, 시편 찬송, 청소년 교육, 결혼법)을 제정한 "제네바 교회 조직과 예배에 관한 규정"(1537)을 시의회에 제출하여 시의회의 승인을 받는 것이었다. 1541년 11월 20일 개정된 안건이 마침내 시의회에서 채택되어 『교회 법령』(Ecclesiastical Ordinances of the Church of Geneva)이라는 이름으로 공포되었고 이 법령으로부터 제네바 교회 개혁을 위한 기반을 마련할 수 있었다.[17]

그 이후에도 칼빈은 강단에서 선포된 하나님의 말씀이 강단 아래에서 신자들의 일상의 삶 속에서 구체적으로 실천될 수 있는 제도적인 장치의 마련을 위해서 일평생 시의회와 투쟁하였으며 또 매주 목요일의 컨시스토리(consistory) 사역을 통해서 강단 아래에서 신자들의 신앙과 삶의 현장에서 하나님의 말씀이 구체적으로 실천되는 신자들의 일상의 삶을 심방하고 감독하는 목회 사역을 중요시하였다.[18]

---

[17] Philip E. Hughes, ed., *The Register of the Company of Pastors of Geneva in the Time of Calvin* (Grand Rapids: Eerdmans, 1966), 35-49; Francois Wendel, *Calvin*, 김재성 역, 『칼빈: 그의 신학사상의 근원과 발전』(고양: 크리스챤다이제스트, 1999), 87.

[18] 이승진, "칼빈의 교회 개혁과 설교", 「성경과 신학」51(2009), 171-204. 제네바 컨시스토리가 얼마나 구체적으로 제네바 교회 신자들의 실제 삶을 감독하면서 강단 위에서의 하나님의 말씀의 선포와 강단 아래 신자들의 삶 속에서의 하나님의 말씀의 적용과 순종이 서로 일치되도록 헌신했는지에 대한 구체적인 모습은 로버트 킹던(Robert M. Kingdon) 일행이 발굴해 낸 제네바 컨시스토리 회의록(당회록)에 잘 나타나 있다. Robert M. Kingdon, ed., *Registers of the Consistory of Geneva in the Time of Calvin: 1542-1544*, Vol. *1* (Grand Rapids: Eerdmans, 2000). 35ff.

컨시스토리는 매주 목요일 아침에 열렸으며 주로 제네바 교회 신자 개개인의 신앙윤리적인 문제(예배나 성찬식 참석 여부, 기도 생활)로부터 시작하여 가정의 윤리(결혼, 이혼, 간음, 간통, 혼외출산, 폭행), 교회의 질서(주일성수, 성찬식, 성상 숭배, 기도 및 주기도문 교육, 성경, 로마 가톨릭의 절기를 따르는지의 여부), 그리고 사회적인 윤리(미신, 고리대금, 도박, 게임, 놀이, 우상, 증오, 추문, 말다툼)까지를 포함하여 신자의 실제 삶의 전체 영역을 그 감독의 대상으로 삼았다. 신자의 윤리적인 삶에 어떤 문제가 발생할 경우 컨시스토리의 역할은 법적인 강제력을 행사하기보다는 훈계하거나 실상을 조사하고 그 결과를 시의회에 보고하여 사안이 심각한 경우에는 시의회의 법적인 강제력이 집행되도록 영향력을 행사하였다.[19]

칼빈의 제네바 교회에서의 목회 사역을 살펴보더라도, 진정한 구속사 설교는 강단 위에서 하나님의 객관적인 구속 역사를 진술하는 것으로 종료되는 설교가 아니라, 강단 위에서 선포된 구속사가 강단 아래에서 신자들의 일상의 삶 속에서 경건과 성화로 실천되도록 관리하고 감독하는 목회사역으로 결실을 거둔다는 점을 잘 알 수 있다.

그렇다면 종교개혁 시대처럼 강단의 권위를 지탱하는 권징제도가 사라진 오늘날의 상황 속에서 경건한 삶이 뒷받침되는 구속사 설교는 어떻게 가능할까? 필자는 이 질문에 대한 한 가지 해답을 유기체로 작용하는 지역 교회에서의 설교 목회에 관하여 논의하고자 한다. 설교자가 구속사 설교를 통한 신자 개개인의 구원의 서정(칭의와 성화) 뿐만 아니라 회중 전체의 공동체적인 변화를 겨냥하려면 회중이 개인적인 차원 뿐만 아니라 공

---

19 Lambert, Thomas Austine, Preaching, Praying and Policing the Reform in Sixteenth-Century Geneva (Ph. D dissertation Univ. of Wisconsin-Madison, 1998), 250.

동체적이 차원에서 어떻게 변화와 성장이 나타나는지를 이해해야 하며, 이를 위해서 설교자는 체계 이론을 이해할 필요가 있다.

7. 체계이론과 설교목회

1) 유기체로 작용하는 지역 교회

예수님은 자신과 신자들이 서로 하나님의 생명을 공유하는 본질적인 관계를 포도나무와 가지의 관계에 대한 비유적인 이미지로 설명하셨다(요 15:4-5). 포도나무의 이미지는 예수 그리스도와 신자의 관계가 인격체의 관점에서는 서로 구별된 실체이지만 생명을 주고받는 차원에서는 마치 나무 본체와 가지가 서로 생명의 수액을 공급하고 공급받는 필연적인 관계인 것처럼 예수님과 신자 역시 서로가 영생을 공급하고 영생을 공급받아야 하는 필연적인 관계임을 보여준다. 그렇다면 이렇게 한 몸을 이룬 유기체로서의 교회 안에서의 영적인 변화와 성장은 어떤 방식으로 나타나는가?

유기체로서의 교회의 영적인 변화와 성숙을 이해하기 위해서는 체계 이론이 유용하다. 체계(system)란 일부분이나 요소들이 상호 관계를 맺고서 전체를 형성하는 상호 관계를 의미한다. 실천신학자인 앨빈 린그랜(Alvin J. Lindgren)과 노만 샤우척(Norman Shawchuck)은 체계 이론을 목회 사역에 적용하여 교회의 목회 사역을 체계 이론의 관점에서 이해할 수 있는 기반을 마련하였다.

일반적으로 유기적인 체계(시스템, organic system)는 네 가지 요소로 구성되어 있다.

첫째, 객체(objects)로서 전체 체계를 구성하는 부분이나 요소, 또는 구성원을 가리킨다. 이러한 객체들은 체계 내에서 물리적일 수도 있고 추상적일 수도 있고 양자 모두에 해당될 수도 있다.

둘째, 체계는 고유한 속성(attributes)을 가지고 있다.

셋째, 체계는 객체들과의 내적인 상호 관계(internal relationship)를 맺고 있으며 그 상호 관계는 상호 영향이나 상호 의존성, 또는 압력이나 영향력으로 나타난다.

넷째, 체계는 진공 속에 존재하는 것이 아니라 그만의 고유한 환경(environment) 속에 위치하며 주변 환경과도 일정한 상호 작용을 한다. 앨빈 린그랜과 노만 샤우척에 의하면 유기적인 생명체로서의 교회는 투입체계(input system)와 전이체계(transforming system), 산출체계(output system), 환경(environment), 경계(boundary), 피드백 순환곡선(feedback loop)과 같은 핵심적인 구성요소들 간의 상호 작용이 진행된다고 한다.[20]

이와 유사한 관점에서 오브리 멜퍼스(Aubrey Malphurs)에 의하면, 대부분의 지역교회는 주변 환경과의 상호 작용을 진행하는 과정에서 해당 교회만의 고유한 성장과 쇠퇴의 과정을 밟는다고 한다.[21] 오브리 멜퍼스는 유

---

20 Alvin J. Lindgren and Norman Shawchuck, *How to Realize Your Church's Potential through a System Approach*, 박은규 역, 『교역관리론』(서울: 대한기독교출판사, 1986), 38-39.
21 존 하워드 요더 박사의 지도하에 "기독교 선교 역사에서의 교회 갱신 패턴"이라는 논문으로 박사 학위를 취득하고 이후 교회 갱신과 개혁 분야에서 두각을 나타내고 있는 하워드 스나이더(Howard Snyder) 박사는 교회를 생태학(ecology)의 관점에서 "교회의 내적인 생태(영적 및 사회적인 유기체로서의 교회의 기능)와 확장된 생태(교회와 하나님이 지으신 만유 생태와의 상호 관계)를 동시에 파악할 수 있어야 한다"고 주장한다. Howard A. Snyder, *Liberating the Church*, 권영석 역, 『참으로 해방된 교회』(서울: IVP, 2005), 97. 그는 또 최근에는 생태학에서 논의되는 복잡계를 교회론에 접목시켜서 "복잡한 요소들의 총합으로서 갱신이 창발적으로 나타나는 유기체로서의 교회"에 대한 이해를 제시한다. Howard A. Snyder, *Mapping*

기적인 생명체의 생명 주기 곡선을 교회에 적용하여 특정한 시간과 공간 속에 존재하는 유형 교회도 탄생-성장-정체-사멸의 과정을 거친다는 사실에 주목한다. 그리고 교회의 생명 주기 곡선을 나타내는 시그모이드 곡선 (the sigmoid curve)을 개교회의 상황에 적용하여 각각의 교회의 상황과 대안을 파악할 수 있는 지침을 제시한다.[22]

일반적으로 대부분의 유기적인 조직체들이 변화의 과정을 밟아가는 단계적인 과정은 다음과 같이 진행된다.[23] 변화의 첫째 단계는 시스템의 변화가 전혀 일어나지 않는 안정기이며, 그 다음 단계는 시스템 내부의 변화가 조금씩 진행되는 혼돈기이다. 대부분의 시스템은 두번째 단계에 위치하며 외부로부터의 변화요인의 유입에 의하여 혼돈의 가장자리로 이동한다. 3단계의 급변기는 시스템이 변화의 임계점(critical point)을 통과하면서 급격한 변화를 통해서 새로운 질서를 창출하는 단계이다. 이 단계에서는 시스템 구성 요소들 사이에 활발한 전이 과정과 자기조직화(self-organization), 그리고 공진화(coevolution)가 진행된다. 마지막 4단계는 새로운 안정기로 시스템의 변화가 정착되는 단계이다.

대부분의 유기적인 생명체들은 이와 유사한 변화 또는 성장의 과정을 밟아가므로, 교회의 성장과 변화를 추구하는 목회자는 늘 자신이 목회하는 지역 교회를 하나님의 말씀에 비추어 보면서 탄생과 성장, 그리고 정체와 사멸의 과정 중에서 어느 단계에 와 있는지를 비평적으로 평가하고, 교

---

the DNA of Christ's Body, 최형근 역,『교회 DNA』(서울: IVP, 2006), 48-56; Cf. Michael Frost & Alan Hirsch, The Shaping of Things to Come, 지성근 역,『새로운 교회가 온다』(서울: IVP, 2009), 318.

22 Aubrey Malphurs, Advanced Strategic Planning: A New Model for Church and Ministry Leaders, 남성수 역,『침체된 교회 부흥 전략』(서울: 아가페, 1999), 56-75.
23 윤병수, 채승병,『복잡계 이론』(서울: 삼성경제연구소, 2005), 183.

회의 건강한 성숙을 저해하는 요소들은 무엇이며, 앞으로의 교회 개혁의 지향점을 향하여 어떻게 강단을 통한 하나님 말씀의 소통 과정을 효과적으로 진척시킬 수 있는지를 고민하며 대안을 모색하고 전략을 실행하는 가운데 끊임없는 교회 개혁의 과정을 밟아가야 한다.

2) 유기체의 인적인 구성과 공동체의 변화 과정

유기체로 작용하는 지역 교회는 교회 내부와 외부의 다양한 구성 요소들 간의 상호 작용을 통하여 변화와 성장의 과정을 밟아가기 때문에, 이러한 변화와 성장을 기대하며 하나님의 말씀을 선포하는 설교자는 교회 내에서 회중 공동체를 구성하고 있는 공동체 구성원들이 하나님의 말씀에 대한 변화와 성숙에 대한 반응의 다양성을 고려해야 하며, 변화에 대하여 다양한 반응(동참과 거부)을 보이는 다양한 회중들 안에서 진행되는 지속적인 변화의 과정들과 단계들을 미리 파악해 두어야 한다.

(1) 변화에 대한 공동체 구성원들의 다양성

로저스는 개혁을 받아들이는 공동체 구성원들을 다섯가지 범주로 구분하여 개혁자(2.5%)와 초기 채택자(13.5%), 초기 대다수(34%), 후기 대다수(34%), 비개혁자(16%)로 구분한다. 로저스에 의하면 이렇게 다양하게 구분되는 개혁 수용 그룹들이 개혁을 받아들이는 과정에서 영향을 미치는 커뮤니케이션 채널이 서로 다르다고 한다. 전체적으로 개혁의 확산 과정은 '지식단계'-'설득단계'-'결정단계'-'실행단계'-'확인단계'를 거친다고 한다.[24]

---

24 Everett M. Rogers, *Diffusion of Innovations*, 김영석, 강내원, 박현구 공역, 『개혁의 확산』 (서울: 커뮤니케이션북스, 2005), 210-17.

구성원 개개인이 개혁을 이해하고 실제로 수용하는 과정이 앞에서 언급한 다섯 단계의 과정을 단계적으로 밟아간다면 공동체 구성원 전체가 개혁을 이해하고 수용하는 시간적인 과정은 먼저 개혁자들과 초기채택자들이 이해하고 수용하면(이들에게는 대중매체 채널을 통한 의사소통이 효과적이다), 그들이 개혁을 수용하는 모범을 지켜보면서 이어서 초기대다수와 후기대다수가 개혁을 수용하면서 시간에 따른 개혁 채택자들의 숫자는 S자 그래프를 그리면서 비약적으로 늘어난다고 한다. 하지만 어느 정도 개혁 확산이 궤도에 오르면 새로운 채택자는 더 이상 늘어나지 않으면서 마무리단계에 도달한다고 한다.

(2) 설교목회를 통한 회중의 변화 과정

그렇다면 이러한 공동체를 세우기 위하여 목회자가 회중과 함께 목회 리더십을 발휘하면서 회중을 변화시키는 전체적인 변화 과정은 무엇일까? 공동체의 변화를 이끌어 내는 전체 과정에 대한 존 코터(John P. Kotter)의 연구를 신앙 공동체의 변화에 접목시킨 짐 헤링턴으로부터 이와 관련된 유용한 통찰을 얻을 수 있다.[25]

짐 헤링턴의 견해이다.

첫째, 지도자 개인의 준비로부터 시작된다(개인의 준비). 즉 목회자가 소명과 훈련을 통해서 목회 리더로서 회중의 전체 변화를 이끌어 낼 준비를 해야 한다.

---

25 Jim Herrington, Mike Bonem, and James H. Furr, *Leading Congregational Change: A Practical Guide for the Transformational Journey* (San Francisco: Jossey-Bass, 2000); Cf. John P. Kotter, *Leading Change* (Boston: Harvard Business School Press, 1996). 이 과정을 설교에 접목시키는 방법을 위해서는 다음을 참고. Michael Quick, 『전방위 리더십』.

둘째, 회중가운데 긴박감을 조성하는 것이다(긴박감 조성). 공동체가 처한 현실에 대한 객관적인 상황 파악을 통해서 목회자는 회중에게 공동체의 현실과 아울러 이러한 현실이 지속될 때의 부정적인 파장들, 그리고 하나님 앞에서 공동체가 달성해야 할 비전 사이의 간격을 회중이 인식할 수 있도록 해야 한다. 이를 위해서 설교자는 앞서 확인한 통전적인 실천신학 연구 방법론을 활용하여 교회가 처한 현재 상황에 대한 객관적이면서도 정확한 현실 인식 작업을 선행해야 한다. 통계조사나 인터뷰, 설문조사를 통해서 교회가 처한 정확한 현실 인식을 확보한 다음에, 공동체의 영적 잠재력, 그리고 공동체가 달성해야 할 비전 사이의 긴장과 갈등을 근거로 영적인 긴박감을 조성하여 변화를 향한 회중의 관심을 이끌어낼 수 있어야 한다.

셋째, 목회자와 함께 회중의 변화에 관심을 가질만한 비전 공동체를 조직하는 단계이다(비전 공동체 조직). 회중 전체의 10%를 넘지 않는 한도 내에서 함께 기도하며 성경공부에 동참할 수 있는 다양한 계층의 대표자들을 중심으로 비전 공동체를 조직하고 이 공동체와 함께 회중의 변화를 위한 가능성을 모색한다.

넷째, 비전 공동체와 지속적인 기도와 학습, 토론의 과정을 거치면서 공동체를 향한 하나님의 비전을 분별하고 그 비전을 달성하기 위한 전략이나 비전방침을 결정한다(비전 분별과 전략 결정). 이 과정에서는 비전을 결정하는 작업이 목회자 개인이나 편파적인 집단에 의해서 일방적으로 진행되지 않도록 중간 중간에 회중 전체에게 알리고 공론화시키면서 의견을 수렴하는 과정을 거치는 것도 필요하다.

다섯째, 비전 공동체와의 협력을 통해서 결정된 공동체의 장기적인 비전과 단기적인 사명, 그리고 이를 위한 구체적인 전략과 비전 방침들을 설교나 다른 여러 목회 채널들을 통해서 공개적으로 선포하고 공동체 안팎으로 확산시킨다(비전 소통하기).

여섯째, 공동체 전체가 숙지하고 공감하는 가운데 실제로 비전을 이행하기 위하여 다양한 조직과 그룹들을 활성화 시키며 목회자 개인을 대신하여 전체 공동체를 위하여 비전을 함께 실행할 변화 선봉장(change agent)을 세우고 이들에게 권한과 자격을 위임한다(변화 선봉장에게 자격 부여하기).

일곱째, 전체 회중이 충분히 숙지하고 공감할 수 있는 비전이 확정되고 회중 중간 단계에서 목회자를 대신하여 각 분야에서 비전 이행의 본을 보일 중간 단계의 변화 선봉장들이 나타나고 구성원 각자가 이행할 비전의 방침과 전략들이 확정되면서 공동체가 지정한 비전과 사명을 순차적으로 실행에 옮기는 단계로 이어진다(비전 실행하기).

여덟째, 비전을 위한 공동체의 사명과 전략을 이행하는 과정에서 새롭게 나타난 문제점들을 파악하고 장애물들을 해결하고 또 실천에 대한 단기적인 보상을 제공함으로써 비전 달성을 위한 행사가 단회적인 시도나 피상적인 순응에 머무르지 않고 지속되면서 공동체가 원래 의도했던 심층부의 변화가 달성될 수 있도록 변화의 추진력을 강화한다(협력을 통한 추진력 강화하기).

8. 나가는 말

구속사 관점에 기초한 설교목회를 어떻게 할 것인가? 이 질문에 대하여 필자는 교회 현장에서의 실천 지향성이 약한 전통적인 구속사 설교의 한계와 문제점을 극복할 이론적인 전거를 마련하기 위하여 규범에 대한 해석학적인 성찰과 교회가 처한 상황과 주변 문화에 대한 실증적인 고려, 그리고 교회 현장 속에서 규범적인 성경과 신학의 실천을 위한 구체적인 전략을 제시하고 실행하는 통전적인 실천신학 연구 방법론을 고찰하였다.

그리고 하나님의 말씀의 선포로서의 설교가 단순히 성경과 일방적인 설교자, 수동적인 청취자 사이의 단선적이고 일방적인 소통으로 진행되는 것이 아니라 창조-타락-구속-심판을 향하여 계속 진행 중인 구속 역사의 연결고리로 부름 받은 교회 안에서의 하나님의 말씀의 실천을 위한 실천 현장 이해를 위하여 유기체로 작용하는 교회 회중의 공동체적인 변화 양상과 변화 과정에 대하여 고찰하였다. 이러한 통전적인 설교목회에 대한 통찰에 근거하여 일선 목회자들이 "결실을 거두는 하나님의 말씀의 실행력"(사 55:10-11)을 온전히 발휘하는 사역자로 쓰임 받을 수 있기를 기대한다.

| 11 |
설교를 통한
신앙공동체의 집단기억 형성

1. 들어가는 말

　기독교 신앙 공동체의 흥망성쇠는 과거에 발생한 하나님의 계시와 구원 사건들에 대한 후세대 신앙 공동체의 적극적인 기억 활동 여부에 달려 있다. 만일 신앙 공동체가 과거에 발생한 하나님의 구원 사건들을 기억하지 못하고 망각하거나 자신들의 기억을 후세대에 지속적으로 전승해주지 못한다면, 결국 기독교와 교회는 결국 세속적인 가치관이 지배하는 이 땅에서 자신의 영적인 정체성을 올바로 지켜내지 못하고 사라질 것이다. 구약시대 이스라엘 공동체에게나 신약시대 이후의 교회에게는 이전에 발생한 하나님의 구원 사건에 대한 공동체적인 기억 활동이 자신들의 사활을 결정할 정도로 중요한 까닭에, 구약과 신약 성서 전편에서는 하나님의 구원

사건과 그 내러티브에 대한 기억의 요청이 메아리치고 있다.¹

예를 들어, 구약성서의 신명기에서는, 과거에 발생한 하나님의 구원 사건들에 대한 이스라엘의 기억 여부가 자신들을 구원하신 하나님의 명령과 규례에 대한 순종과 직결된다고 보았다. 그래서 다음과 같이 출애굽을 통한 하나님의 과거 구원 사건에 대한 기억과 거룩한 규례들에 대한 현재의 실천을 서로 긴밀하게 연결시키고 있다.

> 너는 애굽에서 종 되었던 것을 기억하고 이 규례를 지켜 행할지니라…너는 애굽에서 종이 되었던 일과 네 하나님 여호와께서 너를 거기서 속량하신 것을 기억하라 이러므로 내가 네게 이 일을 행하라 명하노라…너는 애굽 땅에서 종 되었던 것을 기억하라 이러므로 내가 네게 이 일을 행하라 명하노라(신 16:12; 24:18, 22).

즉 신명기에 따르면, 출애굽 사건을 중심으로 하는 하나님의 과거 구원 사건에 대한 후세대 신앙 공동체의 기억은 거룩한 규례들에 대한 순종과 실천의 원동력으로 작용하는 반면에, 망각은 불순종의 첩경이라는 것이다.²

---

1   Ronald Hendel, "The Exodus in Biblical Memory", *Journal of Biblical Literature*, 120/4 (Atlanta, Ga: Society of Biblical Literature and Exegesis, 2001, Winter), 601-622; Edward P. Blair, "An appeal to remember: the Memory motif in Deuteronomy", *Interpretation* 15/1 (Richmond, Va: Union Theological Seminary in Virginia, 1961, Jan), 41-47.
2   구약시대 이스라엘의 구원과 신앙에서 출애굽 사건에 대한 집합기억(collective memory)의 중요성에 관한 연구를 위해서는 다음의 자료를 참고하라. Amos, Funkenstein, "Collective Memory and Historical Consciousness", in *Perceptions of Jewish History* (Berkeley: University of California, 1993), 3-21; Peter Burke, "History as Social Memory", in *Varieties of Cultural History* (Ithaca, NY: Cornell University Press, 1997), 43-59; Joseph Blenkinsopp, "Memory, Tradition, and the Construction of the Past in Ancient Israel," *Biblical Theology Bulletin* 27/3(1997, Fall), 76-82; Ilana Pardes, *The Biography of Ancient Israel: National Narratives in*

이렇게 기억과 순종, 혹은 망각과 불순종이 서로 긴밀히 연결되어 있기 때문에, 기억을 단순히 과거 사건에 대한 추억과 회상과 같은 인지 활동 정도로만 생각하는 것은 기억의 중요성을 간과하는 것이다. 구약성서와 신약성서가 강조하는 하나님의 구원 사건들에 대한 후세대의 기억은, 단순히 과거의 사건들에 대한 정보들을 머릿속으로 추억하고 떠올리는 인지 활동으로 끝나지 않고, 과거에 발생한 구원 사건을 다시 현재화시켜 순종과 헌신을 이끌어내는 원동력으로 작용한다.[3]

구약신학자 크리스토퍼 라이트(Christopher Wright)는 이스라엘이 하나님으로부터 선택받은 거룩한 신앙 공동체로서의 윤리적인 실천을 구현해 낼 수 있었던 원동력을 자신들의 현재의 삶을 과거에 발생한 하나님의 구원 사건에 대한 재진술과 미래에 발생할 하나님의 구원 사건에 대한 종말론적인 기대와 소망을 이끌어 내는 기억 활동에서 찾고 있다. 그래서 크리스토퍼 라이트는 이렇게 말한다.

> 이스라엘은 기억(remembrance)과 기대(hope)의 공동체였다. 이스라엘은 바로 대부분 자신들의 과거에 대한 기억과 재진술을 통해서, 그리고 이 일이 미래에 대해서 갖게 했던 기대를 통해서 그 자신의 정체성과 사명의 내용을 배우고 그에 합당한 삶의 윤리적 속성을 배웠다. 그래서 이스라엘의 역사의식에서 가장 심오한 윤리적 의의를 지녔던 두 가지 차원은 과거와 미래, 혹은 앞서 언급한 대로 기억과 기대의 공동체로서 그들의 실존성이었다.[4]

the Bible (Berkeley: University of California Press, 2000), 16-39.
3   Walter Brueggemann, *Theology of the Old Testament* (Minneapolis: Augsburg, 1997), 121.
4   Christopher J. H. Wright, 『현대를 위한 구약윤리』, 30, 42.

구약시대 이스라엘의 신앙에서 기억의 중요성에 대하여 연구한 구약학자 브레버드 차일즈(Brevard S. Childs) 역시, 이스라엘의 기억 행위는 이전에 발생한 하나님의 구원 사건들과 시간적으로 동떨어진 후세대에게 과거의 구원사건을 현재화하여 그들 스스로가 직접 위대한 구원의 행위들과 긴밀한 만남을 갖도록 한다는 것이다.

> 과거에 있었던 하나님의 계시활동과는 시간적으로나 공간적으로 격리되어 있지만, 그 벌어진 틈은 기억을 통해서 이어지게 되고, 그렇게 해서 유랑민들은 구속의 역사에 동참하게 된다."[5]

말하자면 과거의 구원 사건에 대한 기억은 하나님의 구원 사건이 시간의 한계를 초월하여 지속되고 반복적으로 현재화될 수 있도록 하는 결정적인 계기를 제공한다. 그리고 기독교 신앙에서 과거에 대한 기억과 현재의 순종, 또는 과거에 대한 망각과 현재의 불순종이 밀접하게 결부되어 있다. 신앙 공동체에게 과거의 하나님의 구원 사건에 대한 기억이 이토록 중요하다면, 세속적인 가치관의 홍수 속에서 과거에 발생한 하나님의 구원을 잘 기억함으로 자신의 올바른 영적 정체성을 망각하지 않고 하나님의 뜻에 순종하는 삶을 살아갈 수 있도록 하려는 목적으로 설교사역을 감당하는 설교자들에게는 다음과 같은 중요한 질문들이 제기된다.

신자와 신앙 공동체의 신앙생활 속에서 과거에 발생한 하나님의 구원 사건들에 대한 올바른 기억이 하나님의 말씀과 계명에 대한 신자의 순종

---

5 Brevard S. Childs, *Memory and tradition in Israel*, 윤천석 역, 『이스라엘에게 있어서 기억과 전통』(서울: 이컴비즈넷, 2005), 113; Don E. Saliers, *Worship and Spirituality*, 이필은 역『예배와 영성』(서울: 은성, 2002), 13-27.

과 헌신의 출발점이라면, 21세기의 교회와 신앙 공동체 안에서 하나님의 과거 구원 사건의 선포와 설교가 공동체적인 기억 활동으로 승화되지 못하고 거룩한 규범들에 대한 순종과 실천으로 이어지지 못하는 이유는 무엇인가? 신자들이 하나님이나 신앙에 관한 교리, 혹은 중요한 사상이나 개념들을 기억하는 것이라면, 설교자는 신자들이 꼭 기억해야 할 내용을 어떠한 과정이나 방법을 따라 설교하여, 그런 내용들에 대한 신앙 공동체의 기억 활동을 촉진시킬 수 있을까? 기억이 신앙 공동체의 영적 정체성의 형성을 위한 토대로 구축되도록 하려면 목회자는 신앙 공동체 구성원들의 기억 활동을 어떻게 유도하고 안내하는 것이 바람직할까?

이상의 질문에 대한 해답을 모색하기 위하여 필자는 현대 교회에서 설교를 통한 하나님의 구원 내러티브의 선포가 신앙 공동체의 영적 정체성 형성과 거룩한 규범들의 실천을 위한 토대로 작용하지 못하는 원인을, 에밀 뒤르켐(Emile Durkheim, 1858-1917)이 주목했던 "세속화에 따른 집합의식의 구조변동"에서 찾을 것이다.

이어서 현대사회의 집합의식이 개인숭배로 변질된 상황 속에서 신앙 공동체의 집합기억의 형성을 위한 대안을 모리스 알박스(Maurice Halbwachs, 1877-1945)의 집합기억의 사회적 형성(social formation of collective memory)에 관한 논의로부터 모색할 것이다. 이어서 신앙 공동체의 집합기억 형성을 위한 한 가지 방안으로서 설교를 통한 신앙 공동체의 회중 정체성의 내러티브(congregational identity narrative) 형성에 대해서 살펴볼 것이다. 마지막으로는 하나님의 말씀의 선포로서의 설교가 그 설교를 청취하는 신앙 공동체 안에서 과거에 발생한 하나님의 구원 사건의 공동체적인 구현과 현재화로 실현될 수 있도록 하는 설교학적인 방안을 모색하고자 한다.

2. 세속화에 따른 집합의식의 구조 변동

설교를 통한 신앙 공동체의 집단기억의 형성 방안을 모색하기 전에, 먼저 현대 기독교의 설교가 신앙 공동체의 집합기억의 형성에 적극적인 역할을 수행하지 못하는 이유를 분석할 필요가 있다. 21세기 교회가 하나님의 구원 역사를 꾸준히 설교하고 교육함에도 불구하고, 이러한 설교와 교육 활동이 신앙 공동체의 영적인 정체성의 형성을 위한 강력한 동력으로 작용하지 못하는 이유는 무엇인가? 교회의 설교와 교육이 신자들의 헌신과 거룩한 규범의 실천을 위한 강력한 원동력을 제공해 주지 못하는 이유는 무엇인가? 여기에는 다양한 이유가 있겠지만 설교를 통한 신앙 공동체의 집단 기억의 형성의 관점에서 이 문제에 접근할 때 지적할 수 있는 대표적인 원인으로는 "세속화에 따른 집합의식의 구조변동"에서 찾을 수 있다.

프랑스의 사회학자 에밀 뒤르켐은 인류의 문명사적인 발전 과정에서 사회 구성원들의 집합 의식의 구조 변동과 종교 구조의 변화에 대한 유의미한 통찰을 제공한다. 뒤르켐의 대표적인 연구자인 에른스트 월워크(Ernest Wallwork)에 의하면, 뒤르켐은 사회 진화를 근거, 씨족에 기초한 단순한 부족사회, 부족연맹, 고대 도시국가, 중세사회, 현대산업국가의 6단계 구조로 설정하고 그에 따른 종교 구조의 변동을 추적한다.[6]

이러한 사회 진화 과정에서 뒤르켐이 규명하고자 한 것은, 특정 사회나 특정 공동체의 정체성을 규정하는 핵심적인 조직원리라고 본 사회의 규범구조의 진화와 그와 병행하여 진행된 종교 구조의 변동, 그리고 그에 따

6　Ernest Wallwork, "Religion and social structure in The division of labor", *American Anthropologist* 86/1(1984,Mr.), 43-64.

른 도덕성 구조의 변화이다. 뒤르켐은 특정한 사회나 공동체 구성원들이 개별적으로 지니고 있는 개인의식(individual consciousness)과 구별된 실체로 대비되면서 사회나 공동체 구성원 전체에게 구속력을 행사하는 사고양식 또는 행동 양식에 주목하였다. 그는 집합의식(collective consciousness)을 다음과 같이 정의한다.

> 한 사회의 평균적인 성원들에게 공통된 믿음과 감정의 총체는 그 자신의 생명을 지닌 규정적 체계를 형성한다. 그것은 집합의식 또는 공통의식이라고 칭해질 수 있다.[7]

뒤르켐에 의하면 사회나 공동체 구성원들은 처음부터 자신만의 고유한 개인의식과 아울러 다른 구성원들과 공통으로 공유하는 집합의식 양자를 갖는다. 그리고 집합의식은 다수의 개인들이 개별적으로 가지고 있는 개인의식을 포함한 사회 내의 심리적인 삶 전체를 의미하는 것이 아니라, 사회 구성원들이 공유하고 있는 동일한 의식 상태를 지칭한다. 말하자면 집합의식은 한 사회 구성원들이 동일하게 공유하고 있는 생활세계의 의미자원들을 뜻한다.

사회의 진화 과정에서의 집합의식의 변화와 관련하여 Durkheim에게서 주목할 점은, 사회가 분화되고 사회 구성원들이 점점 분화된 직업과 분화된 관심사로 분열되는 과정에서는, 구성원 전체가 함께 공유하는 생활세계의 의미자원들과 공통의 가치관이 점차 희소해지고, 또 미약하나마 남

---

7 Emile Durkheim, *The Division of Labor in Society*, tr. by W. D. Halls, (N.Y.: The Free Pr. 1984), 38-39.

아 있는 공통된 의미자원의 영향력이 점차 약화된다는 것이다. 뒤르켐은 사회가 발전하는 과정에서 다양한 영역으로의 확장과 분화로 말미암은 집합의식의 변동을 다음과 같이 설명한다.

> 처음에 집합의식은 특정한 동물이나 나무, 식물, 또는 자연적인 힘 같은 구체적인 대상과 관계를 맺었다. 그 당시 모든 사람들은 이런 사물과의 관계에서 모두 비슷한 위치에 있었기 때문에, 집합의식 역시 모든 구성원들의 개인의식에 동일한 방식으로 영향력을 행사하였다. 전체 부락은 지나치게 확장되지 않는 범위 안에서 해와 비, 더위와 추위, 또는 특정한 강이나 샘 따위의 이점과 불편함을 동일하게 향유하고 또 동일하게 고통을 받았다…그 결과 집합의식은 한정적인 성격을 갖는다. 그러나 이러한 공통의 의식은 사회가 점차 광대해짐에 따라 그 성격이 변화한다. 사회가 훨씬 더 넓은 지역으로 퍼져나가기 때문에, 공통의식은 그 자체가 모든 지역적 다양성 위로 부상하고 또 더욱 더 넓은 영역을 지배하다보니 결과적으로 더욱 추상화될 수밖에 없다.[8]

뒤르켐에 의하면, 사회진화에 따라 집합의식의 영향력이나 개별적인 적용성이 점차 약화되면서 사회 구성원들이 공유하고 있던 집합의식은 추상화와 일반화로 귀착된다고 한다. 뒤르켐이 집합의식의 추상화 과정에 대한 전형적인 사례로 제시하는 것이 바로 신성 관념의 후퇴와 그에 따른 개인숭배이다.

뒤르켐에 의하면, 군거나 씨족에 근거한 단순한 부족사회에서는 신성

---

8 Emile Durkheim, *The Division of Labor in Society*, 229-230.

관념이 공동체 구성원이 관여하는 주변사물과 분리되지 않은 토테미즘(Totemism)의 단계에 머물러 있다가, 신성 관념이 주변사물로부터 점차 분리되지만 이 세계로부터 완전히 떠나지 않는 애니미즘(Animism)의 단계와, 세계 안에 내재하는 신성 관념의 체계화와 조직화가 발견되는 그리스-로마의 다신교 단계를 거쳐, 신성 관념이 지상으로부터 완전히 분리되어 지상으로부터 떠나는 추상화와 일반화, 그리고 합리화의 과정으로 진화한다고 한다. 그리고 뒤르켐에 의하면 이 마지막 단계에 진입한 사례가 바로 기독교라는 것이다. 기독교에서 "하나님 나라는 더 이상 현세가 아니다. 자연과 신성은 적대관계로 변질될 정도로 완벽하게 분리된다. 동시에 이러한 신성 관념은 더욱 일반화되고 추상화된다."[9]

뒤르켐이 사회 진보와 분화에 따른 신성 관념의 일반화와 추상화 과정과 병행하여 주목하는 것이 사회숭배로부터 개인숭배로의 변형이다. 뒤르켐에 의하면, 사회 구성원의 공통된 의식 속에서 신성 관념이 더 이상 주변세계와 구체적으로 관계를 맺지 못하고 추상화되고 생활 세계의 의미자원 역할을 감당하지 못할 때, 결국 '신성의 관념'은 의식세계에서 후퇴하고 그 빈자리에는 '개인숭배'가 들어선다고 한다.[10] 신성에 관한 의식이나 관념이 사회 구성원 공통의 삶을 구체적으로 규정하지 못하고 무기력한 신들은 점차 올림포스 산정으로 밀려 올라가거나 종래의 지상을 떠나버리고 신성한 관념이 지배했던 이 세상의 허무한 공간이 인간의 몫으로 주어진다는 것이다.

그렇다면 신성한 관념의 추상화와 신성의 후퇴로 남겨진 이 세상의 텅

---

9 Emile Durkheim, 230.
10 김종엽, 『연대와 열광: 에밀 뒤르켐의 현대성 비판 연구』(서울:창작과 비평사, 1998), 224.

빈 공간에서도 여전히 구성원들 간의 사회적인 결속력이 이뤄질 수 있도록 하는 집합의식은 어떻게 가능한가? 또 개인간의 이질성이 증가함에도 불구하고, 여전히 구성원들 간의 소통과 연대가 가능하도록 만드는 공통의 기반은 무엇인가?

에밀 뒤르켐의 현대성 비판에 관한 연구를 '연대와 열광'의 관점에서 접근한 김종엽에 의하면, 뒤르켐은 이 질문에 대한 해답을 존엄한 인격을 갖춘 개인이 일종의 종교적 대상으로 부상하여 인격의 존엄성을 숭배하면서 인간 자신이 구성원 전체에게 설득력을 행사하는 공통의 신앙으로 부각되는 데서 찾는다고 한다. "그러므로 뒤르켐에게 인간숭배는 나날이 분화되고 복잡해지는 현대의 규범적 조절의 원천이 되는 최고의 그리고 최후의 집합의식"인 셈이다.[11]

말하자면 문명과 사회가 발전함에 따라 인류 최고의 그리고 최후의 집합의식이 신성 관념으로부터 인간 자신의 숭배로 전환될 수밖에 없으며, 현대사회의 인간숭배에 관한 집합의식은 종교가 사회적인 영향력을 상실한 세속화된 현대사회 속에서 이전보다 더 강력한 영향력을 행사할 가능성이 높다는 것이다.

그렇다면 뒤르켐이 관찰했던 문명의 발전과 사회 분화에 따른 신성 관념의 후퇴, 그리고 그에 따른 집합의식의 인간숭배화 현상 속에서 기독교 설교와 교육을 통하여 신앙 공동체 구성원 전체가 공통으로 하나님과 세계, 그리고 자아에 관한 공통의 의미 자원을 어떻게 마련할 수 있으며 이를 통한 공통의 집합의식의 형성을 어떻게 달성할 수 있을까? 본고에서는

---

11   김종엽, 228.

이 해답의 실마리를 모리스 알박스의 집합기억 형성 이론으로부터 마련하고자 한다.

3. 모리스 알박스(Maurice Halbwachs)의 집합기억 형성

기억이 현대 인문학의 중요한 테제로 부각되기 시작한 것은 1980년대 말엽 독일의 사회학자 얀 아스만(Jan Assmann)과 알라이다 아스만(Aleida Assmann)이 프랑스의 사회학자 모리스 알박스의 집합기억(collective memory) 이론을 비평, 보완하면서 문화적 창조물로서의 기억인 문화적 기억(cultural memory)을 문화학이나 인문학의 중심 테제로 강조하기 시작하면서부터이다.[12] 얀 아스만에 의하면 특정한 사회나 공동체를 구성하는 개개인은 공동의 규칙과 가치에 구속되어 있는데, 그러한 구속력을 행사하는 매개로서 구성원들이 함께 공유하는 공동의 지식과 공동의 자아상이 존재한다고 한다. 얀 아스만은 이러한 공동의 지식과 자아상을 개개인이 서로를 우리라는 집합 명사로 부를 수 있도록 만드는 연결구조라고 부른다.[13] 이러한 공동체적인 기억은 특정한 사회 집단이나 공동체의 정체성 형성에 매우 중요한 역할을 감당한다는 것이다.

한편 기억의 사회적 성격을 강조하며 집단이 공유하는 '집합기억'이라는 개념을 최초로 제기한 학자로는 프랑스의 사회학자 모리스 알박스를

---

12 Jan Assmann & Aleida Assmann, *Erinnerungsraume : Formen und Wandlungen des kulturellen Gedachtnisses*, 변학수, 백설자, 채연숙 공역, 『기억의 공간』(대구:경북대학교출판부, 2003), 173-74.
13 Jan Assmann. *Das kulturelle Ged achtnis*, (M unchen : C. H. Beck Verlag, 1992), 11.

들 수 있다. 모리스 알박스는 프랑스 사회학의 초석을 놓았던 뒤르켐의 제자요 양차세계대전 동안 제 2세대 뒤르켐학파를 대표할만한 사회학자였다. 알박스가 기억의 문제에 관심을 갖게 된 계기는 학창시절 베르그송을 그의 스승으로 만나게 된 것에서 찾아볼 수 있다.

베르그송은 그의 주저인 『물질과 기억』(*Matiere et Memoire*, 1896)에서 시간을 공간 개념의 종속변수로 보는 주류 관점을 거부하고, 직접적이고도 무매개적인 직관으로써 포착되는 '내적 시간'(inner time) 개념을 제시하였다. 베르그송에 의하면 시간은 공간화된 시간(spatialized time), 즉 지적인 조작에 의하여 파악되며 물리적으로 측정되어 공간상에 기표로 외재화하는 시간과, 삶의 구체적인 경험들을 그 내용물로 담고 있는 의식상태의 연속적인 흐름으로 경험되는 시간의 두 가지 차원으로 구분할 수 있다고 한다.[14] 여기에서 베르그송은 이 내적 시간에 대한 직관적, 주관적 지각이 자아에 대한 지식의 원천을 이루며, 따라서 우리의 직접 경험을 철학적 성찰의 새로운 자원으로 삼아야 할 것을 주장하였다.

그런데 기억에 대한 베르그송(Henri Bergson)의 개인주의적이며 심리적이고 주관적인 입장에 반하여 라이프니쯔는 과거사의 회상은 원래 불불명하고 불완전한 것이지만 '외적인 자극'을 받은 기억력이 과거사를 복원해내는 것이라고 주장하였다. 말하자면 기억의 주관적이고 심리적인 활동의 한계를 외적인 자극이란 변수로 지적한 것이다. 한편 알박스는 기억을 위한 외적인 자극의 필요성을 지적한 라이프니쯔의 통찰에서 한 걸음 더 나아가 베르그송이 관심을 가졌던 시간과 기억의 주제를 뒤르켐의 집

14　Mary Douglas, "Introduction: Maurice Halbwachs (1877-1945)," in Maurice Halbwachs, *The Collective Memory*, ty. by Francis J. Ditter, Jr. and Vida Yazdi Ditter, (New York: Harper & Row, 1980), 7-8.

합주의적인 관점과 접목시킴으로써 '집단기억' 개념을 제시하였다.

흔히들 기억은 과거의 사건이나 직접적인 경험이 우리 마음 속에서 개인적으로나 주관적으로 재연되는 과정이거나 재연된 내용으로 이해하기도 한다. 그렇다면 과거 사건은 어떻게 우리 마음 속에 재연되는가? 모리스 알박스는 과거 사건이나 역사에 대한 정보가 대뇌피질 속에 자동적으로 보존되는 것도 아니고 무의식 상태의 마음 속에 각인되고 있다가 지난 일을 돌이키고자 하는 의지가 스스로 작동할 때 다시 의식의 표면으로 떠오르는 것도 아니라고 주장한다. 그에 의하면 기억은 과거사의 자동적인 재생물이 아니라, 마치 방아쇠와도 같은 구실을 하는 '외적 자극'에 의해 되살려진다고 보았다.

그렇다면 무엇이 그런 외적 자극제로 작용하는가? 모리스 알박스에 따르면 한 개인의 기억은 과거 사건에 대한 주관적인 회상의 의지 문제가 완전히 배제될 수 없지만, 그 전에 먼저 과거 사건에 대한 회상이 일정한 시공간의 좌표 속에 제 위치를 잡도록 유도하는 '외적 자극'으로서의 사회적인 준거점들의 집합적인 틀과 연결되어야 한다고 보았다. 말하자면 한 개인의 인지적인 기억활동은 그 개인 외부에 존재하는 사회와의 상호 작용을 통해서 얻어질 뿐만 아니라, 사회와의 상호 작용을 통해서 다시 개인 내면 속에서 재생되고 기억된다는 것이다. 그래서 기억하기 위해서는 기억 과정에 타인의 개입이 필요하며, 기억한다는 것은 특정한 공동체적인 관계의 틀 속에 자신을 투입시키고 그 관계를 받아들이는 것과 같다.[15]

기억을 위한 사회적인 준거체계로서 가장 안정적이고 확실한 연결

---

15 Suzanne Vromen, "Review of Maurice Halbwachs on Collective memory," *American Journal of Sociology*, 99/2 (1993), 511.

고리로 모리스 알박스가 주목하는 것은, 공동체가 함께 향유하는 특정한 공간과 특정한 시간 속에서의 공동체적인 활동과 참여이다. 예를 들어 성직자와 신도가 함께 모인 신앙 공동체가 특정한 시간과 공간의 좌표 속에 자신들만의 독특한 방식으로 표상되는 사회적이고 공동체적이며 집합적인 성과 속의 공간을 자신들의 집합기억의 근간으로 삼고 있으며, 사법관, 소송대리인, 교도관, 죄수들과 같은 법률적인 집단들 역시 자신들의 지위와 역할에 걸맞는 법적인 공간을 집합기억의 토대로 확보하고 있다는 것이다.[16]

기억 활동을 촉진시키기 위한 외적인 자극으로서의 사회적인 틀의 중요성은, 유아기의 추억에 대한 소실에서 잘 드러난다. 모리스 알박스에 의하면, 우리가 유아기의 기억을 거의 가지고 있지 못하는 이유는 그 때는 우리가 아직 사회적인 존재가 아니었기 때문이다. 또 유년기의 기억이 어렴풋하게나마 남아 있는 것은 유년기의 기억의 파편들이 가족이라는 사회적인 틀 속에 자리한 이미지들에 의존할 수 있기 때문이다.[17] 알박스에 의하면 인간 경험의 영역 가운데 사회적 맥락 및 사회 구조에 뿌리를 두고 있지 않은 기억 활동은 꿈이 유일무이하다.[18] 구조, 연속성, 순차적 진전성, 규칙성, 조직성의 결여라는 꿈의 특징은, 꿈꾸는 자 이외의 다른 행위자는 그 꿈에 전혀 동참할 수 없다는 고립성으로부터 야기된다. 꿈 속에서 즐겁거나 슬픈 경험은 타인과 공유될 수 있는 성질의 것이 아니기 때문에,

---

16 Maurice Halbwachs, *The Collective Memory*, ty. by Francis J. Ditter, Jr. and Vida Yazdi Ditter (New York: Harper & Row, 1980), 136-157.
17 Maurice Halbwachs, *The Collective Memory*, ed. and tr. by Lewis A. Coser (Chicago: University of Chicago Press, 1992), 35-37.
18 Maurice Halbwachs, 1992, *The Collective Memory*, 169.

꿈 속의 경험을 계기로 공동체가 만들어질 수도 없고 공동체적인 집단기억의 형성이나 전승도 기대할 수 없다는 것이다.

그런데 모리스 알박스가 기억의 사회적인 차원에 주목했다고 하더라도 그가 개인 기억(individual memory)의 존재 자체를 부정한 것은 아니다. 그는 사회 구성원들이더라도 개별적으로 경험하는 과거 사건들에 대한 기억이 존재하며 이를 자전적인 기억(autobiographical memory)라고 명명했다.[19]

자전적인 기억과 대칭되는 기억으로는 역사적인 기억(historical memory)이 있는데 이는 문서나 사진과 같은 기록에 의하여 형성되고 이러한 포괄적인 매체를 통해서 전승된다. 반면에 자전적인 기억은 그 내용을 구성하는 과거 경험에 당사자가 직접 참여함으로써 얻어지며, 결혼식이나 졸업식에 대한 자전적인 기억은 결혼기념일 축하나 동문회 참석과 같은 주기적인 접촉을 통하여 강화시키지 않으면 오랜 시간이 경과하면서 점차 희미해지거나 완전히 소멸되어버린다.

이와 달리 역사적 기억은 과거 사건을 직접 회상하는 것이 아니라 시간적으로나 공간적으로 멀리 떨어져있는 사건이나 행위나 업적을 공동체 구성원들이 함께 모여 추억하는 기념식이나 전례를 통해서 또는 그러한 역사적 사건에 대한 기록물을 읽거나 들음으로써 유지된다. 그래서 역사적 기억은 자전적인 기억보다 훨씬 더 긴 시간대를 포함하지만, 현재를 토대로 재구성될 수 있는가 재구성될 수 없는가의 여부에 따라서 기억되지 못한 역사로 묻혀버릴 수도 있다고 보았다.[20]

---

19 Maurice Halbwachs, 1980, *The Collective Memory*, 52.
20 김영범, "알박스(Maurice Halbwachs)의 기억사회학 연구", 「사회과학연구」6/3(1999), 578. 기억과 역사의 상호관계는 개개인의 기억이 포괄적인 역사를 위한 자료를 제공해 주는 경우와 개

결국 알박스는 기억은 본래부터 사회적인 현상이므로 철학이나 심리학이 아닌 사회학적인 관점과 방법으로 연구해야 함을 역설함으로써, 시간과 기억에 대한 개인주의적이고 심리학적이며 주관주의적인 노선을 견지하였던 베르그송과 날카로운 대조를 보이는 기억에 대한 집합주의적이고 사회학적이며 실증주의적인 노선을 수립하였다.[21]

이상으로 뒤르켐의 세속화와 사회분화에 따른 집합의식의 추상화와 개인숭배에 관한 논의와 아울러 알박스의 기억을 위한 특정한 시공간 속에서의 사회적인 준거체계의 개입의 필요성과 기억의 사회적 차원에 대해서 살펴보았다. 뒤르켐의 세속화에 따른 집합의식의 구조 변동에 관한 논의는, 현대 기독교의 설교가 왜 신앙 공동체의 영적 정체성을 굳건히 확립하는데 효과적인 역할을 감당하지 못하고 설교를 통해서 선포되는 기독교 신앙이 개인주의화 또는 인간 자신의 행복에 집착하기 쉬운지에 대한 이유를 밝히는 중요한 단초를 제공한다. 이어서 모리스 알박스의 기억의 사회적 차원에 관한 논의는, 신앙 공동체의 집단기억의 형성을 통한 현대 기독교의 약점이랄 수 있는 신앙의 사사화(私事化, 혹은 사유화, 私有化 privatization of the Christian Faith)의 한계를 극복할 수 있는 중요한 디딤돌을 제공한다.

개인의 사적인 기억과 공식적인 역사가 서로 대립되는 경우, 그리고 개개인의 기억과 공식적인 역사가 상호 보완적인 영향을 주고 받는 경우와 공식적인 역사로부터 개개인의 기억이 영향을 받아 변화하는 경우의 네 가지 형태로 구분된다. 본고에서는 과거에 발생한 하나님의 구원 역사가 신자 개개인의 기억에 영향을 미치고 그렇게 영향을 받은 개개인이 신앙 공동체로 함께 모여서 설교를 통하여 하나님의 구원 역사에 대한 공동의 집합기억을 형성하고 보존하며 전승한다는 입장에서 논의를 전개한다.

21 김영범, "알박스(Maurice Halbwachs)의 기억사회학 연구", 557-594.

4. 설교를 통한 신앙 공동체의 집단기억의 형성

공동체의 집합기억에 관한 이상의 두 가지 논의에 근거하여 설교를 통한 신앙 공동체의 집합기억의 형성을 위한 다음 몇 가지 설교학적인 전략을 모색할 수 있다.

1) 삶의 분화와 설교의 한계

첫째, 교회 안에서나 또는 특정한 신앙 공동체 안에서 설교 사역을 감당하는 설교자는 하나님 나라에 관한 설교 메시지가 공동체 구성원 전체에게 이 세상 속에서의 하나님의 통치에 관한 공동의 집합의식을 형성하고 있는지 그렇지 못한지에 대해서 세심한 관심과 주의를 기울여야 한다. 그리고 설교를 통해서 공동체 구성원들에게 하나님 나라에 관한 공동의 집합의식이 형성되고 있지 않고 신앙이 개별적으로 분화되어 있다면, 그 이유를 앞에서 살펴본 뒤르켐의 사회분화에 따른 집합의식의 분화와 추상화의 관점에서 진단해볼 필요가 있다. 설교를 듣는 신앙 공동체 구성원들의 삶(예, 직업이나 생활수준, 관심사)이 다양하게 분화되어 있다면, 강단에서 선포되는 설교가 신자 개개인이 주변 환경에 대응할 때 요구되는 하나님 나라에 관한 의미자원을 포괄적으로 그리고 구체적으로 제공해 주기 어렵다.

예를 들어 경찰 공무원 신분인 신자 A와 노점상인으로서 날씨의 영향을 많이 받으면서 아파트를 돌아다니면서 과일 장사를 하는 신자 B, 그리고 대형마트에서 비정규직 점원으로 생활하는 신자 C는 각기 다른 삶의 상황 속에 노출되어 있으며 각기 다른 삶의 상황 속에서 하나님 나라에 책임

있게 반응해야 하는 입장이나 방식이 서로 다를 수밖에 없다. 노점상을 더 엄중히 단속하라는 업무지시를 받은 경찰 공무원이 주변상황을 대하는 입장이나 자신의 삶에 대한 고민사항들, 그리고 그 주변세계 속에서 하나님의 통치를 구현하려고 할 때 끌어오는 영적인 의미자원들이나 가치관은 단속에 나선 공무원을 의식하면서 생계를 꾸려가야 하는 노점상인의 그것들과 현격하게 차이가 날 수밖에 없다.

신자가 천지만물을 주관하시는 하나님의 통치와 섭리(거대담론)를 자신의 삶 속에서 구체적으로 인지하고 경험하는 한 가지 방법은, 오늘의 날씨에 주목하는 것일 수도 있다. 이런 경우에 경찰공무원이 날씨 속에서 경험하는 하나님과 노점상이 날씨 속에서 경험하는 하나님의 모습은 극명하게 대조될 수밖에 없다.

이렇게 신자들의 삶과 직업이 다양하게 분화되어 있는 상황에서는 설교자가 선포하는 하나님 나라에 관한 거대담론은 다양하게 분화된 삶의 현장에서 살아가는 신자들 모두를 포함할 정도로 그렇게 포괄적이지도 못하고 또 실제적인 도움을 줄 수 있을 정도로 구체적이지도 못하다보니 메시지가 자꾸만 추상적인 영역 속으로 또는 일반화의 영역 속으로 함몰되기 쉽다. 이렇게 설교를 통해서 선포되는 하나님 나라에 관한 거대담론이, 신자 각자가 자신의 삶 속에서 구체적으로 하나님의 구원을 어떤 방식으로 경험해야 하는지, 또는 성경적인 규범과 현실 세계와의 갈등과 긴장의 문제를 구체적으로 어떻게 극복해야 하는지에 대한 실제적인 지침을 제공하지 못하는 것이다. 그러다보면 자연히 하나님 나라에 관한 거대담론의 설교는 신자들 입장에서 매우 추상적인 메시지처럼 들리면서 설교와 신자의 삶의 분리가 뒤따르기 십상이다.

따라서 하나님 나라에 관한 거대담론을 효과적으로 설교하려면, 설교자는 이 거대담론이 다양하게 분화된 신자의 삶과 어떻게 적실성 있게 만날 수 있는지에 대해서 고민해야 하고, 그 양자 간의 만남의 자리로서의 공동체적인 상황 속에서, 예를 들어 특정한 예배 시간에 특정한 성경 공부 모임과 특정한 봉사 활동 속에서 하나님의 구원이 구체적으로 어떻게 단계적으로 실현되고 있는지를 설교해야 한다.[22] 결국 설교 메시지가 신앙 공동체의 집단기억 형성을 위한 토대로 활용되려면 설교 메시지의 공동체적인 상황화(communal contextualization)가 필연적이다.[23]

2) 거대담론의 설교와 공동체 정체성의 내러티브

둘째, 과거에 발생한 하나님의 구원 역사에 관한 거대담론의 설교가 신앙 공동체 구성원들 전체의 공동의 집합의식으로 발전되기 위해서는, 그 전 단계에서 먼저, 단회적으로 발생한 하나님의 과거 구원 역사에 관한 거대담론이 신자 개개인이 구체적으로 그리고 함께 동참하는 신앙 공동체 내의 공동체적인 준거체계와 결합되어 있음을 공동체 구성원들에게 지속적으로 확인시켜 줄 수 있어야 한다.[24]

---

[22] 기독교 복음 전달 과정을 선교학적인 관점에서 모색하는 R. Daniel Shaw와 Charles E. Van Engen에 의하면, "하나님은 사람들이 그들의 삶을 영위하는 상황 속에서 그들과 더불어 관계를 맺으시며 이것이 성경 전체가 말씀하고 있는 메시지"라고 한다. "그분이 당신을 드러내 알려주시는 곳은 항상 사람들이 처해 있는 상황 속에서였다. 사람들은 그들이 살고 있는 삶의 상황 밖에서 하나님을 안 적은 결단코 한 번도 없다." R. Daniel Shaw and Charles E. Van Engen, *Communicating God's Word in a Complex World*, 이대헌 역, 『기독교복음전달론』(서울: CLC, 2007), 63, 135.

[23] Nicholls Bruce J. *Contextualization: A Theology of Gospel and Culture* (Downers Grove, Ill.: InterVarsity, 1978), 20-55; Daniel M. Doriani, *Putting the Truth to Work: The Theory and Practice of Biblical Application*, 『적용: 성경과 삶의 통합을 말하다』, 60-61.

[24] 일부 학자들은 기억 내용으로서의 하나님의 구원 내러티브의 역사적 사실성을 부인하는 차

즉 창조로부터 그리스도의 십자가와 부활 사건을 거쳐 재림으로 진행되는 하나님 나라에 관한 거대담론이 특정 교회 내의 목회적인 활동들과 서로 만나고 있으며, 하나님 나라에 관한 거대담론이 설교와 교육을 통해서 구성원들이 함께 모여[25] 형성한 신앙 공동체의 삶을 변혁시키면서 결국 신앙 공동체의 목회적인 활동들 속에서 하나님 나라의 거대담론이 단계적으로 구현되고 있음을 구성원들이 함께 지각할 수 있도록 유도해야 한다. 하나님 나라에 관한 거대담론이 신앙 공동체의 목회적인 활동 속에서 단계적으로 구현되고 있음을 공동체 구성원들이 함께 공동으로 자각하게 될 때, 하나님 나라에 관한 공동체적인 집합기억과 집합의식은 훨씬 더 강화될 수 있다.

하나님 나라에 관한 거대담론이 특정한 지역 교회나 신앙 공동체를 세우고 공동체 구성원들이 하나님 나라에 관한 동일한 집합의식을 함께 공유해가는 과정에서 주목할 것이 바로 공동체 정체성의 내러티브(communal identity narrative)이며, 공동체 정체성의 내러티브와 관련하여 유용한 통찰을 제공하는 신학자는 조지 스트룹(George Stroup)이다. 그의

원에서 집단기억을 논의한다. 예를 들어 Azzan Yadin(Rutgers University)은 "Goliath's Armor and Israelite Collective Memory"에서 골리앗과의 전투에서 다윗의 승리는 실제 역사적으로 발생한 사건이라기보다는 강성한 이방 문명에 대항하기 위하여 이스라엘이 자구책으로 만들어 낸 집단기억 작업의 일환이라는 것이다. Cf. Azzan Yadin, "Goliath's Armor and Israelite Collective Memory" *Vetus testamentum*, 54, no 3 (Leiden: Brill Academic Publishers, 2004), 373-395. 하지만 본고에서는 하나님의 구원내러티브의 역사적 사실성을 전제함과 더불어, 과거에 발생한 하나님의 구원에 대한 문학적인 진술로서의 구원 내러티브를 후세대가 신앙 공동체 안에서 지속적으로 그리고 집단적으로 기억하는 과정에서 형성되는 집단기억의 중요성에 관하여 논의한다.

25 "과거에 일어난 사건은 그 자체로 현재의 우리에게 다가오지 않는다. 의미, 의사소통, 그리고 생각 등은 텍스트로 구조화되어야 우리에게 전달될 수 있다…따라서 워츠에게 있어 기억의 대상은 과거 그 자체라기보다는 텍스트이다." 양호환, "집단기억, 역사의식, 역사교육" 「역사교육」109(2009), 12-13.

문제의식은 현대의 기독교 신자들 내면에 자리하고 있는 신앙이나 이들의 정체성을 형성하는 기독교적인 정체성이, 성경이 제시하는 하나님과 그의 나라에 관한 올바른 지식에 기초하지 않고 있다는 점이다.[26]

많은 기독교인들의 개인적인 정체성이 기독교적인 믿음과 기독교적인 서사체계에 의하여 형성되지 않고 오히려 다른 공동체의 가치관과 서사체계에 의하여 구축되고 있는 실정이다.[27]

스트룹에 따르면 오늘날의 교회가 그 내면에 성경적인 신앙을 소유하고 있지 않다는 것인데, 그렇다면 오늘날 기독교적인 정체성의 혼란의 문제를 어떻게 극복할 것인가?

이 질문에 대해서 조지 스트룹은 객관적인 구속사와 주관적인 적용의 역사가 서로 충돌하는 사건에 대한 리차드 니버의 계시관을 한스 프라이(Hans Frei)의 내러티브 신학(narrative theology)과 결합시켜서 "기독교 공동체의 정체성을 형성하는 내러티브"(communal identity narrative) 속에서 그 해답을 모색하고 있다. 그리고 기독교 공동체 정체성의 내러티브를 통해서 오늘날 혼돈 속에 처한 교회의 영적 정체성의 한계를 극복하려고 한다. 스트룹에 따르면, 기독교 공동체도 신자 개개인처럼 그 공동체 나름의 독특한 정체성을 담아내는 정체성의 내러티브를 가지고 있으며, 신앙 공동체의 정체성은 내러티브의 형태를 통해서 드러난다고 한다.[28] 즉 특정한 신앙 공동체 구성원들이 하나님 나라에 관한 동일한 집합의식을 공유할 때, 그렇게 공유된 집합의식은 공동체 정체성의 내러티브(communal identity

---

26 George W. Stroup, *The Promise of Narrative Theology* (Atlanta: JohnKnox Press, 1981), 21-22.
27 George W. Stroup, 36.
28 George W. Stroup, 91-95.

narrative)의 형태를 취한다는 것이다.

기독교 공동체의 정체성을 형성하는 내러티브에 관한 스트롭의 논의로부터 우리는 다음 네 가지 정체성에 관한 내러티브를 구분할 수 있다.

첫째, 역사 속에서 하나님의 구원과 그 나라를 계시함으로 객관적인 계시의 권위를 확보하고 있는 성경의 거대담론(biblical meta narrative)이다.

둘째, 창조와 타락, 그리스도, 그리고 재림으로 이어지는 하나님의 구원과 그 나라에 관한 객관적인 계시로서의 권위를 확보하고 있는 성경의 거대담론이 성경 밖의 인류 역사와 교회 역사 속에서 실현되어온 과정 속에서(또는 초림과 재림의 중간 과정에서) 성경의 거대담론이 구체적으로 구현되어온 과정에서 형성된 기독교적인 내러티브(christian narrative)를 생각해 볼 수 있다.

셋째, 성경의 거대담론이 기독교적인 내러티브 안에서 특정한 시대에 특정한 지역에 함께 모인 유기적인 신앙 공동체 안에서 그 공동체의 설립과 이후의 수십 년의 역사 속에서 형성된 신앙 공동체의 정체성의 내러티브(communal identity narrative)를 생각해 볼 수 있다.

넷째, 신자 개개인이 기독교 내러티브나 공동체 정체성의 내러티브의 영역 안에서 성경의 거대담론과 만나면서 회심으로부터 성화의 단계로 발전하면서 개인의 영적 정체성이 형성되어가는 과정에서 형성된 개인의 정체성에 관한 내러티브(individual identity narrative)가 있다.[29]

---

29 한 개인의 정체성의 형성을 내러티브(Narrative) 관점에서 접근하는 이야기 심리학(Narrative Psychology)에 관한 이론적인 논의를 위해서는 다음을 보라. Dan P. McAdams, *The Stories We Live By : Personal Myths and the making of the Self* (New York : William Morrow and Company, Inc., 1993); Charles V. Gerkin, *The Living Human Document : Re-visioning Pastoral Counseling in a Hermeneutical Mode*. (Nashville : Abingdon Press, 1989); Carol Gilligan, "In a Different Voice". In *Women's Spirituality*, 63-87. Ed. by Foann Wolski Conn

이상의 내러티브들 중에서 오늘날 정체성의 혼란 속에 처한 교회가 본래의 영적 정체성을 회복하려면, 스트룹에 의하면 개인의 정체성의 내러티브가 공동체의 정체성의 내러티브와 서로 상호작용함으로써 기독교적인 내러티브가 파생되어야 한다는 것이다.[30]

즉 하나님 나라에 관한 거대담론의 설교를 들은 신자들과 교회가 그 설교를 계기로 교회와 신앙생활의 현장 속에서 기독교적인 정체성을 구현할 수 있어야 하고, 이를 위해서는 설교를 통해서 신자 개개인의 내러티브가 공동체적인 정체성의 내러티브와 서로 상호작용해야 하고 궁극적으로는 이러한 상호작용을 통해서 기독교적인 정체성의 내러티브가 형성될 수 잇다는 것이다. 달리 말하자면, 개인 신자가 설교를 듣고 회심과 성화를 경험하려면 개인 신자와 하나님이 만날 수 있도록 하는 만남의 장으로서의 공동체적인 상황(communal context)이 필요하다는 것이다.[31]

(New York : Paulist Press, 1986); George C. Rosenwald and Richard L. Ocriberg, *Storied Lives : The Cultural Politics of Self-Under Standing* (New haven and London : Yale University Press, 1993). 이상의 저서들은 한 개인의 자아와 정체성을 파악하거나 성숙을 유도하는데 개인의 정체성이 담긴 내러티브를 활용할 수 있다는 가능성을 주장한다. 하지만 본고의 관심사는 개인의 정체성에 관한 내러티브가 아니라 개인의 정체성의 내러티브가 신앙 공동체의 목회적인 환경 속에서 하나님 나라에 관한 성경의 거대담론과 조우하여 변화하는 과정에서 함께 신앙생활을 공유하는 신앙 공동체의 정체성의 내러티브가 어떻게 형성될 수 있으며 그 공동체 정체성의 내러티브를 통해서 신앙 공동체 구성원들에게 공동의 집합기억과 집합의식이 어떻게 형성될 수 있는가 하는 것이다.

30 George W. Stroup, 91, 95-96, 170.
31 Daniel J. Louw, *A Pastoral Hermeneutics of Care and Encounter* (Cape Town: Lux Verbi, 1999), 70-73.

3) 회중의 내러티브와 집단기억

이상의 논의를 통해서 우리는 설교를 통하여 신앙 공동체의 집단기억을 형성하려면 그 전에 신자 개개인의 정체성의 내러티브가 성경의 거대담론과 서로 만나서 충돌하여 성경의 거대담론에 의하여 신자 개개인의 정체성이 변화되어야 하고, 이러한 변화를 이끌어내려면 그 전에 먼저 양자 간의 만남을 가능하게 하는 신앙 공동체의 현장이 설교 속으로 개입되어야 한다.

이 과정에서 신앙 공동체는 단순히 설교에서 하나님과 신자의 만남을 위한 현장을 제공해줄 뿐만 아니라, 그러한 양자 간의 만남을 공동체적으로 함께 경험하도록 촉진할 뿐만 아니라 그러한 공동체적인 만남과 참여와 경험을 통하여 그 신앙 공동체만의 독특한 정체성의 내러티브가 만들어지며, 이러한 공동체 정체성의 내러티브를 통해서 개개의 신자들은 성경에 계시된 하나님 나라의 거대담론이 추상적인 개념이 아니라 이 역사 속에서 또 자신들이 참여하고 있는 구체적인 신앙 공동체 속에서 실제로 실현되는 실재임을 확증받을 수 있다.

설교를 통한 신앙 공동체 정체성의 내러티브의 형성과 관련하여 제임스 호프웰(James Hopewell)의 회중의 이야기(congregational story)에 관한 논의는 중요한 통찰을 제공한다.[32] 호프웰의 주장의 핵심은 특정한 지역 교회 회중은 그 교회 안의 여러 가지 문화적인 상징물들(독특한 관용구, 상징적인 방언들, 예배의식, 관습, 어법)을 통해서 자신들만의 독특한 신앙의

---

32 James F. Hopewell, *Congregation: Stories and Structures* (Philadelphia: Fortress Press, 1987), 57-62, 68-73.

정체성을 표현하고 있으며, 이러한 문화적인 상징물들은 해당 공동체가 시간의 흐름 속에서 우연하게 만들어낸 퇴적물이 아니라 일정한 내러티브의 구조를 갖추고 있으며 이러한 정체성의 내러티브를 통해서 자신의 모호한 영적 정체성을 좀 더 명확하게 구체화시키고 지역 교회 회중들은 이러한 내러티브를 통해서 구현되는 자기들만의 독특한 지역 드라마(the unique local drama)에 참여하기를 원하며, 그 과정에서 형성된 공동체적인 정체성의 내러티브를 통해서 외부로부터의 돌발적인 위기에 대응하면서 자기들 나름의 일관된 정체성을 계속 유지해간다는 것이다.[33] 따라서 제임스 호프웰에 의하면 회중의 정체성을 파악하기 위해서는 회중의 정체성이 녹아들어 있는 회중의 이야기(congregational narrative)를 파악하는 것이 첩경이다.

말하자면 설교자는 설교를 통해서 선포된 하나님의 구원에 관한 거대담론이 신앙 공동체 안에서 진행되는 목회 활동을 통해서 신자 개개인과 개별적으로 만날 뿐만 아니라 신앙 공동체를 구성하는 회중 전체와 접목되면서 그 상호작용으로 말미암아 하나님의 구원 내러티브의 구체적인 적용에 따른 회중 고유의 구원 이야기가 파생될 수 있도록 유도해야 한다. 이를 위해서 설교자는 세상 속에서나 신앙 공동체의 환경 속에서 발생하는 새로운 삶의 문제들을 하나님의 구속 역사의 관점에서 적극적으로 재해석하고 신자의 삶의 의미와 신앙 공동체 전체의 신앙생활의 방향을 하나님의 구속 역사의 관점에서 해석하여 제시해야 한다.

그러한 해석 관점이 담긴 메시지를 통해서 신자들은 하나님의 구원 역사에 관한 거대한 내러티브가 신앙 공동체의 구체적인 목회 활동을 통해

---

[33] James F. Hopewell, xii.

서 그리고 신자 개개인의 삶을 통해서 구체적으로 현재화되고 있음을 확인할 수 있으며, 그 과정에서 해당 공동체는 하나님 나라에 관한 그들만의 독특한 집단기억과 집단의식을 형성할 수 있으며 이러한 집단기억을 통해서 하나님 나라에 관한 신앙의 형성과 계승은 훨씬 강력하게 진행될 수 있을 것이다.

4) 한 가지 전략적인 방안 - 우리 교회 안에서 구현되는 하나님의 구원사 이야기

창조로부터 그리스도 성육신 사건을 거쳐 재창조로 진행되는 하나님의 구원에 관한 계시로서의 성경의 거대담론이 특정한 지역 교회 공동체의 목회 활동을 통해서 신자 개개인의 회심 사건과 만나고 그 목회활동 속에서 하나님의 구원 이야기가 신자 개개인의 변화를 이끌어내는 토대로 작용하고 있음을 신자들이 실제적으로 확인할 수 있도록 하기 위하여, 교회 예배당 내부 벽면에 교회의 역사의 시간표를 수평선으로 그려 놓고 그 시간표에 신자 각자가 교회를 통해서 신앙생활을 해 온 사건들이나 행사를 담은 사진들, 또는 그런 사건들을 떠올리는 작은 물건들, 혹은 그런 내용을 적은 메모나 간증문, 또는 그림들을 가지고 와서 이 시간표 상에 부착하게 해서 신자 모두가 이 교회를 통해서 함께 하나님의 구원을 경험해가는 유기적인 공동체임을 깨닫도록 한다.

이를 위해서 목회자는 행사 취지에 대한 1-2회의 설교를 준비하고 또 교인들이 가져오는 사진들이나 물건, 또는 자료들이나 메모들을 교회 예배당 벽면에 부착하고 장식할 수 있도록 안내한다. 또 교인들의 다양한 삶이나 얼굴들을 함께 녹화하여 동영상으로 제작하여 설교 시간이나 예배 시간 중간에 함께 시청하는 시간을 가질 수도 있다. 이를 통해서 교회가 단순히 신자가 개인적으로 세상을 살아가는데 필요한 어떤 정신적인 힘의 원천을 개별적으로 구매할 수 있는 곳이 아니라 신자가 하나님의 구원과 은혜를 함께 경험하고 그 구원에 대한 반응을 함께 유기적으로 표현할 수 있도록 유기적인 공동체를 세우는 자리로 부름받았음을 깨닫고 신앙 공동체의 유기적인 헌신의 자리로 나아갈 수 있도록 안내해야 한다.

이를 위해서는 설교자가 교회가 지나온 과거의 짧은 10여 년의 역사를 하나님의 구원의 관점에서 해석하여 그 해석된 내용을 설교에서 다루고 소개할 필요가 있다. 예를 들어 교회의 과거 역사 속에서 어떤 부정적이고 언급하기 싫고 숨기고 싶은 사건들이 있더라도 목회자는 그런 사건들을 무조건 덮어버리고 은폐하려고 할 것이 아니라 그런 부정적인 사건들을 통해서라도 하나님이 특정한 공동체에게 맡기신 사명을 깨닫고 하나님의 섭리 안에서 특정 공동체 구성원들이 그 사명을 위해서 헌신한 계기가 되었음을 확인할 수 있도록 설교하는 것이 바람직하다. 예를 들어 어떤 교회의 과거 속에 분열의 아픔과 상처가 있는 경우도 있다. 이런 경우에는 설교자는 이렇게 설교하는 것이다.

> 우리 교회는 바로 이런 사건들을 계기로 하나님은 우리 교회가 주변의 지역 사회와 이 세상에서 일치와 하나됨과 용서와 화해를 추구하는 교회로 부르셨음을 새롭게 깨닫는 계기가 되었다거나, 또는 우리 교회는 서로가 서로의 허물을 덮어주고 용서하며 하나됨으로써 세상으로 하여금 우리가 정녕 하나님의 백성임을 알도록 하는 사명의 자리로 우리 교회를 부르셨고 그런 공동체를 세우는 것이 바로 우리 교회를 향한 하나님의 목표이자 사명임을 확인하게 되었다.

이렇게 구체적인 공동체 상황을 염두에 두는 설교를 통해서 신자들은 성경의 거대담론이 특정한 신앙 공동체의 목회적인 삶과 활동 속에서 어떻게 구체화되고 있는지를 확인할 수 있으며, 그런 과정을 통해서 형성된 공동체의 집단기억과 집단의식은 해당 신앙 공동체의 영적인 정체성을 더욱 굳건히 해 주는 토대로 작용할 것이다.

5. 나가는 말

설교는 과거에 발생한 하나님의 구원 사건들을 오늘의 상황 속에서 해석하여 하나님의 구원사가 오늘을 살아가는 신자들과 교회 속에서 다시금 구현되어 교회로 하여금 오늘 임하는 하나님의 통치에 합당하게 반응하도록 유도하는 목회사역이다. 설교가 이런 목적을 달성하기 위하여 설교자가 관심을 기울여야 할 것이 바로 하나님의 구원에 대한 공동체적인 집합기억이다. 그 기억활동이 단지 신자 개개인의 심리적인 인지활동에 머무르거나, 과거 구원 사건들이나 교리적인 진술문에 대한 지적인 이해와 암기의 차원에만 머물러버린다면, 과거 하나님의 구원 사건의 현재화는 전인격적이고 통전적인 현재화(holistic presence)가 아니라 인지적인 현재화(individual & intellectual presence)에 국한될 것이다.

하지만 과거 하나님의 구원 사건들의 현재화는 하나의 지적인 정보 조각으로 바뀌어서 단순히 신자의 머릿 속 신경세포 속에 각인되는 인지적인 현재화에 국한될 수 없고, 신자가 사회 구성원으로서 삶을 꾸려가는 통전적인 삶의 현장 속에서 현재화되어야 한다. 이렇게 과거 사건이 신자의 정치 경제 사회 문화를 아우르는 통전적인 삶의 현장에서 현재화되기 위해서 기억 활동 역시 개인적인 기억활동(individual memory)이 아니라 집단적이고 문화적인 기억 활동(collective & cultural memory)으로 이뤄져야 한다.

본고에서는 설교를 통한 신앙 공동체의 집단기억의 형성 방안을 모색하기 위하여 먼저 현대 교회에서 설교를 통한 하나님의 구원 내러티브의 선포가 신앙 공동체의 영적 정체성 형성과 거룩한 규범들의 실천을 위한 토대로 작용하지 못하는 원인을, 뒤르켐이 주목했던 세속화에 따른 집합의식의 구조변동의 관점에서 살펴보았다. 이어서 현대사회의 집합의식이 개인숭배로 변질된 상황 속에서 신앙 공동체의 집합기억의 형성을 위한 대안을 모리스 알박스의 집합기억의 사회적 형성(social formation of collective memory)에 관한 논의를 중심으로 살펴보았다.

그 다음에 신앙 공동체의 집합기억 형성을 위한 한 가지 방안으로서 설교를 통한 신앙 공동체의 회중 정체성의 내러티브(congregational identity narrative) 형성의 필요성에 대하여 살펴보았다. 그리고 끝으로는 특정한 지역 교회의 과거 역사를 공동체 정체성의 내러티브로 발전시킬 수 있는 한 가지 방안을 제시하였다. 이상의 논의를 통해서 설교를 통한 신앙 공동체의 집단기억과 집단의식이 활성화될 수 있기를 기대한다.

Preaching Ministry to strengthen the Church

| 12 |
지식경영이론에 근거한
설교목회의 활성화 방안 연구

1. 들어가는 말

미래학자 앨빈 토플러(Alvin Toffler)는 『부의 미래』(*Revolutionary Wealth*, 청림출판사)에서 인류 최고의 발명품은 '부 창출 시스템'이라고 분석하면서, 부 창출 시스템이 인류 역사 속에서 농업혁명(1만년 전부터 17세기까지)과 산업혁명(17세기-1950년대), 그리고 지식혁명(1950년대부터)의 단계로 발전해 왔다고 본다.[1] 먼저 농업혁명 단계에서 인류는 잉여생산물을 생산하는 생산 계층과 이들을 관리하는 관리 계층, 혹은 지배 계층과 피지배 계층으로 분화되어 발전해 왔다면, 17세기 초엽부터 시작된 산업혁명 단계에서는 농업 중심 사회가 공업 중심 사회로 바뀌고 상품의 대량생산이 가능해지고 도시가 발달하였으며 표준화, 전문화, 중앙 집권화, 집중화 현상들이

---

1 Alvin Toffler, *Revolutionary Wealth*, 김중웅 역, 『부의 미래』(서울: 청림출판사, 2006), 20ff.

나타났다고 본다. 그러다가 1950년대 중반부터 인류는 또 한 번의 새로운 문명사적인 전환을 경험하게 되는데, 그것이 바로 지식혁명 단계라고 한다. 산업혁명 하에서 부와 재화는 토지와 노동, 및 자본의 결합을 통한 제품의 생산에서 비롯되었다면, 지식혁명 사회에서는 지식과 기술의 효과적인 결합과 관리가 부의 원천이라고 한다.

경영학의 대가인 피터 드러커(Peter F. Drucker) 역시 현대 지식사회(knowledge society), 혹은 지식기반사회(knowledge-based society)에서 지식을 사회적 경쟁의 원천으로 천명하면서, 일반 기업 경영 현장에서 지식경영에 대한 관심이 고조되었다.[2] 또 기업체에서도 지식경영(knowledge management) 전략을 실제 기업 경영에 도입하고 적용하는 것이 기업의 사활을 결정할 만큼 중요한 사안으로 대두되고 있는 실정이다. 즉 산업혁명 하에서처럼 전통적인 방식으로 제품의 생산과 판매를 통해서 부를 창출하는 시스템보다는, 기존의 여러 자원들을 효과적으로 관리 통제할 수 있는 지식 경영 시스템을 통해서 더 많은 부를 창출할 수 있는 시스템통합(SI, system integration)의 도입에 박차를 가하고 있다.[3]

---

2 Peter F. Drucker, *Peter Drucker on the Profession of Management*, 이재규 역, 『자본주의 이후 사회의 지식경영자』(서울: 한국경제신문사, 2000), 20; Peter F. Drucker, *Management Challenges for the 21st Century*, 이재규 역, 『21세기 지식 경영』(서울: 한국경제신문사, 2002), 35.

3 시스템통합사업(SI)은 고객 기업체의 요구에 따라 하드웨어, 소프트웨어, 네트워크 등 유형의 제품과 컨설팅, 시스템 설계 및 개발 교육, 유지, 보수, 감리 등 무형 서비스 기술을 통합하여 기업의 전산 및 경영환경에 맞는 종합 전산 해결책을 제공하는 전문정보처리시스템 사업이다. 예를 들어 POSCO의 경우 1998년에 한국오라클로부터 ERP(Enterprise Resource Planning, 회계, 인사, 판매, 생산 등을 아우르는 전사적자원관리 소프트웨어, 비용 600억원)을 도입하였고 2002년부터는 이보다 한 단계 업그레이드 된 6시그마 운동을 전개함으로써, 월말 마감시간을 6일에서 1일로, 표준비용 산정 기간을 종래 15일에서 3분의 1 수준으로 신제품 개발 기간도 4년에서 1.5년으로 단축시킬 수 있었다. 그에 따른 경영성과도 눈부시다. 총 매출액은 2003년 14조3,590억원에서 2006년 20조430억원으로 늘었고, 순이익도 2003년 1조9,800억원에서 2006년 3조2,070억원으로 3배 가량 증가했다(한국일보, 2007-10-08, 17면).

이렇게 지식 경영과 지식 관리가 조직 경영의 근간으로 자리매김 되고 있는 현대의 지식 사회 속에서 과연 교회는 지식 경영 전략을 어떻게 받아들일 것인가?[4] 로버트 뱅크스(Robert Banks)에 의하면 신약성경에서 "신앙 공동체의 성장은 오직 그 지체들의 지식이 증가되고 풍성해지고 새로워지고 가득 채워질 때만 이룩된다는 것이 사도 바울의 주장(빌 1:9; 골 1:9-10; 3:10)이라고 한다.[5]

말하자면, 교회는 일종의 지식기반공동체(knowledge-based community)로서 교회성장의 성패는 교회(또는 목회자)가 영적인 지식을 얼마나 효과적으로 생산하고, 이를 다시 공동체 구성원들에게 얼마나 효과적으로 전파하고 그들과 함께 공유하는지, 그리고 그렇게 전파되고 공유된 지식이 실제 구성원들의 삶 속에서 얼마나 실제적으로 활용되는지에 의해서 교회의 성패가 결정된다고 해도 과언이 아니다.

본고에서는 최근 일반 기업의 경영 이론에서 논의되고 있는 지식 경영을 설교 사역에 적목시킴으로써 설교 사역이 지식의 효과적인 창조와 공

---

[4] 본고에서는 지면의 한계로 인하여 기독교신학분야 밖의 지식경영이론을 기독교 설교나 기독교 교육에 관한 논의 안으로 끌어들일 수 있는 실천신학적인 가능성에 대한 논의는 제외시킨다. 이론(theory)과 실천(practice)의 이분법을 정행(또는 프락시스, praxis)으로 통합시킬 것을 강조하는 최근의 실천신학 연구 방법론에서는 이상적인 규범으로서의 이론과 실제 목회 현장에서의 적용과 실천으로 연결시키기 위하여 기독교신학 밖의 인문과학과 사회과학의 연구를 실천신학 연구의 장(academic field) 안으로 끌어들여서 교회가 처한 현실에 대한 서술과 규범의 실천적인 적용 가능성 모색을 위한 토대를 확보할 것을 주장한다. 이 분야의 대표적인 실천신학자로는 Don Browning, Gerben Heitink와 Gijisbert D. Dingemans이 있다. D. Browning, A Fundamental Theology: Descriptive and Strategic Propsals (minneapolis: Fortress Press, 1996), 7-8; Gerben Heitink, *Practical Theology*, (Grand Rapids: Ederdmans, 1999):10ff; Gijisbert D. J. Dingemans, "Practical Theology in the Academy: A Contemporary Overview," *The Journal of Religion*, 76/1 (January 1996):82-96.

[5] Robert Banks, *Paul's Idea of Community*, 장동수 역, 『바울의 그리스도인 공동체 사상』(서울: 여수룬, 1991), 122.

유, 및 활용의 프로세스 속에서 유기적이고 체계적으로 이뤄질 수 있는 방안을 모색하고자 한다.[6]

말하자면 교회 안에서의 설교 사역이 단순히 설교자의 즉흥적인 관심 속에서 만들어진 메시지 하나를 무작위로 던지고 마는 것이 아니라, 하나님나라 백성 공동체로 하여금 해당 공동체에게 주어진 영적인 목표를 달성하도록 회중을 안내하고 지도하려는 일관된 목적을 달성하기 위한 장기적인 목회 계획 속에서 의도적으로 설교메시지를 준비(창조)하고, 준비된 메시지는 전 회중들에게 효과적으로 전달(공유)되도록 하며, 전달되고 선포된 메시지는 회중의 실제 삶 속에서-그리고 회중이 함께 참여하는 목회 현장에서-그대로 실행에 옮겨지도록 함으로써 회중의 영적 변화와 성숙이라는 설교의 결실이 통전적인 목회 구조 속에서 유기적이며 일관되게 맺어질 수 있는 방안을 모색하고자 한다.

이를 위해서 먼저 설교가 의도하는 결정적인 목표로서의 회중 전체의 영적 변화가 예배 시간 중의 무작위적인 설교 메시지 선포만으로 이뤄질 수 없는 복합적이고 지속적이며 체계적인 사역임을 확인하는 데서부터 논의의 출발점을 삼고자 한다. 그 다음에는 지식 경영에서 논의하고 있는 창조-공유-활용의 지식변환 프로세스를 살펴보고, 이 과정을 목회에 적용

---

[6] 국내에서 지식경영이론을 실제 교육 현장에 접목시키려는 시도로는 다음을 참고하라. 이군현, "학습조직이론의 교육조직에의 적용에 관한 탐색연구"「교육행정학연구」15/3(1997), 554-582; 김희규, "Senge의 학습조직이론의 학교 적용에 관한 연구"「교육행정학연구」22/1(2004), 67-87, 김희규, 조홍순, "학교에서의 학습조직화 구축 방향 탐색"「인력개발연구」10/1(2008), 123-144. 지식기반사회 속에서의 지식경영 이론을 기독교교육에 접목시킨 연구로는 다음을 참고하라. 김기숙, "대중문화와 기독교교육: 지식기반사회에서 지식교육의 방향에 관한 연구"「기독교교육정보」16(2007):, 7-37. 피터 드러커의 리더십 통찰을 기독교 목회 리더십에 적용시킨 연구로는 다음을 참고하라. 양병모, "Peter F. Drucker의 조직과 리더십 통찰의 목회적 적용",「복음과 실천신학」18(2008), 87-114.

할 수 있는 방안들을 살펴보며, 마지막으로는 목회적인 차원에서 설교자가 집중적으로 관리해야 할 설교 메시지의 핵심 영역이나 주제를 부름과 세움 및 보냄의 사역의 관점에서 정리할 것이다. 이렇게 목회구조에 접목될 수 있는 지식 변환 프로세스를 설교의 핵심적인 주제와 결합시킴으로써, 영적 지식의 확산으로서의 설교 사역이 통전적인 목회 속에서 실행으로 결실을 거둘 수 있는 목회적인 전략을 모색하고자 한다.

2. 설교의 영광과 한계

개혁주의 전통에서 볼 때 설교는 곧 하나님의 말씀을 선포하는 것이며, 더 나아가서 설교가 곧 하나님의 말씀이라고 믿는다. 같은 맥락에서 본 회퍼는 예수 그리스도는 교회가 선포하는 말씀 속에 임재하실 뿐만 아니라 교회가 선포하는 말씀의 형태를 빌어 지금도 이 땅에 임재하심으로써 설교 속에 임재하시는 그리스도의 자기 비하는 부활 이후 재림 이전까지 여전히 계속되고 있다고 한다.[7]

이러한 설교신학적 전통은 자연히 설교직의 영광에 대한 확신과 아울러 설교자들에게 설교에 대한 막중한 사명감을 동시에 가져다주기에 충분하며, 이러한 설교신학적 확신이 곧 개혁주의 전통에 속한 목회자들의 설교에 대한 헌신과 노력, 그리고 열정을 위한 사그라지지 않는 불꽃을 지펴온 것이 사실이다.[8]

---

7 Clyde E. Fant, *Bonhoeffe: Worldly Preaching*. (Nashville: Thomas Nelson, 1975), 25-6.
8 예를 들어 설교학자 Paul Scott Wilson도 설교의 중요한 목표로서 하나님과 인간의 언약 관계 정립을 제시하고 있다. 이런 목표는 거의 대부분의 설교학자들이나 설교자들이 가장 중요

하지만 이러한 막중한 사명감과 확신에도 그리고 그런 엄청난 확신에 근거한 열정적인 선포에도 불구하고 일선 목회자들이 설교 사역에 대해서 종종 허탈감에 빠질 수밖에 없는 이유가 있다. 설교직의 특권과 영광과 설교사역에 대한 뜨거운 확신과 헌신과 노력에도 불구하고, 말씀을 들은 회중의 변화는 이러한 기대에 전혀 미치지 못하고 있기 때문이다. 10년 동안 하나님의 말씀을 전했는데도 그 때나 지금이나 별반 나아진 것이 없어 보인다면 그러한 회중을 앞에 놓고 계속 설교해야 하는 설교자가 느끼는 절망감과 좌절감은 이루 말할 수 없이 클 것이다.

그런데 설교를 통한 회중의 변화와 관련하여 유의할 점은, 회중의 변화는 결코 설교를 통한 지적인 관점의 전환 하나만으로는 결코 쉽게 이루어질 수 없다는 점이다. 그래서 본고에서 영적 지식의 선포로서의 설교가 회중의 인격적 변화를 이끌어 내기 위해서는 다음 몇 가지 사항을 미리 전제하면서 논의를 발전시키고자 한다.

① 설교를 통한 회중의 변화는 설교 한편을 통한 단회적인 사건이 아니라 장기적인 연속 설교를 통한 지속적인 과정 속에서 더 효과적으로 이뤄진다.
② 회중의 변화를 의도하는 설교라면 그 설교는 영적 지식의 일방적 주입이 아니라 설교자와 회중 상호간의 인격적인 앎의 합일 과정이어야 한다.
③ 설교를 통한 회중의 변화는 감동적인 설교를 듣고 난 이후에 생기는

한 설교의 목표로 강조하는 것이며 실제 설교 사역이 행해질 수 있는 원동력도 이런 목표 의식에서 비롯된다. Paul Scott Wilson, *The practice of preaching* (Nashville: Abingdon, 1995), 71, 178-186.

혼자만의 개인적인 의지적 결단을 통해서 이뤄지는 것이 아니라, 다른 신자들과의 유기적이고 공동체적인 상호의존적인 관계망 속에서 더 효과적으로 이뤄진다.
④ 회중의 변화는 변화가 필요한 다양한 영역들에 대한 산발적인 제시를 통해서보다는 지속적인 성장을 통한 변화의 과정을 안내함으로써 더 효과적으로 이뤄진다.

설교를 통한 회중의 영적 변화를 의도할 때 염두에 두어야 할 첫 번째 전제는 설교 한 편을 통한 회중 개개인의 지적인 인식의 전환만으로는 회중 전체의 변화를 이끌어내는데 한계가 있기 마련이고, 오히려 메시지의 지속적인 선포와 아울러 공동체 전체를 겨냥한 목회적 접근이 요구된다는 것이다. 설교의 목적이 회중의 변화를 겨냥한다면 그러한 회중의 변화는 설교 한 편을 통한 단회적 사건에 의해서가 아니라 장기적인 연속 설교를 통한 지속적인 지식 변환 프로세스과정을 거치면서 더 효과적으로 이뤄진다는 점이다.

또 회중의 영적 변화는 감동적인 설교 한 편을 듣고 단회적으로 발생하는 사건이 아니라 신앙 공동체 안에서 회중과 설교자 사이에 설교 사역을 통한 지속적이고도 장기적인 인격적 합일의 과정 속에서 얻어진다는 점도 고려되어야 한다. 그래서 설교를 통한 회중의 장기적 변화를 달성하려면 그 전에 먼저 교회 안에서의 설교나 교육을 통한 지식 전달과 이를 통한 앎의 방식에 대한 전통적인 입장의 한계와 대안을 살펴볼 필요가 있다. 이를 위하여 필요한 논의가 바로 분리형 앎과 연관형 앎의 차이점이다.

3. 분리형 앎과 연관형 앎

설교학자 루시 로우즈(Lucy Rose)에 의하면 전통적인 설교자들의 관념 속에는 스스로를 영적 지식의 저장고로 간주하는 권위적인 인물(authority figure)이 자리하고 있으며 회중 역시 스스로를 침묵하는 수동적 수용자로 여긴다는 것이다.[9] 이러한 교육과 학습 방식을 가리켜서 교육학자인 파울로 프레이리(Paulo Freire)는 은행 저축 모델(banking model)이라고 부른다. 프레이리에 의하면 은행 저축 모델에서 교사의 역할은 "교사가 판단하기에 참 지식을 구성하는 것으로 간주되는 정보를 학생의 머리에 채워넣는 것"이라면, 학생의 역할은 교사가 채워준 정보를 "머리 속에 저장해 두는 것"이다.[10] 은행 저축 모델의 교육에서 교사는 '세련된 생산창고'(polished products)일 뿐이며 학생들 역시 스스로 사고하지 못하고 그저 교사의 지적인 사고의 결과물만을 볼 수 있을 뿐이다.

루시 로우즈에 의하면, 전통적인 설교학 이론이 프레이리가 비판한 은행 저축 모델에 기초한 것도 아니지만 설교자의 권위와 회중의 수동성을 전제하고 있는 전통적인 설교학의 모델이 자칫 정보와 같은 영적 지식을 일방적으로 회중에게 제공하는 것으로 만족하면서 통전적인 변화의 단계까지 이끌어내지 못할 우려가 있음을 지적하고 있다. 이러한 한계를 극복하기 위하여 루시 로우즈는 영적 지식의 깨달음으로서의 설교를 단순히 권위적인 인물로부터 객관적인 지식을 전달받는 과정으로 이해할 것이 아니라 회중 스스로가 직관적으로 깨닫거나 인격적인 연합과 나눔의 차

9　Lucy A. Rose, *Preaching in the Roundtable Church: Sharing the Word.* (Louisville: Westminster John Knox Press: 1997), 27.
10　Paulo Freire, *Pedagogy of the Oppressed* (New York: Seaview, 1971), 63.

원에서 진리를 함께 공유하는 과정으로 이해할 것을 주장한다.[11]

설교를 통한 앎의 과정을 전통적인 입장처럼 권위적인 인물로부터 객관적인 정보를 전달받는 과정으로 이해할 것이 아니라 설교자와 회중 상호 간의 인격적인 앎의 합일 과정으로 이해하기 위하여 루시 로우즈는 캐롤 길리건(Carol Gilligan)[12]이 앎을 분리형 앎(separate knowing)과 연결형 앎(connected knowing)의 두 가지 범주로 구분한 관점을 설교에 대한 논의 속으로 끌어들인다. 먼저 '분리형 앎'(separate knowing)의 지향점은 학습자(혹은 인지자, knower)와 학습의 대상을 구분하는 것이다. 학습자와 학습 대상이 분리됨으로써 학습자는 학습 대상을 객관적인 위치에서 바라보면서 학습 대상에 숙달할 수 있다. 이러한 분리형 앎의 특징을 나타내는 비인격적인 학습 과정에는 의심하기와 추론하기, 논쟁하기, 그리고 자신을 특히 자신의 감정을 학습 과정으로부터의 분리시키는 작업이 포함된다.

이와 달리 '연결형 앎'의 지향점은 교사와 학습자, 그리고 학습 대상간의 상호 관계를 추구한다. 이 상호관계를 통해서 학습자는 교사와 함께 학습 대상에 대한 친밀감과 대등관계를 경험할 수 있다. 이러한 연결형 앎의 특징을 나타내는 상호관계적인 학습 과정은 타인과 공감적인 대화와 작은 진리를 함께 나누기, 판단 보류, 협동, 그리고 인격적인 지식에 대한 의존이 포함된다. 설교 역시 지식의 선포와 수용을 통한 학습자의 인격적 변화를 지향한다면 전통적인 설교 방식에서 전제하고 있는 설교자와 회중 간의 권위적 차별과 영적 지식의 일방적 선포와 일방적 수용을 추구하는 분리형 앎의 과정보다는, 설교자와 회중이 지속적인 영성 형성의 과정에 설

---

11 Lucy A. Rose, 27.
12 Carol Gilligan, *In a Different Voice: Psychological theory and Women's development*. (Cambridge: Harvard Univ. Press) 1982.

교라는 지식 변환 과정에 함께 참여하는 연결형 앎의 과정으로 이해하는 것이 더욱 적절할 것이다.

설교자와 회중을 영적 지식을 알고 있는 지식 저장고와 영적 지식을 모르고 있는 수동적인 수용자의 입장에서 이분법적으로 구분하고 영적인 정보 전달로 설교를 이해하지 않고, 설교자와 회중이 인격적인 변화와 성숙을 위하여 지속적인 지식 변환 과정에 능동적으로 함께 참여하는 계기로 설교를 이해한다면, 그 다음에 고려할 사항은 설교자는 첫째, 무슨 주제를 그렇게 지속적으로 소통시켜야 하며(what) 둘째, 지속적인 회중의 변화 과정에 설교가 어떻게 관여할 때(how) 이 지속적인 변화 과정이 좀 더 효과적이고 체계적으로 이뤄질 수 있겠는가 하는 점이다. 이 질문에 대한 해답을 단계적으로 나누어 해결하기 위하여 먼저 장기적인 설교의 전략을 지식 경영의 관점에서 고찰한 다음에, 회중의 변화를 위하여 지속적이면서도 장기적으로 강단에서 선포되어야 할 설교의 핵심 주제는 어떤 것이 있는지를 살펴보고자 한다.

4. 설교 전략과 지식 경영

먼저 회중의 영적 변화를 위한 장기적인 설교 사역의 전략과 방법을 계획하고자 할 때 지식경영이론으로부터 유용한 통찰을 찾아볼 수 있다. 지식경영에서 중요한 관심사는 무형 자산이자 새로운 부의 창출 동력인 지식의 생산과 공유, 그리고 활용의 효과적인 통제이다. 그런데 교회 역시 일종의 지식기반공동체(knowledge-based community)로서 교회성장의 성패는 교회가 영적인 지식을 얼마나 효과적으로 생산하고, 이를 다시 공동체 구성원들에게 얼마나 효과적으로 전파하고 그들과 함께 공유하는지, 그리고 그렇게 전파되고 공유된 지식이 실제 구성원들의 삶 속에서 얼마나 실제적으로 활용되는지에 의해서 교회의 성패가 결정된다고 해도 과언이 아니다. 따라서 지식기반공동체의 한 유형으로서의 교회가 얼마나 지식을 효과적으로 생산하고 전파. 공유하고 활용할 수 있는지에 대한 체계적인 전략이 필요하다.

이를 위해서 노나카 이쿠지로(Nonaka Ikujiro)의 SECI 모델은 유용한 대안을 제공한다. 노나카 이쿠지로에 의하면 지식에는 암묵지(暗默知 tacit knowledge)와 형식지(形式知, explicit knowledge) 두 종류가 있다고 한다.[13] 먼저 암묵지는 "구체적인 언어로 설명하기 힘든 주관적인 지식"이다. 암묵지는 명제나 비전 선언문과 같은 정리된 문장이나 객관적인 숫자, 혹은 공식으로 표현해 낼 수 없지만 개개인이 오랜 경험이나 직관, 혹은 전문적으로 습득된 기술로부터 우러나와 특정한 상황에 맞게 표출시킬 수 있는 지식이다. 또 이 지식은 개인의 경험에 내재해 있는 개인적인 지식이며 개인적인 신념, 생각, 가치체계 등과 같은 무형의 요소들을 포함하고 있다. 반면에 형식지는 구체적인 언어로 표현할 수 있으며 문법적인 진술이나 수학적인 표현, 규격, 일정한 메뉴얼 등이 여기에 해당한다.

이렇게 객관적으로 진술해 낼 수 있는 지식은 개인과 개인을 통해서 손쉽게 공론화되고 상호 전달될 수 있다. 노나카 이쿠지로에 의하면 어느 개인이나 공동체이건 암묵지와 형식지는 서로 완전히 분리될 수 없으며 상

---

13 Nonaka Ikujiro, "지식창조의 역학" Rudy Roggles & Dan Holtshouse eds. 매일경제지식부 역, 『세계석학 14명이 예측한 지식사회의 미래』(서울: 매일경제신문사, 2001), 100.

호 보완적으로 작용한다고 한다. 암묵지와 형식지의 상호작용을 가리켜서 '지식변환'(knowledge conversion)이라고 하는데 노나카 이쿠지로에 의하면 이 지식변환은 다음 네 가지 단계로 진행된다.[14]

1단계: 사회화(Socialization) - 암묵지의 상태에서 또 다른 암묵지로 전환되는 과정을 말한다. 지식의 사회와 과정은 지식을 공유하는 과정에 참여하는 전달자와 학습자가 공동의 경험이나 학습을 함께 공유함으로서 특정 경험이나 기술, 또는 정신적인 사고 방식과 같은 암묵지를 창출, 공유해나가는 과정이다. 학습자의 입장에서 암묵지를 획득하는 가장 효과적인 방법은 다른 이들과 함께 공유하는 경험이다.

2단계: 외면화(Externalization) - 주관적인 지식인 암묵지가 사회화 과정을 통해서 함께 공유되고 암묵지가 확산되는 과정이 무르익으면 그 다음에는 그렇게 확산된 암묵지가 분명한 개념과 명확한 언어나 공식, 혹은 매뉴얼로 정리되는 외면화가 일어난다.

3단계: 종합화(Combination) - 외면화를 통해서 객관적인 자료로 정리된 형식지는 공동체 내의 또 다른 다양한 형식지들과의 상호 작용을 통해서 체계적으로 종합되고 해당 공동체의 유익을 위하여 공적으로 활용되는 단계로 발전한다.

4단계: 내면화(Internalization) - 공동체 내에 체계적이며 종합적으로 정리되고 적용되는 새로운 형식지들이 지속적으로 활용되면서 공동체 구성원 모두의 내면에 새로운 암묵지로 축적되면서 내면화 과정이 일어난다. 이러한 내면화 과정을 통해서 공동체의 형식지는 이제 구성원 전체가 흡수하여 숙달시키고 활용할 뿐만 아니라 그 과정에서 누적적으로 내면화

14　Nonaka Ikujiro, 장은영 역, 『지식창조기업』(서울: 세종서적, 1998), 95-112.

된 암묵지가 새로운 지식 창조를 자극하게 된다.

1. 사회화	2. 외면화
암묵지 → 암묵지	암묵지 → 암묵지
형식지 → 형식지	형식지 → 형식지
4. 내면화	3. 종합화

〈표 2〉 노나카 이쿠지로의 지식변환 모델

노나카 이쿠지로가 제안한 지식창조와 지식변환의 네 가지 과정은 위의 그림과 같은 나선형의 흐름을 따라서 진행된다. 이렇게 암묵지가 형식지로 그리고 또 다시 암묵지로 전환되는 지식변환과 창조의 과정을 어떤 식품회사가 김치찌개를 상품화시킨 과정에 적용시켜 볼 수 있다. 회사에서는 김치찌개 신상품을 개발하여 시장을 공략하기 위하여 먼저 이 분야에 유명한 전통 요리 전문가 K씨를 개발팀에 초빙하였다. 먼저 1단계의 사회화는 K씨가 손수 김치찌개 요리를 만드는 과정을 개발팀에게 자세히 보여주는 과정을 통해서 일어난다. 이 과정에서 K씨는 비록 메뉴얼로 정리된 것은 아니지만 오랜 경험과 숙련된 장인정신으로 축적된 김치찌개 만드는 비법을 개발팀에게 그대로 소개하고 이 과정에서 제품 개발팀원들은 K씨의 암묵지를 하나씩 자신의 것으로 습득하게 된다.

2단계의 외면화는 K씨로부터 전달받은 김치찌개 요리에 대한 암묵지를 가지고 다시 직접 김치찌개 요리를 만드는 과정을 통해서 이에 대한 자신들만의 지식을 객관적인 조리법으로 정리하고 기록하여 팀원 모두가 숙지할 수 있는 공식적인 메뉴얼로 만들어 형식지로 변환시킨다. 3단계의 종합화는 이렇게 개발팀 내에 메뉴얼로 정리된 김치찌개 조리법에 대한 형식지를 전통 음식의 상품화와 대량 생산에 관한 회사 내의 다른 형식지들과 결합시킴으로써 이제 김치찌개의 대량생산이 가능해지는 단계에 도달한다. 4단계의 내면화는 회사 내에 김치찌개 제품이 대량으로 생산되고 상품으로 판매되는 과정에서 개발팀이나 회사 관계자들은 새로운 메뉴얼로 정리되지는 않았지만 김치찌개 제품의 대량생산과 판매에 관한 새로운 노하우를 습득하게 되고 이 과정에서 또 다른 제품의 개발이나 제조 방법에 대한 그들만의 주관적인 암묵지를 습득하게 된다.

노나카 이쿠지로가 제시하는 지식변환 및 창조의 모델은 신앙 공동체 안에서의 설교나 교회 교육을 통한 회중의 변화 과정에도 적용가능하다. 신앙공동체의 지식변환 과정을 간단히 정리하면 아래와 같은 도표로 나타낼 수 있다.

1. 사회화 암묵지 → 암묵지	2. 외면화 암묵지 → 암묵지
예배 현장, 개별 심방 사적인 대화, 비공식적 만남	목적이 있는 예배, 주제 설교 연속 설교, 성경공부, 비전 선언문
신자 개개인의 가정과 직장의 삶 소그룹 활동, 개별적인 응용	목회의 가시적 변화, 구제 현장, 활력 있는 예배, 전도, 선교
4. 내면화 형식지 → 형식지	3. 종합화 형식지 → 형식지

〈표 3〉 신앙공동체의 지식변환 모델

① 먼저 1단계의 사회화는 교회 내의 예배나 목회 현장에서 회중 상호 간에 하나님의 진리에 관한 개인적인 공유가 진행되는 단계를 의미한다. 이 과정에서 목회자나 설교자 개인이 가지고 있는 하나님 나라에 대한 개인적인 암묵지가 예배 시간을 통해서 또는 다양한 목회 활동들을 통해서 회중들에게 간접적으로 암암리에 전파되면서 목회자나 설교자 개인이 가

지고 있는 암묵지가 확산되는 사회화 과정이 일어난다. 이 과정에서 회중은 목회자 또는 설교자 개인의 암묵지에 공감하면서 그 암묵지를 적극적으로 자신의 암묵지로 수용하거나 반대로 목회자 개인의 암묵지에 공감하지 않으면서 그 암묵지를 수용하지 않는 입장을 취하기도 한다.[15]

하지만 회중 가운데 목회자 개인의 암묵지를 수용하는 그룹과 수용하지 않는 그룹 사이에 갈등이나 대립은―대체적으로 그리 심각하게―발생하지 않는다. 그 이유는 신앙 공동체 내에서의 암묵지의 사회화 과정은 아직 공개적인 단계로 들어가지 않았으며 암묵지의 수용이 그렇게 공식화된 것은 아니기 때문이다.

② 2단계의 외면화는 신앙 공동체에게 필요한 영적 지식이나 목회 비전이 설교원고나 비전 선언문을 통해서 객관적으로 정리되고 설교와 교육, 또는 성경 공부를 통해서 공식적이고 공개적으로 확산되는 과정을 의미한다.

예를 들어 목회자가 심방 중이나 사적인 자리에서 혹은 예배 중간 중간에 하나님과 인간, 교회 그리고 세상에 관한 자신의 개인적인 영적 암묵지를 공동체 구성원들에게 확산시키는 과정이 더욱 심화되거나 또는 공동체 구성원들 사이에 특정한 목회 비전이나 비전 방침들이 공론화되면, 이제 설교문과 비전 선언문, 또는 성경 공부를 통해서 공론화가 되고 명시적으로 정리가 되며 예산집행을 통해서 실제 구체화되면서 결국 사회화를 거친 암묵지가 외부적으로 분명하게 표출되는 형식지로 전환된다. 이 형식

---

15 Nonaka Ikujiro의 지식변환 모델은 개인의 암묵지가 공동체 내에서 다른 구성원들에게 사회화되어가는 과정에 대한 중요한 통찰을 제공하지만 새로운 지식을 습득하는 단계에서의 구성원들 간의 사고체계의 충돌을 어떻게 극복할 수 있는지에 대한 대안은 미흡하다. 이와 관련된 좀 더 자세한 논의를 위해서는 다음을 참고하라. 이홍, "지식생성과 관련한 노나카 이론에 대한 비판과 보완", 「디지털경영연구」 9/1(2003), 99-116.

지의 단계에서 목회는 표면적으로 명문화된 규정이나 시스템에 의해서 더욱 촉진된다.

③ 3단계의 종합화는 설교와 교육을 통해서 공동체 내에 새롭게 확산되는 공식적이고 공개적인 형식지가 기존에 공동체 내에 정리되어 있던 다른 형식지들과 상호 결합하면서 새로운 영적 트렌드를 만들어 내면서 공동체의 영적 지식이 가시적인 결과를 거두는 단계로 진입한다. 구체적이고 실제적인 목회사역을 통해서 표출되는 형식지는 여러 성도들이나 부교역자들의 지식과 결합되면서 그 교회만의 독특한 강점으로 나타나게 되고 그 교회만의 독특한 브랜드로 정착될 것이다. 형식지가 실제로 교회 안에서 바람직한 결과를 얻어내는 기본적인 준거체계나 틀로 정착되는 단계이이며 공동체적 인지지도(collective cognitive map)가 형성되는 단계인 셈이다.

④ 4단계의 내면화는 공동체의 영적 지식들이 가시적인 결과로 나타나는 과정에서 공동체 구성원들은 그렇게 가시적인 결과로 나타나는 형식지를 자신의 삶에 투영시켜보면서 각자의 삶 속에 새롭게 응용시켜보면서 그 공동체의 지식을 개별적으로 내면화시키는 단계로 진행된다. 형식지가 바람직한 결과를 도출하는 과정을 지켜보면서 성도 개개인은 그 형식지에 대하여 각자 나름의 독특한 입장을 가지며 그 형식지의 실용성이나 한계를 인식하는 가운데 신자 개개인의 내면에 새로운 암묵지가 자라나게 되는 것이다. 신앙 공동체 안에서 영적인 지식이 사회화와 외면화, 종합화, 그리고 내면화로 진행되면서 공동체 전체 구성원들에게 확산되

어가면서 영적 변화가 가시적인 결과물로 나타나는 셈이다.[16]

하나님의 말씀으로서의 진리가 신앙 공동체 안에서 이상의 선순환적 구조를 따라서 창조-공유-활용의 흐름을 이어갈 때 그 공동체는 하나님의 말씀이 지배하는 바람직한 하나님 나라 백성 공동체가 될 수 있을 것이다. 그렇다면 이어지는 질문은 설교자가 신앙 공동체 안에서 이러한 선순환의 구조를 따라서 창조하고, 공유하며 활용해야 할 핵심지식, 곧 신앙 공동체를 지탱하는 하나님의 말씀의 핵심 진리는 무엇일까?

5. 설교의 핵심 주제들

1) 진리 생산의 준비 단계

설교자가 이 문제에 대한 해답을 찾기 위하여, 다시 말해서 교회에 꼭 필요한 영적 진리를 지식경영의 관점에서 창조(혹은 생산)할 때 고려할 사항들이 몇 가지 있다.

첫째, 진리의 우선순위와 중요도이다. 설교자는 자신이 생산하여 설교와 교육의 채널을 통해서 회중에게 제시하려는 영적 진리가 과연 얼마나 하나님 나라 백성들에게 꼭 필요하고 중요한 지식인지 가늠해 보아야 한다.

둘째, 영적 진리의 난이도이다. 즉 그 지식이 얼마나 효과적으로 전파되고 그래서 공동체 구성원들이 얼마나 지식격차가 없이 그 지식을 함께 공

---

16 특정 공동체의 구성원들 사이에서 개혁이 시간을 두고 S자 그래프를 그리면서 확산되어 가는 과정에 대한 사회학적인 연구에 대해서는 다음을 보라. Everett M. Rogers, *Diffusion of Innovations*, 김영석, 강내원, 박현구 역, 『개혁의 확산』(서울: 커뮤니케이션북스, 2005), 11ff.

유될 수 있는지를 고려해야 한다.

셋째, 활용 가능성이다. 즉 회중 각자가 자신에게 필요한 정보에 접근하고 활용함에 있어서 교회로부터 충분한 안내와 도움을 받을 수 있는지를 고려해야 한다. 그리고 성도들에게 제시된 지식과 정보는 실제 삶 속에서 적용가능하고 유용한 결과를 가져오는 지식인지 아니면 사변적인 지식으로 사장될 것인지를 고려해 보아야 한다.

2) 설교 메시지와 하나님 나라

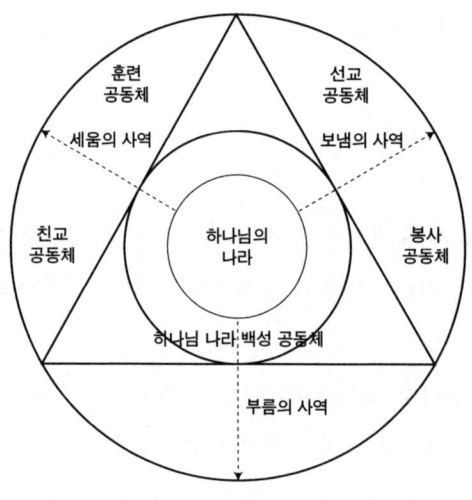

〈그림 15〉 하나님 나라와 목회 사역

신앙 공동체 안에서 교회(또는 교회 지도자로서의 설교자)가 지속적으로 창조하고 공동체 구성원 전체가 함께 공유해야 하며 실제 신앙생활 속에서 활용해야 할 하나님의 말씀으로서의 지식은 결국 하나님의 말씀의 계시로서의 성경이 증언하고 있는 하나님 나라 백성 공동체로서의 교회의 본질과 그 본질을 구현하는 교회의 존재양식에 집중되어야 할 것이다.[17] 교회의 본질이 무엇이고 이 땅에서 하나님 나라를 지향하는 교회의 존재양식이 무엇인가에 대한 관점에 근거하여 설교자가 회중에게 지속적으로 선포하며 함께 공유하고 활용하는 과정 속에서 설교자와 회중 전체가 함께 인격적인 합일과 성숙을 이룰 수 있도록 해야 한다.

이상의 내용은 〈그림 15〉와 같이 정리해 볼 수 있다. 먼저 가운데 원으로 표시되는 신앙 공동체 속에 역사하는 하나님 나라, 또는 신앙 공동체가 전인격적으로 붙들고 있는 하나님의 통치는 해당 공동체의 목회 사역을 통해서 이 땅에 그 나라의 영광의 실체로 구현된다. 하나님의 통치를 신앙 공동체의 존재 양식으로 표현하는 목회 사역을 체계적으로 구조화한다면 이는 부름의 사역(예배 공동체, 진리 공동체)과 세움의 사역(코이노니아 공동체, 훈련 공동체), 그리고 보냄의 사역(디아코니아 공동체, 선교 공동체, 전도 공동체)으로 나뉠 수 있다.

그리고 신앙 공동체 속에서 이러한 세 가지 사역이 유기적으로 조화롭게 그리고 지속적으로 이뤄지기 위해서 설교자는 강단에서 어떤 파편적인 지식이나 정보 하나를 즉흥적으로 회중에게 던져주어서는 안 되고 회중 전체의 삶의 현장에서 하나님 나라에 관한 회중 각자의 인식과 이해와 헌신이 깊어져가도록 해야 하며, 그렇게 심화되는 '하나님 이해'에 근거하

---

17 George Hunsberger와 Michael J. Quicke도 이와 유사한 맥락에서 Lesslie Newbigin의 선교 모델에 근거하여 교회가 세상 문화 속에 처한 교회가 복음을 확고하게 붙잡으면서도 세속 문화 속에서 복음을 증거하는 사역을 균형있게 감당해야 하는 교회의 사명을 설교사역 속으로 끌어들이는 모델을 제시하고 있다. George R. Hunsberger, "The Newbigin Gauntlet: Developing a Domestic Missiology for North America," in George R. Hunsberger and Craig Van Gelder, eds. *The Church between Gospel and Culture: The Emerging Mission in North America* (Grand Rapids: Eerdmans, 1996), 6-7. Michael J. Quicke, 『전방위 리더십: 회중을 변화시키는 리더십 설교』, 57.

여 회중 각자와 공동체 전체의 삶이 변화될 수 있도록 유도해야 한다. 그리고 그러한 변화의 과정을 지속적으로 이끌어가는 중요한 견인차가 바로 설교이다.

회중의 변화의 과정에 설교가 지속적으로 개입해야만 회중의 온전한 변화를 기대할 수 있다. 그리고 회중의 변화 과정에 설교가 단편적으로 개입하는 것이 아니라 지속적으로 개입해야만 하기 때문에 설교자는 회중의 변화 전체 과정에 대해서 설교자가 어떤 메시지를 어느 방향으로 선포해야 하는지에 대한 통전적인 관점이 요구된다.

이렇게 교회의 본질은 하나님 나라에 기초하며 그 존재 양식은 이 땅에서 하나님 나라를 축하하며(예배) 증언하며(설교) 함께 모여든 신자들을 하나님 나라 백성으로 세우며(교육, 친교), 세상을 향하여 하나님 나라를 섬기도록 파송하는(선교와 봉사) 사역 속에서 그 존재 양식이 드러난다. 교회가 이 땅에서 기능적으로 감당하는 사역이 이상의 존재 양식들에 집중한다면, 지식경영의 관점에서 설교와 교육을 통해서 지속적으로 창조, 공유, 활용해야 할 신앙 공동체의 핵심적인 지식도 이러한 교회의 핵심 사역 속에서 찾는 것이 자연스러운 논리적 귀결일 것이다. 그리고 설교자가 교회의 존재 양식과 관련하여 강단에서 신자들에게 지속적으로 선포하며 교육해야 할 설교의 핵심 메시지로서 다음과 같은 교회의 존재 양식이 포함되는 것이 바람직하다.

① **교회는 예배 공동체이다.** 교회는 예배와 친교를 통해서 하나님 나라의 통치를 누리도록 신자들을 초청하며 그 나라의 통치를 누릴 수 있는 계기와 현장을 제공한다. 따라서 설교는 신자들로 하여금 올바른 예배는 어떤 것이며 어떤 자세와 동기와 목표를 가지고 예배에 참여해야 하는지

에 대해서 설교하며, 예배와 설교를 통해서 하나님의 구원하시는 은혜를 맛보며 확인할 수 있는 기회를 제공해 주어야 한다. 예배와 설교를 통해서 신자들 내면과 공동체 안에 하나님의 임재에 따른 영적인 회심과 구원의 역사가 일어나며 이를 통해서 영적인 활력이 공동체 내에 형성되어야 한다. 예배와 성만찬, 그리고 세례는 예배 공동체의 본질을 보여주는 중요한 요소이다.

② 교회는 친교 공동체이다. 교회는 하나님의 백성으로 구원받은 신자들이 함께 모여 유기적인 공동체를 이루며 그러한 공동체에 참여하고 하나님의 구원을 함께 맛보고 누리며 서로를 지원함으로써 자신의 공동체적인 정체성을 확인한다. 따라서 설교자는 공동체 안에 친교와 하나됨이 일어날 수 있도록 안내하는 설교를 해야 한다. 이를 위해서는 신자들의 다양성과 차이의 문제, 혹은 갈등의 문제들을 신자들이 어떻게 극복해야 하는지에 대해서도 안내하는 설교를 해야 한다.

③ 교회는 훈련 공동체이다. 교회는 하나님의 영광을 위해서 부름받은 신자들이 전 삶의 영역에서 그리스도를 닮아가도록 말씀을 배우며 영적인 연단과 훈련을 거치는 훈련 공동체이다. 따라서 설교자는 신자들이 신앙 공동체 안으로 가입되면서 말씀을 통해서 지속적으로 성장할 수 있도록 도전하고 그러한 훈련의 기회를 제공해 주어야 한다.

④ 교회는 섬김의 공동체이다. 하나님의 백성으로 부름받은 신자들은 개인으로든 공동체로든 하나님과 이웃과 세상을 그리스도의 이름으로 섬기도록 부름을 받았다. 따라서 설교자는 설교 메시지를 통해서 단계적으

로 이러한 섬김의 사역으로 신자들을 인도하도록 도전하고 권면하며 구체적인 적용점들을 제시함으로써 신자들이 개인으로, 그리고 공동체의 이름으로 함께 구체적인 섬김의 자리에 도달할 수 있도록 안내해야 한다.

⑤ 교회는 증인 공동체이다. 하나님의 백성으로 부름받은 신자들은 개인으로든 공동체로든 하나님 나라의 통치에 포함되지 않은 불신자들 그리고 불신자들이 주도하는 세상을 향하여 하나님 나라를 증거하는 증인의 자리로 부름을 받았다. 따라서 설교자는 신자들이 증인으로서의 각자의 사명을 감당하도록 안내하고 도전하는 설교를 해야 한다.

이상의 다섯 가지 교회의 존재양식에 관한 메시지가 지속적으로 신자들에게 선포될 때 설교를 들은 공동체 구성원들은 신앙 공동체의 본질과 그 지향점을 목회 사역으로 구현하는데 모두가 관심을 가지고 동참할 수 있을 것이다.[18] 그러한 공감대와 참여가 가능할 때 비로소 강단 위에서 선포된 설교 메시지는 신앙 공동체 구성원들 가운데 영적 변화를 위한 토대로 작용할 수 있을 것이다. 이상의 설교 사역을 통해서 설교자는 신앙 공동체

---

18 릭 워렌의 『목적이 이끄는 삶』에 소개된 다섯 가지 목적(예배, 교제, 훈련, 사역, 전도) 역시 지식 경영의 관점에서 설교자가 목회 현장에서 지속적으로 선포하고 가르치면서 '지식의 창조, 공유, 활용'의 선순환의 흐름이 발생하도록 유도할 수 있는 한 가지 사례를 제공한다. Cf., 릭 워렌, 고성담 역, 『목적이 이끄는 삶』(서울: 디모데, 2002). 15ff. 또 잭 헤이포드(Jack Hayford) 역시 회중 전체의 영적 변화와 관련하여 지속적으로 선포해야 할 설교의 핵심 메시지로 '그리스도의 보혈을 통한 하나님의 사랑'과 '그 사랑 안에서 성도들을 향한 하나님의 충만한 비전 깨닫기', '하나님의 사랑을 통한 신자의 인도하심', 그리고 '고난 너머의 궁극적 승리에 대한 확신'을 꼽는다. 지속적으로 선포할 설교 주제에 관한 잭 헤이포드의 입장에서 강조되는 기독론과 소명, 섭리, 헌신, 종말론과 같은 주제들은 릭 워렌의 다섯 가지 목적과도 유사성을 찾아볼 수 있다. Jack Hayford, "설교와 리더십을 조화시키는 방법", Haddon Robinson ed., 『성경적인 설교와 설교자』(서울: 두란노, 2006), 42-3.

로 하여금 지속적으로 인지하고 공유하며 더 나아가서 실제의 삶과 교회의 목회 사역을 통해서 구현해야 할 하나님 나라의 복음과 이상의 핵심적인 진리의 내용을 결정해야 하고 장기적인 설교 사역을 통해서 이 핵심적인 진리를 회중에게 지속적으로 선포하여 말씀을 수납하는 교회로 하여금 하나님 나라를 추구할 수 있도록 안내해야 한다. 그리고 이상의 핵심적인 진리 내용과 주제들이 결정되면 그 다음에는 개교회의 목회 일정이나 회중의 형편을 고려하여 각 분야의 메시지의 범주(category)와 해당 메시지의 깊이 정도, 그리고 반복 횟수와 그에 따른 목회적인 전략을 통전적으로 고려해야 한다.[19]

6. 다양한 목회 사역과 반복되는 핵심 가치

1) 핵심 가치의 결정

설교자가 지식경영의 관점에서 교회의 핵심적인 설교 주제들을 결정하고자 할 때, 특정한 상황 속에 위치한 특정 교회만이 독특하게 추구하는 핵심 가치가 무엇인지를 살펴보는 것이 유익이 된다. 우리 교회가 추구하는 핵심 가치는 무엇이고 그 핵심 가치는 균형 잡힌 목회의 관점에서 볼 때 혹시 편파적인 가치는 아닌지, 그리고 좀 더 균형잡힌 목회를 위하여

---

[19] 메시지의 깊이 정도와 반복 횟수, 그리고 그에 따른 목회적인 전략들을 함께 고려할 수 있는 한 가지 방편이 바로 '연간설교계획'을 세우는 일이다. '연간설교계획 수립'에 대해서는 다음을 참고하라. David Busic, "Planning the Preaching Calendar", *The Pastor's Guide to Effective Preaching* (Kansas City: Peacon Hill Press, 2003), 145-6.

강단에서 지속적으로 보완되어야 할 다른 가치들은 무엇인지를 고려하면서 장기적인 설교의 주제를 결정하는 것이다. 이와 관련하여 목회의 핵심 가치(core value)에 대해서 논의하고 있는 오브리 멜퍼스가 미국의 복음주의 교회들의 유형을 여섯 가지로 분석한 "북미 여러 교회들의 패러다임과 핵심 가치"의 분류가 유용한 통찰을 제공한다.[20]

오브리 멜퍼스는 교회의 유형을 '교실형 교회', '영혼구원 교회', '사회적 양심 교회', '경험 중심 교회', '가정재결합 교회', '생활개선 교회'의 여섯 가지로 세분화한 다음에 각각의 유형에 해당하는 교회의 '핵심 가치', '목회자의 역할', '신도의 역할', '핵심적인 강조점', '전형적인 도구', '원하는 결과', '당위성의 근거', '긍정적인 특성'을 제시하고 있다.

첫째, 멜퍼스의 교회 유형들 중에 '교실형 교회'(classroom church)는 교회의 핵심 가치를 정보에 두고 있으며, 목회자와 회중의 역할은 각각 교사와 학생으로 양분되며, 양자 사이의 강조점은 학습에 집중된다. 그리고 이 학습의 주된 원천은 물론 강해설교로부터 공급받는다.

둘째, '영혼구원 교회'의 핵심 가치는 전도이며 교회 내 모든 목회 사역이 전도에 집중되어 있는 유형이다.

셋째, '사회적 양심 교회'에서는 신자들이 세상 속에서 그리스도의 제자답게 선한 양심과 정의를 추구하며 살아가도록 독려하는데 집중하는 교회이다.

넷째, '경험 중심 교회'는 집회를 통해서 회중 각자가 영적인 체험을 얻도록 하는데 집중하는 교회이며 자연히 예배와 부흥집회에 목회의 모든

---

20 Aubrey Malpurs, *Values-Driven Leadership*, 전의우 역, 『비전을 넘어 핵심 가치로』(서울: 요단출판사, 2000), 77.

역량이 집중된 교회이다.

다섯째, '가정재결합 교회'는 신자들이 교회에 와서 세상에서 맛볼 수 없는 신령한 소속감과 가족애를 느낄 수 있도록 하는데 목회가 집중된 교회이며 이를 위해서 소그룹이나 애찬과 같은 목회 프로그램이 활성화된 교회이다.

여섯째, '생활 개선 교회'(life-development church)는 핵심 가치를 성품계발에 두며, 목회자와 회중의 역할은 각각 코치와 사역(ministry)이며, 성품이라는 핵심 가치를 위해서 모두가 집중적으로 강조하는 것은 '존재의 변화'이고, 이러한 바람직한 결과를 확인할 수 있는 정당한 근거를 '변화된 삶'에 두고 있다. 이상의 다양한 목회 범주를 통해서 설교자들은 각자 교회에서 현재 추구하고 있는 핵심 가치가 무엇인지, 그리고 교회가 좀 더 부흥되기 위해서 대안적으로 추구하거나 보완되어야 할 핵심 가치가 무엇인지를 확인해 볼 수 있다.

2) 설교 횟수의 결정

이상의 작업을 통해서 설교자는 교회 안에서 장기적으로 창조, 공유, 활용되어야 할 영적 지식의 핵심적인 주제를 결정했다면 이제는 해당 주제를 강단에서 어느 정도 깊이를 가지고 몇 번 정도 반복적으로 다룰 것인지 주제를 다루는 반복 횟수나 주기(월간 주기, 분기별 주기, 연간 주기)를 결정해야 한다. 그래서 다음 도표는 하나님 나라를 추구하는 다양한 목회 사역이나 또는 교회가 집중적으로 추구하는 목회의 핵심 가치를 고려하여 설교의 주제와 횟수를 결정하는 방법을 보여준다. 먼저 여섯 가지 분야는 교회가 현재 집중적으로 추구하고 있는 목회의 핵심 가치를 확인하는 동시에,

균형 있는 목회를 위해서 보완되어야 할 핵심 가치를 확인하고 이런 다양한 주제를 강단에서 지속적으로 그리고 반복적으로 다루면서 해당 주제에 대한 회중의 공감대의 폭과 깊이를 적절히 통제할 수 있는 방안을 제시하려는 것이다.

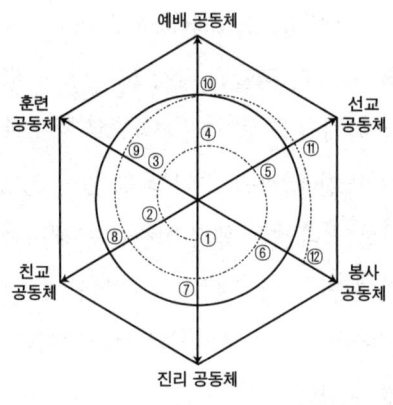

〈그림 16〉 강단에서 다룰 설교 주제와 빈도

　강단에서 다룰 설교의 주제는 교회의 핵심 가치를 어디에 두고 있는지, 또는 내년도 한 해 동안의 목회 사역이 어떤 공동체를 추구하는데 집중할 것인지에 대한 목회 계획에 근거하여 결정되어야 한다. 먼저 예배 공동체를 추구한다면 이를 위해서 강단에서 지속적으로 다룰 설교의 주제는 자기 백성들의 예배를 기뻐 받으시는 하나님의 영광이나, 예배와 찬양 중에 임재하시는 거룩하신 하나님에 대해서, 그리고 예배의 합당한 자세나 예배를 구성하는 각각의 순서에 대한 의미들을 다루는 설교가 필요하다. 또 진리 공동체를 추구한다면 신자가 명심해야 할 핵심교리들(하나님, 예수 그리스도, 성령)을 고려할 수 있다. 친교 공동체를 위해서는 신자가 공동체 안에서 유기적으로 한 몸을 이룸으로써 이 땅에 하나님의 살아계심을 증거하는 결정적인 방편이 된다는 점을 일깨우는 내용들이나 교회 안에서의 파당이나 파벌의식의 해악에 대해서 다루는 것이 필요할 것이다. 마찬가지로 훈련 공동체와 봉사 공동체, 그리고 선교 공동체나 전도 공동체를 위해서도 각각에 해당하는 핵심적인 영적 주제들을 고려할 수 있다.

이렇게 핵심적인 주제가 결정되면 그 다음에는 목회 사역이나 교회의 핵심 가치가 어느 한 쪽으로 편중되지 않도록 하기 위해서 균형 있게 다루어야 할 여러 주제들을 결정하고 해당 주제들을 어느 정도의 깊이를 가지고 어떤 주기 속에서 몇 회를 반복할 것인지를 고려해야 한다. 교회의 목회 사역을 부름의 사역과 세움의 사역, 그리고 보냄의 사역으로 체계화시켰을 때의 설교의 목표와 그에 따른 설교의 핵심 주제 및 성경 본문에 대한 한 가지 사례를 소개하면 다음과 같다.

교회 사역	설교의 목표	설교의 핵심 주제	성경 본문	목회 프로그램
부름의 사역	· 하나님의 은혜와 사랑을 경험함 · 하나님이 내 삶 속에 찾아오심을 깨닫고 경험함 · 세속적인 죄의 파멸을 깨닫고 죄로부터 돌아서기로 결단함	하나님의 사랑, 하나님의 무조건적인 은혜, 하나님과의 만남, 옛 본성을 버림, 회개	요 4:1-26 눅 5:1-11	회개, 예배, 찬양, 간증, 그룹 기도회
세움의 사역	· 옛 본성을 버리고 그리스도의 장성한 제자로 성숙해가기로 결단함 · 고난 중에서도 인내하며 믿음을 지켜감 · 신앙 공동체 안에서의 지체들과 하나됨	성화, 고난, 교회의 일치, 하나됨, 친교	왕상 17:17-24 시 73:1-28	교육, 친교, 소그룹, 제자훈련, 산행

| 보냄의
사역 | · 하나님으로부터 받은 사랑에
보답하기로 헌신함
· 세상을 구원하시는 하나님의
사역에 동참함 | 봉사,
헌신,
전도,
선교,
구제 | 에 4:4-17
왕하 7:9-20 | 전도,
봉사,
구제,
김장 담그기 |

〈표 4〉 목회 리더십에서 지향해야 할 목회 사역과 설교 메세지 3단계

7. 지행 격차(the Knowing-Doing Gap)의 문제

이상의 논의를 통해서 하나님의 통치를 이 지상에서 구현하는 신앙 공동체의 영적 변화와 성장을 위한 설교 주제와 핵심 가치 결정하기, 그리고 목회 계획에 근거한 설교 횟수 결정하는 방법들에 대해서 살펴보았다. 그리고 이 전체 과정을 지식경영의 관점에서 영적 진리가 신앙 공동체 구성원들에게 골고루 확산되어가는 SECI 모델의 목회적 활용 방안에 대해서 살펴보았다. 그런데 이러한 목회적인 전략에도 불구하고 지식경영이 공동체 내에 정착되어가는 과정에서 피할 수 없는 문제점 하나가, 조직 구성원 간의 지식 격차의 문제와 아울러 공유된 지식이 실제 활용 단계로 이어지지 못하는 지행격차(the Knowing-Doing Gap)의 문제이다. 피터 드러커에 의하면 더 많은 그리고 더 좋은 정보는 커뮤니케이션의 문제를 해결해 주지도 못하고 또한 커뮤니케이션의 격차를 줄여주지도 못한다. 그 반대로 정보가 많으면 많을수록 커뮤니케이션의 기능과 효과적인 커뮤니케이션에 대한 필요성은 더욱 커진다고 한다. 말하자면 정보가 많아질수록 커

뮤니케이션의 격차는 더욱 벌어진다.[21]

기업 내 지행격차의 문제를 연구한 제프리 페퍼(Jeffrey Pfeffer)와 로버트 서튼(Robert I. Sutton)에 의하면 조직 내 지행격차가 발생하는 이유가 몇 가지 있다.[22]

첫째, 말이 행동을 대체하거나 말하고 이야기하고 논의하는 것이 곧 행동하는 것이라는 암묵적인 동의가 이뤄질 때, 지식은 논의단계에 머무르고 행동으로 이어지지 못한다고 한다.

둘째, 과거의 긍정적인 경험에 대한 막연한 기억이 창의적인 사고와 생각을 가로막을 때에도, 지식은 새로운 적극적 행동을 산출하는데 실패한다고 한다.

셋째, 현실에 대한 명확한 측정이 부족하거나 측정이 냉혹한 평가나 판단으로 이어지지 않을 때에도 지식은 행동을 산출하는데 실패한다고 한다.

이런 지행격차를 극복하기 위한 방안으로서 페퍼와 서튼이 제시하는 대안은 지식을 먼저 가르치고 구성원들로 하여금 차후에 행동하도록 하는 것이 아니라, 지식이란 행동하는 과정 속에서 또는 공동체가 함께 시행착오를 거치면서 행동하는 과정 속에서 지식을 습득하도록 하는 지식의 귀납적 습득 과정을 도입하는 것이다. 그래서 시행착오나 실수의 두려움을 극복하고 작은 행동이라도 실천할 수 있도록 조직 환경과 문화를 바꿀 때

---

21 Peter F. Drucker, *The Essential Drucker*, 이재규 역, 『미래경영』(서울:청림출판사, 2001), 409.
22 Jeffrey Pfeffer & Robert I. Sutton, *The Knowing - Doing Gap*, 박우순 역, 『왜 지식경영이 실패하는가』(서울: 지샘, 2002).

비로소 지행격차는 줄어들 수 있다는 것이다.[23]

교회 안에서도 이러한 지행격차의 문제는 결코 예외일 수 없다. 때로는 설교 메시지의 깊이나 많은 분량 그 자체가 공동체 내의 어떤 문제를 해결해 주는 것이 아니라 오히려 이를 계기로 회중 내 지식 격차가 더욱 벌어지거나 지식 격차로 인한 회중의 분열의 단초가 될 수도 있다. 그래서 설교자는 다양한 주제를 다양한 깊이에 따라서 설교 메시지를 창출하고 강단에서 이를 회중에게 선포할 때, 그 메시지가 회중 전체에게 충분히 전달되었는지, 또 회중 대다수가 충분히 이해하여 함께 공유되고 있는지를 점검해 보아야 한다.

설교가 끝난 다음에 설교 주제에 관한 성경공부나 토론회를 통해서 회중이 설교 메시지를 충분히 이해하고 있는지 회중 대다수가 충분히 공유하고 있는지, 혹시 회중 내 지식의 격차나 정보의 격차 문제는 발생하지 않았는지를 점검하는 것도 한 가지 방법이다. 만일에 회중 전체가 충분히 이해하지 못하고 단지 일부만 이해하고 있다면, 주보에 이전 설교의 요약

---

23 이와 관련하여 Peter Senge의 학습조직(Learning Organization)은 적절한 대안을 제시한다. 학습조직은 조직 내의 개개인이 학습을 통하여 새로운 지식을 획득하고 개개인의 지식의 조직차원에서 공유되어 조직의 문제 해결력을 끊임없이 향상시켜 나가는 조직을 의미한다[cf., Peter Senge, *A Fifth Discipline: Schools That Learn*, (New York: Currency Doubleday, 2000)]. 한편 교회가 지나치게 배움과 학습에 몰두하는 반면에 학습이 실천으로 연결되지 못하고 교회가 영적 진리를 소비만 하는 종교소비자로 전락할 수 있는 가능성의 문제에 대해서는 별도의 논의가 필요하다. Neil Cole에 의하면 오늘날의 미국 교회는 너무 많이 배운 나머지 순종하지 않는다고 비판하면서 많은 교육은 결코 답이 아니라고 주장한다[Cf., 닐 콜, 정성묵 역, 『오가닉 처치』(서울: 가나북스, 2006), 225-6. 하지만 이런 현상은 학습이 '지식경영'의 관점에서 창조-공유-활용의 선순환 과정 속에서 다뤄지지 않고 단순히 어떤 파편적인 지식 혹은 과학적인 지식을 얼마나 많이 알고 있는가 모르는가의 관점에서 다뤄지기 때문이다. 지식에 대한 이러한 이분법적인 논리를 극복할 수 있는 한 가지 방안으로서 지식경영에서 논의하는 '학습조직'(learing organization)과 목회 리더십에서 논의하는 '회중의 변화 과정'에 대한 논의로부터 확보될 수 있다. 이에 대해서는 다음을 참고하라. Michael J. Quicke, 『전방위 리더십: 회중을 변화시키는 리더십 설교』, 223-265.

을 신는다거나 또는 성경 공부 시간이나 토론 시간을 통해서 설교 내용에 대한 후속 설명과 토론으로 보완하는 조치가 뒤따라야 한다.

그리고 교회 내에서의 지행격차와 관련하여 강단에서 생산되고 선포된 많은 영적 지식들이 곧 그대로 행동으로 연결되지 않는 문제가 존재하기 때문에 영적 지식의 생산과 공유가 실천으로 연결되는 것을 방해하는 장애물들을 파악하고 이 장애물들을 해결하도록 노력해야 한다. 또 설교자는 강단에서 어떤 주제(기도, 예배, 신앙 공동체, 헌신)에 대해서 다루게 될 때 말로 다루고 설교하는 행위 자체가 공동체 내에서 실제 행위나 실천과 동일한 것이 아니며 설교는 실천으로 가는 첫 출발점에 불과하다는 생각을 가지고 지행격차의 문제를 해소하기 위한 목회적인 후속 조치를 고려해야 한다.

8. 나가는 말

한국교회 강단에서 하나님의 은혜와 사랑은 자주 선포하면서 세상에서 힘든 삶을 살아가는 신자들을 하나님의 사랑에 관한 메시지로 위로하면서 이들을 교회 안으로 불러들이는 부름의 사역은 비교적 활발히 일어나는 반면에, 이들의 영적 정체성을 하나님 나라 백성들로 재확립하도록 하는 세움의 사역이나 이들이 세상에 나아가서 그 속에서 하나님의 뜻을 깨닫고 순종하며 하나님의 영광을 증언하는 보냄의 사역으로 이어지지 못하는 이유는 무엇일까? 또 설교자 역시 하나님의 은혜와 사랑에 대한 메시지는 자주 설교하는 반면에 세상 속에서의 증인된 삶을 살도록 도전하는 메시지는 그만큼 자주 설교하지 못하는 이유는 무엇일까?

여러 가지 이유가 있겠지만 기본적으로는 목회의 핵심 과제가 하나님에 대하여 심리적으로 만족하는 개인들을 많이 양산하는 것이 아니라 세상의 타락한 문화를 공동체적으로 함께 변혁시킬 목적으로 세워진 유기적 공동체를 세우는 것이라는 인식의 전환이 부재하기 때문일 수도 있다. 또 설령 그런 목적을 염두에 두고 있더라도 신자의 변화와 세상의 타락한 문화의 변혁은 혼자만의 지성적인 각성만으로 불가능하며 설령 그렇게 각성하더라도 혼자만의 개별적인 노력만으로 불가능하다. 이를 위해서는 공동체 전체의 장기간의 인격적인 지식 변환의 과정을 통해서 시도할 수 있으며 설교는 이러한 통합적인 목회 리더십을 달성하기 위한 한 가지 방편이다.

따라서 설교자는 교회의 핵심적인 사역을 지향하는 영적 지식의 주제들을 체계적인 목회 철학에 근거하여 지속적으로 생산해야 하며 생산된 지식이 설교 뿐만 아니라 형식지와 암묵지의 상호 작용 속에서 신앙 공동체 구성원들 전체가 입체적으로 흡수할 수 있도록 설교 이외의 다양한 목회 프로그램을 통해서 그러한 영적 지식들을 관리할 수 있어야 한다. 예를 들자면 기도나 헌신의 중요성에 대해서 설교하였다면 그러한 영적 지식의 주제가 강단에서 단회적으로 선포되어 회중과 공유되는 데 만족하지 않고 예배 순서중의 기도나 찬송을 통해서 반복적으로 표현될 수 있도록 예배를 기획할 뿐만 아니라 작게는 교회 벽면의 베너나 화장실의 말씀카드, 신자들의 사적인 대화의 장 속에서 반복적이며 입체적으로 공유될 수 있도록 하여 형식지와 암묵지 간의 지속적인 지식 변환 과정이 진행될 수 있도록 유도해야 한다.

그리고 설교자의 서재에서나 또는 비전 공동체의 공개적인 토론의 자리에서 생산된 교회의 핵심적인 영적 지식은 교회 안팎의 신자들의 다양한 삶 속에서 그대로 활용되고 적용될 수 있도록 설교자는 다양한 기회와 적용의 장(場)을 마련하여야 한다. 예를 들면 교회 내의 다양한 목회 프로그램들(성경공부, 부서별 기도회 등등)이나 교회 밖의 여러 공적 및 사적인 행사들(김장 담그기, 산행)을 통해서 실제로 적용될 수 있는 기회를 입체적으로 제공하여 강단의 설교가 공수표로 전락하지 않고 그대로 실행될 수 있도록 유도해야 한다. 교회 안에서 이렇게 영적 지식이 전략적으로 생산 공유 활용될 때 신앙 공동체의 건강한 영적 변화와 성숙을 기대할 수 있을 것이다.

참고 자료

본서는 아래의 전문학술지나 출간도서를 통해서 발표된 논문들 중에서 "개혁신학과 설교"와 "교회를 세우는 설교목회"의 주제에 맞추어 새롭게 수정 및 편집되었다.

1. "개혁신학과 설교를 통한 한국장로교회의 정체성 회복", 한국개혁신학회, 「한국개혁신학」, 35 (2012): 173-208.

2. "현대 신비주의 운동과 설교의 대응", 한국설교학회, 「설교한국」, 6(4/1) (2012, 5월): 77-117.

3. "성경적 설교의 회복을 위한 교리설교", 합동신학대학원출판부, 「주는 영이시라: 박형용 박사 은퇴기념 논총」(2009),

4. "구속사를 구원의 서정에 적용하는 성화설교", 합동신학대학원출판부, 「신학정론」, 30/2 (2012,11월): 697-720.

5. "설교의 윤리적 차원과 하나님 나라 관점의 성경해석"은 다음 논문을 수정한 것이다.

    "윤리 설교를 위한 하나님나라 관점의 성경해석과 적용", 한국설교학회, 「설교한국」, 2/1 (2010, 5월): 41-79.

6. "포스트모던 시대의 설교", 2012년 10월 19일 주제 발표 논문 굿미션네트워크 & 목회사회학연구소 주관, 〈한국교회, 미래목회를 디자인 하라〉.

7. "신앙 공동체 활성화를 위한 설교", 한국복음주의실천신학회,「복음과 실천신학」, 21 (2010): 99-123.

8. "설교신학과 설교환경의 상관관계", 대한기독교서회,「거룩한 상징」, (2009): 209-246.

9. "다차원의 사회적인 소통망 안에서 진행되는 설교목회", 한국설교학회,「설교한국」, 3(2/2) (2010): 46-82.

10. "구속사 관점에 기초한 설교목회", 합동신학대학원출판부,「신학정론」, 31/1 (2013,6월): 127-160.

11. "설교를 통한 신앙공동체의 집단기억 형성", 한국실천신학회,「신학과 실천」, 24/1 (2010): 145-175.

12. "지식경영이론에 근거한 설교목회의 활성화 방안 연구", 한국복음주의실천신학회,「복음과 실천신학」, 20 (2009): 148-179.

교회를 세우는 설교목회
Preaching Ministry to Strengthen the Church

2013년 9월 5일 초판 발행

지은이 이승진

펴낸곳 사)기독교문서선교회
등 록 제16-25호(1980. 1. 18)
주 소 서울시 서초구 방배로 68
전 화 02) 586-8761~3(본사) 031) 942-8761(영업부)
팩 스 02) 523-0131(본사) 031) 942-8763(영업부)
www.clcbook.com
clckor@gmail.com
온라인 기업은행 073-000308-04-020, 국민은행 043-01-0379-646
예금주: 사)기독교문서선교회

ISBN 978-89-341-1315-7 (93230)

* 낙장·파본은 교환해 드립니다.

이 도서의 국립중앙도서관 출판시 도서목록(CIP)은
서지정보유통지원시스템 홈페이지(http://seoji.nl.go.kr)와
국가자료공동목록시스템(http://www.nl.go.kr/kolisnet)에서
이용하실 수 있습니다.(CIP제어번호: CIP2013015738)